손자병법

손자 지음 박삼수 옮김

쉽고 바르게 읽는 고전

손자병법

孫子兵法

문예출판사

일러두기

1. 이 책의 『손자병법』 역해譯解는 십일가주본十一家注本, 즉 『십일가주손자병법十一家注孫子兵法』을 바탕 판본으로 하되, 학문적 권위가 공인된 고금의 저명 판본을 아울러 참고하여 최대한 손자의 사상 관념에 부합토록 교감하였다.

2. 이 책의 역해와 편집은 한문에 관심과 조예가 있는 독자는 물론, 어려운 한문은 피하고 한글 위주로 읽고 이해하려는 독자도 아울러 염두에 두고 하였다.

3. 각 편篇은 먼저 첫머리에 편별篇別 대의大意 내지 요지를 개괄 설명하였다. 그리고 편篇마다 그 문의文意에 따라 여러 장章으로 나누어 역해를 전개해, 손자의 논리 전개의 맥락을 잡아가는 데 편리하게 하였다.

4. 각 편의 역해는 한글 역문譯文을 정점으로 그 바로 아래에 한문 원문을 배치해, 한글 역문 위주로 읽거나 역문과 원문을 대조해 읽기에 두루 편리하도록 하였다. 또한 원문에는 일일이 독음을 달아 한자 학습에 편리를 도모하였고, 필요한 경우 주석을 달아 한문 자구字句에 대한 이해를 도왔다. 또한 각 편의 장마다 별도의 '해설'을 붙여 손자의 병법 이론과 사상에 대한 보다 심층적인 이해와 사색에 도움이 되게 하였다.

5. 한문 원문의 번역은 충실한 축어역逐語譯, 즉 직역을 원칙으로 하여 독자의 한문 문리文理 터득에 도움이 되고자 하였다. 다만 한글 문맥의 자연스러움을 높이기 위해 적절히 신축성을 가미하였다. 여기서 신축성이라 함은 원문에 함축된 의미나 행간에 숨은 뜻을 드러낸다거나, 한글 표현에 가능한 한 현대적 감각을 살리는 것 등을 말한다.

싸우지 않고 이기는
온전한 승리를 위하여

동서양을 막론하고 고대 사회에서 전쟁은 그야말로 다반사였다. 중국 역사상 전무후무前無後無의 난세였던 춘추·전국시대는 더더욱 그러하였으니, 약육강식의 겸병兼幷 전쟁이 끊일 날이 없었다. 당시 주周 왕조의 권위는 땅에 떨어지고, 수많은 제후국들이 병기竝起한 가운데 각국 사이에 정치 외교적 모순과 갈등이 격화되면서 무력 충돌이 빈발하였다. 사서史書의 기록에 따르면, 크고 작은 제후 열국이 전후하여 무려 일백수십 여餘 국이나 출현해 부침을 거듭하였다. 빈발하는 전쟁은 걸출한 전쟁 영웅들을 무수히 길러 내는 한편, 병법兵法의 이론적 체계화에 대한 욕구를 분출시켰다. 그러한 가운데 전쟁 영웅들의 풍부한 경험은 곧 병법 이론가들에게 더할 나위 없이 좋은 용병用兵 전쟁의 실례實例와 이론적 사유思惟의 소재素材를 제공하였다. 『손자병법』은 바로 그 같은 배경하에서 탄생된 현존 최고最高의 고대古代 병법서兵法書이다.

손자孫子의 생애 사적事跡

손자는 이름은 무武이고, 자字는 장경長卿이며, 춘추시대 말엽(곧 노자, 공자와 같은 시대) 제齊나라 낙안樂安(지금의 산동성 혜민현惠民縣) 사람으로, 제나라에서도 명망 높은 귀족 세가世家였던 전씨田氏 집안에서 태어났다. 그의 증조부와 조부는 모두 용병 전쟁에 뛰어났는데, 특히 조부 전서田書는 병법에 정통하여 크게 전공戰功을 세워 경공景公으로부터 제후에 봉해지면서 성姓까지 하사받고 '손씨'로 개성改姓하였다. 손자의 부친 손빙孫憑은 제나라 경대부卿大夫를 지냈다. 하지만 손무, 즉 손자 때에 이르러 귀족들의 권력투쟁이 극한으로 치닫자, 그는 가족들과 함께 오吳나라로 망명해 은거하면서 병법 연구에 몰두하였다. 당시 손자는 오나라 중신重臣 오자서伍子胥와 두터운 친분을 맺었다. 아무튼 손자의 이 같은 집안 배경과 인생 경력은, 그가 군사 사상가 내지 병법 이론가가 되는 데 결정적 작용을 한 것으로 보인다.

한편 오자서는 본디 초楚나라 대신大臣이었으나, 아버지와 형이 모두 초 평왕平王에게 살해되는 화를 당하면서 오나라로 망명하였고, 부형父兄의 원수를 갚기를 다짐하였다. 그 후 오나라 공자公子 광光이 오자서의 도움을 받아 정변을 일으켜 왕위에 오르니, 그가 곧 오왕吳王 합려闔閭이다. 오자서는 천하 패권을 노리는 합려에게 손자를 천거하였고, 손자는 합려를 처음 알현하면서 자신이 저술한 『병법』13편篇을 바쳤다. 합려는 대단히 흡족해하며, 손자를 상장군上將軍에 임명하는가 하면, 군사軍師에 봉하며 중용重用하였다. 그리하여 손자는 오자서와 함께 합려를 보좌해 정치 개혁과 국력 증강에 박차를 가해 남방의 대국 초나라 정벌에 나섰고, 수차에 걸친 교전 끝에 마침내 초나라 국도國都 영성郢城을 점령하였다. 이후 초나라는 쇠미의 길로 들어섰고, 반면 오나라는 천하에 위세를 떨치며 남방의 강국이 되었으며, 나아가 북방의 제나라, 진晉나라까지 위협하였다. 그 일련의 과정에 손자가 중요한 역할을 한 것은 두말할 나위가 없다. 다만 그 이후 손자의 행적은 사서史書에 기록이 없어 자세히 알 수가 없는데, 아마도 더 이상 벼슬하지 않고 산중으로 돌아가 은거하며 자적自適한 삶을 살았을 것으로 추정된다.

『손자병법』의 저자 및 주요 판본

『손자병법』은 총 13편, 6천여 자字로 엮어져 있는데, 그 저자가 누구인지에 대해 일찍이 다소의 논란이 있기도 했지만, 사마천司馬遷의 『사기史記』를 비롯해 후세 논자들의 견해를 종합해 볼 때, 손자(손무)가 직접 지은 것이라는 데에 이론이 없다. 사실 역사상 또 한 사람의 '손자'가 있었는데, 바로 손무의 후손으로 전국시대 제나라 무장武將이자 군사軍事 이론가였던 손빈孫臏이다. 후세에는 두 사람을 구분하기 위해, 손무는 '오吳손자', 손빈은 '제齊손자'라 일컫기도 한다. 손빈 역시 병법서를 저술하였는데, 그것은 바로 『손빈병법』으로, 후세에 『손자병법』과 함께 널리 읽히고 있다.

『손자병법』은 또 『손자』나 『손무병법』, 『오손자병법』이라 일컬어지기도 하며, 많은 종류의 판본이 전해지고 있다. 그 가운데 주요한 것으로는 아래의 4대 판본을 꼽을 수 있다.

첫째, 한간본漢簡本이다. 이는 1972년 산동山東 임기臨沂 은작산銀雀山

한묘漢墓에서 출토된 죽간竹簡 자료 가운데에 포함된 것으로, 1976년 문물文物출판사에서 『은작산한묘손자병법』이란 서명書名으로 정식 출판했는데, 세칭 '한간본'이라 일컫는다. 학계의 고증에 따르면, 한간본이 해당 한묘에 부장副葬된 것은 대략 기원전 140년에서 기원전 118년 사이로 추정된다. 그리고 자체字體 풍격風格에 비춰볼 때, 그 필사筆寫 연대는 응당 진秦나라 말엽에서 한漢나라 문제文帝(기원전 180년~기원전 157년 재위)나 경제景帝(기원전 157년~기원전 141년 재위) 시기 사이로, 『손자병법』의 존재를 최초로 기록한 사마천의 『사기』보다 수십 년 또는 일백여 년이 앞선다. 따라서 이는 곧 현존하는 『손자병법』의 최고最古 판본이다. 많은 전문가들은 한간본이 오늘날 전세본傳世本(출토된 것이 아니라 대대로 전해진 판본)에 비해 손무의 친작親作 원본에 보다 더 가까운 것으로 판단하고 있다. 다만 한간본의 학술적 가치는 분명 대단히 높지만, 결손이 많아 완정한 판본이 아니라는 것이 크게 아쉬운 점이다.

둘째, 무경본武經本이다. 이는 곧 『무경칠서武經七書·손자孫子』 본본으로, 세칭 '무경본'이라 일컫는다. 『무경칠서』는 북송北宋 신종神宗 원풍元豊(1078~1085) 연간에 '무학武學(군사학교)'의 교육과 훈련을 위해 『손자병법』을 비롯한 총 7종의 역대 저명 병법서를 모아 편찬한 병법 총서叢書이다. 무경본은 현존 『손자병법』의 가장 중요한 판본의 하나인데, 북송 때부터 명말明末·청초淸初에 이르기까지 『손자병법』의 유전流傳은 시종 무경본이 주도하였으며, 무과武科를 준비하는 사람들이 필독해야 하는 국정國定 판본이기도 하였다.

셋째, 십일가주본十一家注本이다. 이는 곧 송본宋本 『십일가주손자十一

家注孫子』로, 세칭 '십가본十家本'이라 일컫는데, 대략 남송南宋 효종孝宗 연간 1161년 이전에 처음 편찬된 것으로 추정된다. 1961년에는 중화서국中華書局에서 영인본影印本을, 1978년에는 상해고적출판사上海古籍出版社에서 중인본重印本을 각각 출판하였다. 십가본 역시 현존『손자병법』의 가장 중요한 판본의 하나로, 무경본과 함께『손자병법』전세본의 양대兩大 원천이 되었다. 사실 십가본은 상당한 기간 동안 사람들의 관심 밖에 있다가, 청대淸代 장서가藏書家 손성연孫星衍이 심혈을 기울여 송본을 교감 정리해 낸 이후에야 비로소 널리 전파되면서 북송 이후『손자병법』이 무경본 위주로 유전되어 온 국면을 무너뜨렸다. 십가본은 조조曹操, 이전李筌, 가림賈林, 두우杜佑, 두목杜牧, 진호陳皞, 왕석王晳, 매요신梅堯臣, 장예張預, 맹씨孟氏, 하씨何氏 등 11인의 주평注評을 집록集錄하고 있는데, 학술적 가치가 대단히 높다.

넷째, 앵전본櫻田本이다. 이는 일본 에도(江戶) 시대 나가누마파(長沼派) 무학武學 학자 사쿠라다 스스무(櫻田迪)가 1852년에 집안에서 소장해온 필사본『고문손자古文孫子』에 문장부호를 덧붙여 간행한 것으로, 세칭 '앵전본'이라 일컫는다. 이 또한 현존『손자병법』의 중요 판본의 하나이다. 앵전본은 중국 학계에서 그 자체字體나 피휘避諱 등을 분석 연구한 결과, 조조의『조주손자曹注孫子』와 송본 십가본 사이의 과도적 판본으로 인식하고 있으며, 아마도 당唐나라 초엽의 필사본일 것으로 추정하고 있다. 그러므로 오늘날『손자병법』을 교감하는 데에 아주 중요한 참고 가치가 있다.

『손자병법』의 주요 내용 ─ 전략적 지혜

『손자병법』에서 설파한 전략적 지혜의 주요 내용은 크게 정치 청명淸明, 군력軍力 비축, 임전臨戰 신중愼重, 필승 추구 등 네 가지 주장으로 요약할 수 있다.

첫째, 정치 청명이다. 『손자병법』은 권두에서 말머리를 열자마자 전쟁은 '나라의 중대사(國之大事)'임을 분명히 하면서, 그 승패는 '오사五事'·'칠계七計'에 달려 있음을 역설하였다. 한데 손자가 '오사'·'칠계' 가운데 첫 번째로 꼽으면서 그 중요성을 부각한 것은 바로 '도道', 즉 정치이다. 그것은 곧 정치야말로 진정 전쟁과 불가분의 관계에 있으며, 밝고 안정된 정치만이 전쟁의 최후 승리를 쟁취할 수 있는 원동력임을 강조한 것이다.

둘째, 군력 비축이다. 군력(군사력)이란 병력이나 군비軍備(전쟁을 수행하기 위하여 갖춘 군사 시설이나 장비)는 물론 국가 경제력 따위를 종합한, 전쟁을 수행할 수 있는 능력을 이르는 만큼, 이는 좁은 의미의 군사력뿐만 아니라 국력의 전반적 수준이 함께 고려된 총체적 전쟁 능력을 말한다. 손자는 「작전편」과 「형편」에서 나라의 경제 및 재정 여건이 전쟁의 전全 과정에 직접적으로 작용하면서 승부의 향방을 좌우함을 거듭 역설하였다. 또한 전쟁 지휘관은 기본적으로 "병가兵家의 도道를 닦고, 필승의 법도를 갖추어야 하고(修道而保法)"(「형形」), 그리고 그 바탕 위에 군력의 비축과 운용에 심혈을 기울여, 아군의 군력이 적군에 비해 상대적 우세에 놓이면서 스스로 강한 자신감을 가질 수 있도록 할 것을 요구하였다. 한마디로 군력의 문제와 관련하여, 기왕에 전쟁에 나선다면 막강 전력을 갖춘 병력으로 적과의 전투에서 기필코 상대를 눌러 이길 수 있어야 한다는 것이다.

물론『손자병법』에서 최상의 전략으로 꼽은 것은 '싸우지 않고 이기는(不戰而勝)'(「모공謀攻편」 참조) 것이다. 하지만 어쩔 수 없이 피아彼我 양군兩軍이 맞서 겨룰 때에는 "엄청난 위세를 적에게 가하여(威加於敵)"(「구지九地」) 마치 "숫돌로 계란을 부수어 깨뜨리는(以碬投卵)"(「세勢」) 것과 같은 절대 우세를 조성해야 한다. 또한 "아군이 적군보다 열 배가 많으면 적군을 사방에서 포위해 굴복토록 압박을 가하고, 다섯 배가 많으면 적군을 적극적으로 공격해 무찌르며, 두 배가 많으면 적군을 분산시켜 각개 격파로 무찌르고, 서로 대등하면 치밀한 지략으로 선전善戰해 적군을 무찌르며, 반면 아군이 적군보다 병력이 적으면 전략을 세워 물러나고, 전력이 못하면 지략을 써서 결전을 피해야 한다(十則圍之, 五則攻之, 倍則分之, 敵則能戰之, 少則能逃之, 不若則能避之)."(「모공」) 이처럼『손자병법』은 시종始終, 어떻게든 아군의 전력은 우세와 강세를 형성하는 반면, 적군의 전력은 열세와 약세를 면치 못하게 하는 전략적 지혜를 설파하였는데, 그 모든 것은 반드시 적을 위압威壓하는 힘을 바탕으로 하여야 한다. 따라서 손자가 비록 지모智謀와 지략을 강조하지만, 그것은 결코 힘이 뒷받침되지 않고서는 안 된다는 얘기다.

셋째, 임전 신중이다. 손자가 제기한 신전愼戰, 즉 전쟁에 임함에 있어서는 반드시 신중에 신중을 기해야 한다는 주장은, 고대 전략 문화의 광휘光輝로 평가될 만하다.『손자병법』에 보이는 신전 사상은 대략 다음과 같은 내용들이다.

(1) 출병出兵에 신중해야 한다.『손자병법』은 첫머리에서 바로 이르기를, "전쟁이란 나라의 중대사로 백성의 생사가 걸린 영역이요, 나라

의 존망이 달린 관두關頭이니, 깊이 궁구하고 신중히 임하지 않을 수가 없도다[兵者, 國之大事, 死生之地, 存亡之道, 不可不察也]"(「계計」)라고 하였다. 이렇듯 중차대한 전쟁에 임하는 자세가 추호라도 데면데면하다면, 그 후과는 필시 감당하기 어려울 것이다. 하여 손자는 분명하게 말한다. "군주는 일시적 분노를 참지 못하고 군사를 일으켜서는 아니 되고, 장수는 일시적 화火를 참지 못하고 싸우러 나가려고 해서는 아니 되나니, 오로지 나라의 이익에 맞으면 군대를 움직이고, 나라의 이익에 맞지 않으면 군대를 움직이지 않아야 한다. 분노는 다시 환희로 바뀔 수 있고, 화는 다시 기쁨으로 바뀔 수 있다. 하지만 멸망한 나라는 다시 존속할 수 없고, 죽은 사람은 다시 살아날 수 없다. 그러므로 영명한 군주라면 군대를 움직여 전쟁을 하는 데에 신중해야 하고, 현량한 장수라면 군사를 이끌고 싸우러 나가는 데에 경각심을 가져야 한다. 이것이야말로 진정 나라를 안전하게 지키고, 군대를 온전하게 보호하는 근본 원칙이다[主不可以怒而興師, 將不可以慍而致戰; 合於利而動, 不合於利而止. 怒可以復喜, 慍可以復悅; 亡國不可以復存, 死者不可以復生. 故明君愼之, 良將警之. 此安國全軍之道也]."(「화공火攻」) 손자의 이 같은 신전 사상은 곧 국가와 백성의 근본적 안위와 이익을 염두에 둔 것으로, 참으로 현명하고 개명開明한 군사 원칙이요, 의식 관념이다.

(2) 선지先知에 힘써야 한다. 선지란 출병하기 전에 미리 적정을 정탐하는 것, 즉 드러나지 않은 적군의 동향과 실태를 몰래 살펴서 알아내는 것을 말한다. 이는 손자의 중요한 주장의 하나로, 대대로 전쟁 지휘관들이 너나없이 적극적으로 고려하고 실행한 문제이다. 이와 관련해 손자는 유명한 군사 원칙을 일깨웠다. "적을 알고 나를 알면 백

번을 싸워도 백 번 다 위험에 빠지지 않고, 적을 알지 못하고 나만 알면 이길 수도 있고 질 수도 있으며, 적도 알지 못하고 나도 알지 못하면 싸울 때마다 번번이 위험에 빠진다〔知彼知己, 百戰不殆; 不知彼而知己, 一勝一負; 不知彼, 不知己, 每戰必殆〕.”(「모공」) 그리고 적정을 여실히 정탐하기 위해서는 무엇보다 '용간用間', 즉 간자間者를 이용할 것을 강력 주문하였다. 아울러 이르기를, “영명한 군주와 현량한 장수가 출병했다 하면 적을 눌러 이기고, 공업功業을 이루는 것 또한 뭇사람을 능가하는 까닭은 바로 사전에 이미 적정을 몰래 살펴서 알고 있기 때문이다〔明君賢將, 所以動而勝人, 成功出於衆者, 先知也〕.”(「용간用間」)라고 하였다. '선지'는 그야말로 전략의 고도화를 가능케 함으로써 필승으로 가는 데에 큰 몫을 하는 기발한 전쟁 지략임에 틀림이 없다.

(3) 싸우지 않고 이겨야 한다. 「모공편」에서 말했다. “백 번 싸워 백 번 이기는 것은 결코 훌륭하고도 훌륭한 전략이 아니며, 싸우지 않고 적의 군대를 굴복시키는 것이 진정 훌륭하고도 훌륭한 전략이다〔百戰百勝, 非善之善者也; 不戰而屈人之兵, 善之善者也〕.”(「모공」) 무력 전쟁이란 아무리 강력한 전력으로 적을 격파하고 승리한다고 한들, 적군은 말할 것도 없고, 아군 또한 적지 않은 손실과 희생을 감수해야만 한다. 하여 손자는 '싸우지 않고 이기는', 그야말로 '온전한 승리〔全勝〕'를 거두도록 해야 함을 역설하였다. 이는 물론 단순한 군사 전략적 차원을 넘어 정치 외교적 전략이 결합된 보다 차원 높은 총체적 접근과 노력이 어우러져야 할 것이다. 아무튼 손자는 피아간의 무력 충돌은 가능한 한 피하는 최대한의 신중함을 요구하고 있다.

넷째, 필승 추구이다. 승리는 용병 전략의 궁극적 목적이다. 손자가 비록 "싸우지 않고 적의 군대를 굴복시키는 것"을 군사 전략상 최고의 조예이자 경지이며, 궁극적 지향이어야 함을 강조하기는 하였지만, 사실 그게 어찌 그리 쉬운 일이겠는가?! 필시 그 때문이겠지만, 손자가 『손자병법』 전권全卷(한 권의 책 전부)을 통해 시종 절대 다수의 지면을 할애해 논술한 것은 바로 어떻게 싸워, 어떻게 반드시 승리할 것인가에 대한 문제이다. 그 내용은 대략 다음 몇 가지로 나뉜다.

(1) 전승全勝이다. "무릇 군사를 일으켜 전쟁을 하는 원칙은 적으로 하여금 그들의 국도國都와 성읍城邑이 온전한 상태로 항복하게 해 싸우지 않고 이기는 것이 상책이요, 싸움을 벌여 적의 국도와 성읍을 격파하고 이기는 것은 그보다는 한 수 아래다(凡用兵之法: 全國爲上, 破國次之)."(「모공」) 이처럼 『손자병법』에서 말하는 전승은, 일반적으로 이르는 모든 싸움에서 다 이긴다는 것이 아니라, 온전한 승리·완전한 승리란 뜻으로, 적군이 어떠한 인적·물적 손실이나 피해를 입지 않은 온전한 상태로 스스로 항복해 옴으로써 아군이 승리하는 것을 말한다. 따라서 이는 상술한 바와 같이 신전愼戰 사상의 의미를 내포하고 있는가 하면, 또 필승 추구의 가장 이상적인 형상을 의미하기도 한다. 전승이 설령 아무리 어려운 지향일지라도, 최우선적으로 그 고지를 향해 최선을 다해 달려가야 한다.

(2) 선승先勝이다. 이는 충분한 전쟁 준비로 사전에 이미 필승의 여건을 마련하는 것이다. "옛날에 전쟁을 잘하는 사람은 먼저, 적이 이길 수 없는, 막강 전력을 구축하고 나서, 적을 무찌를 수 있는 기회를 기다린다(昔之善戰者, 先爲不可勝, 以待敵之可勝)." "승리하는 군대는 먼저 승리할 여건을 마련한 다음에 전투를 벌이려 하고, 패배하는 군대는

무턱대고 먼저 전투를 벌인 다음에 승리하려고 한다(勝兵先勝而後求戰, 敗兵先戰而後求勝).”(「형形」) 다시 말해 필승을 추구하기 위해서는 무엇보다 먼저 전쟁 준비를 철저히 그리고 충분히 하여 스스로 “불패不敗의 자리에 선(立於不敗之地)”(「형」) 다음에 기회를 포착해 달려 나아가 적을 무찌르도록 해야 한다는 것이다. 전쟁 준비란 물론 다방면적인 것으로, 정치, 경제, 외교, 군사, 물질, 정신적 측면 등등을 두루 포함한다.

(3) 지승知勝이다. 이는 필승에 필요한 제반 사항을 '선지'함은 물론, 그 같은 바탕 위에 충분히 승리를 예지豫知·예상할 수 있도록 하는 것이다. 『손자병법』은 '지知(앎, 예지·예측함)'에 대한 논술이 상당 부분을 차지하는데, 대략 80차례 내외에 달할 정도이다. 특히 '지피지기知彼知己'나 '지천지지知天知地(천시天時를 알고 지리地利를 앎)'는 이미 널리 알려진 주장이다. 손자는 또 '지승지도知勝之道', 즉 전쟁에서 승리를 예측·예상할 수 있는 경우로, “싸워야 할 때와 싸우지 말아야 할 때를 알면 승리하고, 피아 병력의 중과衆寡에 따른 용병술을 알면 승리하며, 장수와 병졸 상하上下가 한마음 한뜻으로 뭉치면 승리하고, 사전 준비가 철저한 상태로 사전 대비가 안 된 적을 상대하면 승리하며, 장수가 지용智勇을 겸비해 유능하고, 군주가 작전에 간여하지 않으면 승리한다(知可以戰與不可以戰者勝, 識衆寡之用者勝, 上下同欲者勝, 以虞待不虞者勝, 將能而君不御者勝)”(「모공」)는 다섯 가지 기준을 제시하였다. 그뿐만 아니라 “전쟁을 할 때는 적의 동태를 요모조모 따져 보아 그들의 계책의 득실과 우열을 알고, 적을 집적거려 보아 그들의 행동 원칙과 양상을 알며, 적에게 거짓된 모습을 보여 그들이 대비를 잘하고 살 곳에 있는지 그렇지 않고 죽을 곳에 있는지를 알고, 적과 한 번 적은 병력으로 맞붙

어 보아 그들의 강약과 허실 정황을 알아야 한다〔策之而知得失之計, 作之而知動靜之理, 形之而知死生之地, 角之而知有餘不足之處〕”(「허실」)고도 하였다. 무릇 전쟁 지휘관은 관련 사항 일체의 실정과 실황을 속속들이 알고 기민히 응변하여 필승할 수 있도록 하여야 한다.

(4) 이승易勝이다. 이는 최대한 쉽게 이기는 것이다.『손자병법』에서는 “옛날의 이른바 전쟁을 잘하는 사람은 쉽게 이길 수 있는 상대에게서 승리를 거둔다〔古之所謂善戰者, 勝於易勝者也〕”(「형」)는 점을 강조하였다. 소위 ‘쉽게 이길 수 있는 상대’란 약소弱小하거나 고립되거나 피로에 지치거나 굶주리거나 겁에 질리거나 거만하거나 한 적 등등으로, 사실상 이미 패색이 짙은 적이다. 손자가 이른 대로, 전장에서는 “이미 패배의 구렁에 빠진 상대를 무찌르고 승리하는 것〔勝已敗者也〕”(「형」)이야말로 진정 작전 목표와 대상을 선택 결정하는 하나의 중요한 원칙이어야 한다.

(5) 역승力勝이다. 이는 곧 상술한 ‘군력 비축’과 같은 맥락의 주장으로, 무적의 막강 전력으로 상대를 압도적으로 눌러 이기는 것이다.

(6) 지승智勝이다. 이는 지모智謀·지략으로 적을 공략해 이기는 것이다.『손자병법』에서 말한 “최상의 용병 전략은 ‘적의 계략을 무너뜨리는 것〔伐謀〕’이고, 그 다음은 ‘적의 외교外交를 무너뜨리는 것〔伐交〕’이다〔上兵伐謀, 其次伐交〕”(「모공」), “전쟁은 속임수가 원칙이다〔兵者, 詭道也〕”(「계」) 등등은 모두 지승, 즉 출기제승出奇制勝(기묘한 전략을 써서 승리를 거둠)을 강조한 것이다. 또한 손자는 장수의 필수 자질로, ‘지혜〔智〕’·‘신망〔信〕’·‘인애〔仁〕’·‘용기〔勇〕’·‘엄정〔嚴〕’ 다섯 가지를 제시하면서 특히 ‘지혜’, 즉 지략에 뛰어남을 으뜸으로 꼽았다.『손자병법』에서는 적을

상대할 때는 응당 "적의 방비가 없는 상황에서 공격하고, 적이 생각지도 못한 상황에서 출격하여야 함(攻其無備, 出其不意)"(「계」)을 거듭 강조하였는데, 그러기 위해 전쟁을 지휘하는 장수는 반드시 '허실虛實'과 '기정奇正(특수 전법戰法과 일반 전법)'에 밝고, 기변機變과 기만欺瞞 전술에 능통하여야 한다.

(7) 용승勇勝이다. 이는 용감히 싸워 이기는 것이다. 사실 전장에서 용감히 싸워야 한다는 것은 두말할 나위가 없는 얘기다. 하지만 그게 늘 여의如意한 것만은 아니다. 따라서 장수는 스스로 용감해야 함은 물론이거니와, 어떻게든 군사들로 하여금 용맹 전진하여 결사決死 분전奮戰토록 지휘하여야 한다. 왜냐하면 "군사들이 마치 한 사람처럼 일치단결하여 용감히 나아가 싸우게 하는 것은 바로 군대를 지휘 통솔하는 원칙이 어떠하냐에 달렸기(齊勇若一, 政之道也)"(「구지九地」) 때문이다. 하여 때로는 "전군全軍의 군사들을 모아 험지險地로 몰아넣어 그들로 하여금 죽기를 각오하고 싸우게 해야 한다(聚三軍之衆, 投之於險)." (「구지」) 군사들을 용기백배·사기충천하게 하는 방법은 여러 가지가 있을 것이다. 장수는 무엇보다 평소 군사들을 인애하되 엄격한 기율로 항시 위엄을 갖추어야 한다. 왜냐하면 그래야만 장수의 지휘와 명령에 진실로 힘과 무게가 실리면서 군사들이 심복心服하게 되기 때문이다. 또한 "용맹함과 비겁함의 군대 사기는 전투태세의 우열優劣에 달려 있다(勇怯, 勢也)."(「세勢」) 따라서 전장에서는 어떠한 경우에도 시종 전열을 가다듬어 일사불란함을 잃지 않도록 해 공수攻守에 두루 효과적인 우월한 전투태세를 갖추고, 바로 그 바탕 위에 용맹한 기상과 사기를 고취시켜야 한다.

(8) 속승速勝이다. 이는 속전속결로 신속히 승리하는 것이다. 손자의 생각은 분명하다. "전쟁은 신속히 승리하는 것을 높이 사며, 오래 끄는 것은 좋게 여기지 않는다〔兵貴勝, 不貴久〕."(「작전」) 왜냐하면 전쟁이 길어지면 군대 사기는 떨어지고, 국가 재정은 고갈되면서 정치·군사적으로 불리하고 위험한 지경에 처할 우려가 크기 때문이다. 또한 속승하기 위해서는 속전속결하여야 하는데, 신속한 작전은 무엇보다 "적이 미처 손쓸 겨를도 없는 틈을 타〔乘人之不及〕"(「구지九地」) 그들의 허점을 노릴 수 있으며, 따라서 속승의 가능성을 한껏 높일 수가 있다.

(9) 수공修功이다. 이는 전쟁에서 승리한 이후 제때에 논공행상을 통해 전승의 성과를 공고히 하는 것이다. 여기서 '수'는 다스린다는 말로, 곧 공고히 함을 뜻한다. '수공'하지 않으면 장졸들의 사기를 떨어뜨리게 되어 차후의 전투에서 승리를 장담하기 어렵고, 그렇게 되면 결국 인명만 희생하고, 군비만 허비하는 꼴이 되고 만다. 전쟁의 최고 책임자요 지휘자인 군주나 주장主將은 '수공'이 군사들의 사기 진작과 전투력 향상에 중요한 작용을 한다는 것을 잊어서는 안 된다.

(10) 『손자병법』에는 이 밖에도 필승을 추구하기 위한 많은 주장들이 있는데, 예를 들면 전쟁을 하기 전에 피아彼我의 제반 여건과 조건을 비교 분석해 승부를 예측하고, 또 그에 따라 기본적인 작전계획을 철저히 수립해야 한다거나, 기선을 제압하고 전쟁의 주도권을 잡아야 한다거나, 피실격허避實擊虛, 즉 적의 실함은 피하고 허함을 친다거나, 기본 작전의 정해진 틀에 갇혀 있지 말고 그때그때 기변機變의 전술적 융통성을 발휘해 전장의 다양한 상황과 형세에 기민하게 대처해야 한다거나 하는 등등이다.

『손자병법』의 현대적 의의와 응용

『손자병법』은 뛰어난 군사 전략적 안목과 통찰력으로 전쟁의 보편적 원리와 법칙 전반에 대한 탁견卓見을 체계적으로 설파한, 현존 최고의 고대 병법서이다. 하지만 그렇다고 하여 그 적용 및 응용 범위가 단지 고대나 군사 방면에만 국한되는 것은 아니다. 오히려 그 사유 방식과 행동 원칙은 시공간을 초월해 불후의 가치와 의의를 띠고 있어 우리 현대인들에게도 충분히 훌륭한 인생의 지침서가 될 수 있다. 후세에 실제로 중국은 말할 것도 없고, 다른 여러 나라의 군관軍官이나 군사 전문가를 비롯해 사회 각계의 수많은 사람들이 『손자병법』을 즐겨 읽으며 생존 경쟁에 필요한 통찰과 지혜를 배워 온 것은 이를 웅변으로 말해 준다.

다만 현대인의 삶이 아무리 치열한 생존경쟁의 나날이라 할지라도 적을 죽이지 않으면 내가 죽는 전장의 삶과 동일시할 수는 없다. 『손자병법』의 지혜와 가르침을 우리 현대인들이 배우고 응용함에 있어서는 반드시 이지력과 창의력을 바탕으로 한 신축적인 사고가 요구된다는 얘기다. 예를 들면 『손자병법』에서 전쟁을 지휘하는 장수의 필수 자질로 강조한 "지략智略에 뛰어남, 군주와 군대의 신망信望을 얻음, 장병을 인애仁愛함, 임전臨戰 지휘에 용감·과단果斷함, 군기軍紀를 엄정히 확립함"(「계」)은 충분히 현대 사회의 다양한 조직과 단체를 이끄는 지도자들에게도 동일한 맥락과 시각으로 적용하고 요구할 수 있다. 반면 『손자병법』에서 전쟁의 필수 전략으로 강조한 '속임수 구사'와 '간자間者 이용' 등은 우리의 삶에 무분별하게 적용하기는 분명 무리가 있다. 그런가 하면 또 『손자병법』에서는, 본국에서 멀리 떨어진 전장에서 오랜 시간 전쟁을 수행해야 하는 경우에는 '인량어적因糧於敵' (「작전」), 즉 양초糧草(군량과 사료)를 적국 현지에서 약탈해 조달토록 해야 함을 강조하였는데, 그것은 양초를 본국으로부터 운송 조달함에 따른 인적·물적 그리고 시·공간적 부담을 획기적으로 경감하기 위한 대책이다. 이 '인량어적'의 현대적 응용이라면, 오늘날 이미 널리 행해지고 있는, 수출 기업이 수출 대상국 현지에서 제품을 생산해 판매하는 방식의 산업 전략을 생각해 볼 수 있다.

『손자병법』은 동서양의 많은 고전들 가운데서도 실용성이 가장 강한 고전에 속한다. '전쟁' 같은 '경쟁'이 일상인 현대인들이 그 가르침과 지혜를 배운다면, 분명 대단히 유용하고 유의미한 생활의 지침이 될 것이다. 그러자면 무엇보다『손자병법』원전에 대한 '바르고 깊은' 이해가 우선이다.(사실 '고전 읽기'가 다 그렇다) 적용과 응용은 그 다음이다.『논어』에서 이르기를, '본립이도생本立而道生'이라 하지 않았던가? 만사는 근본이 바로 서면 '도道'는 절로 살아나고, 그 위력을 발하게 마련이다. 따라서 역자는『손자병법』을 역해譯解하면서 원전의 기본 의미와 취지, 근본 사상과 정신을 오롯이 풀어내고 되살리는 데에 주력하였다. 그러기 위해 '자구 주석'과 '원문 번역'에 가능한 한 상세함과 유려함을 추구하였고, 아울러 '문의文義 해설'을 통해 각 편篇과 단락의 본의本義 전반을 빠짐없이 요약 설명함은 물론, 손자의 숨결까지 느낄 수 있도록 하고자 하였다.

반면 해당 병법 이론의 실제 전투 사례나 현대적 응용 실례를 소개하는 데에는 별 힘을 쏟지 않았다. 역사 속의 전투 사례는 흥미로운 전쟁 이야기로서 각각의 병법에 대한 이해를 돕는 데 일조할 수 있고,

현대적 응용 예시는 독자 나름의 개별적 활용 지침에 단초를 제공할 수 있다. 하지만 모든 것을 다 아우르려다 자칫 주객이 전도되는 우를 범하는 것을 경계하며, 원전의 본의에 대한 바르고 깊은 이해를 도모하는 데에 집중코자 하였다. 믿건대 손자의 가르침, 그 근본 논지論旨와 맥락에 대한 '바르고 깊은' 이해에 이른다면, 누구나 본능적으로, 직감적으로 그 현대적 적용과 응용에 나름의 묘妙를 발휘하게 될 것이다. 만사에 무본務本·치본治本, 즉 근본에 힘쓰고, 근본을 다스리는 데에 주력해야 하는 까닭은 바로 이 같음에 있는 것이리라.

　인간의 삶 속에서 이런저런 힘겨루기는 사실상 불가피하다. 인간 사회의 수많은 힘겨루기 가운데서도 특히 전쟁은 국가나 민족과 같은 크고 작은 정치 집단 세력 사이의 모순과 갈등이 원만히 해결되지 못하고, 상호 무력적 수단을 총동원해 극단적 충돌로 번진 것이다. 그런 만큼 전쟁의 폐해와 해악이 얼마나 심대한 것인지는 이루 다 말할 수가 없다. 전쟁이 빈발하던 시대를 살았던 손자가 전쟁의 이론과 방법을 체계화하면서 굳이 싸우지 않고 이기는, 온전한 승리를 최상의 전략으로 높인 것은 바로 그 때문이다. 또한 어쩔 수 없이 싸우더라도 신전愼戰과 속전速戰으로 그 피해를 최소화해야 한다는 인도주의적 노력을 강조한 것 역시 바로 그 때문이다. 아무튼 전쟁의 궁극적이고 심층적인 의의는 오히려 전쟁을 억제하고 종식시켜서 이 세상에서 영원히 사라지게 하는 것이어야 한다. 인간 사회의 생존 경쟁도 마찬가지다. 건강한 선의의 경쟁을 통해 궁극적으로 너와 내가 함께 발전 번영할 수 있는 길로 나아가야 한다.

역자는 언제부턴가 동양 고전의 역해에 몰두하면서 '쉽고 바르게 읽기'를 표방하고 추구해 왔다. "지자知者는 불언不言이요, 언자言者는 부지不知니라." 진실로 도道를 아는 사람은 함부로 도를 말하지 않고, 함부로 도를 말하는 사람은 진실로 도를 알지 못한다는, 철인哲人 노자의 일침이다. 역자는 고전을 역해하면서 늘 이를 가슴에 새기며 경각심을 가진다. 그리고 고전을 '함부로' 풀이해서는 안 된다는 생각에서 한문 고전 역해에 대한 역자 나름의 '3원칙'—첫째, 한문 문법에 맞아야 하고, 둘째, 논리적 모순이 없어야 하며, 셋째, 원전의 기본 사상에 부합해야 한다—을 세워 미력을 다하고자 한다.

오늘날 우리 사회는 바야흐로 인문학 열풍이 고전 읽기에 관심과 열기를 더하고 있다. 한데 우리는 과연 고전을 얼마나 바르게 풀이하고, 또 읽고 있는 것일까? 문득 '적비성시積非成是', 즉 그른 것이 오래되면 오히려 옳은 것이 된다는 말이 떠오른다. 또한 '백 사람이 한 번 읽는 시가 아니라, 한 사람이 백 번 읽는 시를 쓰고 싶다'는 어느 시인의 소회素懷가 뇌리를 스친다.

동양 고전의 '쉽고 바르게 읽기'를 표방한 역자의 마음 한구석에는 스스로 공력工力의 뒷받침이 부족해 공언空言이 되지 않을까 우려가 없지 않다. 독자 제현의 가차 없는 질정과 아낌없는 성원을 바란다.

2019년 8월
문수산 기슭에서
박삼수

차례

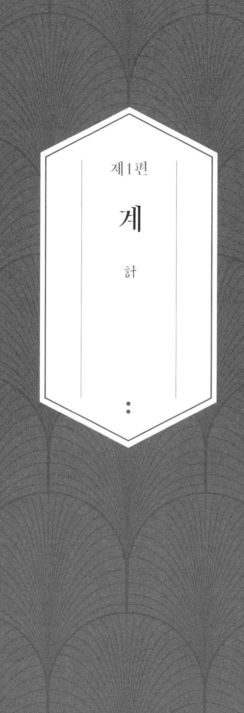

제1편

계

計

「계편計篇」은 『손자병법』의 첫 편으로, 전권全卷을 관통하는 병법 이론의 기본 관점을 제시하고 있어 전권의 강령綱領(근본 줄거리)이나 다름이 없다. 일부 판본에서는 편명篇名을 '시계始計'라고 했는데, 리링李零이 이른 대로 아마도 후세 사람들이 '먼저 계책을 세우고, 그 다음에 출전한다(先計而後戰)'는 병가兵家의 통설通說을 의식해 '시' 자字를 덧붙인 것으로 보인다.

여기서 '계'는 동사이며, 헤아리다, 예측하다는 뜻으로, 곧 전쟁을 하기 전에 피아彼我의 제반 여건과 조건을 비교 분석해 승부를 예측하고, 또 그에 따라 기본적인 작전계획을 수립하는 것을 말한다. 그러니 후세 사람들이 편명을 '시계'라고 명명한 것은 일리가 있다. 한漢·위대魏代 조조曹操도 이르기를, "'계'란 아군의 장수를 선정하고, 적의 군사력을 가늠하며, 전장戰場의 지리적 조건을 살피고, 아군의 병력을 분석하며, 전장의 멀고 가까움을 따지고, 지세地勢의 험하고 평탄함을 살피는 것인데, 그 모든 것을 묘당(종묘)에서 따지고 헤아린다(計者, 選將·量敵·度地·料卒·遠近·險易, 計於廟堂也)"라고 하였다. 따라서 '계'는 사실상 편篇 말미에서 말하는 '묘산廟算'을 일컫는다 할 것이다. 한편 일설에는 '계'가 명사로 계책, 전략을 뜻한다고 하나, 손자의 본의와는 거리가 있다.

아무튼 「계편」은 전쟁에 대한 승패 예측과 전략 수립의 중요성을 강조하는 가운데 그 목적과 의의, 방법과 내용 등을 논술하였다. 전쟁의 승리는 일차적으로 피아의 전력을 얼마나 철저히 분석 이해해 승부를 예측하고, 또 그에 따른 필승의 전략을 얼마나 치밀히 짜느냐가 관건이다. 손자가 『손자병법』 첫머리부터 전쟁 승리의 관건인 '계' 문제를 논하며 그 중요성을 부각한 것은 바로 그 때문이다.

이 편에서 손자는 먼저 전쟁을 대하는 태도와 자세가 최대한 진지하고 신중할 것을 요구하였다. 왜냐하면 "전쟁이란 나라의 중대사로 백성의 생사가 걸린 영역이요, 나라의 존망이 달린 관두關頭이기(兵者, 國之大事, 死生之地, 存亡之道)" 때문이다. 그러니 전쟁은 진정 "깊이 궁구하고 신중히 임하지 않을 수가 없다(不可不察也)"는 얘기다. 한 나라의 최고 통치자는 사전에 반드시 피아에 대한 제반 여건과 요소들을 세심히 따져 꼭 군사를 일으켜야 할 당위성이 있는지 없는지를 철저히 분석해 신중히 판단하여야 한다. 만약 전쟁을 꼭 해야 한다면 어떻게 승리를 쟁취할 것인지를 깊이 고민하고 탐구하여야 하며, 절대로 감정에 치우쳐 함부로 군사를 움직여서는 안 된다. 이 같은 전쟁에 대한 신중론은 바로 손자의 병법 연구와 군사 전략의 기본 정신이다.

이어서 손자는 전쟁의 승부를 결정짓는 기본 요소로 '오사五事'·'칠계七計'를 제시하고, 그것들을 하나하나 면밀히 검토하고 자세히 살펴볼 것을 요구하였다. '오사'와 '칠계'에는 사실상 전쟁과 관련한 핵심 요소·주요 문제가 거의 포함되었다고 할 수 있다. 따라서 그에 근거해 전쟁의 승부를 판단함도 가可할 것이요, 전쟁을 할 것인지 말 것인지를 결정함도 가할 것이다.

그리고 손자는 전쟁에 돌입하면서 반드시 능숙하게 해야 할 것으로, '전장의 형세 변화에 따른 아군의 이해득실에 의거한 탄력적 전략 수립[因利而制權]'과 '전략적 속임수[詭道] 구사'를 강력 주문하였다. 그것은 물론 전쟁의 주도권을 장악한 가운데 적의 허를 찌르는 임기응변과 속임수의 전략으로 적의 전투력을 약화 궤멸시키면서 결정적 승기를 잡기 위한 것이다. 바로 "그렇게 하여 적의 방비가 없는 상황에서 공격하고, 적이 생각지도 못한 상황에서 출격해야 한다[攻其無備, 出其不意]"는 것이 손자의 생각이다.

끝으로 손자는 '묘산', 즉 사전에 종묘에서 진행하는 국가 차원의 군사전략회의의 중차대한 의의를 강조했는데, 이는 곧 상술한 '계'의 필요성과 중요성을 거듭 일깨운다.

한편 손자는 '오사' 가운데 '도道', 즉 정치를 으뜸으로 중시하고, '칠계' 가운데는 또 가장 먼저 군주가 어느 쪽이 유도有道한가, 즉 도덕적인 밝은 정치를 행해 백성의 지지와 신임을 받고 있는가를 묻는 물음을 던졌다. 예로부터 전쟁은 인의의 전쟁[仁義之戰], 정의의 전쟁[正義之戰], 사악한 전쟁[邪惡之戰]으로 나뉘는데, 각각 위난危難에 처한 다른 나라를 구원하는 전쟁, 타국의 침략을 받고 자국을 지키기 위한 전쟁, 다른 나라를 침략하는 전쟁을 말한다. 『손자병법』에서는 전쟁의 명분과 성격에 대해 직접적으로 언급하거나, 전쟁의 의義·불의不義 문제를 명확히 구분해 논하지는 않았다. 하지만 병법을 논하면서 이처럼 '도'와 군덕君德(군주의 덕성)을 중시한 손자의 의식 관념에 비춰 볼 때, 분명 그 의식의 저변에 의로운 전쟁에 대한 실질적인 인식이 있었을 것으로 판단된다. 공자가 "'정政' 자字는 바르게 한다는 뜻(政者, 正也)"(『논어』「안연顏淵」)이라고 풀이했듯이, 모름지기 정치는 정의와 도의의 구현을 지향해야 한다. 한데 군주가 만약 인의에 맞는 정치와 의로운 전쟁을 행하는 것이 아니라면, 어떻게 민중의 지지와 신임을 받을 수 있겠는가? 손자가 병법을 정리하면서 사악한 전쟁까지 그 대상의 범주에 넣었는지 어떤지는 정확히 알 수 없으나, 적어도 그 범주의 중심에 넣어 생각하지는 않았을 것이다.

1

손자께서 말씀하셨다. 전쟁이란 나라의 중대사重大事로 백성의 생사
가 걸린 영역이요, 나라의 존망이 달린 관두關頭이니, 깊이 궁구하고
신중히 임하지 않을 수가 없도다.

孫子曰¹: 兵²者, 國之大事, 死生之地³, 存亡之道⁴, 不可不察⁵也.
손 자 왈   병 자 국 지 대 사   사 생 지 지   존 망 지 도   불 가 불 찰 야

주석

1 孫子曰(손자왈): 이는 손자의 제자가 덧붙인 것으로 추정됨.

2 兵(병): 원의原義는 병기兵器. 후세에는 점차 전의轉義되어 병사兵士, 군대, 군사軍
  事, 전쟁의 뜻으로 쓰임. 여기서는 전쟁을 가리킴.

3 地(지): 곳, 장소. 여기서는 사상思想의 영역을 이름.

4 道(도): 길. 여기서는 관두關頭, 즉 가장 중요한 지경地境을 이름.

5 察(찰): 심찰審察·고찰함. 여기서는 꼼꼼히 따지고 깊이 연구·궁구窮究하며 신중
  히 다루고 임臨함을 이름.

손자는 본격적으로 병법을 논하기에 앞서 먼저 전쟁의 중요한 속성을 일깨운다. 한 나라에 있어서 전쟁은 그야말로 백성의 생사와 국가의 존망을 좌우하는 중차대한 일이라는 얘기다. 손자가 살았던 춘추시대 말엽은 국가 간의 합병合倂 전쟁이 날로 빈번하고 또 격렬해지고 있었으니, 그 같은 전쟁의 속성과 영향력이 진정 폐부를 파고들었으리라. 그러므로 손자는 다시 힘주어 말한다. '누구나 전쟁을 대하는 태도는 진정 엄숙하고 신중하여야 한다.' 전쟁을 결정 실행하기 전에, 반드시 먼저 '꼭 군사를 움직여 전쟁을 해야만 하는지', '전쟁을 하면 어떻게 승리를 쟁취할 수 있는지' 보다 철저한 분석과 진지한 연구와 검토를 거쳐야 한다는 것이다.

"나라가 아무리 크더라도 전쟁을 좋아하면 반드시 멸망할 것이요, 천하가 아무리 안정되더라도 전쟁을 망각하면 반드시 위험이 닥칠 것이다(國雖大, 好戰必亡; 天下雖安, 忘戰必危)." 고대 병서兵書인『사마법司馬法』(현존 최고最古의 병법서로, 주周나라 초엽 강태공姜太公의 저술로 알려지며, 춘추시대 전기前期의 대단히 고전적인 일련의 전쟁 원칙을 보존하고 있는데, 귀족적인 색채가 농후한 데다 병법을 논술하는 것보다 더 많은 부분에서 군례軍禮, 즉 군중軍中 내지 전쟁의 예의·예절에 관해 논술하고 있는 것이 특징임. 예를 들면 "적국에 상사喪事가 났을 때는 공격하지 않고, 적국에 흉년이 들었을 때도 공격하지 않는다[不加喪, 不因凶]"는 등 군사 행동 속에서도 전쟁 본연의 폭력성과 잔학성을 무한히 발휘해서는 아니 된다는 것처럼, 전쟁 당사국 쌍방이 모두 준수해야 할 '군례' 조항들이 허다함)의 경고다. 이 같은 견지에서 볼 때, 손자의 전쟁 관념은 당시當時 인의仁義를 공담空談(쓸데없거나 실행이 불가능한 헛된 이야기를 함)하며 전쟁 불가不可를 외치는, 사리에 어둡고 시의時宜에 맞지 않는 태도는 물론, 통치자가 사리사욕에 눈이 멀어 마냥 호전적으로 무력을 남용해 전쟁을 일삼는 무분별한 태도에 경종을 울렸다는 점에서 시대적 의의가 작지 않다. 어찌 전쟁뿐이겠는가? 인생만사가 다 그러하겠지만, 특히 크고 중요한 일일수록 우리는 더더욱 겸허하고 진지한 자세로 신중에 신중을 기해야 한다.

2

그러므로 우선 다섯 가지 측면에서 현재의 형세를 낱낱이 따져 보고, 또한 그와 관련된 구체적인 사항들을 일일이 비교 검토하여 전쟁의 승부를 가르는 상황을 탐구하여야 한다. 먼저 다섯 가지 측면은 첫째, '도道' – 정치, 둘째, '천天' – 천시天時, 셋째, '지地' – 지리地利, 넷째, '장將' – 장수將帥, 다섯째, '법法' – 법제法制이다. 정치란 백성들로 하여금 군주와 한마음 한뜻이 되게 할 수 있는 것이며, 그러면 백성들이 군주와 함께 죽을 수도 있고, 또 군주와 함께 살 수도 있다는 각오로 어떠한 위험도 두려워하지 않게 되는 것이다. 천시란 밤과 낮, 흐림과 갬, 추위와 더위, 봄·여름·가을·겨울 사계절 등의 자연 현상을 말한다. 지리란 전쟁터의 위치가 멂과 가까움, 지세가 험난함과 평탄함, 지역이 넓음과 좁음, 지형이 사지死地인지 생지生地인지 등의 지리地理 조건을 말한다. 장수란 지략智略에 뛰어남, 군주와 군대의 신망信望을 얻음, 장병을 인애仁愛함, 임전臨戰 지휘에 용감·과단果斷함, 군기軍紀를 엄정히 확립함 등의 훌륭한 장수의 덕목을 말한다. 법제란 군대의 조직 편제와 통신 연락, 군관軍官의 편제와 관리, 군수軍需 물자의 공급과 비용 등의 각종 군사 제도를 말한다.

무릇 이상의 다섯 가지 전략적 요소를, 장수라면 익히 들어 보지 않은 이가 없겠으나, 오직 그 요소들을 진정 깊이 이해하고 꿰뚫어 아는 이만이 승리할 것이요, 그렇지 못한 이는 승리하지 못할 것이다. 따라서 또한 그와 관련된 구체적 사항들을 일일이 비교 검토하여 전쟁의 승부를 가르는 상황을 탐구해야 하나니, 곧 다음과 같은 것들이다. 군주는 어느 쪽이 유도有道한가? 장수는 어느 쪽이 유능한가? 천시와 지리는 어느 쪽이 얻었는가? 법령은 어느 쪽이 엄격히 집행하는가? 무기는 어느 쪽이 강한가? 병졸은 어느 쪽이 숙련되어 있는가? 상벌은 어느 쪽이 엄명嚴明한가? 나는 바로 이러한 것들에 근거하여 전쟁의 승부를 알 수가 있도다.

故經[1]之以五事,[2] 校[3]之以計,[4] 而索[5]其情[6]: 一曰道,[7] 二曰天,[8] 三曰
고 경 지 이 오 사　　교 지 지 이 계　　이 색 기 정　　일 왈 도　　이 왈 천　　삼 왈

地,[9] 四曰將,[10] 五曰法.[11] 道者, 令民與上[12]同意[13]也, 故可以與之[14]
지　　사 왈 장　　오 왈 법　　도 자　　영 민 여 상　　동 의　 야　　고 가 이 여 지

死, 可以與之生, 而不畏危.[15] 天者, 陰陽[16]·寒暑[17]·時制[18]也. 地者,
사　가 이 여 지 생　이 불 외 위　　천 자　　음 양　　한 서　　시 제　야　　지 자

遠近[19]·險易[20]·廣狹[21]·死生[22]也. 將者, 智[23]·信[24]·仁[25]·勇[26]·嚴[27]也.
원 근　　험 이　　광 협　　사 생　야　　장 자　　지　　신　　인　　용　　엄　야

法者, 曲制[28]·官道[29]·主用[30]也.
법 자　곡 제　　관 도　　주 용　야

凡[31]此五者, 將莫[32]不聞,[33] 知[34]之者勝, 不知者不勝. 故校之以計,
범 차 오 자　장 막 불 문　　지 지 자 승　부 지 자 불 승　고 교 지 이 계

而索其情, 曰: 主孰有道?[35] 將孰有能?[36] 天地[37]孰得? 法令孰行?
이 색 기 정　왈　주 숙 유 도　　장 숙 유 능　　천 지 숙 득　　법 령 숙 행

兵衆³⁸孰强? 士卒孰練? 賞罰孰明? 吾以此知勝負矣.
병 중 숙 강   사 졸 숙 련   상 벌 숙 명   오 이 차 지 승 부 의

주석

1 經(경): 잼[度], 따짐, 헤아림. 곧 분석 연구함을 이름. 일설에는 경위經緯의 '경', 즉 날(실)의 뜻으로, 여기서는 강령綱領, 즉 일의 근본이 되는 큰 줄거리를 이른다고 함.

2 五事(오사): 아래에서 말한 '도道'·'천天'·'지地'·'장將'·'법法' 등 전쟁의 승패를 좌우하는 다섯 가지 기본 요소를 가리킴.

3 校(교): 교較와 통함. 견줌, 비교함. 한편 『광아廣雅』에서는 헤아린다[度]는 뜻이라고 함. 따라서 여기서 '교校'는 교량較量, 즉 비교하여 헤아린다는 뜻으로 이해됨. 한간본漢簡本에는 '효效'로 되어 있는데, 효과·효험을 검토한다는 뜻임. 일설에는 '효'가 '교校'의 가차假借라고도 함.

4 計(계): 계산, 셈, 따짐, 헤아림. 또는 예측함, 예상함. 이는 조조曹操가 이른 대로, 아래의 '주숙유도主孰有道' 등 소위 '칠계七計'를 두고 하는 말임. 또한 '칠계'는 사실상 위의 '오사'에서 확대 파생된 문제들임.

5 索(색): 탐색함, 모색함, 탐구探求함.

6 其情(기정): 전쟁에서 승부를 가르는 상황. '기'는 전쟁을 가리킴. '정'은 정황, 상황, 정세情勢.

7 道(도): 길[路]. 또 전의되어 도리道理, 사리事理, 법칙, 규칙 등을 뜻함. 여기서는 한 나라의 정치 상황을 이름. 혹자는 이를 왕도王道(인의를 근본으로 하는 정치)와 패도霸道(무력이나 권모술수를 근본으로 하는 정치)를 두고 하는 말이라고 함.

8 天(천): 천시天時, 즉 하늘이 돕는 때로, 밤낮·기후·계절 등의 자연적 조건을 두고 이름.

9 地(지): 지리地利, 즉 지리적 형세와 조건의 이로움.

10 將(장): 장수, 장령將領. 여기서는 장수의 임용任用을 이름.

11 法(법): 법제. 여기서는 군대의 편제와 지휘의 체계, 물자의 공급 등 일련의 제도를 이름.

12 上(상): 임금, 군주.

13 **同意**(동의): 한마음 한뜻이 됨. 곧 군주의 의지와 염원에 대한 민중의 지지와 성원을 두고 이름.

14 **之**(지): 앞에서 말한 '상上', 즉 임금을 가리킴.

15 **不畏危**(불외위): 위험을 두려워하지 않음. 한간본에는 '민불궤民弗詭'로 되어 있는데, 그 뜻은 백성들이 군주의 뜻을 어기지 않음, 또는 의심하여 딴마음을 품지 않음임.

16 **陰陽**(음양): 밤과 낮, 흐림과 갬 등 끊임없이 교체되는 천기天氣와 기상氣象의 변화를 이름.

17 **寒暑**(한서): 추위와 더위 등 기온의 차이와 변화를 이름.

18 **時制**(시제): 봄·여름·가을·겨울 사계절의 교체 변화를 이름.

19 **遠近**(원근): 전쟁터의 위치가 멂과 가까움.

20 **險易**(험이): 전쟁터의 지세가 험난함과 평탄함.

21 **廣狹**(광협): 전쟁터의 지역地域·공간이 넓음과 좁음.

22 **死生**(사생): 전쟁터의 지형이 사지死地인지 생지生地인지를 이름. 사지는 공수攻守와 진퇴進退에 불리하여 전투에서 패배하기 십상인 지형. 생지는 공수와 진퇴에 유리하여 전투에서 승리를 쟁취하기 쉬운 지형.

23 **智**(지): 지모智謀, 지략智略.

24 **信**(신): 군주와 군대의 신망信望을 얻음. 이는 나라와 임금에 대한 충성과 전쟁 승리에 대한 신심信心, 그리고 군사들과의 신의信義 등을 두고 이르는 것으로 이해됨. 일설에는 상벌賞罰에 위신威信(위엄과 신망)을 세움, 곧 신상필벌信賞必罰 (상과 벌을 공정하고 엄중하게 함)을 이른다고 하나, 아래의 '엄嚴'과 상충되는 측면이 있어 설득력이 떨어짐.

25 **仁**(인): 인덕仁德. 곧 장병을 아끼고 사랑함을 이름.

26 **勇**(용): 용감하고 과단果斷함.

27 **嚴**(엄): 엄정嚴正함. 곧 신상필벌은 물론, 명령 복종과 군율 준수 등을 엄격히 요구하여 군대의 기강을 엄정히 확립함을 이름.

28 **曲制**(곡제): 군대의 조직 편제, 통신 연락 등의 제도. '곡'은 부곡部曲. 곧 고대 군대의 편제 단위이면서, 또 군대를 통칭하는 말임.

29 **官道**(관도): 군대 각급 관원官員의 편제 및 관리 제도.

30 **主用**(주용): 각종 군수물자 공급에 소요되는 군비軍費 제도. '주'는 주관함, 관장

함. '비'는 물자 비용.

31 凡(범): 무릇. 곧 대체로 (헤아려 생각하건대), 일반적으로.

32 莫(막): 없음〔無〕.

33 聞(문): 들음. 곧 일반적인 앎을 이름.

34 知(지): 앎. 곧 깊이 앎, 확실히 파악함, 정통함을 이름.

35 主孰有道(주숙유도): 군주는 어느 쪽이 유도有道한가, 즉 도덕적인 밝은 정치를 행해 백성의 지지와 신임을 받고 있는가? 이는 곧 위에서 말한 "백성들로 하여금 군주와 한마음 한뜻이 되게 할 수 있는" 군덕君德을 두고 이른 것으로 이해됨. '주'는 군주. '숙'은 누구. 여기서는 어느 쪽, 어느 나라를 이름.

36 能(능): 이는 피아彼我 장수의 '지智'·'신信'·'인仁'·'용勇'·'엄嚴' 방면의 재능을 두고 이른 것으로 이해됨.

37 天地(천지): 천시天時와 지리地利. 곧 하늘이 돕는 좋은 자연 현상과 지리적으로 유리한 조건.

38 兵衆(병중): 무기와 장비. 일설에는 군대.

해설

전쟁은 피아彼我 양국의 역량 각축角逐이요, 피아 지휘관의 지모智謀 대결이다. 하여 그저 힘만 믿고 거만을 떨며 특별한 지략도 없이 전쟁하기를 좋아한다면, 십중팔구는 군대를 잃고, 국가적 치욕을 당하는가 하면, 급기야 패망을 자초하게 될 것이다. 반면에 깊이 도모하고 멀리 생각하여 사전에 치밀한 전략을 세운 후에 전쟁에 나선다면, 비교적 작은 대가를 치르면서 승리를 쟁취할 수 있을 것이다. 따라서 전쟁은 반드시 사전事前 작업부터 철저를 기해야 한다. 「계편」 말미의 이른바 '묘산廟算', 즉 국가 차원의 사전 군사 전략회의는 바로 그 같은 노력과 과정을 말한다. 사실 전쟁이라는 나라의 중대사에 어느 누가 신중을 기하지 않을 수 있겠는가? 문제는 어떻게 신중을 기하고, 철저를 기할 것인가이다. 이에 손자는 그 실질적인 방안으로, "우선 다섯 가지 측면에서 현재의 형세를 낱낱이 따져 보고, 또한 그와 관련된 구체적 사항들을 일일이 비교 검토하여 전쟁의 승부를 가르는 상황을 탐구하여야" 함을 강조하며, 이른바 '오사五事'·'칠계七計'를 제시했다.

'오사'·'칠계'는 그야말로 전전戰前에 전면적이고 종합적인 전략 전술을 세우기 위한 기본 방안으로, 피아 쌍방이 현재 갖추고 있는 주·객관적 조건을 일일이 비교 검토함으로써 전쟁의 승부를 보다 정확히 예측하고자 하는 데에 그 뜻이 있다. 그러한 의도하에 면밀히 살펴봐야 하는 피아의 기본적인 조건들 가운데, 우선 '도道'·'천天'·'지地'·'장將'·'법法' 등 '오사'는 쌍방의 정치 경제 상황에 대한 분석과 고려考慮, 쌍방의 군사력에 대한 대비對比와 이해, 천시天時와 지리地利 등 외재적이고 환경적인 요소에 대한 분석과 파악을 권면하고 있다.

'오사'에서 첫 번째로 꼽은 것은 바로 정치다. 손자는 정치를 군사 전략상 전쟁의 승패를 좌우하는 으뜸 요소로 강조한다. "정치란 백성들로 하여금 군주와 한마음 한뜻이 되게 할 수 있는 것이며, 그러면 백성들이 군주와 함께 죽을 수도 있고, 또 군주와 함께 살 수도 있다는 각오로 어떠한 위험도 두려워하지 않게 되는 것이다." 이는 손자가 군사적 관점에서 정치의 의의를 풀이한 것이다. 여기서 '백성들로 하여금 군주와 한마음 한뜻이 되게 한다는 것〔令民與上同意〕'은 자칫 어떻게든 백성들로 하여금 군주의 뜻에 복종하게 한다는 의미로 이해될 수 있는 소지가 있다. 하지만 전후 문맥을 자세히 따져 보면, 소위 '동의同意'란 오히려 자각自覺 자원自願, 즉 스스로 깨닫고 스스로 원하여 한마음 한뜻이 된다는 의미를 내포하고 있음을 알 수 있다. 그렇지 않다면, 어떻게 "백성들이 군주와 함께 죽을 수도 있고, 또 군주와 함께 살 수도 있다는 각오로 어떠한 위험도 두려워하지 않게 되"겠는가?

손자의 의식 관념 속에서, 진정한 정치란 백성들로 하여금 군주와 한마음 한뜻이 되게 할 뿐만 아니라, 군주로 하여금 백성들과 한마음 한뜻이 되게 하는 것이어야 한다. 그리하여 손자가 『손자병법』 여기 저기에서 논설한 전쟁의 전체 계획과 전략은 모두 백성들의 이익에서 출발해야 한다는 견지에 입각해 있는데, 무엇보다 전쟁이 백성들에게 가져올 고난과 고통을 깊이 헤아려 지구전持久戰을 극력 반대하였다. 예를 들면 「작전편作戰篇」에서 "전쟁은 신속히 승리하는 것을 높이 사며, 오래 끄는 것은 좋게 여기지 않는다(兵貴勝, 不貴久)"고 하는가 하면, 「용간편用間篇」에서는 또 나라에서 십만의 군사를 일으켜 천 리 멀리 정벌을 나가면, "정상적으로 농사일을 할 수 없는 백성들이 무려 칠십만 가구에 달할 것(不得操事者, 七十萬家)"이라는 심각한 상황을 지적하면서, 백성들의 피해는 고려하지 않은 채 작록爵祿(작위와 녹봉)과 금전을 아껴 간자間者를 중용重用하지 아니하여 적정敵情을 파악하지 못하고 전쟁에서 패배하고 만다면, 그것은 그야말로 "불인함의 극치(不仁之至也)"라고 비판하였다.

요컨대 손자는 국가나 군주, 그리고 백성의 이익은 결국 일치하는 것이라고 생각하였다. 그리고 바로 그 같은 인식의 바탕 위에 「지형편地形篇」에서 이르기를, 진정한 장수는 "진격함에 승전의 공명功名을 추구하지 않고, 퇴각함에 항명抗命의 죄책罪責을 회피하지 않으며, 오로지 백성을 안전하게 보호하여 군주의 근본 이익에 부합케 하는(進不求名, 退不避罪, 唯人是保, 而利合於主)" "나라의 보배와 같은 존재(國之寶也)"

임을 강조하였다. 손자가 이처럼 정치(道)를 '오사' 가운데 으뜸으로 중시한 것은, 사실상 정치가 전쟁에서 승리를 쟁취하는 근본 동력임을 역설한 것이다. 또한 그것은 곧 전쟁에서 가장 중요한 것은 무엇보다 사람들의 마음을 하나로 모으는 것이란 얘기니, 일국의 통치자와 광대한 민중이 일치단결하고, 만백성·온 국민이 일심 단결하느냐 그렇지 않으냐가 곧 전쟁의 최종 승리를 담보하기 위한 선결 과제이자 조건인 것이다. 훗날 맹자가 "하늘이 돕는 때가 좋음은 지세地勢가 이로움만 못하고, 지세가 이로움은 사람들이 화합함만 못하다(天時不如地利, 地利不如人和)"(『맹자』「공손추하」)고 하며 인화人和를 강조한 취지 또한 같은 맥락으로 이해된다.

다음으로 세심히 살펴야 하는 것은 천시와 지리이니, 곧 대자연의 객관적 문제들이다. 천시는 그야말로 전쟁을 위한 군사 행동에 직접적인 영향을 미치는 것이다. 날씨나 계절 같은 자연 변화와 조건에 있어, 하늘의 도움을 받지 않고 어찌 전쟁을 할 수 있겠는가?『사마법』에서도 밝혔듯이 옛날에는 겨울과 여름에는 가급적 출정하지 않았으며, 그것은 혹한과 혹서는 군사 행동에 많은 제약과 위험이 따르기 때문이다. 지리란 곧 전략 전술의 관점에서 보는 유리한 지리地理 조건을 말하는데, 병가兵家라면 누구나 기필코 확보하고자 하는 것이다.

그리고 장수의 문제다. 전쟁을 위한 전략 전술은 결국 전장에서 직접 군대를 지휘하는 장수를 통해서 실행된다. 장수의 재능과 자질은 전쟁의 승패를 좌우할 수밖에 없다. 하여 손자는 훌륭한 장수가 갖추어야 할 자질과 덕목으로, '지혜(智)'·'신망(信)'·'인애(仁)'·'용기(勇)'·'엄정(嚴)' 다섯 가지를 제시 강조하였다. 여기서 인애함과 엄정함은 일견 상호 모순되는 게 아닌가 할 수 있다. 하지만 인애함을 근본으로 하면서 엄정함을 요구해 양자兩者의 통일과 융합을 이룬다면, 군대의 전투력은 오히려 배가될 것이다.

끝으로 법제의 문제다. 이는 곧 전쟁에 필요한 인적 물적 자원을 조달 관리하는 일체의 군사 제도를 일컫는데, 그 또한 전쟁의 승패에 영향을 미치는 중요한 요소임에 틀림이 없다.

손자는 이상의 '오사'를 적시하는 데 그치지 않고, 그와 관련된 구체적 사항들로 이른바 '칠계'를 열거하면서, 그 각각을 일일이 비교 검토함으로써 전쟁의 승부를 예측 판단하는 데 철저를 기할 것을 강조하였다.

이상에서 알 수 있듯이, 손자는 전쟁의 승부를 탐구 예측함에 있어서 단지 군사나 전쟁의 문제만을 검토하는 데 머물지 않고, 정치·군사·천시·지리·인력·물자 등의 제반 문제들을 전반적으로 검토 고려하여 피아의 군사력을 종합적으로 비교하는 데 중점을 두고 있다. 한데 이른바 '오사'·'칠계'는 임전臨戰 상황에는 승리의 조건이요, 평시 상황에는 치국治國과 치군治軍의 기본 요소이다. 다시 말하면 평시에 꾸준히 그리고 성실히 '오사'와 '칠계'에 정성과 심혈을 기울여야만, 비로소 전시에 종합적인 우세를 보일 수가 있다. 결국 군사 전쟁의 우위와 승리는 전체 국력의 승리인 셈이다. 손자가 일깨우고자 한 것은 필시 이 같은 의식 관념이었을 것이다. 그러니 어찌 그 우수한 사상성과 진보성에 감탄하지 않을 수 있겠는가?

3

만약 나의 이러한 계책과 전략을 받아들여서 군사를 부려 전쟁을
한다면 반드시 승리할 것이니, 나는 이곳에 남을 것이다. 하지만 만약
나의 이러한 계책과 전략을 받아들이지 않고 군사를 부려 전쟁을 한
다면 반드시 패배할 것이니, 나는 이곳을 떠날 것이다.

將聽吾計,[1] 用之[2]必勝, 留之; 將不聽吾計, 用之必敗, 去[3]之.
장 청 오 계   용 지 필 승   유 지   장 불 청 오 계   용 지 필 패   거 지

주석

1 **將聽吾計**(장청오계): 만약 나의 계책을 듣는다면. '장'은 장차 ~한다면. 곧 가정假
定의 의미를 나타내는 말로, 만약, 만일의 뜻으로 이해됨. 일설에는 장수, 장령의
뜻이라고 함. 하지만 이 단락은, 다른 견해가 없지는 않지만, 손자(손무)가 처음에
오왕吳王 합려闔閭를 만나 등용되기를 바라며 유세遊說한 말로 이해되며, 그렇다
면 '만약'의 의미를 특별히 강조할 소지가 다분한 것으로 생각됨. '청'은 들음. 곧
(다른 사람의 말을) 받아들여 그렇게 함, 채택함.
2 **用之**(용지): 용병用兵, 곧 군사를 부려(일으켜) 전쟁을 함.
3 **去**(거): 떠나감.

해설

먼저 치밀한 전략 전술을 세운 다음에 군사를 움직여야 한다는 것이
손자의 병법 사상에서 거듭 강조하는 관점이다. 그러나 병법가兵法家
나 책사策士가 아무리 좋은 전략을 내더라도, 군주나 주장主將(우두머
리 장수)이 채택하지 않는다면 그 의미와 가치는 구현될 수가 없다. 홀

릉한 전략이 채택되느냐 마느냐는 전국戰局의 변화와 추세, 나아가 그 승패에 결정적 영향을 미칠 것이다. 애초 손무가 오나라에 가서 오왕 합려에게 『병법』13편을 바쳤을 때, 합려는 그의 계책을 적극 수용 채택하였다. 그러자 손무는 그곳에 남아서 오왕을 도와 초楚나라를 대파하고 패권을 쟁취하는 대업을 완성하였다.

4

아군에 이롭게 설계한 전략을 받아들인 다음에는 곧 만반의 전투태세를 갖추어 대외對外 작전에 실제적 조력助力에 들어가야 한다. 전투태세를 갖춘다는 것은 전장의 형세 변화에 따른 아군의 이해득실을 따져 탄력적인 대책과 전략을 세우는 것이다.

計利以聽,¹ 乃² 爲之勢,³ 以佐其外. 勢者, 因利而制權⁴也.
게 리 이 청   내 위 지 세   이 좌 기 외   세 자   인 리 이 제 권   아

주석

1 **計利以聽**(계리이청): 분석 설계한 유리한 전략을 이미 채택함. '계리'는 유리한 전략을 계산 분석함. 여기서는 그 전략. 곧 앞에서 말한 '오사五事'와 '칠계七計'에 근거해 피아의 유·불리를 분석 검토해 설계한 전략을 가리킴. '이'는 이利와 통함. ~한 후에는 '청'은 청종聽從, 즉 이른 대로 잘 듣고 좇음. 여기서는 곧 받아들임, 채택함을 이름.

2 **乃**(내): 곧(則), 바로.

3 **爲之勢**(위지세): 실전을 위한 만반의 군사태세, 즉 실전 태세를 갖춤. '위'는 (태세를) 만듦, 조성함, 갖춤. '지'는 지시대명사로, 전투, 전쟁을 가리킴. 일설에는 허

사虛辭라고 함.

4 因利而制權(인리이제권): 아군의 이해득실利害得失을 따져 신축적인 대책을 세워 최상의 전략 전술을 취함. 천시陳曦가 이른 대로, 이는 '세勢'에 대한 정의라기보다는 어떻게 '세'를 조성할 것인가 하는 방법론을 강조한 것으로 이해됨. '인'은 근거함, 의거함, 따름. 이에는 곧 (이해득실을) 세심히 따진다는 뜻을 함축하고 있음. '제'는 제정함, 채택함. 곧 (대책을) 세움. '권'은 권변權變, 즉 여러 상황에 따른 탄력적인 조치, 대책을 이름.

해설

'청계聽計', 즉 계책(전략)을 받아들이는 것은 단지 내부적으로 전략 문제를 해결한 것에 불과하다. 전쟁이란 피아 쌍방의 힘겨루기인 만큼, 내부적으로 전략이 확정된 다음에는 '조세造勢', 즉 외부적으로 실전을 위한 군사태세, 곧 실전 태세를 갖춰야 한다. 그렇게 하여 전국戰局과 전세戰勢를 주도하면서, 다시 말해 전쟁의 주도권을 장악하면서 아군에게 유리한 고지를 점령해야 한다.

'청계'와 '조세'는 결국 서로 밀접히 연관되어 있으면서 영향을 미치는 전략 전술상의 두 측면이다. 사실 전쟁이란 기본 전략을 수용 확정한 후, 전장戰場에 나가 일차적으로 실전 태세를 갖추었다고 하여 그대로 진행될 수 있는 것은 아니다. 일차 조세 이후에도 왕왕 전장에서의 주·객관적인 요인에 의해 수시로 변화하는 실제 상황에 따라, 신속하고 치밀한 전략의 수정과 변화가 있어야 한다. 그러므로 때로는 전략의 수정·수용·확정의 과정을 반복하게 된다.

"세자, 인리이제권야勢者, 因利而制權也." '세勢'—형세, 즉 전투태세·실전 태세의 방법론에 대한 손자의 이 설명은, 바로 전장에서의 형세 변화에 따른 아군의 이해득실을 면밀히 따져 그때그때 임기응변의 묘를 발휘해, 보다 탄력적으로 전략의 재再수정과 재수용, 재확정의 과정을 거쳐야 함을 말해준다. 왜 그래야만 할까? 그렇게 해야만 비로소 아군의 전투태세에 활기찬 영혼과 뛰어난 지혜, 그리고 신출귀몰한 변화를 불어넣을 수 있기 때문이다. 또한 그래야만 비로소 승리를 기대할 수 있다는 것이 손자의 생각이다. 어찌 전쟁뿐이겠는가? 오늘날 우리도 평소 명석한 두뇌에 냉철한 판단, 날카로운 감각을 길러, 생존경쟁의 현장에서 다양한 실제 형세에 따른 최적의 대책을 세우고, 또한 뜻하지 않은 형세 변화에 따라 탄력적으로 대처하는 데에 두루 능하지 않으면 안 된다.

5

전쟁은 속임수가 원칙이다. 그러므로 적에게 스스로 공수攻守 능력이 있으면서도 없는 것처럼 보이고, 군대를 움직여 전쟁을 하려고 하면서도 그렇지 않은 것처럼 보이며, 가까운 곳을 공격하거나 곧바로 서둘러 공격하려고 하면서도 먼 곳을 공격하거나 한참 나중에 공격하려고 하는 것처럼 보이고, 먼 곳을 공격하거나 한참 나중에 공격하려고 하면서도 가까운 곳을 공격하거나 곧바로 서둘러 공격하려고 하는 것처럼 보이는 것이다. 그리고 작은 이익으로 미끼를 던져 적을 유인해 무찌르고, 아군의 혼란을 가장해 적을 꾀어 섬멸 정복하며, 적의 군사력이 탄탄할 때는 방비를 더욱 단단히 하고, 적의 군사력이 강대할 때는 일단 예봉을 피하며, 적이 쉬이 분노하면 어떻게든 집적거려서 흥분해 이지력理智力을 잃게 하고, 적이 겁이 많아 지나치게 조심하면 어떻게든 꾀를 내어 적을 교만에 빠지게 하며, 적이 충분히 쉬어서 편안한 상태이면 어떻게든 꾀를 내어 피로하게 하고, 적이 아주 화합 단결된 상태이면 어떻게든 꾀를 내어 이간하고 분열시킨다. 그렇게 하여 적의 방비가 없는 상황에서 공격하고, 적이 생각지도 못한 상황에서 출격하는 것이다. 아무튼 이 모든 것은 바로 병가兵家가 구사하는 용병술用兵術의 절묘함이거늘, 사전에 명확히 규정規定해 전수傳授하기는 어렵다.

兵者, 詭道[1]也. 故能而示之不能,[2] 用[3]而示之不用; 近而示之遠,[4] 遠而示之近. 利而誘之,[5] 亂而取之[6]; 實而備之,[7] 强而避之[8]; 怒而撓之,[9] 卑而驕之[10]; 佚而勞之,[11] 親而離之.[12] 攻其無備, 出其不意.[13] 此兵家[14]之勝,[15] 不可先傳也.[16]
병자 궤도야 고능이시지불능 용 이시지불용 근이시지원 원이시지근 이이유지 난이취지 실이비지 강이피지 노이뇨지 비이교지 일이로지 친이리지 공기무비 출기불의 차병가 지승 불가선전야

주석

1 **詭道(궤도)**: 다양하고 다변多變한 속임의 술책. 곧 속임수. '궤'는 궤사詭詐, 궤변詭辯. 속임. '도'는 원칙, 법칙. 또 수단, 행위.

2 **能而示之不能(능이시지불능)**: 할 수 있으면서도 할 수 없는 것처럼 보임. 곧 공수攻守의 전투 능력이 있으면서도 공수 능력이 없는 것처럼 보여 줌. 이 구절부터 '친이이지親而離之'까지 열두 가지 전략이 바로 유명한 '궤도십이법詭道十二法'임.

3 **用(용)**: 용병用兵, 출병出兵.

4 **近(근)·遠(원)**: 이는 지리적 거리는 물론, 시간적 거리, 즉 가까운 때에 바로 서두른다거나 상당한 시간이 지난 나중에야 비로소 움직임을 아울러 가리키는 것으

로 이해됨.

5 利而誘之(이이유지): 작은 이익으로 미끼를 던져 적을 유인함. 일설에는 '이利'를 탐리貪利의 뜻으로 보고, 이 구절을 적이 이익을 탐하면 작은 이익으로 유인한다는 뜻으로 풀이함. 하지만 지금도 마찬가지이지만, 당시에는 특히 이익을 탐하지 않은 나라가 없었던 점을 감안하면, 손자가 굳이 그런 말을 했을까 하는 의문이 듦.

6 亂而取之(난이취지): 이는 송대宋代 장예張預가 이른 대로, 거짓으로 아국我國·아군이 혼란에 빠진 것처럼 꾸며서 적을 유인해 섬멸 정복함을 가리킴. 이를 흔히 적이 혼란에 빠진 틈을 타거나, 혹은 적을 혼란에 빠뜨린 다음에 공격해 정복한다는 뜻으로 풀이하나, '전쟁은 속임수가 원칙'이라는 관점에 비춰 볼 때, 손자의 본의와는 거리가 있어 보임. '취'는 공취攻取, 즉 적지敵地를 공격하여 차지함.

7 實而備之(실이비지): 적의 군력軍力이 탄탄하면 일단 경계와 방비를 더욱 철저히 하면서 빈틈이 드러나기를 기다림을 이름. '실'은 군사력이 실함(허실 없이 옹골참), 탄탄함. 곧 약점이나 허점이 없다는 말.

8 强而避之(강이피지): 적의 군사력이 강대하면 맞부딪치기보다는 일단 예봉을 피하고 힘을 기르면서 기회를 엿봄을 이름.

9 怒而撓之(노이뇨지): 적이 쉬이 흥분하고 분노하면 어떻게든 집적거려서 적이 격노해 이지력을 잃게 한 후 무찌름을 이름. '노'는 쉬이 분노함. '뇨'는 교란함, 어지럽힘, 집적거림. 일설에는 '노'를 사기가 높음, 충천衝天함으로, '뇨'를 구부림, 굽힘(몸을 낮춤), 또는 (기세를) 꺾음으로 풀이함. 그러면 이 구절은, 적의 사기가 높으면 아군은 한껏 몸을 낮추어 조심하며 그 기세가 쇠하기를 기다려 공격한다거나, 또는 어떻게든 꾀를 내어 적의 기세를 꺾은 다음에 공격함을 이름. 이 일설은 조조曹操 주注에서 "그 기세가 쇠미하기를 기다린다는 것(待其衰懈也)"이라고 한 데에 근거한 것으로 보임. 다만 두 가지 일설은 모두 너무 당연한 얘기라 과연 손자의 본의일지 의문임.

10 卑而驕之(비이교지): 적이 겁이 많아 지나치게 조심하면 어떻게든 꾀를 내어 적을 교만에 빠지게 한 후 기회를 엿봄을 이름. '비'는 비겁함, 겁이 많음. '교'는 교만함. 흔히 '교병필패驕兵必敗', 즉 교만한 군대는 반드시 패한다고 함. 일설에는 아군이 적에게 짐짓 말을 공손하게 하고 예禮를 후하게 하며 스스로 나약한 모습을 보여, 적으로 하여금 착각하고 교만에 빠져 경계와 방비를 느슨하게 하도

록 한 후, 틈을 노림을 이른다고 함. '비'는 비사卑辭, 즉 자신을 낮추며 말을 한
껏 공손하게 함. 또 일설에는 적이 우리를 얕잡아 보면, 그 점을 역이용해 그들
이 더욱 교만에 빠져 경계를 늦추게 한 후 기회를 엿봄을 이른다고 함. '비'는
비시卑視, 즉 깔봄(얕잡아 봄), 업신여김.

11 **佚而勞之**(일이로지): 적이 편히 쉬며 정비를 충분히 하면 어떻게든 꾀를 내어 피
로에 지치게 만들어 기회를 엿봄을 이름. '일'은 일逸과 같음. 안일安逸함, 안한安
閒함. 곧 군대의 휴양 휴식과 전열 정비가 충분함을 이름.

12 **親而離之**(친이리지): 적이 내부적으로 친밀히 화합 단결하면 어떻게든 꾀를 내
어 이간하고 분열시켜 기회를 엿봄을 이름. '친'은 친근함, 친밀함. 곧 군대의 화
합 단결을 이름. '리'는 이간함, 갈라놓음.

13 **意**(의): 뜻함, 생각함, 예상함.

14 **兵家**(병가): 군대·군비軍備·전쟁 등 군사軍事에 종사하는 사람. 여기서는 특히
장수를 가리킴.

15 **勝**(승): 절묘함, 오묘함. 또는 승리의 비결.

16 **不可先傳也**(불가선전야): 이상에서 말한 '궤도십이법'은 그야말로 다양한 상황
에 따라 임기응변의 묘妙를 발휘해 탄력성 있게 운용해야 하기 때문에, 사전에
판에 박은 듯이 명확히 규정해 전수하기는 어려움을 이름. '선'은 미리, 사전에.
'전'은 구체적으로 규정해 전수함. 한편 조조는 '전'을 설洩, 즉 누설한다는 뜻으
로 풀이함. 하지만 그 모든 것이 '속임'(詭)의 전략일진대, 손자가 굳이 사전 누
설이 절대 불가하다는 너무나 당연한 말을 했다고 보기 어려움. 그보다는, 병법
을 체계화하려는 뜻을 세운 손자 자신으로서도 '궤도십이법'에 있어서는 단지
기본적이고 원론적인 언급만을 할 수 있을 뿐, 보다 구체적인 운용의 방법까지
는 세세히 규정하고 전수하기는 어렵다는 뜻을 표현한 것으로 이해됨.

해설

예로부터 흔히 '병불염사兵不厭詐', 즉 전쟁은 속임수를 마다하지 않는
다고 한다. 조조가 말했듯이 "전쟁은 고정불변의 형세가 없으며, 속임
수를 원칙으로 한다(兵無常形, 以詭詐爲道)." 장예張預도 이르기를, "군사

를 부려 전쟁을 하는 것은 비록 인의에 바탕을 두지만, 전쟁에서 승리를 쟁취하는 것은 반드시 속임의 전략에 힘입어야 한다(用兵雖本於仁義, 然其取勝必在詭詐)"고 하였다. 이른바 인의에 바탕을 둔다는 것은 '용병중도用兵重道(용병·전쟁은 정도를 중시함)', 곧 전쟁의 정당한 명분과 의의를 강조함이요, 속임의 전략에 힘입는다는 것은 '병자궤도兵者詭道', 곧 전쟁의 계책과 전략 전술을 강조함이다. 정당한 명분을 확보하는 것이 전쟁의 정도正道라면, 속임수를 원칙으로 하는 것은 전쟁의 기도奇道(기발한 방도·방법)이다. 양자가 일견 서로 모순되는 듯하나, 꼭 그렇지만은 않다. 전쟁의 속성과 특성상 '정도'를 구현하기 위해서는 어쩔 수 없이 '기도'의 보조와 활용이 필수적이다. '정도'를 잃으면 전쟁은 그 근본을 잃는 것이요, '기도'를 쓰지 않으면 전쟁은 그 '정도'를 실현하기 어렵다.

'궤도'—속임수는 곧 전쟁의 국면과 형세를 아군에게 유리한 방향으로 전환 발전시키기 위한 것으로, 혹은 용병의 의도를 숨기는 행동이고, 혹은 사실의 참모습을 가리는 행동이며, 혹은 적군의 은근한 기대와 소망에 순응하는 행동이다. 따라서 형식으로 내용을 가리고, 거짓 형상으로 참 형상을 가려서 적군이 오류에 빠지고, 패착을 두게끔 꾀어 승리를 쟁취할 수 있도록 하여야 한다. 하여 손자는 12가지 전략으로 요약 정리해 이른바 '궤도십이법詭道十二法'을 제시하였는데, 그야말로 군사 전략적 지혜의 총체가 아닐 수 없다.

아무튼 '궤도십이법'은 궁극적으로 '공기무비攻其無備'·'출기불의出其不意', 즉 적의 방비가 없는 상황에서 공격하고, 적이 생각지도 못한 상황에서 출격하기 위한 것이다. 적군이 경계를 늦추고 방비가 소홀하다면, 그만큼 무찌르기 쉬운 경우는 없을 것이다. 그런데 그러한 상황도 가만히 앉아서 기다리는 것이 아니라, 아군이 스스로 능동적으로 만들어낼 수 있다는 것이며, 그 방법이 바로 '궤도십이법'이란 얘기다. 그리고 그것은 분명 용병술의 극치라 하기에 손색이 없다. 이에 손자는 그 모든 것을 사전에 명확히 규정해 전수하기는 어렵다고 했으니, 곧 전장의 다양한 형세 변화에 따른 임기응변의 전략적 신축성과 탄력성을 강조한 것이다.

6

무릇 전쟁을 하기 전에 종묘宗廟의 전략회의에서 승리를 예측하는 경우는 승리할 조건이 충분하기 때문이고, 전쟁을 하기 전에 종묘의 전략회의에서 패배를 예측하는 경우는 승리할 조건이 부족하기 때문이다. 사전事前에 전략을 치밀하고 충분하게 짜면 승리할 것이요, 전략을 허술하고 부족하게 짜면 패배할 것이거니, 하물며 기본적인 전략조차 없어서야 어찌 되겠는가? 우리는 바로 이러한 것을 근거로 살펴보면, 전쟁의 승패를 쉽게 알 수가 있다.

夫¹未戰而廟算²勝者, 得算³多也; 未戰而廟算不勝者, 得算少也.
부 미전이묘산 승자 득산 다야 미전이묘산불승자 득산소야
多算⁴勝, 少⁵算不勝, 而況於無算乎? 吾以此觀之, 勝負見⁶矣.
다산 승 소산불승 이황어무산호 오이차관지 승부현 의

1 夫(부): 발어사發語辭. 곧 문장 첫머리에 쓰여서 장차 의론議論을 발發할 것임을 나타냄. 대저, 무릇.

2 廟算(묘산): 옛날에 군주가 군사를 일으켜 전쟁을 하기 전에, 대개 종묘에서 일종 의 군사전략회의를 열어 선왕先王에게 제사하여 아뢰는 한편, 전쟁의 이해득실을 따지고, 전반적인 작전계획을 세우는가 하면, 전쟁의 승패를 예측하는 일련의 행위를 일컬음. 이 같은 '묘산'은 곧 최대한의 진지함과 엄숙함을 기한다는 의미와 함께, 간절한 마음으로 신령의 보우保佑를 빈다는 의미를 담고 있음. '묘'는 종묘, 즉 왕실 조상의 위패를 모신 사당으로, 선왕 제사는 물론, 국사를 논의하는 장소이기도 함. '산'은 옛날에 수효를 셈할 때 쓰던 산가지. 여기서는 계산함, 예산함, 예측함을 이름.

3 算(산): 여기서는 승산, 승리의 조건을 이름.

4 多算(다산): 전략 전술을 많이 짬. 여기서 '많이(多)'는 충분하면서도 치밀하다는 뜻을 함축함. '산'은 여기서는 전전戰前에 작전계획, 전략을 짬을 이름.

5 少(소): 앞의 '다多'와 상대되는 말로, 허술하면서도 부족함을 이름.

6 見(현): 현現과 같음. 현현顯現, 즉 분명하게 드러남, 드러나 보임. 곧 분명히 또는 쉽게 알 수 있다는 말.

해설

손자가 말하는 '묘산'은 옛날에 전쟁을 앞두고 종묘에서 진행한 일종의 국가 최고위급 군사전략회의다. 하씨何氏가 말했다. "전쟁의 계책에는 정교한 것과 졸렬한 것이 있으며, 그것은 곧 승패를 좌우한다(計有巧拙, 成敗系焉)." 『손자병법』에서 첫머리에 「계편」을 배치해 '묘산'의 중요성과 그 중차대한 의의와 가치를 강조함으로써 전권全卷의 강령을 분명히 한 것은 바로 그 때문이다. 훗날 사마천司馬遷이 『사기史記』에서 "후방 장막 안에서 전략을 어떻게 짜느냐가 천 리 밖 전장의 승리를 결정한다[運籌帷幄之中, 決勝千里之外]"는 취지의 말을 한 것 또한 같은 맥락으로 이해된다. 아무튼 '묘산'의 궁극적 지향과 목표는 두 말할 나위 없이 '득산다得算多'·'다산승多算勝', 즉 승리할 조건이 충분하도록 사전에 계책과 전략을 치밀하게 짜서 최후의 승리를 쟁취하는 것이다.

제2편

작전

作戰

여기서 손자가 말하는 '작전作戰'은 전쟁 개시開始를 준비함을 뜻하
며, 일반적으로 이르는 전투를 벌인다거나 전쟁을 실행한다는 말이
아니다. '작전'의 '작'은 시작하다, 일으키다는 뜻이다. 전쟁 개시를 준
비한다는 것은 실제 전투에 들어가기 전에 본격 출격을 위한 만반의
태세를 갖추는 것으로, 이를테면 "미전이묘산未戰而廟算"(「계」), 즉 전쟁
을 시작하기 전에 종묘의 전략회의에서 전반적인 작전계획을 수립하
는 과정의 마지막 단계라고 할 수 있다. 그러므로 장예張預가 이른 대
로, 전쟁의 승부 예측과 기본 작전 수립이 완료된 연후에는 병거兵車
와 군마軍馬를 완비하고, 무기와 장비를 손질하며, 군량과 사료를 운반
하고, 전쟁 소요 비용을 대략 계상計上하여 전쟁을 개시할 준비를 하는
법이며, 그렇기 때문에 「계편」 다음에 「작전편」을 배치한 것이다.

손자는 전쟁에 대해 최대한 신중을 기해야 한다는 입장이다. 바로
그 같은 견지에서 「작전편」에서는 우선 전쟁이 인력人力과 물력物力·
재력財力에 절대적으로 의존할 수밖에 없음을 일깨웠다. 그것은 곧 전
쟁의 경제적 비중과 의존성이 자칫 엄청난 용병用兵 폐해를 낳게 되면

서 나라와 백성을 위난危難과 고통의 구렁에 빠뜨릴 수 있다는 경고다. 하여 전쟁 개시를 준비하는 과정에 무엇보다 "전쟁은 신속히 승리하는 것을 높이 사며, 오래 끄는 것은 좋게 여기지 않는다(兵貴勝, 不貴久)"는 인식을 확고히 하면서, 속전速戰 속승速勝의 기본 방침을 수립할 것을 강력히 요구하였다. "무릇 전쟁을 오래 끌어서 나라에 이로운 경우는 일찍이 없었음(夫兵久而國利者, 未之有也)"을 알아야 한다는 얘기다.

그런데 속전 속승의 기본 방침을 성공적으로 실현하기 위해서는 일차적으로 군수물자의 후방 보급이 안고 있는 어려움과 문제점을 해결해야 한다. 이에 손자는 '인량어적因糧於敵', 즉 군량과 사료는 적지敵地에서 약탈해 조달한다는 중요한 원칙을 제안하였다. 또한 아울러 큰 공을 세운 병사를 후상厚賞하는가 하면, 탈취한 적군의 병거를 아군의 장비로 활용함은 물론, 포로들을 선대善待해 아군의 일원으로 양성함으로써 전력의 증강을 꾀하여 궁극적으로 "적을 무찌르면 무찌를수록 스스로 더욱 강해지는(勝敵而益强)" 군대가 되도록 하여야 함을 강조하였다.

손자는 또 편 말미에서 속전 속승이 갖는 국가 전략적 의의를 깊이 이해하고 충실히 구현할 수 있는 훌륭한 장수를, '민중의 생명과 운명의 주관자(生民之司命)'이자 '국가의 안위와 존망의 주재자(國家安危之主)'로 한껏 높였다. 결국 국가적 손실과 희생을 최소화하면서 전쟁에서 승리를 쟁취하기 위해서는 뭐니 뭐니 해도 지혜롭고 유능한 장수가 그 중심에서 막중한 소임을 다해야만 가능한 일임을 분명히 인식시킨 것이다.

1

손자께서 말씀하셨다. 무릇 군사를 일으켜 전쟁을 하는 원칙은 일반적으로 작고 가벼운 병거兵車 천 채와 크고 무거운 병거 천 채에 군대 십만을 동원하고, 천 리里 먼 길에 군량과 사료를 실어 날라야 한다. 그러자면 전·후방의 부대附帶 경비와 열국列國 사절使節의 접대 비용, 아교풀과 옻칠 같은 기자재 비용, 병거와 회갑盔甲 같은 무기 및 장비의 정비整備 비용 등 날마다 막대한 자금을 들여야 하나니, 이에 대한 대비가 있은 다음에야 비로소 십만의 군대를 출동시킬 수가 있다.

孫子曰: 凡用兵之法¹; 馳車²千駟,³ 革車⁴千乘,⁵ 帶甲⁶十萬, 千里饋
손 자 왈   범 용 병 지 법   치 거 천 사   혁 거 천 승   대 갑 십 만   천 리 궤
糧⁷; 則内外⁸之費, 賓客⁹之用, 膠漆之材,¹⁰ 車甲之奉,¹¹ 日費千金,¹²
량   즉 내 외 지 비   빈 객 지 용   교 칠 지 재   거 갑 지 봉   일 비 천 금
然後十萬之師擧¹³矣.
연 후 십 만 지 사 거   의

1 **法**(법): 법칙, 원칙.

2 **馳車**(치거 / 치차): 경형輕型의 전거 / 전차戰車, 병거兵車, 즉 전쟁할 때에 쓰는 수레. 경거輕車 또는 공거攻車라고도 함. 곧 수레의 몸체가 작고 가벼워 빠른 속도로 달리는 병거임. '치'는 내달림, 질주함.

3 **駟**(사): 사마駟馬, 즉 한 채의 수레를 끄는 네 필의 말, 또 네 필의 말이 끄는 수레. 여기서는 후자로, 아래의 '승乘'과 같은 수레의 수량 단위임. 채, 량輛. 고대의 병거는 네 필의 말이 끄는데, 일정 수의 갑병(甲兵, 갑옷을 입은 병사)이 수레를 타고, 그 후미를 따르는 다수의 보병步兵과 협동 작전을 폈음.

4 **革車**(혁거): 가죽을 꿰매 만든 중거重車, 즉 중형重型의 병거. 일설에는 치중輜重(군대의 여러 가지 물품을 통틀어 이르는 말) 수레로, 치거輜車, 수거守車라고도 함. 행군할 때는 양초糧草(군량과 사료)와 군수물자를 실어 나르고, 숙영할 때는 휴식과 취침용으로 쓰고, 전투할 때는 장애물이나 보루堡壘로 활용. 다만 아래 '천리궤량千里饋糧'이란 말이 있어 의미가 겹친다는 점을 감안할 때, '혁거'는 치거가 아니라 중거를 가리키는 것으로 이해됨.

5 **乘**(승): 사駟와 같음. 네 필의 말이 끄는 병거. 또 그 수량 단위.

6 **帶甲**(대갑): 투구와 갑옷에 완전무장을 한 병사. 여기서는 군대·군사를 통칭함.

7 **饋糧**(궤량): 양초를 운송함. '궤'는 물품을 보냄. 여기서는 운송함, 보급함, 공급함을 이름.

8 **內外**(내외): '내'는 나라 안, 곧 후방後方. '외'는 나라 밖 군영軍營, 곧 전방前方.

9 **賓客**(빈객): 각국 제후의 사절使節 및 내빈來賓. 당대唐代 두목杜牧이 이른 대로, 전쟁을 하는 군대에도 각국의 제후가 파견하는 사자를 맞이해 협의하거나 협상을 해야 하는 경우가 있음.

10 **膠漆之材**(교칠지재): 아교풀과 옻칠 같은 재료비. 곧 궁시弓矢, 즉 활과 화살 등 전쟁 장비를 제작하고 보수하는 데 쓰이는 기자재器資材 비용을 가리킴.

11 **車甲之奉**(거갑지봉): 병거와 회갑(盔甲, 투구와 갑옷) 등 전쟁 무기와 장비를 정비하고 보충하는 비용. '봉'은 봉俸과 같음. 비용, 경비. 일설에는 정비, 보충.

12 **千金**(천금): 막대한 금전 비용.

13 **擧**(거): 출동함. 곧 출병出兵함, 출사出師함.

전쟁에는 막대한 경비가 소요된다. 옛말에 이르기를, "병마미동兵馬未動에 양초선행糧草先行이라"고 하였다. 병사와 군마軍馬를 전선으로 출동시키기 전에 먼저 군량과 사료를 운반해 간다는 말이 아니다. 이는 병가兵家의 통례로, 군대를 전장으로 보내 본격적으로 전쟁을 시작하기 전에, 먼저 군수물자 조달을 위한 대책을 세우고, 준비를 마쳐야 한다는 말이다. 대개 전쟁은 엄청난 인력과 물자가 동원되는 데다 장거리 이동과 운반을 필요로 한다. 그로 인해 그야말로 "날마다 막대한 자금을 들여야〔日費千金〕" 할 것은 불문가지다. 따라서 만약 그에 대한 충분한 대비 없이 군대를 출동시킨다면, 결코 승리를 장담할 수 없을 뿐더러 자칫 패퇴의 원인이 되어 비극적인 결말을 초래하기 십상이다. 예나 지금이나 전쟁은 어쩌면 적대적 정치 집단 사이의 경제력 싸움이나 다름이 없다. 전쟁뿐이 아니다. 오늘날 우리 또한 소요 경비 조달에 어려움이 있다면 그 어떤 일을 제대로 이뤄낼 수 있겠는가?

2

아무튼 군대를 동원해 전쟁을 한다면 무엇보다 신속히 승리할 수 있도록 해야 한다. 그렇지 않고 전쟁을 오래 끌게 되면 군대는 지치고, 예기銳氣는 꺾이어, 적의 성城을 공격하더라도 군력軍力만 소진할 것이요, 오랫동안 군대를 멀리 내보내 전쟁을 하노라면 나라의 재정비용이 부족하게 될 것이다. 무릇 군대는 지치고 군사들의 예기마저 꺾인 데다 군력은 다하고 국가 재정까지 고갈되면, 여러 나라 제후들이 그 같은 위기를 틈타 군사를 일으켜 침공해 올 것이다. 그렇게 되면 설령 아무리 지모智謀가 뛰어난 전략가가 있다 하더라도 그 같은 위기의 국면을 수습하고 만회하지는 못할 것이다. 그러므로 군사를 부려 전쟁을 함에 있어서 비록 전략은 좀 어설프지만 오히려 신속히 승리했다는 소리는 들어 봤어도, 뛰어난 전략을 구사해 전쟁을 오래 끌었다는 소리는 들어 보지 못하였다. 무릇 전쟁을 오래 끌어서 나라에 이로운 경우는 일찍이 없었다. 그러므로 용병의 폐해弊害를 속속들이 알지 못하면, 용병의 이점利點도 충분히 알 수가 없다.

其用戰¹也勝,² 久則鈍兵³挫銳,⁴ 攻城則力屈,⁵ 久暴師⁶則國用不足.
기 용 전 야 승   구 즉 둔 병 좌 예   공 성 즉 역 굴   구 폭 사 즉 국 용 부 족
夫鈍兵挫銳, 屈力殫貨,⁷ 則諸侯乘其弊⁸而起, 雖有智者, 不能善⁹
부 둔 병 좌 예   굴 력 탄 화   즉 제 후 승 기 폐 이 기   수 유 지 자   불 능 선
其後¹⁰矣. 故兵聞拙速,¹¹ 未睹巧¹²之久也. 夫兵久而國利者, 未之有
기 후 의   고 병 문 졸 속   미 도 교 지 구 야   부 병 구 이 국 리 자   미 지 유
也.¹³ 故不盡知用兵之害者,¹⁴ 則不能盡知用兵之利也.
야   고 부 진 지 용 병 지 해 자   즉 불 능 진 지 용 병 지 리 야

주석

1 用戰(용전): 용병用兵 작전作戰, 즉 군대를 동원해 전쟁을 함.

2 勝(승): 여기서는 속승速勝, 즉 빨리 이김을 말함.

3 鈍兵(둔병): 갑병甲兵, 군대를 지치게 함. '둔'이 한간본漢簡本에는 돈頓으로 되어 있는데, 두 글자는 서로 통용함. 여기서는 돈폐頓弊, 피폐疲弊, 즉 지치고 쇠약해짐을 뜻함.

4 挫銳(좌예): 군사들의 예기銳氣(날카롭고 굳세며 적극적인 기세)를 꺾음. '좌'는 좌상挫傷, 즉 (사기를) 꺾고 상하게 함.

5 屈(굴): 다함(盡 / 竭), 소진消盡함.

6 暴師(폭사): 군대를 멀리 출동시켜 전쟁을 하게 함. '폭'은 폭曝과 같음. 햇볕에

쬠, 노출시킴. 여기서는 군대를 원정遠征시킴을 이름.

7 殫貨(탄화): 재화財貨가 고갈됨. 곧 국가 재정 내지 경제가 파탄함을 이름. '탄'은
다함, 탄갈殫竭함, 고갈함.

8 弊(폐): 피폐함, 피곤함. 곧 '굴력탄화屈力殫貨', 즉 군력은 다하고 국가 재정까지
고갈되는 위기와 곤경을 가리킴.

9 善(선): 선모善謀, 즉 잘 도모함. 곧 (위기를) 수습 만회함을 가리킴.

10 後(후): 후사後事, 후환後患. 여기서는 위국危局, 패국敗局을 가리킴.

11 拙速(졸속): 지모와 전략은 어설프지만 오히려 신속히 승리를 쟁취함. '졸'은 졸
렬함, 곧 용병에 어설픔을 이름. '속'은 속승速勝을 이름.

12 巧(교): 공교工巧함, 곧 용병에 뛰어남을 이름. 이상의 "고병故兵…"2구句는 장
예가 말했듯이 단지 승리만 쟁취할 수 있다면, 어설픈 용병 전략으로라도 신속
히 승리하는 것이 낫지, 결코 뛰어난 용병으로 전쟁을 오래 끌지는 말아야 함
을 강조한 것임. 이지李贄 역시 이 2구의 함의含意를 두고 같은 맥락에서 이르기
를, "전쟁은 신속히 마무리를 짓는 것이 낫지 오래 끌지는 말아야 할 것이며, 용
병 전략은 차라리 다소 어설플지언정 너무 교묘한 전략을 구사하려 하지는 말
아야 할 것이다. 다시 말해 단지 신속히 승리할 수 있다면 설령 전략이 좀 어설
프더라도 괜찮다(寧速毋久, 寧拙毋巧; 但能速勝, 雖拙可也)"라고 함.

13 "夫兵久(부병구)…" 2구: 당대唐代 두우杜佑가 이르기를, "병기兵器는 흉기이기
때문에 오래 쓰면 변고가 생긴다(兵者凶器, 久則生變)"라고 함. '미지유야未之有也'
는 '미유지야未有之也'의 도치.

14 者(자): 가정假定의 어기語氣조사.

해설

전쟁은 각기 소기의 이익을 얻기 위한 것이다. 하지만 그러기 위해서
는 만만찮은 대가를 치러야 한다. 군민軍民의 육체적 정신적 부담은
물론, 나라와 조정의 재정적 부담 또한 예삿일이 아니다. 하여 손자는
기왕에 전쟁을 해야 한다면 속전속결로 속승速勝, 즉 신속히 승리할
수 있도록 전력을 집중할 것을 요구하였다. 전쟁을 오래 끌면 지친 군

대는 예기가 꺾여 최소한의 군력도 기대하기 어렵고, 엄청난 전쟁 경비로 인해 국가 재정까지 고갈될 것이다. 그 결과 국가적 혼란과 국력 쇠약의 국면이 조성되고, 그 틈을 탄 내우외환의 심각한 위기가 닥칠 것이다. 그 같은 위기 국면은 그 어떤 뛰어난 전략가가 나선다 해도 쉬이 타개하고 극복할 수는 없다.

전쟁은 양날의 칼과 같다. 적을 무찌를 수도 있지만, 자칫 잘못하면 자신을 무너뜨릴 수도 있다. 당대唐代 이전李筌이 이른 대로, 이로움과 해로움은 서로 상대에게 기대어서 발생하는 것인 만큼, 먼저 그 해로운 바를 자세히 안 연후에야 비로소 그 이로운 바를 제대로 알 수가 있다. 세상만사는 일정한 조건하에서 그 이해득실이 서로 뒤바뀔 수 있다는 것을 알아야 한다. 그러면 폐해와 환난을 미연에 방지하는, 적절한 대책과 전략을 마련할 수가 있다. 하여 손자는 힘주어 말한다. 전쟁할 뜻이 있다면 '용병의 이점을 생각하기 전에, 먼저 용병의 폐해에 대해 자세히 알고 그 최소화를 위해 고민해야 한다.'

한편 손자가 극력 주창한 '속승론速勝論'에 대해, 마이푸馬一夫는 공격 전쟁의 관점에서 이르는 것이라는 견해를 피력했다. 그에 따르면, 「작전편」에서는 시종 역외域外 전장에서 적군을 상대로 공격을 감행하는 경우를 염두에 두고 말했으며, 결코 적군을 방어하는 과정에 취하게 되는 대응 전략을 포함시켜 논한 것은 아니다. 손자 본인이 오나라 군대를 이끌고 초나라를 무너뜨린 전투는 바로 속전속결의 좋은 예다. 무릇 수세적 방어 전략을 취하는 경우에는 오히려 시간을 끌면서 저항하고 반격하는 것이 나으며, 절대로 조급히 적을 물리치려 해서는 안 된다는 얘기다. 분명 일리 있는 얘기다. 하지만 전쟁 과정의 공수 전략을 단순한 논리로 구분하고 설명할 수만은 없을 것 같다. 공격 전쟁을 하면서도 때로는 수세를 취할 수도 있고, 방어 전쟁을 하면서도 때로는 공세를 취할 수도 있다. 공격이 최상의 방어라는 말도 있지 않은가? 설령 침략에 맞서는 방어 전쟁일지라도 지략을 총동원해 '속승'을 이끌어 낼 수만 있다면, 그 또한 바람직한 일일 것이다.

3

군사를 부려 전쟁을 잘하는 사람은 장정壯丁을 거듭 징발하지 않고, 군량과 사료를 거듭 실어 나르지 않는다. 병기兵器 같은 전투 장비는 본국에서 가져다 쓰고, 군량과 사료는 적국에서 약탈한다. 그러므로 군대의 양식과 마소의 사료를 충분히 조달할 수가 있다.

善用兵者,^{1} 役^{2}不再^{3}籍,^{4} 糧不三載^5; 取用於國,^{6} 因糧於敵,^{7} 故軍食
선 용 병 자   역 부 재 적   양 불 삼 재   취 용 어 국   인 량 어 적   고 군 식

可足也.
가 족 야

주석

1 **善用兵者**(선용병자): 선전자善戰者.

2 **役**(역): 병역兵役. 여기서는 병역 복무자. 곧 장정, 병사.

3 **再**(재): 재삼再三, 거듭, 여러 번. 아래의 '삼三'도 이와 같은 뜻임. 여기서 '재'와 '삼'은 모두 한 번이면 족하며, 결코 여러 번 해서는 안 된다는 점을 강조하기 위한 표현으로, 글자 그대로의 횟수를 의미하는 것은 아님. 곧 『논어』「공야장편公冶長篇」 "계문자는 무슨 일을 할 때면 여러 번 생각한 다음에야 비로소 행동에 옮

겠다. 공자께서 그 얘기를 들으시고 말씀하셨다. '두 번만 생각하면 된다'(季文子三思而後行. 子聞之, 曰: '再, 斯可矣')"의 '삼'과 같은 표현임.

4 籍(적): 호적戶籍, 호구戶口 명부名簿. 여기서는 동사動詞로, 호적에 의거해 병역을 등록 부과하고, 병사를 징발, 징집함을 이름.

5 載(재): 운재運載함, 즉 (수레 따위에) 실어서 나름.

6 取用於國(취용어국): 조조가 이른 대로, 병기와 갑옷투구 같은 전투 장비는 국내에서 가져다 쓴다는 말임.

7 因糧於敵(인량어적): '양인어적糧因於敵'의 도치 변형. 양초(군량과 사료)는 적국에서 조달함, 곧 약탈함을 이름. '인'은 기댐, 의지함.

해설

용병의 폐해에 대한 깊은 인식과 통찰을 바탕으로 '속승론'을 강력 주장한 손자가 열변을 이어간다. 장정을 거듭 징발하고, 양초를 거듭 실어 나른다는 것은 속전 속승에 반하는 일이다. 또한 그것은 본국의 인적 물적 부담을 가중시킬 뿐만 아니라, 전쟁 심리 측면에서도 작지 않은 문제점을 안고 있다. 누차에 걸친 장정 징발과 양초 운송은 결국 온 나라 사람들로 하여금 속전속결은커녕 전선의 상황이 사뭇 불리하고, 수많은 사상자가 속출하고 있다는 생각을 하면서 불안에 휩싸이게 할 수 있다. 여기서 손자의 뜻은, 조조가 이른 대로 처음에 백성에게 병역을 부과하고 징발해 가서는 서둘러 승리를 거두어야 하며, 그러지 못하고 다시 본국으로 돌아와 병사를 징발해서는 안 된다는 것이다. 병사 징발이나 양초 운반을 거듭해야 하는 것은 결코 바람직한 상황도 방법도 아니라는 게 손자의 생각이다.

한데 '속승'이 어찌 그리 쉬운 일이겠는가? 그러니 아무리 속승을 위해 최선을 다한다고 한들 최소한의 일정한 시간은 소요될 수밖에 없다. 전쟁을 시작했다면, 어찌 되었든 어느 정도의 군수물자 조달은 필요하다는 말이다. 문제는 당시의 제반 여건에 비춰 볼 때, 후방에서의 군수 지원은 상당한 어려움과 폐단이 따른다는 것이다. 이에 손자가 해결책을 제시하였다. 무기 같은 것은 어쩔 수 없이 본국에서 가져다 쓰더라도, '양초는 적국에서 약탈하는(因糧於敵)' 방법으로 해결하라는 것이다. 그러면 상대적으로 작은 대가를 치르면서 보다 안정적인 조달이 가능하다는 논리다. 다소 의외이기는 하나, 자못 새롭고 기발한 발상이 아닐 수 없다. 무엇보다 그 실제적인 이득과 전략적 효과를 생각하면 더욱 놀랍고 지혜로운 계책임을 알 수 있다. '적의 양초를 약탈한다!' 그것은 단순히 비효율적인 데다 온갖 어려움과 폐단만 따르는 본국의 인적·물적 부담을 덜어준다는 의미뿐만 아니라, 적국의 물자와 자원을 소모하면서 아군의 전력 유지와 향상에 기여한다는 측면에서 그 실질적 이득은 양초 자체를 훨씬 넘어서는 것이다.

4

나라가 군사를 부려 전쟁을 하면서 빈곤하게 되는 까닭은 군수물자를 멀리 실어 나르기 때문이나니, 군수물자를 멀리 실어 나르다 보면 나라는 물론 백관百官 귀족들까지 빈곤에 시달리게 된다. 그러면 군대 주둔지에 가까운 지역에서는 물가가 폭등하게 되고, 물가가 폭등하면 나라와 백관 귀족들의 재력財力이 고갈하게 되며, 그렇게 재력이 고갈되면 일반 백성들에게까지 다급히 군부軍賦를 징발하게 된다. 결국 군력은 다하고 국가 재정까지 고갈되면 나라 안은 어느 집 할 것 없이 남아나는 게 없다. 더욱이 백관 귀족들의 재산은 열에 일곱은 날아가고, 나라의 재산은 또 수레는 부서지고, 말은 지치는 데다, 갑옷과 투구, 화살과 쇠뇌, 미늘창에 작은 방패와 큰 방패 같은 장비들을 조달하고, 군부로 소와 소달구지를 징발해 부리는 따위로 인해 열에 여섯은 다 써버리게 된다.

그러므로 지혜로운 장수는 군량이나 사료를 적지敵地에서 조달해 먹이려고 애쓰나니, 적지에서 군량 1종鍾을 조달해 먹이면 본국에서 20종을 실어 와서 먹이는 것과 맞먹고, 콩깍지와 볏짚 같은 마소의 사료 1석石을 조달해 먹이면 본국에서 20석을 실어 와서 먹이는 것과 맞먹는다.

國之貧於師者遠輸,[1] 遠輸則百姓[2]貧. 近於師者貴賣,[3] 貴賣則百姓
국 지 빈 어 사 자 원 수　　원 수 즉 백 성 빈　　근 어 사 자 귀 매　　귀 매 즉 백 성
財竭,[4] 財竭則急於丘役.[5] 力屈·財殫, 中原内虛於家.[6] 百姓之費, 十
재 갈　　재 갈 즉 급 어 구 역　　역 굴 재 탄　　중 원 내 허 어 가　　백 성 지 비 십
去其七; 公家[7]之費, 破車罷[8]馬, 甲冑[9]矢弩,[10] 戟楯[11]蔽櫓,[12] 丘牛[13]大
거 기 칠　　공 가 지 비 파 거 피 마　　갑 주 시 노　　극 순 폐 로　　구 우 대
車,[14] 十去其六.
거　　십 거 기 륙

故智將務食於敵,[15] 食敵[16]一鍾,[17] 當[18]吾[19]二十鍾; 蒽秆[20]一石,[21] 當
고 지 장 무 사 어 적　　사 적 일 종　　당 오 이 십 종　　기 간 일 석　　당
吾二十石.
오 이 십 석

주석 ────────────────────────────────

1 遠輸(원수): 원로遠路 운수運輸. 곧 군량과 사료 등의 군수물자를 멀리까지 실어

66

나름을 이름.

2 百姓(백성): 옛날에는 본디 백관百官 귀족을 일컬음. 옛날 귀족들은 각기 봉지封地로 성姓을 삼았으므로, '백성'이라고 하였음. 그러다 대략 한대漢代 이후에는 서민, 민중을 통칭함. 여기서는 '국지빈어사자國之貧於師者'를 비롯한 전후 문맥에 비쳐볼 때 전자의 뜻으로, 곧 국가와 조정朝廷 그리고 백관 귀족을 아울러 가리킴.

3 貴賣(귀매): 비싼 값으로 팖. 곧 물가가 폭등함을 이름.

4 貴賣則百姓財竭(귀매즉백성재갈): 일부 논자들이 이 구절에서 '백성'은 연문衍文, 즉 글 가운데에 쓸데없이 들어간 군더더기 글귀라고 함. 그 이유는 물가가 폭등하면서 재력이 고갈되는 것은 백성의 문제라기보다 군대를 지원하는 나라와 조정의 문제이기 때문이라는 것임. 물론 분명 일리 있는 주장이긴 하나, 그것은 바로 '백성'을 일반 민중의 뜻으로 이해한 데에서 기인한 것임. 다시 말해 이 단락에서 '백성'은 상술한 대로 백관 귀족의 뜻으로 이해해야 하며, 그러면 전후 문맥의 의미에 전혀 무리가 없음. 확증 없이 원문을 임의로 고치는 것은 일단은 신중을 기해야 하지 않을까?

5 丘役(구역): 군부軍賦, 즉 군사상의 조세租稅나 부역負役. 곧 옛날에 나라에서 병역兵役을 부과해 장정을 징집하거나 군수물자를 징발한 것을 이름. '구'는 옛날 토지나 행정 구역의 단위. 대개 구 단위로 부세賦稅를 부과하였으므로 '구역'이라고 한 것임.

6 中原(중원): 국중國中, 국내. '중'은 중심, '원'은 원야原野, 벌판.

7 公家(공가): 국가.

8 罷(피): 피疲와 같음. 피로함, 고달픔, 지침.

9 甲胄(갑주): 갑옷과 투구.

10 矢弩(시노): 화살과 쇠뇌(여러 개의 화살을 연달아 쏠 수 있는, 쇠로 된 발사 장치가 달린 활).

11 戟楯(극순): '극'은 미늘창(끝이 좌우로 가닥진 창). 곧 '과戈'와 '모矛'의 기능을 합친 무기로, 걸어 당기는 '과'와 찌르는 '모'의 두 가지 기능을 겸함. '순'은 순盾과 같음. 방패.

12 蔽櫓(폐로): 성城을 공격할 때 쓰는 큰 방패. '폐'는 가린다, 막는다는 뜻. 이상의 '갑주시노甲胄矢弩'와 '극순폐로戟楯蔽櫓'는 당시의 전쟁 무기와 장비를 통칭함.

13 丘牛(구우): 조조가 구읍丘邑의 소라고 풀이했듯이, 구역丘役으로 징발된 소를 가리킴.

14 大車(대거): 치중輜重, 즉 군수품을 운반하는 소달구지.

15 食於敵(사어적): 적지에서 먹임. 곧 적지에서 군량과 사료를 조달해 군사와 마소를 먹인다는 말. '사'는 먹임, 먹여 살림.

16 食敵(사적): 사어적食於敵과 같음. 일설에는 여기서 '사'는 식食으로 읽으며, 취식取食함, 곧 (적지에서) 먹을 것을 취해 먹는 것을 이른다고 함. 하지만 전후 문맥상 이 '사적'의 주체인 '지장智將'이 바로 군대를 지휘 통솔하는 책임자인 점을 감안하면, 일설의 풀이는 적절치 않음.

17 鍾(종): 고대의 용량 단위. 1종은 육곡사두六斛四斗 곧 64말(斗)임.

18 當(당): 상당함, 맞먹음.

19 吾(오): 아我와 같음. 여기서는 아국我國, 본국을 이름.

20 萁秆(기간): 콩깍지와 볏짚. 마소의 사료를 통칭함. '기'는 기其와 같음. 콩깍지.

21 石(석): 고대의 중량重量 단위. 1석은 120근斤임.

해설 ─────────────────────────────

『관자管子』「참환편參患篇」에서 말했다. "일 년 동안의 군비軍費는 십 년 동안 모은 재화財貨를 소진하게 되고, 한 차례의 전쟁 비용은 누대에 걸친 공력功力을 탕진하게 된다(一期之師, 十年之蓄殫; 一戰之費, 累代之功盡)." 이는 제齊나라 환공桓公을 춘추 오패五霸의 으뜸이 되도록 보필한 명재상名宰相 관중管仲이 한 말이다. 관중은 손자보다는 조금 앞선 춘추시대 중엽의 인물이다. 관중이나 손자가 느끼듯이 당시의 군사 및 전쟁 비용은 실로 어마어마한 것이었다. 손자가 군수물자 조달의 부담을 가볍게 여기지 않은 것도 결국은 그 같은 인식의 연장선상에 있다.

전쟁이 길어져 군수물자를 거듭 멀리 전장까지 실어 나르다 보면 결국 국가적 빈곤과 어려움에 빠질 수밖에 없다. 나라와 백관 귀족의 재정 고갈은 물론, 일반 백성들에게까지 다급한 군부軍賦의 부담이 가해지면서 결국 집집마다 살림살이가 거덜 나는 지경에 이른다. 그러므로 진실로 지혜로운 장수라면 '인량어적因糧於敵', 즉 양초를 적지에서 조달해 먹이려고 애써야 한다. 양초의 현지 조달이 가져다주는 인적·물적 그리고 시·공간적 부담 경감 등에 따른 효율성은, 본국에서 운송해 오는 것에 비해 심지어 20배나 높다는 게 손자의 주장이다. 그것은 곧 그만큼 양초를 본국에서 가져다 먹이는 데 드는 원가나 부대비용이 엄청나다는 얘기다. 천 리 먼 길에 달구지로 양초를 운반한다고 할 때, 일단 수많은 부역꾼과 우마牛馬에다 양초와 부역꾼 부대를 보호할 군사들까지 동원되어야 한다. 또한 무거운 짐을 실었으니, 소는 물론 말도 그 걸음이 느릴 수밖에 없을 것이고, 오랜 시간 먼 거리를 오가면서 사람도 먹고, 우마牛馬도 먹어야 하니, 도중에 소모해야 하는 양초 또한 만만치 않을 것이다. 게다가 불행하게도 적에게 양초를 탈취당하는 사태라도 벌어진다면, 그 물적 심적 피해와 타격은 이루 말할 수 없을 것이다. 이 같은 견지에서 볼 때, 양초의 현지 조달을 강력 주장하는 손자의 생각은 분명 상당한 설득력을 갖는다.

한편 '인량어적'의 현대적 응용이라면, 오늘날 이미 널리 행해지고 있는, 수출 기업이 수출 대상국 현지에서 제품을 생산해 판매하는 방식의 산업 전략을 말할 수 있을 것이다. 그것은 자국에서 생산한 제품을 외국으로 수출하던 전통적인 방식과는 사뭇 다르다. 현지에서의 원자재 조달이나 인력 고용 등으로 인한 생산 비용의 절감은 물론, 현지 정부의 행정 및 세제稅制 지원 등의 수혜受惠로 인한 기업 운영의 편의성과 수익성이 향상되면서, 궁극적으로 기업 이윤의 증대로 이어질

수 있다. 또한 그러한 가운데 현지 친화적 기업 운영을 통해서 해당 지역에 탄탄히 사업 기반을 다진다면, 보다 지속적이고 안정적인 이윤 창출 또한 충분히 가능할 것이다.

5

무릇 군사들이 용감하게 적을 무찌르기를 바란다면 먼저 적에 대한 분노가 솟구치게 하여야 하고, 군사들이 적의 재물을 탈취하기를 바란다면 반드시 그들에게 재물로 상을 주어야 한다. 그러므로 병거兵車로 하는 전투에서 적의 병거 열 채 이상을 노획하면, 가장 먼저 적 병거를 노획한 병사를 포상하여야 한다. 그리고 적 병거의 깃발을 아군 깃발로 바꿔 달고, 아군 병거와 한데 섞어서 전투에 참여시키며, 생포한 적의 병사는 잘 대해 주어 아군의 일원으로 길러야 한다. 이래서 적을 무찌르면 무찌를수록 스스로 더욱 강해진다고 하는 것이다.

故¹殺敵者, 怒²也; 取敵之利³者, 貨⁴也. 故車戰, 得車十乘已⁵上, 賞
고 살 적 자 노 야 취 적 지 리 자 화 야 고 거 전 득 거 십 승 이 상 상
其先得者, 而更⁶其旌旗,⁷ 車雜⁸而乘⁹之, 卒¹⁰善而養之, 是謂勝敵而
기 선 득 자 이 경 기 정 기 거 잡 이 승 지 졸 선 이 양 지 시 위 승 적 이
益强.
익 강

주석

1 故(고): 이는 '그러므로'의 뜻으로 보면 전후 문맥상 적절치 않으며, 따라서 여기서는 '부夫'와 같은 발어사로 이해됨. 『노자老子』에도 이 같은 예例가 보이는데,

70

바로 "무릇 귀함은 천함을 근본으로 하고, 높음은 낮음을 기초로 한다(故貴以賤爲本. 高以下爲基)"(제39장)에서와 같은 경우임. 사실『손자병법』에는 '고' 자를 빈번히 쓰고 있는데, 왕왕 여기에서처럼 발어사로 이해되는 경우가 있음.

2 怒(노): 여기서는 군사로 하여금 분노가 일게 함을 이름. 이전李筌은 "분노란 군대의 위력威力이다(怒者, 軍威也)"라 하고, 장예는 "아군 병사들을 자극하여 상하가 다 같이 분노가 끓어오르면 적을 쉬이 죽일 수 있다(激吾士卒, 使上下同怒, 則敵可殺)"라고 함.

3 利(이): 재리財利, 재물, 재화財貨.

4 貨(화): 여기서는 재화로 상賞을 줌을 이름.

5 己(이): 이以와 같음.

6 更(경): 변경함, 교체함.

7 旌旗(정기): 기旗의 총칭.

8 雜(잡): 한데 섞음, 합침. 곧 (적의 병거를 아군에) 편입시킴을 이름.

9 乘(승): (병거를) 탐. 곧 (적의 병거를 아군 병거와 함께) 전투에 참여시킴을 이름.

10 卒(졸): 병졸. 여기서는 생포한 적병敵兵을 가리킴.

해설

'인량어적因糧於敵'은 한마디로 적군에게서 군사 작전상의 이점을 쟁취함으로써 물질적으로나 심리적으로 적군에게 피해와 타격을 주면서, 아군이 그 이득을 보고 사기가 높아지는 전략이다. 따라서 그 전략적 이득과 효과는 실로 상당하다. 손자는 이제 한 걸음 더 나아가 '인량어적'의 확대 적용과 발전적 전개를 요구한다.

전쟁은 결국 적을 무찔러야 하는 것이니, 목적을 달성하기 위해 일단은 전쟁의 합당한 이유와 명분을 내세우거나 적군에 관한 적당한 빌미와 꼬투리를 잡아 군사들의 적개심을 불러일으켜야 한다. 그야말로 의분義憤(불의에 대하여 일으키는 분노)과 의분義奮(정의를 위하여 분발함)

에 의지해 전투력을 끌어올리는 것이다. 두목杜牧이 이른 대로 적군을 두고, 천만千萬 군사가 모두 다 같은 마음으로 분노할 수 있는 게 아니나, 아군의 장수가 전쟁의 형세를 타고 군사들을 격동케 하면 그렇게 할 수가 있다. 군사들이 분기충천憤氣衝天(분한 마음이 하늘을 찌를 듯 격렬하게 북받쳐 오름)하면 물불을 가리지 않고 용맹 전진할 것은 뻔한 이치다. 일찍이 노자도 이르기를, "군사를 일으켜 서로 맞설 때 백중지세이면, 비분悲憤에 찬 쪽이 이긴다(抗兵相若, 哀者勝矣)"(『노자』 제69장)고 하지 않았던가?!

다음으로 손자는 적의 재물을 탈취한 병사들을 재물로 후하게 포상하는 방법을 통해, 아군의 전투력을 증강하고, 동시에 적군의 피해를 증대시키는 방안을 제시하였다. 조조가 이르기를, "군대에 재물이 없으면 군사들이 모이지 않고, 군대에 상이 없으면 적진으로 달려가지 않는다(軍無財, 士不來; 軍無賞, 士不往)"고 하였다. 옛말에 "사람은 재물 때문에 죽고, 새는 먹이 때문에 죽는다(人爲財死, 鳥爲食亡)"고 하였듯이, 사람의 재물 욕심은 죽음의 위험마저도 무릅쓰게 한다. 아무튼 손자가 제시한 이 방안은, 냉정히 말하면 두목이 이른 대로 나라를 위해 세운 공로에 재화로 보답하고 포상하며 유혹하는 것이다.

그리고 손자는 또 탈취한 적의 병거와 생포한 적의 병사를 모두 아군의 편제에 편입시켜 전력 증강과 사기 진작을 꾀할 것을 요구하였다. 그것은 곧 적의 재물과 인력을 탈취해 활용함으로써 그 이점을 취하는 것이니, 족히 '인량어적'의 발전적 전개라 할 만하다. 적 병거의 활용은 어쩌면 누구나 충분히 생각할 수 있는 문제일 것이다. 하지만 포로의 활용은 당시로서는 간단한 문제가 아니었다. 꿔화뤄郭化若에 따르면, 옛날, 특히『손자병법』이 편찬되어 알려지기 이전까지만 해도 전쟁 포로는 참혹하게 죽이는 것이 일반적이었다. 고대 전쟁에서는 포로가 수천수만에 달하는 경우도 적지 않았는데, 그들을 통제하기란 결코 쉬운 일이 아니었으며, 또한 쉬이 신임할 수도 없는 데다 숙식 등에 드는 비용 또한 큰 부담이었다. 하여 왕왕 수많은 포로를 산 채로 땅속에 묻어 죽이곤 하였는데, 때로는 수십만에 달하는 포로를 생매장한 경우도 있었다. 그렇게 볼 때, "생포한 적의 병사는 잘 대해 주어 아군의 일원으로 길러야 한다"는 손자의 요구는 분명 시대를 앞서는 고귀한 생각이자 사상으로 높이 평가할 만하다.

이상과 같은 '인량어적'의 확대 적용과 전개로 얻게 되는 실제 이득과 전략적 효과는 실로 막대하다. 따라서 그처럼 슬기롭게 전쟁에 임한다면, "적을 무찌르면 무찌를수록 스스로 더욱 강해진다"는 것이 손자의 믿음이다. 그야말로 불패不敗의 군대·무적無敵의 군대가 따로 없다. 그렇다면 전쟁을 하면 할수록 강해지고, 강해지고 또 강해질수록 승승장구할 것이니, 속전·속승의 가능성과 기대를 한껏 높일 수가 있다. 천치티엔陳啓天이 이른 대로, 이 단락에서 논한 전쟁의 속승 방법은 모두 다섯 가지가 있으니, 첫째, '인량어적'하는 것이요, 둘째, 군사들의 적개심을 부추겨 적을 무찌르는 것이요, 셋째, 앞장서 적의 재물을 탈취한 병사를 포상하는 것이요, 넷째, 전리품을 이용해 아군의 전투력을 증강시키는 것이요, 다섯째, 포로를 특별히 잘 대해주어 적군의 투지를 꺾는 것이다. 이 다섯 가지는 고대 전쟁에서 마땅히 활용해야 했을 뿐만 아니라, 근대 전쟁에서도 잘 활용하여 능히 신속한 승리를 거둘 수 있도록 해야 하는 것이다.

6

그러므로 전쟁은 신속히 승리하는 것을 높이 사며, 오래 끄는 것은
좋게 여기지 않는다.

또한 그러므로 그 같은 전쟁의 원칙을 잘 아는 훌륭한 장수는 바로
민중의 생명과 운명의 주관자요, 국가의 안위와 존망의 주재자이다.

故兵貴¹勝,² 不貴久.
고 병 귀 승   불 귀 구

故知兵之將,³ 生民⁴之司命,⁵ 國家安危之主也.
고 지 병 지 장   생 민 지 사 명   국 가 안 위 지 주 야

주석

1 貴(귀): 귀중하게 여김, 중요하게 생각함, 높이 삼.
2 勝(승): 속승速勝을 이름.
3 知兵之將(지병지장): 용병·전쟁의 이치와 원칙을 깊이 이해하는 훌륭한 장수. 여
  기서 '지知'는 첸지보어錢基博가 이른 대로, 전쟁은 '귀승불귀구貴勝不貴久'한다는
  이치를 진실로 잘 알고 체득함을 말하는 것으로 이해됨.
4 生民(생민): 민중. 일부 판본에는 '생' 자字가 없음.
5 司命(사명): 고대의 별 이름. 사람의 죽음을 주관하는 별의 신神이라고 함. 여기
  서는 민중의 운명과 생명의 주관자主管者를 비유 지칭함.

해설

이는 곧 「작전편」의 핵심 논지論旨이자 결론이다. "병귀승, 불귀구兵貴
勝, 不貴久"는 전쟁의 막대한 비용 부담과 복잡한 이해득실에 대한 철저
한 분석과 검토를 거쳐 얻어낸 필연적 결론으로 이해된다. 한데 속전

속결·속전속승을 성공적으로 실현하기 위해서는 결국 상술한 일련의 전략 전술을 차질 없이 구사할 수 있는 슬기롭고 유능한 장수가 있어야 한다. 「계편」에서 말했듯이, 병가의 절묘한 용병술은 사전에 명확히 규정해 일러주기 어려운 문제가 있다. 따라서 슬기롭고 유능한 장수라면 전장의 다양한 형세 변화에 따른 임기응변의 전략적 신축성과 탄력성을 발휘할 수 있는 자질은 필수 불가결한 것이다. 물론 장수가 갖추어야 할 자질과 덕목은 이른바 '오사五事'·'칠계七計'에서 강조한 장수의 오덕五德과 재능을 크게 벗어나지 않는다.

아무튼 일선에서 국가 대사인 전쟁을 진두지휘하면서 능히 막중한 소임을 다할 수 있는 훌륭한 장수가 없다면, 속승·속결은커녕 자칫 전세戰勢를 위난 국면으로 몰고 가 나라와 백성들을 엄청난 환난에 빠지게 할 수도 있다. 하여 손자는 여기서 '지병지장知兵之將', 즉 "병귀승, 불귀구"라는 전쟁의 원칙과 정신을 깊이 이해하고 구현할 수 있는 훌륭한 장수를, '민중의 생명과 운명의 주관자(生民之司命)'이자 '국가의 안위와 존망의 주재자(國家安危之主)'로 높이며 그 존재 의의와 가치를 한껏 부각하였다. 백배 공감이 가는 얘기다.

한편 앞에서도 그 일단을 소개한 바 있지만(둘째 단락 「해설」 참조), 사실 손자의 '속승론'에 대해서는 이론異論이 분분하다. 천치티엔이 말했다. "이 편에서 말한 '귀승불귀구'란 대개 공세攻勢 전쟁을 두고 이른 것이다. 만약 수세守勢 전쟁이라면 부득이하게 전쟁에 응한 것인 만큼, 반드시 지구전을 펼친 다음에 승리할 수 있도록 해야 하며, 경솔히 속전속결하려고 하다가 적의 계략에 말려들어서는 안 된다. 그러므로 손자가 「구지편九地篇」에서는 또 '제후의 군대가 자국 영토에서 적과 교전하는 곳은 산지라 하는데(諸侯自戰其地者, 爲散地),' '산지에서는 전의戰意를 확고히 다지기 전에는 적과 전투를 벌이지 말아야 하고(散地則無戰),' '산지에서는 우리는 장차 전군의 의지를 하나로 결집하여야 한다(散地, 吾將一其志)'고 하였다. 이는 곧 수세 전쟁은 아무래도 공세 전쟁과는 다소간 차이가 있어야 한다는 말이다. 무릇 공세 전쟁은 당연히 애써 속전속결하려고 하겠지만, 수세 전쟁은 반드시 그것을 역이용해 되도록 지구전으로 끌고 갈 수 있도록 하여야 한다." 꿔화뤄도 말했다. "『손자병법』에서는 단지 공격만을 강조하고, 방어는 별로 말하지 않았으며, 단지 속승만을 강조하고, 지구전은 반대하였다. 이는 곧 침략을 당한 약소국은 반드시 지구적持久的인 방어를 고수하다가, 적군이 결집력이 떨어지고 피로에 지친 다음에 그 틈을 타 반격을 해야 한다는 점을 간과한 것이다. 『손자병법』에서는 이 같은 관점의 중요성을 거의 논하지 아니 하였다." 황퀘이黃葵는 또 이렇게 말했다. "손자가 말한 '병귀승, 불귀구'의 전투 원칙은 특정한 전쟁 상황에서는 분명 옳고 마땅한 것이며, 따라서 긍정적으로 평가할 만하다. 하지만 만약 전국全局과 국부局部, 전략과 전역戰役(특정한 전략 목적을 실현하기 위해 일정한 지역에 병력을 집결시켜 벌이는 전투, 곧 전체 전략에 따른 큰 전투의 개별적 전투)을 구분하지 않고, 두루뭉술하게 속전·속승을 하나의 보편적인 군사 작전의 원칙으로 삼는다면, 분명 단편적이라는 지적을 피하기 어렵다." 논자論者들은 너나없이, 손자의 '속승론'은 단지 공세적인 측면에서는 긍정적으로 고려해야 할 합당한 원칙이지만, 수세적인 측면에서는 결코 마땅한 전략이라고 보기 어려움을 지적하고 있다. 옳은 얘기다. 세상만사에 어찌 철칙이 있겠는가? 하여 손자의 '속승론'은 하나의 대원칙으로 이해할 수 있을 것이다. 그리고 모든 것은 상황에 따라 그때그때 응변應變하여 신축적으로 대처해 나가면 되지 않을까?

제3편

모공

謀攻

이른바 '모공'은 지모智謀·지략智略을 써서 적을 공략함을 말하며, 이에는 가능한 한 무력 침공, 직접 교전은 피한다는 의미가 내포되어 있다. 일설에는 적을 공격할 모략謀略·계책을 세운다는 뜻이라고 하나, 그에는 무력 사용을 불사한다는 뜻이 있어 손자의 본의로 보기 어렵다.

명대明代 조본학趙本學이 말했다. "묘산廟算을 통해 승부 예측과 전략 수립이 이루어지고, 전쟁에 필요한 장비를 다 모은 후에 비로소 공격을 명할 수가 있다. 하지만 적을 공격하는 데는 '모공'을 귀히 여겨 우선시해야 하며, '병공兵攻(군대를 출동시켜 공격함)'에 주력할 것은 아니다. 군대를 동원해 적을 공격하면 승부가 창칼의 날과 화살과 돌덩이 아래에서 결정되거니, 설령 적을 몰살할 수 있다고 하더라도 어찌 스스로를 아무 상해傷害를 입지 않도록 보호할 수 있겠는가? 반면에 지모로 적을 공략하면 노련하고 신중하게 필승의 전략에 만전을 기해 싸우지 않고도 적을 충분히 공략할 수 있을 것으로 기대가 되나니, 왜냐하면 싸우지도 않고, 죽이지 않는데 적이 스스로 항복해 올 따름이기 때문이다. 이것이 바로 「모공편謀攻篇」이 「작전편」 다음에 배치된 까닭이다(廟計已定, 戰具已集, 然後可以言攻. 但攻人以謀攻爲貴也, 而不在於兵攻. 以兵攻人者, 決勝負於鋒刃矢石之下, 縱能盡殺之, 安能自保其盡無傷乎? 以謀攻人者, 成持重, 制勝萬全, 攻期於無戰, 不戰不殺而人自服耳. 此「謀攻」所以次「作戰」也)." 이는 곧 손자가 말하는 '모공'의 궁극적 목적과 지향, 그리고 「모공편」의 배치 순서에 대한 명쾌한 설명으로, 우리의 이해를 돕는 데 모자람이 없다.

손자는 '병법'의 논술을 시작하며 첫째 편(「계」)에서는 전쟁 전前 단계에 승부를 예측하고, 전략을 수립해야 함을 일깨웠고, 둘째 편(「작전」)에서는 전쟁의 본격 개시를 앞둔 마지막 준비 단계에 전쟁의 막대한 경제적 비중과 그 폐해를 감안해 속전 속승에 목표를 두고 최선을 다할 것을 요구하였다. 그리고 이제 이 「모공편」에서는 바야흐로 전쟁에 돌입한 단계에서 과연 어떻게 승리를 쟁취할 것인가에 대한 문제를 논하였다. 그 요지는 바로 '모공', 즉 지모로 적을 공략해 '전승全勝(적이 어떠한 피해도 입지 않고 온전한 상태로 항복해 옴으로써 승리함)'을 거두도록 힘써야 한다는 것이다. 그야말로 "싸우지 않고 적의 군대를 굴복시키는 것이 진정 훌륭하고도 훌륭한 전략(不戰而屈人之兵, 善之善者也)"이라는 얘기다.

그런데 "싸우지 않고 적의 군대를 굴복시키는 것"이 과연 말처럼 그렇게 쉬울까? 물론 결코 쉬운 일이 아니다. 하여 손자는 전쟁에서 구사하게 되는 전략의 수준과 층차層次를 구분해 말하기를, "최상의 용병 전략은 '적의 계략을 무너뜨리는 것(伐謀)'이고, 그 다음은 '적의 외교外交를 무너뜨리는 것(伐交)'이며, 다시 그 다음은 '적의 군대를 무너뜨리는 것[伐兵]'이고, 최하의 용병 전략은 '적의 성城을 무너뜨리는 것〔攻城〕'이다[上兵伐謀, 其次伐交, 其次伐兵, 其下攻城]"라고 하였다. 이 가운데 '벌모'와 '벌교'는 군사적 지략을 총동원한, '전승'을 기대할 수 있는 고차원의 전략이다. 반면 '벌병'과 '공성'은 무력을 동원한 직접 교전을 불사하여 '전승'과는 애당초 거리가 먼 저차원의 전략이다. 손자는 특히 폐해가 심각한 '공성'이 초래하는 재앙을 경고하며, "적의 성을 공격하는 전법戰法은 마지못하여 하는 수 없이 구사하는 것〔攻城之法, 爲不得己〕"임을 분명히 일깨웠다.

손자는 또 전장戰場에서는 피아 병력의 중과衆寡로 인한 전력의 우열에 따라 신축적으로 대처해야 한다는 전제하에 구체적인 전략을 제시하였다. 그 핵심 메시지는 아군이 우세한 상황에서 작전에 돌입해야 하며, 열세한 조건에서는 무모하게 대적하지 않도록 해야 한다는 것이다. 아울러 일선에서 전쟁을 진두지휘하는 장수에게 부여된 군주와 국가에 대한 중차대한 책무와 역할을 부각 천명하는가 하면, 군주가 자국 군대에게 위해危害를 가하는 어처구니없는 경우를 열거하면서 장수에 대한 군주의 무분별한 간섭을 극력 경계하였다. 또한 편篇 말미에서는 전쟁에서 승리를 예측할 수 있는 경우 다섯 가지를 제시하며 권두卷頭의 이른바 '오사'·'칠계'와 호응하였고, 동시에 전쟁 당사자 쌍방의 제반 상황에 대한 이해와 통찰이 전쟁 승패에 미치는 영향 관계를 깊이 깨우쳤는데, 특히 "지피지기, 백전불태知彼知己, 百戰不殆"는 『손자병법』이 남긴 불후의 명구名句로 주지하는 바다.

1

손자께서 말씀하셨다. 무릇 군사를 일으켜 전쟁을 하는 원칙은 적으로 하여금 그들의 국도國都와 성읍城邑이 온전한 상태로 항복하게 해 싸우지 않고 이기는 것이 상책이요, 싸움을 벌여 적의 국도와 성읍을 격파하고 이기는 것은 그보다는 한 수 아래다. 또 적으로 하여금 그들의 '군軍' 장졸將卒 전원이 온전한 상태로 항복하게 해 싸우지 않고 이기는 것이 상책이요, 싸움을 벌여 적의 '군'을 격파하고 이기는 것은 그보다는 한 수 아래다. 적으로 하여금 그들의 '여旅' 장졸 전원이 온전한 상태로 항복하게 해 싸우지 않고 이기는 것이 상책이요, 싸움을 벌여 적의 '여'를 격파하고 이기는 것은 그보다는 한 수 아래다. 적으로 하여금 그들의 '졸卒' 군사 전원이 온전한 상태로 항복하게 해 싸우지 않고 이기는 것이 상책이요, 싸움을 벌여 적의 '졸'을 격파하고 이기는 것은 그보다는 한 수 아래다. 적으로 하여금 그들의 '오伍' 군사 전원이 온전한 상태로 항복하게 해 싸우지 않고 이기는 것이 상책이요, 싸움을 벌여 적의 '오'를 격파하고 이기는 것은 그보다는 한 수 아래다. 그러므로 백 번 싸워 백 번 이기는 것은 결코 훌륭하고도 훌륭한 전략이 아니며, 싸우지 않고 적의 군대를 굴복시키는 것이 진정 훌륭하고도 훌륭한 전략이다.

孫子曰: 凡用兵之法: 全國¹爲上, 破國²次之; 全軍爲上, 破軍次之;
손자왈 범용병지법   전국 위상   파국 차지   전군위상   파군차지

全旅爲上, 破旅次之; 全卒爲上, 破卒次之; 全伍³爲上, 破伍次之.
전려위상   파려차지   전졸위상   파졸차지   전오 위상   파오차지

是故⁴百戰百勝, 非善之善者也; 不戰而屈人之兵, 善之善者也.
시고 백전백승   비선지선자야   부전이굴인지병   선지선자야

1 全國(전국): 적이 그들의 국도와 성읍이 온전한 채로 항복하게 함. 곧 싸우지 않고 승리함을 이름. '전'은 형용사가 사역동사로 쓰인 경우임. '국'은 춘추시대에는 그 뜻이 후세와는 달라서 국도, 또는 국도를 포함한 큰 성읍을 가리킴.

2 破國(파국): 적의 국도와 성읍을 격파해 승리를 쟁취함.

3 軍(군)·旅(여)·卒(졸)·伍(오): 고대 군대의 편제 단위. 춘추전국시대 각국의 군대 편제는 일정한 차이가 있었는데, 대략 '군'은 군사 12,500인人, '여'는 군사 500인, '졸'은 군사 100인, '오'는 군사 5인 단위를 가리킴. 따라서 '오'는 고대 군대의 가장 기본적인 편제 단위임.

4 是故(시고): 그러므로.

해설

전쟁에 돌입했다면 두말할 나위 없이 적을 무찌르고 승리를 쟁취해야 한다. 다만 중요한 것은 승리를 어떻게 쟁취할 것인가이다. 이에 손자는 유명한 '전승론全勝論'을 주장하고 있는데, 그것은 분명 군사 전략상 최고·최상의 조예요, 경지임에 틀림이 없다. '전승'은 온전한 승리·

완전한 승리란 뜻으로, 곧 적군이 어떠한 인적·물적 손실이나 피해를 입지 않은 온전한 상태로 스스로 항복해 옴으로써 아군이 승리하는 것을 말한다.

대개 전쟁에서 승리하는 방법은 두 가지가 있을 것이다. 하나는 탁월한 지모智謀와 지략智略으로 싸우지 않고 적을 굴복시키는 방법으로, 손자가 말하는 '전승' 바로 그것이다. 다른 하나는 강력한 무력으로 공격을 감행해 적군을 격파함으로써 승리를 쟁취하는 방법이다. 하지만 무력에 의한 승리는 적군은 말할 것도 없고, 아군 또한 적지 않은 손실과 희생을 감수해야만 한다. 자칫 '상처뿐인 영광'이 될 수도 있다는 얘기다.

그러므로 손자의 생각은 분명하다 못해 단호하다. "백 번 싸워 백 번 이기는 것(百戰百勝)"도 능사가 아니며, 오로지 "싸우지 않고 적의 군대를 굴복시키는 것(不戰而屈人之兵)"만이 진정 더없이 훌륭한 전략이라는 것이다. 피아간에 교전交戰을 벌이면 살상은 불가피한 것이기 때문에, 전쟁을 통해 무자비한 살상을 자행하는 행위는 어떻게든 막아야 하며, 따라서 피아간의 직접적인 무력 충돌은 극력 반대한다는 것이 손자의 확고한 생각이다. 장예張預가 말했다. "상벌을 엄명嚴明히 하고, 군령軍令을 미덥게 하며, 무기를 빠짐없이 갖추고, 병졸을 철저히 훈련시켜 그 전력의 월등함을 드러냄으로써 적으로 하여금 초목이 거센 바람을 따라 힘없이 쓰러지듯 순순히 따르게 한다면, 그야말로 훌륭하고도 훌륭한 것이다(明賞罰, 信號令, 完器械, 練士卒, 暴其所長, 使敵從風而靡, 則爲大善)." 이는 곧 손자의 '전승' 주장을 실현할 수 있는 조건과 그 효과에 대한 간명簡明한 부연 설명이다.

2

그러므로 최상의 용병 전략은 적의 계략을 무너뜨리는 것이고, 그 다음은 적의 외교外交를 무너뜨리는 것이며, 다시 그 다음은 적의 군대를 무너뜨리는 것이고, 최하의 용병 전략은 적의 성城을 무너뜨리는 것이다. 따라서 적의 성을 공격하는 전법戰法은 마지못하여 하는 수 없이 구사하는 것이다. 높은 망루望樓가 있는 병거와 쇠가죽을 덮어씌운 큰 사륜四輪 수레를 제작하는 등 갖가지 공성攻城 장비를 갖추는 데에만 석 달은 걸려야 끝이 나고, 또 적의 성벽 높이 이상으로 작은 토산을 쌓아 올리는 데에도 석 달은 걸려야 끝이 난다. 한데 장수가 분노를 이기지 못하고 군사들을 다그쳐 개미 떼처럼 적의 성벽을 타고 오르게 하지만, 군사 삼분의 일을 잃고도 끝내 성을 공략하지 못하나니, 그런 게 바로 공성으로 인한 재앙이다.

故上兵[1]伐謀,[2] 其次伐交,[3] 其次伐兵,[4] 其下攻城. 攻城之法, 爲不得
고 상 병   벌 모   기 차 벌 교   기 차 벌 병   기 하 공 성   공 성 지 법   위 부 득
已. 修[5]櫓[6]轒轀,[7] 具器械, 三月而後成[8]; 距[9]闉,[10] 又三月而後已.[11] 將
이   수 로 분 온   구 기 계   삼 월 이 후 성   거 인   우 삼 월 이 후 이   장
不勝其忿[12]而蟻附之,[13] 殺士三分之一, 而城不拔[14]者, 此攻[15]之災
불 승 기 분   이 의 부 지   살 사 삼 분 지 일   이 성 불 발   자   차 공   지 재
也.
야

주석

1 上兵(상병): 최상의 용병 전략, 전술.
2 伐謀(벌모): 적의 모략謀略, 즉 계략·책략을 사전事前에 무너뜨림. 일설에는 계책을 세워 적을 무너뜨린다는 뜻이라고 하나, 전후 문맥상 옳지 않음. '벌'은 쳐부숨, 무너뜨림.

3 伐交(벌교): 적의 외교 관계를 무너뜨림. '교'를 일설에는 교합交合 또는 교전交戰
의 뜻으로 풀이하나, 적절치 않음.

4 伐兵(벌병): 무력으로 적의 군대를 정벌함. 이는 곧 공성전攻城戰이 아닌 야전野
戰, 즉 산이나 들 따위의 야외에서 벌어지는 전투를 두고 하는 말임. '병'은 군대, 특
히 그 무력을 두고 이름.

5 修(수): 이는 조조가 '치治'의 뜻으로 풀이하였으니, 곧 제작함, 만듦을 뜻함.

6 櫓(노): 즉 누로樓櫓. 누거樓車, 소거巢車라고도 함. 일종의 공성攻城 기계(器械, 기구,
도구, 장비)로, 수레 위에 덮개가 없는 망루를 설치해 적정敵情을 살피면서 적의 성
벽에 접근하기 위한 병거兵車임. 한편 조조는 이를 큰 방패, 즉 등나무 껍질 따위
로 만들어 성을 공격할 때 방어용으로 쓴 방패를 말한다고 함. 또 일설에는 '수
로修櫓'를 한 단어로 보고, '수'가 장長의 뜻인 데에서 장로長櫓, 즉 긴(높은) 망루
수레란 뜻으로 풀이하기도 함.

7 轒轀(분온): 공성에 쓰는 사륜의 큰 수레. 복숭아나무로 만들고, 그 위에 생生 쇠
가죽을 덮어씌웠으며, 10여 명의 병사가 흙을 실어 날라 적 성벽 주변의 해자垓
子 따위를 메우는 데 편리하도록 되어 있음.

8 三月而後成(삼월이후성): 한간본에는 '삼월이지三月而止'로 되어 있음.

9 距(거): 구具와 통함. 구비함, 준비함.

10 闉(인): 인堙과 같음. 작은 토산土山. 곧 공성을 위해 적의 성벽 높이 이상으로 흙
을 쌓아올려 만든 작은 산을 이름.

11 已(이): 지止와 같은 뜻으로, 여기서는 완공됨, 준공됨을 이름.

12 忿(분): 분노忿怒, 분노憤怒.

13 蟻附之(의부지): '사지여의부使之如蟻附'의 뜻으로, 군사들로 하여금 사다리를 놓
고 개미 떼처럼 성벽을 타고 올라 공격하게 함을 이름. '의'는 개미. '부'는 달라
붙음. 곧 성벽을 타고 오름을 이름. '지'는 군사, 병사를 가리킴.

14 拔(발): 공략함, 즉 공격하여 빼앗음.

15 攻(공): 여기서는 공성을 이름.

해설

손자가 말하는 '모공謀攻' 전략의 핵심은 바로 '전승'을 거두는 것이다.

그야말로 "싸우지 않고 적의 군대를 굴복시키는," 다시 말해 최소한의 대가로 최상의 완미完美·완전한 승리를 거두는 것이다. 손자는 여기서 전쟁의 원칙 내지 용병의 전략을 네 가지 등급으로 나누어 제시했는데, 상책은 '벌모伐謀'이고, 중상책은 '벌교伐交'이며, 중하책은 '벌병伐兵'이고, 하책은 '공성'이다. 그 가운데 '벌병'과 '공성'이 군사 무력적 전투 행위라면, '벌모'와 '벌교'는 군사적 지략을 넘어서 정치·경제·외교 등 전방위全方位 전략까지 확대, 동원되는 지모智謀의 싸움이라 할 것이다.

이른바 '벌모'는 고도의 지략과 계책으로 적의 전략과 기도企圖를 사전에 무력화無力化함으로써 사기와 전의戰意를 잃고 "적이 나라를 통째로 바치며 굴복해 오게 하는 것[敵擧國來服]"(조조의 말)이다. 다만 이는 반드시 강력한 군사력의 뒷받침이 전제되어야 함은 두말할 나위가 없다. 아무튼 이야말로 진정 '전승'할 수 있는 상책이 아닐 수 없다. '벌교'는 외교적 수단과 방법을 동원해 적의 국가 동맹을 분열, 와해시키는 한편, 자국의 동맹을 확대, 강화함으로써 적을 고립무원에 빠뜨려 결국은 굴복할 수밖에 없는 지경으로 몰고 가는 것이다. 이는 곧 '벌모'의 전략이 통하지 않을 때 제이 단계로 외교적 압박을 통해 적을 옥죄는 전략이다. 한데 '벌모'와 '벌교'는 공히 군사를 움직여 전투를 벌이지 않고 '전승'할 수 있는 '모공'의 전략이거늘, 손자가 '벌교'보다는 '벌모'를 상책으로 중시한 까닭은 무엇일까? 우루쑹吳如嵩이 혹자의 견해를 빌려 이른 대로, 적의 계략을 무너뜨리는 것은 군력軍力은 물론 민력民力이나 재력財力을 동원하지 않아도 되는 만큼, 큰 비용을 들이지 않고도 승리할 수 있다는 이점이 있다. 하지만 적의 외교를 무너뜨리는 것은 최종적으로 승리를 거두든 거두지 못하든 상당한 비용 지출이 불가피하다. 바로 그 때문에 '벌모'를 우선시한 것으로 이해된다.

'벌병'은 '공성'에 상대해 이르는 것으로, 야전野戰 즉 야외에서 전투를 벌여 적군을 무찌르는 것을 말한다. 하여 '벌병'은 피아의 군사들이 전장에서 서로 맞붙어 교전을 벌여야 하는 만큼, 필연적으로 인명 살상과 재물 손괴가 있게 되며, 따라서 설령 승리를 거둔다고 하더라도 '전승'과는 거리가 먼 것일 수밖에 없다. 한데 그보다도 못한 용병 전략의 하책, 최악의 전법은 바로 '공성'이다. 이유는 분명하다. 그 인적 물적 그리고 정신적 피해가 실로 심각하여 설령 승리한다 하더라도 상처뿐인 영광이 될 것은 불문가지다. 더구나 그렇게 힘든 공성전을 벌여서도 끝내 적의 성을 함락하지 못하는 경우가 오히려 다반사이니, 그렇게 되면 그야말로 재앙이 따로 없다.

전하는 바에 의하면 중국 역사상 일정한 지역을 방호하기 위해 그 둘레에 성을 쌓는, 이른바 '성읍城邑'을 축조하기 시작한 것은 대략 기원전 21세기 하夏나라 때부터였다고 한다. 그 후 춘추전국시대에 이르러서는 제후와 경대부들이 자신들의 이익을 보호하기 위해 대량으로 성지城池(성과 그 주위에 둘러 판 못)를 구축했는데, 당시는 아직 그 난공불락의 철옹성을 공략할 무기가 발달하지 못한 상태였다.

아무튼 우리는 여기서 공성의 폐해를 지적한 손자의 말에서 춘추시대의 공성 방법을 엿볼 수가 있다. 첫째, 적의 성문을 부수어 공성의 돌파구를 마련하는 방법이다. 이는 성 위로부터 날아오는 화살이나 돌 등의 공격을 무릅쓰고, 거대한 통나무로 성문에 세차게 충격을 가해 부숴야 하는 만큼 엄청난 희생을 감수해야 한다. 둘째, 적의 성 밖에 성벽 높이만큼 또는 그 이상의 높이로 토산을 쌓아 성 안을 공격하는 방법이다. 이는 『묵자墨子』「성수편城守篇」에서도 이른 대로, 병사들을 혹사하지만 공성에는 별 효과를 보지 못하는 졸렬하기 짝이 없는 방법이다. 셋째, 병사들이 운제雲梯(옛날에 성을 공격할 때 쓰던 높은 사다리)를 이용하여 마치 개미 떼처럼 적의 성벽을 타고 오르는 방법이다. 이 또한 성을 지키는 군사들이 강궁强弓(센활)·경노勁弩(센 쇠뇌)·뇌목檑木(옛날 성벽 위에서 밀어 떨어뜨려 공격해 오는 적을 막는 데 썼던 원기둥 모양의 큰 나무)·곤석滾石(성벽 위에서 굴러 떨어뜨려 공성하는 적을 막는 데 썼던 큰 돌) 등 갖가지 무기로 퍼붓는 맹렬한 공격을 피할 수 없는 만큼, 막대한 희생만 있을 뿐 성을 공략, 탈취하기는 결코 쉽지 않은 최악의 방법이다.

　결국 이상과 같은 공성 방법은 감당하기 힘든 정도의 인적 희생과 물적 피해가 불가피한 데다, 하나같이 성공 가능성조차 크지 않으며, 그 준비 과정에는 또 병사들이 긴 시간 동안 어렵고 힘든 노역奴役에 시달려야만 한다. 손자가 '공성'을 최하의 용병 전략으로 분류하고, "적의 성을 공격하는 전법은 마지못하여 하는 수 없이 구사하는 것"임을 일깨운 것은 바로 그 때문이다. 여기서 손자는 다분히 '공성'의 폐해와 재앙을 들어 '벌모'의 탁월함과 절묘함을 반증하고 있는데, 그 또한 같은 맥락으로 이해된다.

3

그러므로 군사를 부려 전쟁을 잘하는 사람은 적의 군대를 굴복시키되 무력으로 교전하는 방법으로는 하지 않고, 적의 성을 함락하되 무리하게 성을 공격하는 방법으로는 하지 않으며, 적의 나라를 무너뜨리되 지구전持久戰을 벌이는 방법으로는 하지 않는다. 그는 반드시 적이 온전한 상태로 항복해 오게 하는 전략으로 천하에서 승리를 쟁취하며, 그렇기 때문에 군대는 지치지 않고, 승리의 이익은 온전히 얻을 수 있나니, 이것이 바로 지모智謀로 적을 공략하는 전법이다.

故善用兵者, 屈人之兵而非戰¹也, 拔人之城而非攻也, 毀人之國²
고 선 용 병 자　굴 인 지 병 이 비 전 야　발 인 지 성 이 비 공 야　훼 인 지 국
而非久也. 必以全³爭於天下, 故兵不頓⁴而利⁵可全, 此謀攻之法也.
이 비 구 야　필 이 전 쟁 어 천 하　고 병 부 돈 이 리 가 전　차 모 공 지 법 야

주석

1 非戰(비전): 무력으로 교전하는 방법을 쓰지는 않음.

2 國(국): 여기서는 나라를 가리킴.

3 全(전): 위 첫 단락에서 말한 '전국全國'·'전군全軍'·'전려全旅'·'전졸全卒'·'전오全伍'의 '전'과 같음. 전승全勝, 즉 온전한 승리. 곧 적이 온전한 상태로 항복해 오게 하여 싸우지 않고 이기는 것을 말함.

4 頓(돈): 둔鈍과 같음. 몸도 마음도 지치고 사기가 꺾임을 이름.「작전편」제2장 주석 3 참조.

5 利(이): 이익, 승리. 이는 구체적으로는 장예가 이른 대로, 나라는 부유하고 군대는 강성한 이익을 가리키는 것으로 이해됨.

해설

전술한 바와 같이 심각한 폐해가 따르는 '벌병'과 '공성'의 전법은 용

장庸將, 즉 어리석고 졸렬한 장수가 즐겨 쓰는 것이다. 하지만 지장智將인 '선용병자善用兵者'는 다르다. 그들은 '벌모'와 '벌교'가 보다 고차원적인 의미와 가치가 있는 전법임을 누구보다 잘 알며, 그렇기 때문에 가능한 한 무력 공격을 감행하는 방법에 의지하지 않으려고 한다. 요컨대 선용병자는 '벌모'와 '벌교'의 전법을 선호하는데, 손자는 양자兩者를 아울러 '모공지법謀攻之法', 즉 지모로 적을 공략하는 전법이라 통칭統稱하였다.

화산華杉이 이른 대로, 손자는 여기서 '모공지법'의 핵심 의의를 총결하였다. '모공'은 '전승'을 추구한다. 따라서 적의 계략과 외교를 무너뜨리거나 군수물자와 이동 경로를 차단하는 등, 갖은 지모를 총동원해 일체의 이익, 다시 말해 아군과 자국의 피해나 손실은 물론, 적군과 적국의 자산에도 어떠한 파괴와 손실 없이 그 모든 이익을 온전히 취하고자 한다. 그러기 위해서는 '삼비三非', 즉 '비전非戰'·'비공非攻'·'비구非久'가 요구된다. 그야말로 교전하지 않고 적의 군대를 굴복시키고, 공성攻城하지 않고 적의 성을 함락하며, 지구전을 벌이지 않고 적의 나라를 무너뜨려야 한다. 결국 손자가 전쟁을 대하는 관점에는 대략 세 가지가 깊이 고려되고 있는 것으로 보이는데, 첫째, (전쟁으로 인해) 위험 내지 위난危難에 빠질 소지는 없는가, 둘째, 대가代價 내지 희생은 얼마나 치러야 하는가, 셋째, 이익 내지 이득은 얼마나 볼 수 있는가의 문제이다.

사람이 실수나 과오를 저지르는 주된 요인은 대략 두 가지로, 이익에 대한 욕심과 앞일에 대한 초조감이 상대적으로 보다 큰 비중을 차지한다. 흔히 이르기를, 견리망의見利忘義, 즉 눈앞의 이익을 보면 도의를 잊는다고 한다. 한데 그보다는 어쩌면 견리망해見利忘害, 즉 눈앞의 이익을 보면 (그 이익을 취함으로써 야기되는) 해악害惡을 잊는다는 게 더 일반적인 경향일 것이다. "사람은 재물 때문에 죽고, 새는 먹이 때문에 죽는다(人爲財死, 鳥爲食亡)"는 옛말이 결코 허설虛說이 아닌바, 특히 전쟁터에서 사람은 자칫 작은 이익 때문에 목숨을 잃을 개연성이 있다. 그리고 앞으로 닥쳐올 일에 대한 초조감 역시 문제가 된다. 사람이 초조해지면 사태를 주시하며 차분히 대처하기보다는, 나름의 방안과 대책을 궁리해 서둘러 뭔가를 하려고 든다. 그러니 전장의 장수가 설령 '삼비'의 의의를 아무리 잘 안다고 하더라도 앞일에 대한 초조감을 이기지 못한다면, 어찌 초지初志를 일관一貫할 수 있겠는가?

그렇다면 사람이 실수를 줄이기 위해서는 어떻게 해야 할까? 무엇보다 실패할 수도 있다는 가정하에 문제를 고려해야 한다. 사람들은 대개 무슨 일을 도모할 때, 다분히 성공만을 염두에 두는 경향이 있다. 그럴 경우 그 사람이 행하는 사고思考와 분석, 판단, 계책, 결책決策(계책·방책을 결정함)의 중심에는 시종 어떻게 하면 성공할 수 있을까 하는 생각이 자리를 잡게 된다. 하지만 『손자병법』의 관점은 그 같은 일반적인 경향과는 사뭇 다르다. 손자는 시종 실패를 염두에 두고, 그 모든 사고와 분석, 판단, 계책, 결책을 어떻게 하면 대가와 희생을 최소화하면서 불패不敗를 넘어 '전승'의 길로 나아갈 수 있을까 하는 문제에 초점을 맞추고 있다. 그리하여 손자는 자연스레 '모공지법'을 최상의 전략으로 높이 산 것이다.

한데 손자가 비록 이 편에서는 '모공' 내지 외교적 전략의 이점을 설파했지만, 다른 편에서는 또 밝은 정치와 충실한 군비의 중요성을 역설하기도 하였다. 여기서 우리는 천치티엔이 이른 대로, 『손자병법』의 이론 체계는 정치를 전쟁의 근본으로, '모공'과 외교를 전쟁의 선구先驅(앞에서 이끎)로, 군비를 전쟁의 후원後援으로 각각 여기고 있음을 알 수 있다. 결국 손자의 생각은 정치적 근본이 바로 서고, 군비의 후원이 굳건한 이후에, '모공' 내지 외교적 전략으로 적을 굴복시킴으로써 온전한 승리·완전한 승리를 쟁취해야 한다는 것이다.

4

그러므로 군사를 일으켜 전쟁을 하는 원칙은 아군이 적군보다 열 배가 많으면 적군을 사방에서 포위하여 굴복토록 압박을 가하고, 다섯 배가 많으면 적군을 적극적으로 공격하여 무찌르며, 두 배가 많으면 적군을 분산시켜 각개 격파로 무찌르고, 서로 대등하면 치밀한 지략으로 선전善戰하여 적군을 무찌르며, 반면 아군이 적군보다 병력이 적으면 전략을 세워 물러나고, 전력이 못하면 지략을 써서 결전을 피해야 한다. 그렇기 때문에 약소한 군대가 만약 고집스럽게 강다짐으로 맞서서 버티거나 섣불리 교전을 벌이면, 강대한 군대에게 사로잡히게 된다.

故用兵之法: 十則圍之,[1] 五則攻之, 倍則分之,[2] 敵則能戰之,[3] 少則
고 용 병 지 법 심 즉 위 지 오 즉 공 지 배 즉 분 지 적 즉 능 전 지 소 즉
能逃[4]之, 不若[5]則能避之. 故小敵[6]之[7]堅,[8] 大敵之擒[9]也.
능 도 지 불 약 즉 능 피 지 고 소 적 지 견 대 적 지 금 야

주석

1 **十則圍之**(십즉위지): 아군이 적군보다 열 배나 많아 수적으로 절대 우세하면, 적을 사면에서 포위해 굴복하도록 압박을 가함을 이름. 여기서 '십'은 꿔화뤄가 이른 대로, 병력이 지극히 많아 적보다 월등하다는 말이지, 결코 구체적으로 그 수를 규정한 것은 아님. '지'는 지시대명사로, 적군을 가리킴.

2 **倍則分之**(배즉분지): 아군이 적군보다 두 배 정도 많으면, 어떻게든 적군을 분산시켜 국부적으로 아군의 수적 우세를 더욱 강화한 후, 각개 격파로 적군을 무찌름을 이름.

3 **敵則能戰之**(적즉능전지): 아군과 적군의 병력이 대등해 백중지세伯仲之勢이면, 매복이나 유인誘引 등이 필요하고, 또 적절한 지략을 총동원해 선전善戰을 펼쳐서 적군을 무찌름을 이름. '적'은 필적한다는 뜻으로, 여기서는 병력이 서로 엇비슷함을 이름. '능'은 조본학趙本學의 풀이에 따르면, 선善의 뜻으로, 곧 치밀한 지략을 써서 선전善戰, 즉 있는 힘을 다하여 잘 싸움을 이름. 따라서 '능전지'는 그같이 잘 싸워서 적을 물리침을 이름. 일설에는 '능'을 내乃와 같고, 그 또한 즉則의 뜻이라고 풀이하면서, '즉능'을 연이어 쓴 것은 어기語氣를 강화하기 위한 것이라고 함. 하지만 문맥적 의미상 조본학의 풀이보다 못해 보임. 그리고 일설에는 앞 구는 '배즉전지倍則戰之'로, 이 구는 '적즉능분지敵則能分之'로 고쳐야 한다고 하나, 설득력이 떨어짐. 왜냐하면 두 배 정도의 병력으로 섣불리 교전하는 것은 승리를 장담하기 어렵고, 또 서로 대등한 병력으로는 적군을 분산시키기도 어려울뿐더러, 설령 분산시킨다 하더라도 아군 또한 분산해 대적해야 하므로 각각에 수적 우세를 확보하기는 어렵기 때문임.

4 **逃**(도): 벗어남, 물러남. 곧 몸을 피함을 이름. 여기서는 달아난다는 말이 아님. 일설에는 '도'를 수守 자로 고쳐야 한다거나 도挑와 같이 이해해 교란한다는 뜻으로 풀이해야 한다고 하나, 꿔화뤄는 모두 옳지 않다고 함.

5 **不若**(불약): 불여不如와 같음. ~만 못함. 곧 조본학이 이른 대로, 강약强弱·노일勞逸(수고로이 애씀과 편안함을 누림)·기포飢飽(굶주림과 배부름)·치란治亂(잘 다스려짐과 혼란에 빠짐) 등 여러 가지 조건(이는 곧 전력을 형성하는 요소들임)이 적군보다 못하다는 말임.

6 **小敵**(소적): 약소弱小한 군대.

7 **之**(지): 여기서는 약若과 같음. 만약.

8 堅(견): 여기서는 견지함, 견수堅守함을 뜻하며, 견고함, 견실함을 이르는 것이 아
님. 곧 약소한 군대는 응당 '전략을 세워 물러나거나(逃)', '지략을 써서 결전을 피
해야 함(避)'에도 불구하고 고집스럽게 강다짐으로 맞서서 버티거나 섣불리 교
전을 벌이는 것을 가리킴.

9 擒(금): 사로잡음. 또 포로.

해설

이는 피아彼我의 중과衆寡와 강약强弱의 차이에서 오는 다양한 상황에
따른 최적의 용병술에 대한 설명이다.

역사의 이름난 장수들 가운데는 필마단기匹馬單騎로 적의 대군을 격
퇴한 비범한 전력戰歷의 소유자들도 없지 않다. 하지만 그것은 그야말
로 기적 같은 전사戰史일 뿐이다. 전쟁은 무엇보다 피아의 제반 조건
에 대한 면밀한 비교 분석을 통해 피아의 실제 전력을 충분히 이해하
고 파악한 후, 치밀한 전략 전술을 짜서 임해야 한다. 전쟁에서 희생을
최소화하면서 필승을 기약하기 위해서는 그처럼 한층 이성적이고 합
리적인 자세와 태도가 절실히 요구된다 할 것이다. 물론 그게 어디 전
쟁뿐이겠는가? 세상만사가 다 그렇겠지만, 무엇이든 중대한 일일수
록 데면데면해서 될 일은 없다.

전쟁은 한마디로 피아간의 힘겨루기로, 군사력을 중심으로 하지만,
사실상 국가적 제반 역량의 대결이나 다름이 없다. 아무튼 손자는 여
기서 여섯 가지 대결 상황을 제시하면서 그 각각에 따라 취해야 할 작
전 전략을 설명하였다. 기본적으로 피아 전력의 대소大小와 강약에 근
거해 공수攻守와 진퇴를 결정해야 하는바, 전쟁의 주도권과 승기를 잡
기 위해서는 아군이 우세한 조건하에서 작전에 돌입해야 하며, 열세

한 조건에서 강다짐으로 대적해서는 안 된다. 그것은 또한 실사구시의 관점에서 일체의 조건을 피아의 실제 역량과 전쟁터의 실제 상황에 근거해 판단하여야 한다. 전쟁은 마냥 정지靜止해 있는 것이 아니라 수시로 변화하는 것이다. 대치 상태에 있는 피아 쌍방의 모든 조건과 역량은 수시로 변할 수 있으며, 그렇기 때문에 포위할지〔圍之〕, 공격할지〔攻之〕, 분산시킬지〔分之〕, 모공謀攻할지〔戰之〕, 물러날지〔逃之〕, 피할지〔避之〕 그때그때 기민하고 냉철한 판단으로 유연하고 적절한 전략전술을 강구하여야 한다. 바꿔 말하면, 피아 전력에 대한 분명한 인식과 그에 따른 전략적 대비 없이 솟구치는 분노와 혈기를 이기지 못하고, 약소한 군대가 강대한 군대와 섣불리 맞부딪치는 것은 화를 자초하는 우거愚擧(어리석은 행동, 짓)일 뿐이다.

5

무릇 장수는 국왕의 보조자이니, 보조자가 주밀周密해 나무랄 데 없이 훌륭하면 나라는 반드시 강성해질 것이나, 보조자가 허술해 여러모로 미흡하면 나라는 반드시 쇠약해질 것이다.

夫將者, 國¹之輔²也, 輔周³則國必强, 輔隙⁴則國必弱.
부 장 자   국 지 보   야   보 주   즉 국 필 강   보 극   즉 국 필 약

주석

1 國(국): 국군國君, 국왕을 일컬음. 일설에는 글자 그대로 국가의 뜻으로 풀이하기

98

도 함.

2 **輔**(보): 원의原義는 수레바퀴의 지지력을 증강시키는 보목輔木을 이름. 여기서는 보조자 내지 조수助手를 가리킴. 일설에는 원의(즉 보목)대로 풀이하기도 함.

3 **周**(주): 주밀함, 즉 허술한 구석이 없고 세밀함. 여기서는 곧 장수가 재덕才德과 지략을 겸비하여 나무랄 데 없이 훌륭함을 이름. 또 (장수의 보좌가) 주도면밀함을 이름. 일설에는 임금과 장수 사이가 대단히 친밀함을 이른다고 함.

4 **隙**(극): (갈라진) 틈, 구멍. 여기서는 곧 장수의 재덕에 결함이 있음을 이름. 또 (장수의 보좌가) 허술하고 미흡함을 이름. 일설에는 임금과 장수 사이에 불화가 있음을 이른다고 함.

해설

최전선에서 전투를 직접 진두지휘하는 주장主將, 즉 우두머리 장수는 한 나라 군주의 보조자로서, 그의 자질과 역할에 따라 국운이 좌우될 수 있다. 꿔화뤄는 손자의 이 같은 주장에 대해 장수의 존재와 역할을 과대평가하고 있다고 비판하였다. 그에 따르면, 한 나라는 정치 발전과 경제 번영, 군사력의 뒷받침이 있은 연후에 비로소 전쟁에 능한 장수를 배출할 수 있으며, 그 장수가 어떤 능력을 보여주느냐는 국가의 강성함과 쇠약함에 단지 일정한 작용만 할 뿐이라는 논리다. 하지만 전쟁이 일상다반사였던 고대 사회에 있어서 "전쟁이란 나라의 중대사로 백성의 생사가 걸린 영역이요, 나라의 존망이 달린 관두(兵者, 國之大事, 死生之地, 存亡之道)"(「계」)였음을 감안하면, 장수는 분명 막중한 책무를 수행하며 국운에 직접적이고 결정적인 영향을 끼칠 가능성이 충분한 인물임에는 틀림이 없다. 장수에 대한 손자의 평가가 마냥 과대하다고 할 수만은 없다는 이야기다. 앞의 「작전편」에서 손자가 '지병지장知兵之將' 같은 훌륭한 장수를, '민중의 생명과 운명의 주관자'이

자 '국가의 안위와 존망의 주재자'로 높인 것 또한 같은 맥락으로 이해된다.

아무튼 국왕의 보조자인 장수가 제 역할을 하기 위해서는 무엇보다 우선 스스로 '주밀해 나무랄 데 없이 훌륭함'을 갖추어야 한다. 장수의 '훌륭함'이란 곧 손자가 「계편」에서 '오사五事'를 논하며 훌륭한 장수가 갖추어야 할 조건으로 제시한 '지혜〔智〕'·'신망〔信〕'·'인애〔仁〕'·'용기〔勇〕'·'엄정〔嚴〕'의 다섯 가지 덕목을 겸비하는 것으로 볼 수 있다. 다음으로 국가 경영의 주도자인 군주는 자신의 보조자인 장수를 믿고 전쟁 지휘의 실권을 부여함으로써, 그 훌륭한 자질과 덕목을 충분히 발휘할 수 있도록 하여야 한다. 무슨 일이든 상하가 손발이 맞지 않고서는 잘 될 수가 없다. 손자가 아래에서 "장수가 지용智勇을 겸비해 유능하고, 군주가 작전에 간여하지 않아야 한다〔將能而君不御〕"는 관점을 강조한 것은 바로 그 때문이다.

6

그러므로 군주가 자국 군대에게 오히려 위해危害를 주는 경우가 세 가지이다. 첫째, 군대가 진격을 해서는 안 되는 것도 모르면서 진격하라고 명하고, 군대가 퇴각을 해서는 안 되는 것도 모르면서 퇴각하라고 명하는 것이니, 이를 일러 군대를 속박한다고 한다. 둘째, 군대의 제반 사무를 알지 못하면서 군대의 각종 행정 사무에 간여하는 것이니, 그러면 군사들은 곤혹困惑에 빠진다. 셋째, 군대의 전투 상황에 따른 임기응변을 알지 못하면서 군대의 지휘 통솔에 간여하는 것이니,

그러면 군사들은 의혹에 싸인다. 결국 군대가 곤혹에 빠지고 또 의혹에 싸이면, 다른 나라들이 그 기회를 틈타 침략해 오는 환난이 닥칠 것이니, 이를 일러 아군을 혼란에 빠뜨려 승리를 놓치게 하는 것이라고 한다.

故君之所以患¹於軍者三: 不知軍之不可以進, 而謂²之進; 不知軍
고 군 지 소 이 환 어 군 자 삼   부 지 군 지 불 가 이 진   이 위 지 진   부 지 군
之不可以退, 而謂之退, 是謂縻軍.³ 不知三軍之事,⁴ 而同⁵三軍之
지 불 가 이 퇴   이 위 지 퇴   시 위 미 군   부 지 삼 군 지 사   이 동 삼 군 지
政,⁶ 則軍士惑⁷矣. 不知三軍之權,⁸ 而同三軍之任,⁹ 則軍士疑矣. 三
정   즉 군 사 혹 의   부 지 삼 군 지 권   이 동 삼 군 지 임   즉 군 사 의 의   삼
軍既惑且疑, 則諸侯之難¹⁰至矣, 是謂亂軍¹¹引勝.¹²
군 기 혹 차 의   즉 제 후 지 난   지 의   시 위 난 군   인 승

주석

1 患(환): 해害를 끼침, 위해를 줌(가함).

2 謂(위): 사使와 같음. ~하게 함, 곧 명령함.

3 縻軍(미군): 군대를 속박함. '미'는 속박함, 통제함, 얽어맴. 곧 두목杜牧이 이른 대로, (군대를) 제어하고 속박하여 자유로이 움직이지 못하게 함을 가리킴.

4 三軍之事(삼군지사): 군대를 관리 통솔하는 일체의 사무. '삼군'은 주대周代의 일부 큰 제후국들의 군대 편제로, 나라마다 상·중·하 삼군을 두기도 하고, 좌左·중中·우右 삼군을 두기도 함. '삼군'은 흔히 전군全軍을 일컫기도 하나, 여기서는 군대를 통칭함.

5 同(동): 동참함, 참여함. 곧 간여함, 간섭함을 이름.

6 政(정): 정무政務, 곧 (군대의) 각종 행정 사무를 이름. 십일가주본十一家注本에는 이 '정'자 아래에 '자者'자가 덧붙여져 있음. 하지만 우지우롱吳九龍이 그랬듯이, 이 구절과 아래 '이동삼군지임而同三軍之任' 구절의 문형文型이 동일해야 한다는 견지에서 무경본武經本에 근거해 삭제함.

7 惑(혹): 미혹迷惑함, 곤혹함.

8 **權**(권): 권변權變(때와 형편에 따라 둘러대어 일을 처리하는 수단), 기동機動(상황에 따라 재빠르게 움직이거나 대처하는 행동). 여기서는 곧 일선 군대의 급변하는 전투 상황에 따른 임기응변과 기동적機動的인 대응을 가리킴.

9 **任**(임): 직임職任, 즉 직무상 맡은 임무. 여기서는 곧 지휘, 통솔을 이름.

10 **諸侯之難**(제후지난): 다른 제후국들이 기회를 틈타 군사를 일으켜 침략해 오는 환난을 이름.

11 **亂軍**(난군): 스스로 자국의 군대를 혼란하게 함, 혼란에 빠뜨림.

12 **引勝**(인승): 승리(의 기회)를 놓치게 함. '인'은 조조가 풀이한 대로 '탈奪', 즉 잃게 함, (일을) 그르침의 뜻으로 이해됨. 일설에는 '인'을 이끌다(導)는 뜻으로 보고, '인승'을 적이 승리하도록 이끎으로 풀이함. 한데 그 또한 통할 수는 있으나, 여기서 손자는 자국과 아군의 입장과 측면에서 의론議論을 발하는 것이므로, 어감語感상 아무래도 부적절해 보임.

해설 ────────────────

옛날 한 나라의 군주는, 오늘날의 국가원수와 마찬가지로, 전군全軍의 병력을 지휘 통솔하는 권력, 즉 통수권統帥權을 소유하고 또 행사하였다. 전쟁 발발 시에는 군주가 직접 군대를 이끌고 출전하는 경우도 없지 않았다. 그러다 점차 일선 군대를 진두지휘하며 전쟁을 치르는 것은 군사 전문가이자 전투 전문가인 장수의 역할로 전담이 되었다. 그 결과 군권軍權을 놓고, 군주와 장수 사이에는 미묘한 모순과 갈등 관계가 형성되는 상황이 발생하기에 이르렀다. 특히 군주의 입장에서는 장수의 미흡한 전쟁 수행으로 국운이 위험에 처하지 않을까 우려함은 물론, 장수가 대군을 거느리고 있으면서 정권에 대한 야욕을 불태운 나머지 사사로이 힘을 길러 반역을 꾀하지 않을까 노심초사하지 않을 수 없었다. 하여 군주가 장수의 군대 지휘와 통솔에 간여하는 것은 어쩌면 지극히 자연스럽고 또 당연한 것으로 인식되었는지도 모른다.

하지만 전쟁 전문가인 장수의 역할은 사실상 그 누구도, 설령 군주라 하더라도 대신할 수 없는, 아니 함부로 대신해서는 안 된다. 따라서 군주는 일단 심사숙고하여 장수를 선발한 다음에는 그에게 상응하는 권한을 일임하고, 함부로 간여하지 말아야 한다. 옛말에 "사람을 썼으면 의심하지 말고, 의심적은 사람은 쓰지 말라(用人不疑, 疑人不用)"고 하지 않았던가? 그리고 장수는 비록 군주에게 명을 받아 안국보민安國保民, 즉 나라를 안전하게 지키고 백성을 성심으로 보호해야 하는 중책을 맡았으나, 수명受命한 다음에는 일일이 군주의 명령에 얽매일 것이 아니라, 실제 전황戰況에 따른 신축적이고 창의적인 임기응변으로 기민하게 대처하여야 한다. 그리고 그 궁극적 목적은 오로지 국가와 백성의 안전과 이익을 위한 것으로, 최후의 승리를 쟁취하기 위해서 최선을 다해야 한다.

손자는 여기서 장수의 작전 지휘에 대한 군주의 무분별한 간섭을 엄중 경계해야 함을 일깨웠다. 군주의 무분별한 간섭은 곧 자국 군대에게 위해를 주게 되고, 그로 인해 결국은 나라를 돌이킬 수 없는 환난에 빠뜨릴 수 있다는 사실을 명심해야 한다는 것이다. 군주가 자국의 군대를 속박하고, 곤혹과 의혹에 휩싸이게 하는 것은 그야말로 무분별함과 어리석음의 극치가 아닐 수 없다. 천치티엔이 이른 대로, 전시戰時에 작전 지휘권의 독립이 이루어지지 않으면, 군사들이 두렵고 당혹스러워 불안해하는가 하면, 의혹하며 딴마음을 품고 불복할 수도 있다. 그렇게 되면 필시 적국은 물론 다른 제삼국이 그 틈을 타 침략해 오는 화난禍難이 닥칠 것이니, 그 어찌 아군을 혼란에 빠뜨려 적군에게 승리를 안기는 꼴이 아니겠는가?

한편 앞에서 손자가 국왕의 보조자로서의 장수가 갖는 위상과 존재의의를 강조했는데, 군주의 작전 지휘권에 대한 간여는 아무래도 장수가 "주밀해 나무랄 데 없이 훌륭"한 경우보다는 "허술해 여러모로 미흡"한 경우에 더 심할 수 있다. 이 단락의 첫마디 '그러므로故'는 바로 그 같은 견지의 의미를 함축한 것으로 이해된다. 모름지기 군주는 보다 훌륭한 자질의 장수를 발탁 등용하는 데 심혈을 기울여야 할 것이며, 장수는 평소에 스스로 보다 훌륭한 자질을 갖추도록 최선의 노력을 다해야 할 것이다.

아무튼 군주와 장수의 관계는 전쟁 지휘 체계가 순조롭고 또 효과적으로 운영될 수 있느냐 없느냐 하는 중차대한 문제와 직접적으로 연관되어 있다. 그러므로『손자병법』에서는 그와 관련해 다음과 같은 몇 가지를 특별히 강조하였다.(이는 리우칭劉慶이 요약, 정리한 것을 옮겨 왔으며, 이 책의 앞뒤에 보이는 관련 내용을 중언하는 아쉬움은 있지만, 군주와 장수의 관계에 대한 손자의 주장을 일목요연하게 이해하는 데 상당히 도움이 되므로 여기에 덧붙임.)

첫째, 군주와 장수는 주主와 보輔/補의 밀접한 관계인만큼, "보조자가 주밀해 나무랄 데 없이 훌륭하면 나라는 반드시 강성해질 것이나, 보조자가 허술해 여러모로 미흡하면 나라는 반드시 쇠약해질 것이"다. 따라서 장수의 지위는 대단히 중요하다.

둘째, "전쟁의 원칙을 잘 아는 훌륭한 장수는 바로 민중의 생명과 운명의 주관자요, 국가의 안위와 존망의 주재자이다知兵之將, 生民之司命, 國家安危之主也)."(「작전」) 그러므로 장수는 '지智·신信·인仁·용勇·엄嚴'

의 장덕將德(장수의 덕성)을 갖추어야 하고, 전쟁의 전국全局(전체 국면)을 파악하여 적을 물리치고 승리를 거두는 능력을 가져야 하며, "적정을 정확히 파악해 승리하기 위한 전략을 수립하며, 지형의 험요險要와 도로의 원근遠近을 세세히 살피고(料敵制勝, 計險阨·遠近)"(「지형」) "아홉 가지 지형 조건에 따른 응변應變의 전략과 군대의 진퇴 공방攻防에 따른 이해득실, 전군 장졸들의 상황에 따른 심리 상태(九地之變, 屈伸之利, 人情之理)"(「구지」) 등등에 통달할 수 있어야 한다.

셋째, 군주는 마땅히 장수를 전폭적으로 신임하여 과감히 작전 지휘에서 손을 떼고, 장수 스스로 주관적 능동성을 발휘해 전장의 실제 상황에 따라 그때그때 적절히 조치하도록 하여야 할 따름이며, 결코 월권越權 참견하여 터무니없는 지시와 명령을 내려서는 안 된다. 무릇 장수는 군대를 이끌고 출정해 원방에 머물러 있는 만큼, 군주는 장수로 하여금 삼군三軍의 군권을 장악하고, 삼군의 사무를 관리하게 하여야 한다. 군주가 일선 군대의 상황이나 군대 내부의 사무를 잘 알지도 못하고, 또 군사 작전의 임기응변도 제대로 이해하지 못하면서 무리하게 간섭하며 터무니없는 지휘를 강행한다면, 장졸將卒들을 미혹과 의혹 그리고 근심에 빠지게 하여 군대의 정상적인 군사 및 전략 배치를 어지럽게 함으로써 적에게 틈탈 기회를 만들어주기가 십상이다.

넷째, 장수는 군주의 잘못된 지휘를 과감히 거절해야 한다. 무릇 장수는 응당 "오로지 백성을 안전하게 보호하여 군주의 근본 이익에 부합케 한다(唯人是保, 而利合於主)"(「지형」)는 전제 조건하에 "나라를 안전하게 지키고, 군대를 온전하게 보호함(安國全軍)"(「화공火攻」)을 목표로 전쟁을 지휘해야 한다. 바로 그러한 가운데 "진격함에 승전의 공명功

名을 추구하지 않고, 퇴각함에 항명抗命의 죄책罪責을 회피하지 않는다[進不求名, 退不避罪]"(「지형」)는 사상 관념을 추구하는가 하면, 자기 자신의 사사로운 잇속 때문에 군주의 잘못된 명령을 비굴하게 따르며 마냥 맹목적으로 복종하지는 않는 용기를 가져야 하며, 그렇게 해야만 비로소 전쟁에서 승리를 거둘 수가 있다. 소위 "장능이군불어將能而君不御"(「모공」), 즉 장수가 지용智勇을 겸비해 유능하고, 군주가 작전에 간여하지 않아야 한다는 것은 나중에 민간에서 "장수가 밖에서 전쟁을 할 때는, 아무리 군주의 명령이라도 받아들이지 않아야 하는 경우가 있다[將在外, 君命有所不受]"로 바뀌어 많은 사람들에게 널리 알려지게 되었다. 한데 봉건사회에서 군주와 장수 사이에는 쉽게 해소하기 어려운 심각한 모순과 갈등이 존재하였으며, 따라서 군주와 장수가 서로가 서로를 완전히 신뢰하게 하는 것은 사실상 불가능한 일이었다. "장능이군불어"의 원칙이 손자 당시의 정치 사회적 조건하에서 실제로 관철 실행되기는 어려웠다는 얘기다.

7

그러므로 전쟁에서 승리를 예측하는 경우는 다섯 가지가 있다. 싸워야 할 때와 싸우지 말아야 할 때를 알면 승리하고, 피아 병력의 중과衆寡에 따른 용병술을 알면 승리하며, 장수와 병졸 상하上下가 한마음 한뜻으로 뭉치면 승리하고, 사전 준비가 철저한 상태로 사전 대비가 안 된 적을 상대하면 승리하며, 장수가 지용智勇을 겸비해 유능하고, 군주가 작전에 간여하지 않으면 승리한다. 이 다섯 가지가 바로 승리를 예측하는 기준이다.

故知勝¹有五: 知可以戰²與不可以戰者勝, 識³衆寡之用⁴者勝, 上下
고 지 승 유 오   지 가 이 전 여 불 가 이 전 자 승   식 중 과 지 용 자 승   상 하
同欲⁵者勝, 以虞⁶待不虞者勝, 將能⁷而君不御⁸者勝. 此五者, 知勝
동 욕 자 승   이 우 대 불 우 자 승   장 능 이 군 불 어 자 승   차 오 자   지 승
之道⁹也.
지 도 야

주석

1 **知勝**(지승): 승리를 예지豫知·예측함. '지'는 여기서는 예지함, 예측함, 예감함을
   뜻함.

2 **可以戰**(가이전): 싸우면 됨, 싸우는 게 좋음. 곧 싸워야 할 때를 말함.

3 **識**(식): 한간본에는 '지知'로 되어 있음.

4 **衆寡之用**(중과지용): 피아彼我 병력의 다과多寡에 따른 용병 전략, 전황戰況에 따
   라 용병의 다과를 조절해 응전하는 전략 등을 말함. '중'은 (수효가) 많음, '과'는
   적음.

5 **上下同欲**(상하동욕): 상하가 한마음 한뜻으로 뭉쳐서 분투함을 이름. '상하'는 기
   본적으로 장졸, 즉 장수와 병졸을 두고 이름. 물론 군주와 장수 또한 이에 포함
   될 수 있으나, 그 둘의 문제는 아래 "장능이군불어將能而君不御"에서 언급되고 있
   으므로 이같이 이해함이 옳을 것임. '동욕'은 염원을 같이함. 여기서는 곧 제심齊
   心 협력함을 가리킴.

6 **虞**(우): 걱정함, 준비함, 대비함. 곧 사전에 미리 준비를 철저히 한 상태를 이름.

7 **能**(능): 유능함, 현능賢能함. 곧 장수가 지용智勇을 겸비함을 이름.

8 **御**(어): (말을) 몲, 부림. 여기서는 통제함, 간섭함을 이름.

9 **道**(도): 이치, 법칙, 방법. 여기서는 곧 기준, 근거를 이름.

해설

손자는 「계편」에서 묘산廟算을 통해 전쟁의 승부를 예측하는 문제를 일깨운 바 있다. 물론 묘산의 승부 예측은 사전 전략 수립을 위한 것이다. 반면 여기서 말하는 '승리 예측[知勝]'은 전쟁이 발발하여 피아가 대치한 상황에서 능히 적을 무찌르고 승리할 수 있는 조건을 예시[像示]하기 위한 것이다.

손자가 말한 '지승지도[知勝之道]' 다섯 가지 가운데, 앞 네 가지는 기본적으로 군사 작전의 계획과 수행을 직접 진두지휘하는 장수를 염두에 둔 것이다. 그것은 곧 장수가 능히 적을 무찌르고 승리할 수 있는 재지才智와 용기, 책임감 등등의 자질을 얼마나 갖추고 있느냐에 따라 전쟁의 승패가 좌우된다는 얘기다. 따라서 군주의 보조자로서 그 역할과 소임을 다해야 하는 장수가 "주밀해 나무랄 데 없이 훌륭하면 나라는 반드시 강성해질 것"이나, 장수가 "허술해 여러모로 미흡하면 나라는 반드시 쇠약해질 것"이라는 게 손자의 생각이다.

'지승지도'의 나머지 한 가지는 바로 장수와 군주의 관계 정립正立에 관한 주장이다. 군주는 유능한 장수를 발탁해 전쟁 수행의 임무를 맡기고, 그런 다음에는 함부로 작전에 간여하지 않는 것이 곧 승리의 요건이라는 것이다. '승리 예측'의 마지막 조건에서도 어김없이 장수가 거론되는 것은 두말할 나위 없이 장수야말로 진정 전쟁 승리의 주역이기 때문이다. 아무튼 장수의 유능함은 말할 것도 없거니와, 군주의 전폭적인 신뢰와 적극적인 지지 또한 전쟁 승리를 위해 필수 불가결한 것이다. 손자가 앞에서 "군주가 자국 군대에게 오히려 위해를 주는 경우"를 두고 "아군을 혼란에 빠뜨려 승리를 놓치게 하는 것이라고"

비판하며 극력 경계케 한 것 역시 같은 견지에서 제기한 반면교사의 주장이다.

한 나라의 최고통지자인 군주는 말할 것도 없고, 예나 지금이나 모든 분야의 영도자는 하급자에게 특정 업무의 지향과 목표 그리고 책임과 권한을 명확히 해 임무를 맡긴 다음에는, 오히려 자기 자신에 대한 통제와 단속을 강화해야 한다. 하급자에게 맡겨진 업무에 대한 상급자의 무분별한 그리고 과도한 간여는 상급자 자신의 시간과 심력心力을 분산시키게 될 뿐만 아니라, 하급자의 업무 책임감과 능동성·창의성에 악영향을 끼치는가 하면, 하부 조직의 업무 규율을 흐트러뜨리고, 효율을 떨어뜨리는 가운데 상하 간에 모순과 갈등을 야기하게 된다.

8

그러므로 말한다. 적을 알고 나를 알면 백 번을 싸워도 백 번 다 위험에 빠지지 않고, 적을 알지 못하고 나만 알면 이길 수도 있고 질 수도 있으며, 적도 알지 못하고 나도 알지 못하면 싸울 때마다 번번이 위험에 빠진다.

故曰: 知彼知己,[1] 百戰不殆[2]; 不知彼而知己, 一勝一負[3]; 不知彼,
고 왈 　지 피 지 기 　백 전 불 태 　부 지 피 이 지 기 　일 승 일 부 　　부 지 피

不知己, 每戰必殆.[4]
부 지 기 　매 전 필 태

1 **知彼知己**(지피지기): 적을 알고 나를 앎. 십일가주본에는 '기己' 다음에 '자者' 자字가 있는 반면, 한간본과 무경본武經本 등 다수 판본에는 없는데, 없는 것이 나음.

2 **殆**(태): 위험함.

3 **一勝一負**(일승일부): 이길 수도 있고, 질 수도 있음. 곧 반드시 이긴다는 보장이 없음을 이름.

4 **每戰必殆**(매전필태): 이 가운데 '태' 자가 무경본과 앵전본櫻田本 그리고 이전李筌과 장예張預 주注에는 모두 '패敗'로 되어 있는 반면, 두우杜佑 주에는 '태'로 되어 있음. 하지만 십일가주본에 '태'로 되어 있는 것처럼 앞의 '백전불태百戰不殆'와 상응케 하는 것이 낫다고 판단되어 그대로 따름.

해설

손자는 이 「모공편」의 주장을 '전승론'으로 시작해 '지피지기'론論으로 마무리하고 있는데, 전자는 후자의 최종 목적이자 목표요, 후자는 전자의 기본 방법이자 조건이라 할 것이다. 손자가 말했듯이 "전쟁은 속임수가 원칙이다(兵者, 詭道也)."(「계」) 다시 말해 전쟁은 교전 당사국 쌍방이 각기 자신의 진심과 실상을 최대한 감추고 속이는 머리싸움이 기본이다. 하여 어느 쪽이든 적정敵情·적황敵況 일체를 여실히 간파해 최적의 전략으로 임하는 쪽이 전쟁의 주도권을 장악하기 마련이다. 그러기 위해서는 우선적으로 피아 쌍방의 주·객관적인 조건과 실태에 대한 충분한 분석과 검토가 있어야 한다. 또한 그같이 '지피지기知彼知己', 즉 피아 쌍방의 제반 상황에 대한 전면적이고 심층적인 이해와 인식이 있어야만, 비로소 최적의 전략 전술을 수립해 임전함으로써 마침내 '백전불태百戰不殆'의 경지에 이를 수 있다. 반면 나만 알고 적은 모른다거나 피아 모두를 알지 못한다면, 승리를 기대하기 어렵거나 매양 위험에 빠진다는 것이 손자의 생각이다. 요컨대 피아 상황에 대한 책임 지휘관의 이해 수준과 정도程度는 전쟁 승부와 밀접히 연관되어 있다는 얘기다.

한데 여기서 이른바 '지피지기, 백전불태'는 전쟁에 있어서의 '지知(앎)'와 '행行(행함)'의 관계에 관한 유명한 관점으로, 손자의 안목과 식견을 단적으로 보여준다. 그것은 또 유명한 만큼 우리가 보다 깊이 이해할 필요가 있는데, 리우칭劉慶의 설명이 참고할 만하여 소개한다.

'지피지기, 백전불태'의 관점에는 다음 몇 가지 의미를 내포되어 있다. 첫째, '지'는 전쟁을 위한 전제 조건이요, 기초이다. 적정을 제대로 살피지도 않은 채 경솔하고 무모하게 전쟁에 임해서는 안 된다. 무릇 "영명한 군주와 현량한 장수가 출병했다 하면 적을 눌러 이기고, 공업功業을 이루는 것 또한 뭇사람을 능가하는 까닭은 바로 사전에 이미 적정을 몰래 살펴서 알고 있기 때문이다〔明君賢將, 所以動而勝人, 成功出於衆者, 先知也〕."(「용간用間」) 오직 전쟁에 영향을 미치는 제諸 요소와 상황에 대한 충분한 이해가 있어야만 비로소 보다 정확한 전략을 세우고, 승리의 기초를 다질 수 있으며, 전쟁을 진두지휘하는 장수 또한 진정 뭇사람을 능가하는 공업을 이루는 현명한 장수가 될 수 있다.

둘째, '전지全知'·'상지詳知', 즉 모든 것을 다 알고, 또 상세히 알아야 한다. '지피지기'는 좁은 의미에서 그저 아군을 알고, 적군을 아는 것을 말한다. 하지만 넓은 의미에서는 전쟁과 관련된 일체의 정보, 예를 들면 적군과 아군은 물론, 천상天象(천문 현상)과 기후, 자연과 지리, 제후諸侯와 동맹국 등등을 모두 이해해야 함을 말한다. 그 가운데 가장 중요한 것은 곧 적정을 잘 살펴 아는 것이나, 다른 문제에 대해서도 충분한 파악과 이해는 필수 불가결한 것이다. 한마디로 전쟁과 관련된 정보는 모든 것을 다 알아야 할 뿐만 아니라, 최대한 자세히 알아야 한다. 왜냐하면 전략을 수립 결정할 때는 '오사五事'·'칠계七計'에 의거해 피아의 정치·경제·군대의 조직 편제·장수의 재능·군대의 통솔 훈련·지형地形 지모地貌(땅 표면의 생김새. 고저, 기복, 비탈 따위의 상태를 이름) 등 각 방면의 상황을 자세히 비교 분석해야 하기 때문이다. 그뿐이 아니다. 실제로 작전에 들어갈 때는 또 "용간用間"(「용간」)·"책지策之"·"작지作之"·"형지形之"·"각지角之"(「허실虛實」) 등의 방법으로 적군의 작전 의도와 부대 배치를 분명히 알아내야 한다. 또한 아군에 대해서도, 장수는 부하 장졸의 제반 능력이나 군대의 전의戰意와 사기士氣에 있어서 "득지지리得地之利"·"득인지용得人之用"(「구변九變」)인지 어떤지 등의 상황을 충분히 파악하고 숙지한 다음에 전투에 돌입해야만, "군사행동을 함에 미혹에 빠지지 않고, 전략 전술을 구사함에 곤궁에 빠지지 않을[動而不迷, 擧而不窮]"(「지형地形」) 수 있다. 더욱이 적을 공격하기 전에는 또 "먼저 그곳의 우두머리 장수와 그 측근자, 부관副官, 문지기, 책사策士 등의 이름을 알아야 하므로[先知其守將·左右·謁者·門者·舍人之姓名]"(「용간」) 간자間者를 이용하도록 하여야 한다.

  셋째, 피아와 천지의 모든 상황을 알아야 할 뿐만 아니라 적을 물리치고 승리를 거두는 방도와 이치를 알아야 한다. 다시 말해 피아의 사정과 천후天候(기후) 지리의 상황 이외에도 전쟁의 필연 법칙을 알아야 하고, "적을 끌어들이지 적에게 끌려다니지 않아야 하며[致人而不致於人]"(「허실」) '시형示形'·'동적動敵', 즉 거짓 형상을 지어 보이며 기만전술을 구사해 적이 우리의 의도대로 움직이도록 꾀어야 하고(「세편勢篇」

112

참조), "우리는 병력을 집중시키는 반면, 적은 병력을 분산시키게 하며〔我專而敵分〕" "우리가 많은 병력으로 적은 병력의 적을 공격하고〔以衆擊寡〕" "적의 전력이 견실한 면을 피해 허약한 면을 공격하며〔避實而擊虛〕" "적정의 다양한 변화에 따라 탄력적인 전략으로 적을 굴복시키고 승리를 거둬야 한다〔因敵而制勝〕" (「허실」)는 등등 용병의 기본 원칙을 알아야 한다. 진실로 그렇게 하여 제반 법칙과 원칙에 따라 나름의 작전 전략을 세워야만 능히 적과 싸워 이길 수가 있다. (이상이 리우칭의 설명임)

여기서 한 가지 짚고 넘어갈 것이 있다. 흔히 『손자병법』에서 '지피지기知彼知己면 백전백승百戰百勝이라'고 했다고들 하는데, 그건 손자의 말이 아니다. 앞서 보았듯이 손자는 '백전백승'이라고 한 것이 아니라 '백전불태'라고 하였다. 왜 그렇게 말했을까? 전쟁의 승패는 많은 요소들이 복합적으로 작용해서 결정된다. 단순히 '지피지기'하는 것만으로 승리가 보장되는 것이 아니다. 손자가 승리를 장담하지 않은 것은 바로 그 때문일 것이다. 그렇다면 '백전백승'이란 말은 어찌 된 것일까? 아마도 후세 사람들이 손자가 원래 한 말을 보고, '지피지기'의 의의를 부각 강조하면서 전체 문의文義를 보다 쉽고 명확하게 표현하기 위해 임의로 고쳐 말한 것으로 추정된다.

한편 손자가 말한 '지피지기, 백전불태'의 전쟁 원칙은 인생 만사에 널리 적용될 수 있는, 지극히 보편적인 의의를 띠고 있다. 하여 동서고금의 군사 전문가들은 말할 것도 없고, 정치가, 외교가, 기업가 등 실로 다양한 직업군의 사람들이 너나없이 이 원칙을 중시하고 응용해 왔다. 예나 지금이나 생존경쟁이 치열하면 할수록 '지피지기, 백전불태'의 현실적 의의는 날로 더욱 새롭게 와 닿을 것이다.

제4편

형

形

⋮

'형形'은 기본적으로 형상·형체를 뜻하는데, 여기서는 군대의 물질적 역량(힘)으로, 국토의 대소大小와 병력의 중과衆寡를 비롯한 객관적 군사 자원과 조건이 어우러져 축적蓄積 형성하는 군사력·군대 전력戰力을 말한다. 「세편勢篇」에서 "강대함과 약소함의 전투 역량은 군사 실력의 대소大小에 달려 있다(强弱, 形也)"라고 한 것은 바로 그 같은 의미를 반영한다. '형'은 객관적인 물질 조건들이지만, 결코 경직되고 죽은 것이 아니라 조직적이고 체계적이며 살아 있는 것이다. 그렇기 때문에 '형'은 전쟁의 전全 과정을 통해서 언제 어디서나 사람들의 주관적인 능동성의 발휘에 영향을 주고받으면서 승부의 향방을 좌우하게 된다.

「형편形篇」은 다음의 「세편」과 자매 편으로, 상호 보완과 상호 완성의 지극히 밀접한 내재적 관계에 있다. '세'는 사물의 역동적 구성과 작용으로 형성되는 에너지와 그 발전의 추세 내지 기세氣勢를 말한다. 우루쑹吳如嵩이 개괄한 대로, '형'은 물질적 역량이요, '세'는 정신적 역량이다. '형'은 역동적인 물질이요, '세'는 물질의 역동성이다. '형'은 전쟁 과정의 군사력이요, '세'는 전쟁 과정의 주관적 능동성이다. '형'은 정태靜態 내지 정적인 군사 역량의 축적이요, '세'는 동태動態 내지 동적인 군사 역량의 발휘이다.

「형편」의 주지主旨는 어떻게 피아 쌍방의 물질적 조건과 군사적 역량의 우열에 근거해 공격과 수비 두 종류의 서로 다른 방식을 신축적으로 활용해 "능히 스스로를 보전하면서 적을 완전 격멸하는 승리를 거둘 수 있(能自保而全勝)"을 것인가 하는 문제를 집중 논술함에 있다. 전쟁에서 최후의 승리를 거두기 위해서는, 무엇보다 먼저 스스로 불패不敗의 자리를 확보하고 서서 적을 무찌를 절호의 기회를 노려, 압도적 우세의 전력으로 적에게 치명적인 타격을 입힐 수 있어야 한다. 그러므로 "승리하는 군대는 먼저 승리할 여건을 마련한 다음에 전투를 벌이려 하고, 패배하는 군대는 무턱대고 먼저 전투를 벌인 다음에 승리를 하려고 한다." 무릇 훌륭한 장수라면 손자의 이 같은 일깨움과 경고를 한껏 무겁게 받아들이며, 특히 "먼저, 적이 이길 수 없는, 막강 전력을 구축하는(先爲不可勝)" 데에 한 치의 소홀함도 없어야 할 것이다.

이 편의 제목이 한간본에는 '형刑'으로 되어 있는데, '형刑'은 '형形'의 고자古字이다. 또 일부 판본에는 '군형軍形'으로 되어 있는데, 옳지 않다. 아마도 후세 사람들이 조조 주注에서 "군대의 전력을 뜻한다(軍之形也)"라고 한 데에 근거해 잘못 '군' 자를 더한 것으로 보인다.

1

　손자께서 말씀하셨다. 옛날에 전쟁을 잘하는 사람은 먼저, 적이 이 길 수 없는, 막강 전력을 구축하고 나서, 적을 무찌를 수 있는 기회를 기다린다. 적이 이길 수 없는, 막강 전력을 구축하느냐 못하느냐는 나에게 달렸고, 적을 무찌를 수 있는 기회가 있느냐 없느냐는 적에게 달렸다. 따라서 전쟁을 잘하는 사람도 적이 이길 수 없는, 막강 전력을 구축할 수는 있어도, 자신이 적을 무찌를 수 있는 기회를 만들 수는 없다. 그러므로 말한다. 전쟁의 승리는 예지豫知할 수는 있어도, 억지로 이루어 낼 수는 없다.

孫子曰: 昔之善戰者,[1] 先[2]爲[3]不可勝,[4] 以待[5]敵之可勝.[6] 不可勝在己,
손자왈　석지선전자　선 위 불가승　이대 적지가승　불가승재기

可勝在敵. 故善戰者, 能爲不可勝, 不能使敵之[7]可勝. 故曰: 勝可
가승재적　고선전자　능위불가승　불능사적지 가승　고왈　승가

知[8]而不可爲.[9]
지　이불가위

1 **善戰者**(선전자): 선용병자善用兵者. 우루쑹이 이른 대로, 손자는 '선善', 즉 '잘하는 것'을 자못 강조함.『손자병법』전권全卷에서 모두 33개의 '선' 자를 쓰고 있는데, 「형편」과 「세편」에 각각 13개와 5개가 보임. 아무튼 그로부터 우리는 손자가 장수의 '훌륭한' 지휘 통솔에 얼마나 많은 관심을 가지고 있었는지를 엿볼 수 있음.

2 **先**(선): 우선, 사전事前에. 여기서는 곧 전투에 들어가기 전을 가리키는 것으로 이해됨.

3 **爲**(위): 만듦. 여기서는 (적을 무찌를 수 있는 조건을) 조성함, 곧 (막강 전력을) 구축함을 이름.

4 **不可勝**(불가승): 적군이 아군을 이길 수 없도록 함. 여기서는 그러한 조건, 곧 막강한 전력을 구축 유지하는 따위를 이름.

5 **待**(대): 기다림. 여기서는 이에 (기회를) 포착한다는 뜻을 내포함.

6 **敵之可勝**(적지가승): 아군이 적군을 이길 수 있음. 여기서는 그러한 기회, 곧 적이 허점을 보이거나 실책을 범하는 따위를 이름.

7 **之**(지): 일부 판본에는 '필必'로 되어 있음.

8 **知**(지): 예지豫知함, 예견함, 예측함.

9 **爲**(위): 강구强求함, 곧 억지로 이루어(뜻한 대로 되게 함) 냄, 만들어 냄. 한간본에는 이 아래에 '야也' 자가 덧붙여져 있음.

인생 만사가 다 지행知行, 즉 앎과 행함이 중요하다. 물론 전쟁 또한 예외가 아니다. 전쟁의 승리는 '지피지기'로 대변代辯되는, 관련 정보에 대한 앎의 문제와, 그 바탕 위에 최대한 자신의 역량을 강대强大히 하고, 방비를 엄밀嚴密히 한 연후에 적의 허점과 빈틈을 찾아 지모智謀로써 무찌르는 행함의 문제를 긴밀히 연계해 쟁취하는 것이다. 손자는 이지적이고 무실務實한 전략가답게, 이 「형편」에서 "스스로를 보전하면서 적을 완전 격멸하는 승리를 거둘 수 있어야 함〔自保而全勝〕"(아래 단락 참조)을 거듭 강조하였는데, 무엇보다 먼저 자신의 안전을 확보한 연후에 기회를 노려 적을 완벽하게 무찔러야 한다는 얘기다. 그야말로 적극적 의미의 신전愼戰, 즉 전쟁은 한껏 신중하게 임해야 한다는 사상이다.

손자는 여기서 전쟁을 잘하려면 "먼저, 적이 이길 수 없는, 막강 전력을 구축하고 나서, 적을 무찌를 수 있는 기회를 기다"려야 함을 일깨워 주었다. 이는 먼저 스스로의 보전保全과 안전을 단단히 한 다음에 적을 섬멸하고자 함이요, 먼저 불패를 확고히 한 다음에 필승을 추구함이다. 소위 "적이 이길 수 없는, 막강 전력을 구축"함은 장예가 말했듯이 '지기知己'의 문제라 하겠다. 또한 그에는 리우칭이 이른 대로 다음 몇 가지 의미가 내포되어 있다. 첫째, 자신의 실제 역량을 강화해 '적이 이길 수 없는' 바탕을 다진다는 것이요, 둘째, 도道·천天·지地·장將·법法 등 각 방면의 요소(「계편」 참조)를 종합적으로 고려하고 강화해 '적이 이길 수 없는' 조건을 조성한다는 것이다. 그리고 셋째, 전쟁의 승부를 결정하는 핵심 요소를 면밀히 파악하여 '적으로 하여금 이길 수 없도록 하는' 자기 자신의 내인內因(결과를 생기게 하는 직접적이고 주관적인 원인)을 힘써 강화하는 가운데, 적이 노출하는, '적을 무찌를 수 있는' 허점과 빈틈을 세심히 살피고, 그런 다음에 주·객관적 조건을 철저히 결합 고려하여 혹은 "전쟁 초반 적군의 예기는 피하고, 중·후반 적군의 사기가 떨어지거나 꺾인 틈을 타서 공격을 가하며(避其銳氣, 擊其惰歸)"(「군쟁軍爭」) 혹은 "적의 방비가 없는 상황에서 공격하고, 적이 생각지도 못한 상황에서 출격하여(攻其無備, 出其不意)"(「계」) 최종적으로 적을 무찌른다는 것이다.

그리고 소위 "적을 무찌를 수 있는 기회를 기다린다" 함은 장예가 말했듯이 '지피知彼'의 문제라 하겠다. 적을 물리치고 승리를 쟁취하기 위해서는, 일차적으로 우리 스스로 적이 감히 범접할 엄두도 내지 못할 '막강한 전력'을 구축해야 함은 두말할 나위가 없다. 하지만 그것만으로는 부족하다. 우리 자신의 힘만으로는 안 된다는 얘기다. 오히려 적의 도움에 힘입지 않으면 안 된다. 적이 어떠한 실수나 실책도 하지 않으면서 철저히 대비하는 상태에서는 섣불리 대적해서는 안 된다. 따라서 호시탐탐 기회를 엿보다가 적이 빈틈을 보이고 허점을 드러내면, 바로 그 기회를 놓치지 말고 진격해 적을 무찔러야 한다. 그런 기회는 적이 만들어 내는 것이지, 우리가 만들어 내는 것이 아니라는 걸 알아야 한다. 그러므로 "전쟁의 승리는 예지할 수는 있어도, 억지로 이루어 낼 수는 없다." 장예가 이른 대로, 우리가 준비되어 있으면 승리를 예지할 수 있고, 적이 대비되어 있으면 승리를 억지로 이뤄 낼 수 없다. 결국 무슨 일이든 그 성사成事는 주·객관적인 조건이 조화를 이루어야 한다.

2

적이 우리를 이길 수 없도록 하는 것은 수비의 문제이고, 우리가 적을 무찌를 수 있도록 하는 것은 공격의 문제이다. 수비에 들어가는 것은 이길 수 있는 조건이 부족하기 때문이요, 공격을 감행하는 것은 이길 수 있는 조건이 충분하기 때문이다. 수비를 잘하는 사람은 전력을 깊디깊은 지하에 감추듯이 하고, 공격을 잘하는 사람은 날쌔기가 높디높은 천상에서 내려오듯이 한다. 그러므로 능히 스스로를 보전하면서 적을 완전 격멸하는 승리를 거둘 수가 있다.

不可勝者, 守也¹; 可勝者, 攻也.² 守則不足, 攻則有餘.³ 善守者,
불 가 승 자 　 수 야 　 가 승 자 　 공 야 　 수 즉 부 족 　 공 즉 유 여 　 선 수 자
藏於九地之下⁴; 善攻者, 動於九天之上.⁵ 故能自保而全勝⁶也.
장 어 구 지 지 하 　 선 공 자 　 동 어 구 천 지 상 　 고 능 자 보 이 전 승 　 야

주석

1 不可勝者, 守也(불가승자, 수야): 적이 이길 수 없도록 하는 것은 방수防守·수비(방어)의 문제임. 조조가 "形을 감추는 것[藏形也]"이라고 풀이한 것 또한 같은 맥락으로 이해됨. 한편 장예를 비롯한 다수 주석가들이 이를 적을 이기지 못하면 방수(방어) 태세를 취해야 한다는 뜻으로 풀이함. 하지만 앞에서 말한 "선위불가승先爲不可勝"·"불가승재기不可勝在己"·"능위불가승能爲不可勝"의 '불가승'이 모두 적이 우리를 이길 수 없는 조건을 말하는데, 한 문단 안에서 같은 '불가승'을 다른 뜻으로 풀이하는 것은 설득력이 떨어짐. 그뿐만 아니라 아래 "자보이전승自保而全勝"의 '자보' 또한 수비를 튼튼히 함을 두고 이르는 것으로 이해되는 만큼, 장예 등의 풀이가 옳지 않음이 더욱 분명함.

2 可勝者, 攻也(가승자, 공야): 적을 무찌를 수 있도록 하는 것은 공격의 문제임. 일설에는 적을 이길 수 있으면 공격 태세를 취해야 한다는 뜻으로 풀이함. 하지만 이 또한 위와 유사한 이유로 옳지 않음. 여기서의 '가승' 역시 앞 "이대적지가승以待敵之可勝"의 '가승'과 같은 말임.

3 守則不足, 攻則有餘(수즉부족, 공즉유여): 이는 조조가 이른 대로, "우리가 수비를 하는 까닭은 전력戰力이 부족하기 때문이요, 우리가 공격을 하는 것은 전력이 충분하기 때문[吾所以守者, 力不足也; 吾所以攻者, 力有餘也]"이라는 말임. 조조가 말한 '역부족'의 '역'은 곧 전력·병력을 이르며, 승리할 조건으로 확대 해석할 수도 있음. 한편 이 구절이 한간본에는 "수즉유여, 공즉부족(守則有餘, 攻則不足)"으로 되어 있는데, 그 뜻은 우리가 수비하는 까닭은 적의 병력이 충분하기 때문이고, 우리가

공격하는 까닭은 적의 병력이 부족하기 때문이라는 말로 이해됨.

4 藏於九地之下(장어구지지하): (수비를 잘하는 사람은) 전력을 깊디깊은 지하에 감추듯이 하여 적이 그 허실을 헤아리지 못하도록 함을 이름. 송대宋代 매요신梅堯臣이 '구지九地'는 헤아릴 수 없이 깊음을 말한다고 한 것은 바로 그 같은 견지의 풀이임. 일설에는 다양한 지형을 잘 이용해 깊디깊은 지하에 숨듯이 수비를 견고히 함을 이른다고 함. 조조가 산천山川과 구릉丘陵의 견고함에 힘입어 깊디깊은 지하에 숨듯이 한다고 한 것은 바로 그 같은 견지의 풀이임. 두 가지 풀이가 다 통하나, 후자보다는 전자가 나음. '구지'는 땅의 가장 깊은 곳을 일컬음.

5 動於九天之上(동어구천지상): (공격을 잘하는 사람은) 행동이 높디높은 천상에서 내려오듯이 날래고 재빨라 적이 미처 방어할 틈을 주지 않음을 이름. 매요신이 '구천'은 헤아릴 수 없이 높음을 말한다고 한 것은 바로 그 같은 견지의 풀이임. 일설에는 천시天時·천후天候를 잘 이용해 주동적으로 공격할 때를 정함을 이른다고 함. 조조가 천시의 변화에 맞추어 높디높은 천상을 날듯이 한다고 한 것은 바로 그 같은 견지의 풀이임. 두 가지 풀이가 다 통하나, 이 역시 전자가 나음. '구천'은 하늘의 가장 높은 곳을 일컬음.

6 全勝(전승): 승리를 완전히 함. 곧 적군을 완전히 격멸하는 승리를 거둠을 이름. 따라서 이는「모공편」에서 말하는 '전승'과는 다른 개념임.

해설

전쟁의 기본 형식은 간단히 말해 공격과 수비 두 가지다. 손자는, 그 가운데 공세攻勢를 취할 것인지, 아니면 수세守勢를 취할 것인지는 전적으로 실제 전력의 강약과 연관해 고려되어야 함을 일깨우고 있다. 작전을 지휘하는 장수가 개인적인 감정이나 일시적인 의기意氣에 따라 임의로 결정해서는 안 된다는 얘기다. 결국 공·수세의 선택은 피아의 실제 전력과 전세戰勢에 근거해야 하는데, 강력한 전력과 유리한 전세로 승리할 수 있는 조건이 충분하다면 공세를 취할 것이요, 미약한 전력과 불리한 전세로 승리할 수 있는 조건이 부족하다면 수세를 취할 것이다. 하지만 승리의 조건이 충분한데도 마냥 안일을 추구하며 현상現狀(나타나 보이는 현재의 상태)을 고수한다면 군사적 보수주의라 할 것이요, 승리할 조건이 부족한데도 무리하게 용기만 믿고 돌진한다면 군사적 모험주의라 할 것이다.

그렇다면 어떻게 하는 것이 '공격을 잘하는 것(善攻)'이고, 또 '수비를 잘하는 것(善守)'인가? 손자가 제시한 기준에 따르면, 그것은 바로 "능자보이전승能自保而全勝", 즉 능히 스스로를 보전하면서 적을 완전 격멸하는 승리를 거둘 수 있도록 하는 것이다. 한껏 간단명료하지만 참으로 의미가 심장한 기준이 아닐 수 없다. 장예는 이에 부연하기를, "수비하여 견고히 지키는 것이 곧 스스로를 보전함이요, 공격하여 승리를 쟁취하는 것이 곧 적을 완전 격멸하는 승리를 거둠이다(守則固, 是自保也; 攻則取, 是全勝也)"라고 하였다. 어찌 보면 너무 당연한 말이다. 하지만 수비에 들어가면 반드시 견고하게 지킬 수 있어야 하고, 공격에 들어가면 반드시 적을 무찔러 승리할 수 있어야 한다는 것이니, 손자의 본의에 대한 부연 설명으로 분명 나름의 의의를 갖는다.

아무튼 '잘하는 공격'은 "날쌔기가 높디높은 천상에서 내려오듯이" 날래고 사나워 적이 미처 방비할 틈이 없도록 해 일거에 무너뜨려야 한다. 또 '잘하는 수비'는 "전력을 깊디깊은 지하에 감추듯이 하"여 적이 그 허실을 헤아리지 못해 빈틈을 노리지 못하도록 하여야 한다. 그리고 그 같은 공수의 최종 목적과 목표는 두말할 나위 없이 "능자보이전승"임을 또한 분명히 알아야 한다.

한편 고대 병서兵書의 일종인 『당태종이위공문대唐太宗李衛公問對』에서 당 태종이 말했다. "수비의 전법은 그 요의要義가 아군 전력의 부족함을 적에게 드러내 보이는 데 있고, 공격의 전법은 그 요의가 아군 전력의 넉넉함을 적에게 드러내 보이는 데 있다. 전력의 부족함을 적에게 드러내 보이면 적은 필시 침공해 올 것인바, 그것은 적이 공격하는 법을 모르는 것이다. 또 전력의 넉넉함을 적에게 드러내 보이면 적은 필시 스스로 수비에 들어갈 것인바, 그것은 적이 수비하는 법을 모르는 것이다(守之法, 要在示敵以不足; 攻之法, 要在示敵以有餘. 示敵以不足, 則敵必來攻, 此是敵不知其所攻者也; 示敵以有餘, 則敵必自守, 此是敵不知其所守者也)." 이는 손자가 말한 "수즉부족, 공즉유여守則不足, 攻則有餘"에 대한 당 태종 본인의 생각이 은근히 반영된 새로운 해석으로, 기왕의 풀이에서 진일보했다는 평가를 받을 만하다. 다만 이는 물론 손자의 본의라고 보기에는 이론의 여지가 있다.

사실 공수의 전법은 서로 유기적으로 연결되어 있어서 각기 자못 복합적인 요소와 의의를 내재하고 있다. 따라서 그 각각을 서로 독립된 별개의 전법으로 볼 수만은 없다. 공수 관계의 내재적 변화를 감안할 때, 공수 전법은 대략 다음 네 가지 유형이 있을 것이다. 선공후수先攻後守(먼저 공격한 다음에 수비함), 선수후공先守後攻(먼저 수비한 다음에 공격함), 이공위수以攻爲守(공격을 매섭게 함으로써 수비의 효과까지 기대함), 이수위공以守爲攻(수비를 튼튼히 함으로써 공격의 효과까지 기대함)이 바로 그것이다. 한데 당 태종의 병법 사상에는 '궤도詭道', 즉 전략적 속임수가 넘친다. 전력이 충분한 상황에서 오히려 짐짓 수세를 취해 거짓으로 전력이 부족한 것처럼 보임으로써 적을 유인해 아군의 함정에 빠뜨린다는 것이다. 또한 전력이 부족한 상황에서 오히려 짐짓 공세를 취해 거짓으로 전력이 충분한 것처럼 보임으로써 적이 감히 진격해 오지 못하고 수비에 들어가도록 한다는 것이다. 손자도 「계편」에서 "전쟁은 속임수가 원칙이다(兵者, 詭道也)"라고 한 바 있으니, 당 태종의 이 같은 견해 또한 그 나름의 의의가 있다 할 것이다.

3

승리를 예견하는 안목이 보통 사람의 식견을 능가하지 못한다면, 그것은 훌륭한 가운데서도 특히 훌륭한 것이 아니다. 격전을 치르고 승리하였다고 천하 사람들이 다 대단하다고 칭송하더라도, 그것은 훌륭한 가운데서도 특히 훌륭한 것이 아니다. 그러므로 우리는 어떤 사람이 가을에 새로 난 짐승의 가는 털을 들 수 있다고 힘이 세다 하지 않고, 해와 달을 볼 수 있다고 눈이 밝다 하지 않으며, 천둥과 벼락 소리를 들을 수 있다고 귀가 밝다 하지 않는 것이다. 옛날의 이른바 전쟁을 잘하는 사람은 쉽게 이길 수 있는 상대에게서 승리를 거둔다. 그렇기 때문에 전쟁을 잘하는 사람은 승리를 거두더라도 지략에 뛰어났다는 명성도 없고, 용감히 싸웠다는 공훈功勳도 없다. 또한 그렇기 때문에 그들이 싸워 승리하는 것은 틀림이 없는데, 그처럼 틀림이 없는 까닭은 그들이 취한 작전 조치는 진정 필승의 전략으로, 이미 패배의 구렁에 빠진 상대를 무찌르고 승리하는 것이기 때문이다. 그러므로 전쟁을 잘하는 사람은 매양 불패의 자리에 서서 적을 무찌를 기회를 놓치지 않는다. 또한 그러므로 승리하는 군대는 먼저 승리할 여건을 마련한 다음에 전투를 벌이려 하고, 패배하는 군대는 무턱대고 먼저 전투를 벌인 다음에 승리하려고 한다. 무릇 군사를 부려 전쟁을 잘하는 사람은 병가兵家의 도道를 닦고, 필승의 법도를 갖추나니, 그러므로 전쟁 승패의 결정권자가 될 수 있는 것이다.

見勝¹不過²衆人³之所知,⁴ 非善⁵之善者也; 戰勝而天下曰善, 非善之
견 승 불 과 중 인 지 소 지   비 선 지 선 자 야   전 승 이 천 하 왈 선   비 선 지

善者也. 故擧秋毫⁶不爲多力,⁷ 見日月不爲明目, 聞雷霆⁸不爲聰⁹耳.
선 자 야   고 거 추 호 불 위 다 력   견 일 월 불 위 명 목   문 뇌 정 불 위 총 이

古之所謂善戰者, 勝於易勝者¹⁰也. 故善戰者之勝也, 無智名, 無勇
고 지 소 위 선 전 자   승 어 이 승 자   야   고 선 전 자 지 승 야   무 지 명   무 용

功.¹¹ 故其戰勝不忒,¹² 不忒者, 其所措¹³必勝, 勝已敗者¹⁴也. 故善戰
공   고 기 전 승 불 특   불 특 자   기 소 조   필 승   승 이 패 자 야   고 선 전

者, 立於不敗之地, 而不失敵之敗¹⁵也. 是故勝兵先勝¹⁶而後求戰,
자   입 어 불 패 지 지   이 부 실 적 지 패 야   시 고 승 병 선 승   이 후 구 전

敗兵先戰而後求勝. 善用兵者, 修道¹⁷而保法,¹⁸ 故能爲勝敗之政.¹⁹
패 병 선 전 이 후 구 승   선 용 병 자   수 도   이 보 법   고 능 위 승 패 지 정

주석

1 **見勝**(견승): 승리를 예견함. 여기서는 그러한 안목을 이름. '견'은 예견함, 예측함. 일설에는 '현'으로 읽고, 나타냄, 실현함을 뜻한다고 함.

2 **過**(과): 초과함, 넘어섬. 곧 능가함.

3 **衆人**(중인): 뭇사람. 여기서는 보통 사람을 가리킴.

4 **知**(지): 앎, 식견.

5 **善**(선): 훌륭함, 빼어남. 여기서는 고명함(식견이 높고 사물에 밝음), 지혜로움, 슬기로움을 가리킴.

6 **秋毫**(추호): 가을철에 털갈이하여 새로 돋아난 짐승의 가는 털. 곧 지극히 작고 가벼운 사물을 비유함. 또 흔히 비중比重이 경미함을 비유하기도 함.

7 **多力**(다력): 힘이 많음. 곧 힘이 셈을 이름.

8 **雷霆**(뇌정): 천둥과 벼락.

9 **聰**(총): 귀가 밝음.

10 **易勝者**(이승자): 쉽게 이길 수 있는 상대, 곧 이미 약점을 드러낸 적을 이름. 일

설에는 또 쉽게 이길 수 있는 조건, 상황을 이른다고 함.

11 **"故善戰者**(고선전자)···" 3구句: 한간본에는 "고선자지전, 무기승, 무지명, 무용공(故善者之戰, 無奇勝, 無智名, 無勇功)"으로 되어 있음. '기승奇勝'은 기발한 전략으로 승리함을 이름.

12 **不忒**(불특): 실수를 하지 않음, 오차가 없음, 틀림이 없음. 곧 의심의 여지가 없음, 확실함을 이름. '특'은 실수, 착오, 틀림, 오차.

13 **所措**(소조): 조치한 바. 여기서는 작전 조치, 곧 전략 전술을 가리킴.

14 **己敗者**(이패자): 이미 패배·패퇴敗退의 처지에 놓인 상대.

15 **敵之敗**(적지패): 적의 패배. 여기서는 적을 쳐부수어 패배시킬 수 있는 기회를 가리킴.

16 **先勝**(선승): 먼저 승리할 조건을 만듦, 여건을 조성함.

17 **修道**(수도): 타오한장陶漢章이 이른 대로, 여러 방면에서 "먼저, 적이 이길 수 없는, 막강 전력을 구축하는〔先爲不可勝〕"문제, 예를 들면 정치·군사·자연 등 여러 방면의 이상理想 조건을 조성하는 문제를 확실히 함을 뜻함. '수'는 수치修治, 즉 잘 다스림, 확실히 함. '도'는 『손빈병법孫臏兵法』에서 말한 '지도자知道者'의 '도', 즉 병가의 도 내지 용병의 법칙을 이르는 것으로 이해됨. 대개는 '수도'를 정치를 바르고 깨끗하게 한다는 뜻으로 풀이하는데, 그것은 '도'를 「계편」에서 말한 "도자, 영민여상동의야(道者, 令民與上同意也)"의 '도', 즉 정치를 이르는 것으로 본데에 따른 것임. 그 또한 통하나, 전후 문맥상 그 함의를 광의廣義로 해석한 타오한장의 풀이가 더 적절한 것으로 생각됨.

18 **保法**(보법): 타오한장이 이른 대로, 필승의 법도를 확보·완비함을 뜻함. '법'은 흔히 「계편」에서 말한 "법자, 곡제관도주용야(法者, 曲制官道主用也)"의 '법'을 이르는 것으로 풀이하는데, 그 뜻은 대동소이한 것으로 이해됨.

19 **勝敗之政**(승패지정): 전쟁 승패의 주재자, 결정권자. 한간본에는 '승패정勝敗正'으로 되어 있음. '정政'은 '정正'과 같음. 곧 주재자를 뜻하며, 여기서는 (승패의) 결정권자로 확대 해석할 수 있음. 『노자』 제45장 "결국 맑게 무욕無欲하고 고요히 무위無爲하면 천하의 우두머리가 될 수 있다(清靜爲天下正)"에서의 '정'도 이와 같은 뜻임.

손자에 따르면, 진정 훌륭한 장수라면 "능자보이전승能自保而全勝", 즉 능히 스스로를 보전하면서 적을 완전 격멸하는 승리를 거둘 수 있어야 한다. '자보自保'가 기본 전제라면, '전승全勝'은 궁극적 목적이다. 선 용병자라면 반드시 '자보'에 진력하여 먼저 스스로 "불패의 자리에 서"도록 하고, 그런 다음에는 "적을 무찌를 기회를 놓치지 않"고 제때에 진격해 '전승'할 수 있도록 하여야 한다.

전쟁은 '나라의 중대사(國之大事)'(「계」)다. 그런 전쟁을 총괄·지휘하는 사람은 뭐가 달라도 달라야 한다. 재덕才德을 겸비한, 비범하면서도 훌륭한 자질이 필수라는 얘기다. "승리를 예견하는 안목이 보통 사람의 식견을 능가하지 못한다"거나 "격전을 치르고 승리하였다고 천하 사람들이 다 대단하다고 칭송하더라도" 그것은 결코 비범하면서도 훌륭한 장수의 형상이 아니다. 손자는 그처럼 평범한 형상에 대해 '추호'를 든다 하여 힘이 세다고 하지 않는다는 등 멸시에 가까운 비유로 불편한 감정을 표출하였다. 전쟁의 승부는 조조가 이른 대로 "응당 아직 드러나지 않은 것들을 미리 보아(當見未萌)" 예측할 수 있어야 한다. 그것은 보통 사람의 식견으로는 불가능한 일이다. 왜냐하면 그들은 그저 이미 드러난 상황과 정보를 근거로 판단할 뿐이기 때문이다. 승부 예측의 정확성을 높이기 위해서는 드러난 것은 물론 드러나지 않은 것까지 망라하여, 피아 쌍방의 제반 조건에 대한 면밀하고 심층적인 분석과 비교를 성실히 행하여야 한다. 정확한 승부 예측은 곧 최적의 전략 수립을 가능케 함으로써 최소의 대가와 희생으로 최대의 이득과 성과를 거둘 수 있는 발판이 될 것이다. 그뿐이 아니다. 최상의 '모공謀攻'을 성공적으로 펼친다면 "싸우지 않고도 적의 군대를 굴복시키는(不戰而屈人之兵)"(「모공」) 이상적인 상황도 기대할 수가 있다. 반면 아무리 "천하 사람들이 다 대단하다고 칭송하더라도" 장수가 군대를 이끌고 "격전을 치르고 승리하였다"면, 그 과정에 초래된 피아의 인적 희생과 물적 손실 또한 만만치 않았을 것은 자명한 이치다. 그러니 손자의 사상 관념 속에서 "그것은 (결코) 훌륭한 가운데서도 특히 훌륭한 것이" 될 수가 없다.

그렇다면 선전자善戰者, 즉 전쟁을 잘하는 사람은 구체적으로 어떻게 전쟁을 수행할까? 손자의 설명은 명쾌하다. 한마디로 그들은 "쉽게 이길 수 있는 상대에게서 승리를 거둔다." 그러기 위해서는 상술했듯이 우선적으로 '자보', 즉 자신의 안전을 확보한 가운데, 전력 증강에 심혈을 기울여 전쟁 준비에 만전을 기한다. 그러다 적이 필패의 지경에 이른 정황을 간파하면, 일거에 무찌를 최적의 시기時機(적당한 때나 기회)를 포착해 대대적인 공세를 편다. 바로 그처럼 필승의 조건이 조성된 상태에서 공세를 펴기 때문에 적을 손쉽게 이길 수 있는 것이다. 따라서 역설적으로 "지략에 뛰어났다는 명성"도 얻기 어렵고, "용감히 싸웠다는 공훈"을 세우기도 어렵다. 하씨何氏가 이른 대로, 환난을 미연에 방지하였으니, 사람들이 (그 과정에 은밀히 구사한 지략을 알 수 없으니) 어느 누가 지혜롭다고 칭송하겠으며, 또한 싸우지 않고 적을 굴복시켰으니, 어느 누가 용감하다고 하겠는가?

아무튼 손자는 다시 강조한다. "그들이 싸워 승리하는 것은 틀림이 없다." 곧 선전자는 싸울 때마다 반드시 승리한다는 것인데, 그 까닭은 그들이 구사하는 '필승의 전략'이 전력상의 우세를 충분히 발휘하면서 적을 패배의 궁지로 몰아넣기 때문이다. 사실 전장의 형세는 시시각각으로 변할 수 있다. 장수의 사소한 실수가 국면을 급전직하하게 하여 승세勝勢를 패세敗勢로 전환시킬 수 있고, 또 반대의 경우도 있을 수 있다. 절대 우세에 있는 군대도 언제 어떤 상황에 직면하게 될지 알 수 없고, 또한 당연히 최후의 승리를 장담할 수도 없다. 하지만 선전자는 "전장의 형세 변화에 따른 아군의 이해득실에 의거한 탄력적 전략 수립(因利而制權)"(「계」)에 능하여 "매양 불패의 자리에 서서" "이미 패배의 구렁에 빠진 상대"를 무찌를 기회를 놓치지 않는다.

결론적으로 선전자는 "먼저 승리할 여건을 마련한 다음에 전투를 벌이려 한다." 곧 준비되지 않은 전쟁은 절대로 하지 않으며, 필승의 전력과 기회가 확보되지 않은 경우에는 결코 무모하게 적을 공격하지 않는다는 얘기다. 전쟁은 결국 전력과 지략의 대결이라는 것을, 그들은 누구보다도 잘 안다. 물론 얕은꾀로 요행을 바라는, 장수의 안이한 태도는 필연적으로 돌이킬 수 없는 패망을 초래할 뿐이라는 것도 너무나 잘 안다. 『손빈병법孫臏兵法』「팔진편八陣篇」에서 말했다. "용병의 법칙을 아는 사람은 위로는 천문天文을 알고, 아래로는 지리를 알며, 안으로는 민심을 얻고, 밖으로는 적정敵情을 숙지하며, 포진布陣함에는 팔진八陣의 요령을 아나니, 승리가 예견되는 경우에는 출전하며, 승리가 예견되지 않는 경우에는 군대를 움직이지 않고 때를 기다린다(知道者, 上知天之道, 下知地之理, 内得其民之心, 外知敵之情, 陣則知八陣之經, 見勝而戰, 弗見而靜)." 이는 선전자의 인물 형상에 대한 부연 설명이나 다름이 없는데, 진정 "전쟁 승패의 결정권자"로서 손색이 없다.

132

4

병법의 원칙상 전쟁에 앞서 피아 쌍방의 군사력을 가늠하기 위해 다음 사항들을 따져 봐야 한다. 첫째, '도度', 즉 영토의 면적, 둘째, '양量', 즉 산물産物의 분량, 셋째, '수數', 즉 병력의 숫자, 넷째, '칭稱', 즉 전력의 강약, 다섯째, '승勝', 즉 승부의 향방이다. 무릇 한 국가가 점유한 지역 여건은 그 영토의 면적을 결정하고, 영토의 면적은 그 산물의 분량을 결정하며, 산물의 분량은 그 병력의 숫자를 결정하고, 병력의 숫자는 그 전력의 강약을 결정하며, 전력의 강약은 그 전쟁 승부의 향방을 결정한다. 그러므로 승리하는 군대는 마치 '일鎰'이 '수銖'에 비해 훨씬 무겁듯이 패배하는 군대에 비해 전력상 절대 우세에 있고, 패배하는 군대는 마치 '수'가 '일'에 비해 훨씬 가볍듯이 승리하는 군대에 비해 전력상 절대 열세에 있는 법이다. 승리하는 군대의 장수가 군사들을 거느리고 전쟁을 하는 것은 마치 천 길[仞] 고산高山의 높디높은 계곡에서 적수積水를 터뜨려 흘려보내는 것처럼 실로 거침이 없나니, 그것이 바로 '형形'―군사력의 형상이다.

兵法^1: 一曰度,^{2} 二曰量,^{3} 三曰數,^{4} 四曰稱,^{5} 五曰勝.^{6} 地生度,^{7} 度生
병 법   일 왈 도   이 왈 량   삼 왈 수   사 왈 칭   오 왈 승   지 생 도   도 생
量,^{8} 量生數,^{9} 數生稱,^{10} 稱生勝.^{11} 故勝兵若以鎰稱銖,^{12} 敗兵若以銖
량   양 생 수   수 생 칭   칭 생 승   고 승 병 약 이 일 칭 수   패 병 약 이 수
稱鎰.^{13} 勝者之戰民^{14}也, 若決^{15}積水^{16}於千仞之谿^{17}者, 形也.
칭 일   승 자 지 전 민   야   약 결   적 수   어 천 인 지 계   자   형 야

주석 ───────────────────────────────────

1 兵法(병법): 한간본에는 '법法'으로 되어 있음.

2 **度**(도): 도량度量. 곧 땅(영토)의 면적. 또 그것을 도량함, 잼, 헤아림. 두목이 '국토의 크기'라고 하였듯이, 여기서 땅은 전지戰地·전장이 아니라 피아 쌍방의 영토를 가리키는 것으로 이해됨.

3 **量**(량): 용량. 곧 산물, 특히 군량과 사료 자원의 분량. 또 그것을 계량함을 이름.

4 **數**(수): 수량. 곧 병력의 숫자. 또 그것을 계산함을 이름.

5 **稱**(칭): 칭량稱量. 곧 전력의 강약. 또 그것을 저울질함, 따져봄을 이름.

6 **勝**(승): 승부. 곧 전쟁 승부 내지 승리의 가능성을 예측함을 이름.

7 **地生度**(지생도): 한 나라가 점유한 지역이 갖는 지리적 여건의 차이에 따라 그 영토의 대소大小, 즉 크기가 결정됨을 이름.

8 **度生量**(도생량): 영토 면적의 차이에 따라 그 산물의 다소多少, 즉 분량이 결정됨을 이름.

9 **量生數**(양생수): 물산物産 자원의 차이에 따라 그 유지 양성할 수 있는 병력의 중과衆寡(많고 적음)가 결정됨을 이름.

10 **數生稱**(수생칭): 병력 중과의 차이에 따라 그 군대 전력의 강약 우열이 결정됨을 이름.

11 **稱生勝**(칭생승): 전력 강약의 차이에 따라 그 전쟁 승부의 향방이 결정됨을 이름.

12 **以鎰稱銖**(이일칭수): '일'은 무게의 단위로, 스무 냥量, 일설에는 스물넉 냥. '수' 역시 무게의 단위로, 냥의 1/24. '칭'은 (무게를) 닮, 잼, 헤아림. 여기서는 비교함을 이름. 따라서 '이일칭수'는 '일'을 '수'와 비교하면 무게 차이가 너무 나서 '일'이 '수'에 비해 월등하다는 뜻으로, 곧 '승병勝兵'은 '패병敗兵'에 비해 전력상 절대 우세에 있음을 비유함.

13 **以銖稱鎰**(이수칭일): 곧 '패병'은 '승병'에 비해 전력상 절대 열세에 있음을 비유함.

14 **戰民**(전민): 병사·군대를 거느리고 싸움, 전쟁을 함. '민'은 '인人'의 뜻으로, 여기서는 병사 내지 군대를 이름. '전민'은 아래 「세편勢篇」 "임세자, 기전인야, 여전목석(任勢者, 其戰人也, 如轉木石)"의 '전인'과 같은 뜻임. 춘추시대에는 병농합일兵農合一, 즉 백성들이 평시에는 각자 농사를 짓다가 전시戰時에는 징집되어 군인이 되어 참전하는 제도였음.

15 **決**(결): 터뜨림, 무너뜨림. 곧 제방 같은 것을 터뜨려 그 안에 가득 찬 물을 흘려

보냄을 이름.

16 積水(적수): 모여서 괴고 괸 물.

17 千仞之谿(천인지계): 그 높이가 천 길이나 되는 곳에 위치한 높디높은 계곡. '인'은 길이의 단위로, 7척尺을 이름. 일설에는 8척이라고 함. '천인'은 지극히 높음을 비유 형용함. '계'는 계谿와 같음. '천인지계'를 일설에는 그 깊이가 천 길이나 되는 깊디깊은 계곡이라고 함. 하지만 여기서는 문맥적 의미상 계곡의 깊이가 아니라 높이를 과장함으로써 높디높은 계곡에서 쏟아지는 물살의 거센 기세를 극력 부각하고자 한 것으로 이해하는 것이 보다 적절함.

해설

앞에서 손자는 '승리하는 군대는 먼저 승리할 여건을 마련한 다음에 전투를 벌이려 한다'고 하였다. 전쟁을 준비하는 과정에 필수 불가결한 것은 바로 피아 쌍방의 군사력에 대한 면밀한 비교 분석을 통해 승부를 정확히 예측하는 일이다. 그러기 위해서는 영토의 면적[度], 산물의 분량[量], 병력의 숫자[數], 전력의 강약[稱], 승부의 향방[勝] 등 다섯 가지 사항을 면밀히 따져 봐야 한다. 왜냐하면 '지생도地生度', '도생량度生量', '양생수量生數', '수생칭數生稱', '칭생승稱生勝'하기 때문이다. 이 다섯 가지로 가늠하게 되는 것은 일차적으로 한 나라의 국토 면적과 곡물(양식) 생산량과 군대 규모이다. 그것은 대국이 소국을 겸병兼併하며 천하의 패권을 다툰, 손자 당시의 정치 사회적 상황 속에서 보편적인 국력의 표징이었다. 그것은 또 군사력을 형성하는 중요한 지표로, 전쟁 승부의 향방을 좌우하는 물질적 기초였다. 손자는 이때 이미 한 국가의 경제 능력이 전쟁의 전全 과정에 직접적으로 작용하면서 최후의 승부를 좌우한다는 점을 깊이 인식하였으며, 앞의 「작전편」에 이어 이 「형편」에서도 그 같은 논지를 거듭 역설하였다.

전쟁은 그 개시 전前 단계에서 이미 승부의 향방이 어느 정도 결정된다고 해도 과언이 아니다. 왜냐하면 승리하는 군대는 "먼저 승리할 여건을 마련한" 까닭에 패배하는 군대에 비해서 전력상 절대 우세에 있는 반면, 패배하는 군대는 미처 승리할 여건을 갖추지 못한 탓에 상대적으로 전력의 절대 열세를 면치 못하기 때문이다. 하여 "승리하는 군대의 장수가 군사들을 거느리고 전쟁을 하는 것은 마치 천 길 고산의 높디높은 계곡에서 적수를 터뜨려 흘려보내는 것처럼 실로 거침이 없다"는 것이 손자의 생각이다. 소위 '형形', 즉 군사력의 형상에 대한 손자의 이 같은 비유는 곧 만물을 휩쓸어 버릴 듯한, 강력한 군사력의 위력威力을 부각 강조하고 있다. 꿔화뤄가 이른 대로, '형'은 간단히 말해서 유형有形의 물질이다. 한데 손자는 그러한 객관적 물질의 힘을 죽은 것, 정지靜止한 것, 고립된 것으로 보지 않았다. 그는 위와 같은 형상적 비유와 사유를 통해 물질의 힘을 한데 모으고, 그리고 그 '적수'를 일시에 터뜨려서 천 길 높이 솟은 고산 지대의 험악한 계곡 위에서 쏟아져 떨어지게 하듯이 해야 함을 역설하였다. 그같이 한없이 사납고 세찬 물살의 운동 속도는 '적수'의 무게가 더해지면서 충격의 에너지를 극대화하게 되는 것이다.

제5편

세

勢

이른바 '세勢'는 아군에게 유리한 작전 내지 전투의 태세態勢, 기세氣勢, 형세形勢를 말한다. 조조가 "군사를 부려 전쟁을 할 때는 '세'를 이용해야 한다(用兵任勢)"고 한 것도 바로 그런 의미를 반영한 것이다.

「세편勢篇」은 기본적으로 장수가 자신의 군대가 보유한 군사력의 바탕 위에, 뛰어난 지휘·통솔력을 발휘하여 적극적으로 유리한 '세'를 조성하고 또 이용해 적을 무찌르고 전쟁을 승리로 이끄는 문제를 논술하였다. 이 편은 곧 앞 「형편」과는 자매 편으로, 서로 내재적으로 매우 밀접히 연관되어 있다. 손자가 이르기를, "용맹함과 비겁함의 군대 사기는 전투태세의 우열優劣에 달려 있으며, 강대함과 약소함의 전투 역량은 군사 실력의 대소大小에 달려 있다(勇怯, 勢也; 强弱, 形也)"라고 하였다. 그 같은 시각에서 보면, 앞 편에서는 '형形', 즉 군사 실력—전투 역량의 강대함과 약소함의 문제를 논했고, 이 편에서는 '세', 즉 전투태세—군대 사기의 용맹함과 비겁함의 문제를 논한 것이다. 양兩 편의 종지宗旨를 한마디로 요약하면, 군대는 뭐니 뭐니 해도 막강한 전투력에 용맹한 사기까지 넘치는 천하무적의 강군强軍으로 전쟁에 임해야 한다는 것이다.

'형'과 '세' 양자는 진정 상호 보완과 완성의 불가분적 관계에 있다. '형'이 없으면 '세'를 조성해 낼 수 없고, '세'가 없으면 '형'의 잠재적 역량이 전투력으로 전환 발휘될 수 없다. 그러므로 그것은 곧 사람의 주관적인 노력을 통해서 양자를 유기적으로 결합하고 통일시켜 역동적인 '세'를 이루어 내고, 또 그 위력을 십분 이용해 적을 무찔러야 한다. '세'가 한껏 고양된 상태하에서는, 진정 그 기세를 탄 군사들은 한없이 용맹무쌍해질 것이요, 부대의 전투력은 최고도로 발휘될 것이다.

손자의 견해에 따르면, 장수가 보다 유리한 '세'를 조성하느냐 못하느냐는 바로 전략 전술상의 '기정奇正', 즉 기병奇兵—특수 전법戰法과 정병正兵—일반 전법을 얼마나 탄력적인 변화와 조화를 추구하며 기민하게 운용하느냐 못하느냐에 달려 있다. 손자가 말했다. "용병 작전의 방식은 결국 '기정'에 불과하지만, '기'와 '정' 두 전법의 변화는 실로 무궁무진하다(戰勢不過奇正, 奇正之變, 不可勝窮也)." 한데 "무릇 전쟁이란 정병으로 적을 맞아 싸우고, 기병으로 적을 쳐서 이긴다(凡戰者, 以正合, 以奇勝)." 따라서 전쟁을 잘하는 뛰어난 장수는 어김없이 전장 상황의 변화에 따라 신축적으로 '기정'의 무궁한 변화를 도모한다.

요컨대 전쟁을 잘하는 장수라면 반드시 중시하고 힘써 행해야 하는 것은 바로 '구세求勢'와 '임세任勢'다. 곧 '세'를 추구하고 조성해야 하고, 그리고 그 '세'를 이용하고 의지해야 한다. '구세'·'임세'와 관련하여, 손자는 '세'와 '절'의 개념을 제시하며 말했다. "격류가 빠르고 사납게 흘러 큰 돌을 떠다니게 하는 것은 바로 '세勢', 즉 기세요, 맹금이 사납게 날아 작은 짐승을 낚아채 요절내는 것은 바로 '절節', 즉 절주節

奏다(激水之疾, 至於漂石者, 勢也; 鷙鳥之疾, 至於毁折者, 節也).”요컨대 ‘구세’함에 있어서는 ‘세’는 험하고 사나워야 함을 명심해야 하고, ‘임세’함에 있어서는 ‘절’은 짧고 신속해야 함을 잊어서는 안 된다. 다시 말해 가능한 한 최단 거리를 확보하고, 최적 시기를 포착하여 적에게 격류가 큰 돌을 휩쓸어 굴리듯 험하고 사나운 기세로, 독수리가 토끼를 낚아채듯 짧고 신속한 절주로 치명타를 가해야 한다.

또한 손자는 ‘구세’와 ‘임세’의 주요 수단으로 ‘시형示形’과 ‘동적動敵’을 제시하였다. 곧 거짓 형상을 지어 보이며 기만전술을 구사해 적이 우리의 의도대로 움직이도록 꾐으로써 출기제승出奇制勝(기묘한 전략을 써서 승리를 거둠)의 궁극적 목적을 달성하는 것이다. 아무튼 “전쟁을 잘하는 사람이 조성한 전투태세는 마치 그 높이가 천 길이나 되는 높디높은 산 위에서 둥근 돌을 굴리는 것과도 같(善戰人之勢, 如轉圓石於千仞之山者)”아서 그야말로 거칠 것이 없다. 전쟁에서 ‘세’란 바로 그런 것이다.

1

　손자께서 말씀하셨다. 무릇 병력이 많은 큰 부대를 관리하는 것도 병력이 적은 작은 부대를 관리하는 것과 같나니, 왜냐하면 그것은 바로 군대의 조직과 편제의 문제일 뿐이기 때문이다. 큰 부대를 이끌고 전쟁을 하는 것도 작은 부대를 이끌고 전쟁을 하는 것과 같나니, 왜냐하면 그것은 바로 작전 지휘의 신호 체계의 문제일 뿐이기 때문이다. 전군全軍의 여러 부대들이 모두 적의 공격을 받고도 패퇴하지 않도록 할 수 있는 것은 바로 기정奇正의 전술 변화와 조화의 문제이다. 군대가 적에게 타격을 가하기를 숫돌로 계란을 부수어 깨뜨리는 것과 같이 하는 것은 바로 실實한 전력으로 허虛한 적을 치는 문제이다.

孫子曰: 凡治衆[1]如治寡, 分數[2]是[3]也; 鬪衆[4]如鬪寡, 形名[5]是也; 三
손자왈　범치중 여치과　분수 시 야　투중 여투과　형명 시야　삼
軍[6]之衆, 可使必[7]受敵而無敗者, 奇正[8]是也; 兵之所加,[9] 如以碫投
군 지중　가사필 수적이무패자　기정 시야　병지소가　여이하투
卵[10]者, 虛實[11]是也.
란 자　허실 시야

1 **治衆**(치중): 병력이 많은 부대를 관리함. '치'는 다스림. 곧 대내적對內的인 일을 두고 하는 말로, 여기서는 (부대를) 내부적으로 관리함을 이름. '중'은 (사람이) 많음. 또 많은 사람. 여기서는 병력이 많은 큰 부대를 이름. 아래의 '과寡'는 작은 부대를 이름.

2 **分數**(분수): 군대에서 인원수에 따라 나누어 조직한 체제. 곧 군대의 조직 편제. '분'은 분류함을 이르고, '수'는 인원수를 이름.

3 **是**(시): 여기서는 '바로 ~임'의 뜻으로, 곧 바로 ~의 문제라는 말임.

4 **鬪衆**(투중): 큰 부대를 이끌고 전쟁을 함. '투'는 여기서는 사역동사로, (큰 부대로 하여금) 싸우게 함, 전쟁을 하게 함을 뜻함. '투'는 투鬪의 본자本字.

5 **形名**(형명): 군대 작전 지휘의 신호 체계, 통신 수단. '형'은 눈으로 볼 수 있는 것을 이르고, '명'은 귀로 들을 수 있는 것을 이름. 곧 조조가 말한 대로, '형'은 정기(旌旗, 군중軍中에서 쓰는 기·깃발)를, '명'은 금고(金鼓, 군중에서 치는 징과 북. '금'은 정鉦과 같음)를 각각 지칭함. 옛날 군대에서는 각종 기旗와 징·북을 신호와 통신의 도구로 활용해 지휘관 장수의 뜻을 군사들에게 전달하였음.

6 **三軍**(삼군): 전군全軍.

7 **必**(필): 필畢과 같음. 곧 동음同音 가차假借임. 한간본에는 '필畢'로 되어 있음. 모두, 전부. 일설에는 설사, 설령의 뜻이라고 함. 한데 그러한 뜻은 이 구句의 자간字間에 이미 함축 내재되어 있는 것으로 보임.

8 **奇正**(기정): 고대 병법의 상용常用 술어. 곧 군대 작전의 특수 전법戰法과 일반 전법을 이름. 대개 일반적인 정면正面 작전, 주력主力 작전, 공개公開 작전 등은 '정'이고, 특수한 측면 작전, 기동機動 작전, 기습 작전 등은 '기'임.

9 **加**(가): 가함. 여기서는 적에게 타격을 줌을 이름.

10 **以碬投卵**(이하투란): 숫돌로 계란을 부숨. '하'는 한간본에는 '단段'으로 되어 있는데, 그것은 단碬과 통함. '하'와 '단'은 모두 숫돌을 뜻함. 여기서는 단단한 돌을 통칭함. '란'은 조류의 알. 계란.

11 **虛實**(허실): 조조가 이를 "지극히 실함으로 지극히 허함을 공격함[以至實擊至虛]"으로 풀이함. 소위 '허실'은 고대 병법의 상용 술어. 군사 전력상의 강약·우열을 이름. 예를 들면 전력이 강함은 '실'이고, 전력이 약함은 '허'이며; 대비가 되어 있음은 '실'이고, 대비가 되어 있지 않음은 '허'이며; 휴정休整, 즉 휴식이 충분하

고 정비가 잘 된 상태는 '실'이고, 피로에 지치고 긴장이 풀린 상태는 '허'임. 다만 여기서는 조조가 이른 대로, 강함으로 약함을 치고, 실함으로 허함을 친다는 뜻을 함축하고 있음.

「세편」은 기본적으로 전략 전술의 운용과 필승 태세의 확립에 관해 논하였다. 우선 이 단락에서는 군대를 이끌고 전쟁할 때, 장수는 반드시 네 가지 문제에 통달해 주관적 능동성을 적극 발휘함으로써 부대의 전투력이 극대화되어 최종적으로 승리할 수 있도록 해야 함을 역설하였다. 손자가 제시한 네 가지 문제는 바로 '분수分數'·'형명形名'·'기정奇正'·'허실虛實'이다.

'분수', 즉 부대의 조직 편제는 전군全軍의 관리와 통솔에 관건이 되는 문제로, 조직이 엄밀하고, 편제가 체계적이어야만 부대를 보다 수월하면서도 효율적으로 관리할 수가 있다. 하여 군대를 일정한 편제로 조직을 잘하면, 큰 부대를 관리하고 지휘하는 것도 작은 부대를 관리하고 지휘하는 것처럼 쉬울 수가 있다.

'형명', 즉 부대의 신호 체계와 통신 수단은 지휘관의 의도가 얼마나 원활히 전달 관철될 수 있고, 부대가 얼마나 적시適時에 이동 위치해 명령에 따라 움직이고 멈출 수 있느냐를 좌우하는 것으로, 전세戰勢와 승패에 직접적으로 관계되는 중요한 문제이다. 장예가 이른 대로,『군정軍政』에서 이르기를, "전쟁터에서는 장수가 말을 해도 군사들이 알아듣지 못하기 때문에 징과 북을 활용해 명령을 하며, 장수가 동작을 해 보여도 군사들이 알아보지 못하기 때문에 갖가지 깃발을 활용해

명령을 한다(言不相聞, 故爲金鼓; 視不相見, 故爲之旌旗)"(「군쟁편」 제4장 참조)
라고 했는데, 장수가 거느리는 군사가 너무 많아 피차 서로 멀리 떨어
질 수밖에 없기 때문에, 군사들이 전쟁을 지휘하는 장수의 말을 알아
듣거나 손짓을 알아보기는 대단히 어렵다. 그러므로 군사들로 하여금
깃발의 모양을 보고 나아가거나 물러나고, 징과 북의 소리를 듣고 움
직이거나 멈추게 하면, "용감한 자는 혼자서 무모하게 돌진할 수가 없
고, 비겁한 자는 혼자서 꽁무니를 빼고 달아날 수가 없나니, 이것이 바
로 병력이 많은 군대를 지휘하는 방법이라(則勇者不得獨進, 怯者不得獨退,
此用衆之法也)"(「군쟁」)는 것이다. 이렇듯 지휘에 필요한 통신 수단을 완
비하고, 또 그 신호 체계를 규정 확립해 군대를 지휘한다면, 큰 부대도
작은 부대와 마찬가지로 어렵지 않게 장수의 지휘를 받아 작전을 수
행할 수가 있다.

'기정', 즉 일반 전법과 특수 전법의 신축적이고 효율적인 변화와 조
화는 군대가 적의 공격을 받고도 패배하지 않을 수 있는 비결이다. '허
실', 즉 피실격허避實擊虛(적의 실함은 피하고 허함을 침)하기를 잘함으로써
이실격허以實擊虛(아군의 실한 전력으로 허한 전력의 적을 침)함은 곧 돌로 계
란을 치는 것과 같은 절대 우세의 전국戰局을 조성하는 것이다. 그것
은 그야말로 "쉽게 이길 수 있는 상대에게서 승리를 거두고(勝於易勝者
也)" "이미 패배의 구렁에 빠진 상대를 무찌르고 승리하는 것이다(勝已
敗者也)"(「형」).

군대의 엄밀한 편제 조직과 신속 원활한 지휘 신호 체계, '기정' 변
화의 기동적機動的(상황에 따라 재빠르게 움직이거나 대처하는) 전략 전술,
"매양 불패의 자리에 서서 적을 무찌를 기회를 놓치지 않는(立於不敗之

地, 而不失敵之敗也)」(「형」) '허실' 비책祕策은 진정 전쟁 승리의 가능성을
극대화·현실화하는 중차대한 문제들로, 이 네 가지는 당연히 서로 밀
접하게 연관되어 있다.

2

　무릇 전쟁이란 정병正兵으로 적을 맞아 싸우고, 기병奇兵으로 적을
쳐서 이긴다. 그러므로 기묘한 계책을 써서 승전勝戰하는 데 능한 사
람은 그 기정奇正의 전략적 변화의 무궁함이 마치 천지 만물의 변화와
도 같고, 또 그 무진함이 마치 장강長江 황하黃河의 유수流水와도 같다.
기정은 끝났다가 다시 시작하는 것이 마치 해와 달이 뜨고 지는 것과
도 같고, 사라졌다가 다시 나타나는 것이 마치 사계절이 바뀌는 것과
도 같다. 소리의 기본은 오음五音에 불과하지만, 오음을 조합해 만들
어 내는 소리의 변화는 실로 무궁무진하여 사람이 그 많은 소리를 다
들을 수가 없다. 색의 기본은 오색에 불과하지만, 오색을 조합해 만들
어 내는 색의 변화는 실로 무궁무진하여 사람이 그 많은 색을 다 볼
수가 없다. 맛의 기본은 오미에 불과하지만, 오미를 조합해 만들어 내
는 맛의 변화는 실로 무궁무진하여 사람이 그 많은 맛을 다 맛볼 수가
없다. 용병 작전의 방식은 결국 기정에 불과하지만, 기와 정 두 전법의
변화는 실로 무궁무진하다. 요컨대 기정의 상호 의존과 상호 전환의
변화는 마치 둥근 고리를 따라 도는 것처럼 시작도 없고 끝도 없는 것
이니, 어느 누가 능히 그것을 다할 수 있겠는가?

凡戰者, 以正合,[1] 以奇勝.[2] 故善出奇者, 無窮如天地,[3] 不竭如江
河.[4] 終而復始, 日月是也; 死而復生, 四時是也.[5] 聲[6]不過五,[7] 五聲
之變,[8] 不可勝聽也.[9] 色不過五,[10] 五色之變, 不可勝觀也. 味不過
五,[11] 五味之變, 不可勝嘗[12]也. 戰勢[13]不過奇正, 奇正之變, 不可勝
窮[14]也. 奇正相生,[15] 如循環[16]之無端,[17] 孰能窮[18]之?[19]

주석

1 以正合(이정합): 정병正兵(잔꾀를 부리지 아니하고 정정당당하게 싸우는 군대)으로, 즉 일반 전법으로 적을 맞아 싸움. '합'은 합전合戰, 접전接戰, 영전迎戰, 교전함.

2 以奇勝(이기승): 기병奇兵(적이 예측할 수 없는 기묘한 전술로 기습하는 군대)으로, 즉 특수 전법으로 적을 무찌르고 승리함. 곧 출기제승出奇制勝(기묘한 계략을 써서 승리함).

3 無窮如天地(무궁여천지): 조조가 이른 대로, 이 '무궁여천지' 이하는 모두 '기정奇正' 변화의 무궁함을 비유한 것임.

4 不竭如江河(불갈여강하): 한간본에는 '무갈여하해無竭如河海'로 되어 있음. '갈'은 다함[竭]. '강하'는 장강과 황하. 또 대하大河(큰 강)를 통칭함.

5 "終而復始(종이부시)…" 4구: 두우가 이른 대로, 이는 '기정'의 변화가 마치 해와 달이 떴다가 지고, 봄·여름·가을·겨울이 각기 성했다가 쇠하는 것과 같음을 말함.

6 聲(성): 여기서는 음악의 기본 음계를 두고 이름.

7 五(오): 오성五聲, 즉 오음五音을 이름. 고대 동양 음악의 기본 음계는 궁宮·상商·각角·치徵·우羽 오음이었음.

8 變(변): 오음의 다양한 조합으로 지어 내는 소리의 변화를 이름.

9 不可勝聽也(불가승청야): (오음 조합의 다양한 변화로 무궁무진한 악곡을 만들어 낼 수 있기 때문에) 사람은 어느 누구도 그 무궁무진한 악곡을 다 들을 수가 없다는 말. '승'은 다함[盡].

10 五(오): 오색五色을 이름. 곧 파랑[靑]·노랑[黃]·빨강[赤]·하양[白]·검정[黑] 다섯

가지 기본 색깔.

11 **五**(오): 오미五味를 이름. 곧 신맛(酸)·쓴맛(苦)·매운맛(辛)·단맛(甘)·짠맛(鹹) 다섯 가지 기본 맛.

12 **嘗**(상): 맛봄.

13 **戰勢**(전세): 이는 『손자병법』 전권에서 단 한 차례 등장하는 개념인데, 여기서는 작전의 형세 내지 전진지세戰陣之勢, 즉 전투를 하려고 벌여 친 진의 형세란 뜻으로, 구체적인 병력 배치와 작전 방식을 가리킴. 우루쑹이 이른 대로, 이는 결국 전략 전술의 의미로 이해될 수 있음. 아무튼 일반적으로 이르는, 전쟁의 형세나 형편을 뜻하는 것은 아님.

14 **不可勝窮**(불가승궁): 다할 수가 없음. 곧 무궁무진함을 이름.

15 **奇正相生**(기정상생): 기정 사이의 상호 의존과 상호 전환을 이름.

16 **循環**(순환): 둥근 고리를 따라 돎. '순'은 따름, 좇음. '환'은 둥근 고리, 동그라미.

17 **無端**(무단): 끝이 없음. 여기서는 무시무종無始無終, 즉 시작도 없고 끝도 없음을 이름.

18 **窮**(궁): 궁진窮盡함, 즉 다함. 곧 그 모든 것을 다 활용 구사함을 이름.

19 **之**(지): 지시대명사로, 곧 (무궁무진한) 기정의 상생 변화를 가리킴.

해설

손자는 여기서 "이정합, 이기승以正合, 以奇勝", 즉 "무릇 전쟁이란 정병으로 적을 맞아 싸우고, 기병으로 적을 쳐서 이긴다"는 중요한 명제를 제시하며, '기정'의 상호 의존과 상호 전환의 특성이 갖는 무궁한 매력과 적의 의표를 찔러 승리를 거두는 기효奇效(뛰어난 효험)를 극력 설파하였다.

"이정합, 이기승"은 전쟁의 일반적인 원칙으로, 용병 작전은 결국 '기정' 두 종류의 전략 전술이 아닌 것이 없다. 하지만 실전에서의 그 운용은 실로 변화가 무쌍하여 전쟁의 주도권을 장악하고, 전쟁을 승리로 이끄는 데 결정적인 작용을 하고, 효과를 나타내게 된다. 장예가 이른 대로, 양편의 군사가 서로 대치하게 되면 먼저 '정', 즉 정병으로 적과 정면으로 맞서 싸우는 가운데, 서서히 '기', 즉 기병을 내어 적의 측방을 치거나 후방을 기습하여 승리를 쟁취하는 것이다. 또한 꿔화 뤄가 이른 대로, 이른바 '이정합'은 곧 부차적인 대응과 전략으로 정면에서 적을 견제하는 것이라면, '이기승'은 곧 주력主力을 집중 투입하여 적의 측·후방에서 약점을 찾아 적이 생각지도 못한 틈을 타 습격하고, 적의 방비가 없는 틈을 타 공격하여 승리를 거두는 것이다.

전쟁의 양대兩大 기본 전략인 '기'와 '정'은 사실 피차간 상호 의존과 전환의 상생相生 관계에 있어서, '기' 가운데 '정'이 있고[奇中有正], '정' 가운데 '기'가 있는가[正中有奇] 하면, '기'가 '정'으로 바뀌고, '정'이 '기'로 바뀌는 등 "'기'와 '정' 두 전법의 변화는 실로 무궁무진하다." 그러므로 특히 출기제승出奇制勝(기묘한 계책을 써서 승리함)에 능한 장수는 전황의 변화에 따라 기정의 전법에 기민하면서도 신축적인 변화를 꾀한다. 『당태종이위공문대』에서도 말했다. "군사를 부려 전쟁을 잘하는 사람은 정병을 쓰지 않는 경우가 없고, 또 기병을 쓰지 않는 경우가 없어서 적군으로 하여금 갈피를 잡을 수 없게 한다. 그러므로 정병을 써서도 이기고, 기병을 써서도 이기지만, 전군의 군사들은 단지 이기는 것만 알 뿐, 어떻게 하여 이기는지는 알지 못하는데, 기정의 전략적 변화를 꾀해 어떤 전황에도 통할 수 있도록 하지 않는다면 어떻게 능히 그 같은 경지에 이를 수 있겠는가?[善用兵者, 無不正, 無不奇, 使敵莫測. 故正亦勝, 奇亦勝, 三軍之士止知其勝, 莫知其所以勝, 非變而能通, 安能至是哉]" 또한 "기병을 정병처럼 쓰면 적은 그것을 기병으로 여길 것이고, 그러면 우리는 정병으로 적을 칠 것이요, 정병을 기병처럼 쓰면 적이 그것을 정병으로 여길 것이고, 그러면 우리는 기병으로 적을 칠 것이다(以奇爲正者, 敵意其奇, 則吾正擊之; 以正爲奇者, 敵意其正, 則吾奇擊之)." 이렇듯 '기정'의 전략적 변화는 진정 헤아리기 힘들다. 하지만 천지와 강하, 일월과 사시가 순환 반복 무궁무진하며, 오성과 오색, 오미가 각기 다양한 조합으로 만들어 내는 변화가 끝도 없고 한도 없다는 손자의 적절한 비유는, '기정지변奇正之變'·'기정상생奇正相生'의 자못 추상적인 개념과 이론을 한결 쉽게 이해할 수 있도록 해 준다.

아무튼 '전세戰勢', 즉 작전 내지 전투의 방식은 '기정'이 아닌 것이 없지만, '기묘한 계책을 써서 승전하는 데 능한 사람(善出奇者)'은 양자兩者의 무궁무진한 상생 변화를 추구함으로써 풍부한 전투력을 자랑하는 다양한 전법을 창안한다. 그리고 그러한 전법으로 능히 적을 무찌르고 승리를 거두게 되는데, 그것은 그 전법에는 바로 '세勢', 즉 전투태세·기세가 조성 내재되어 있기 때문이다. 전쟁을 잘하는 장수는 '구세救勢', 즉 '세'를 추구하고, 또 '임세任勢', 즉 '세'를 이용하는 것이다.(아래 제5장 참조)

손자의 이 '기정' 이론은 사실 군사 작전뿐만 아니라, 우리의 삶 전반에 걸쳐서도 충분히 적용 응용할 만한 의미와 가치가 있다.

3

격류가 빠르고 사납게 흘러 큰 돌을 떠다니게 하는 것은 바로 '세勢', 즉 기세氣勢요, 맹금이 사납게 날아 작은 짐승을 낚아채 요절내는 것은 바로 '절節', 즉 절주節奏다. 그러므로 전쟁을 잘하는 사람은 그 기세가 험하고 사나우며, 그 절주는 짧고 신속하다. 비유컨대 그 기세는 마치 쇠뇌의 활시위를 끝까지 당긴 것과 같고, 그 절주는 마치 쇠뇌의 시위를 끝까지 당겨 화살을 발사하는 것과 같다.

激水¹之疾,² 至於漂石³者, 勢⁴也; 鷙鳥⁵之疾, 至於毁折⁶者, 節⁷也.
격 수 지 질　지 어 표 석 자　세 야　　지 조 지 질　지 어 훼 절 자　절 야
是故善戰者, 其勢險, 其節短. 勢如彍弩,⁸ 節如發機.⁹
시 고 선 전 자　기 세 험　기 절 단　세 여 확 노　절 여 발 기

주석

1 激水(격수): 격류激流.

2 疾(질): 빠르고 사나움.

3 漂石(표석): 돌을 떠내려가게 함. '표'는 떠다니게 함. 여기서는 곧 (돌이) 물에 떠서 물결을 따라 옮겨 가게 함을 이름. 두목과 장예가 '전轉', 즉 굴러서 옮겨간다는 뜻으로 풀이한 것도 같은 얘기임.

4 勢(세): 세력, 기세, 형세形勢. 곧 사물의 조직과 운동으로 인해 형성되는 힘, 에너지. 여기서는 거센 물살이 형성하는 충격력衝擊力, 휩쓰는 힘을 가리킴.

5 鷙鳥(지조): 맹금猛禽, 즉 수릿과나 맷과의 새와 같이 성질이 사납고 육식을 하는 새를 통칭함.

6 毁折(훼절): 무너뜨리고 부러뜨림. 여기서는 (맹금이) 작은 짐승을 잡아 죽임, 낚아채 요절撓折냄을 이름.

7 節(절): 절주. 곧 리듬(박자감·흐름새), 템포(박자·빠르기). 여기서는 폭발적인 동작이 신속 맹렬하면서도 꼭 알맞은 리듬감이 살아 있는 형상을 가리킴. 이를 리링은 출격의 시기와 절주라고 하고, 꾀화뤄는 적을 향해 공격하는 것이 적에게 가까이 다가가면 갈수록 그 충격력이 더욱 신속하고 돌연함을 가리킨다고 했는데, 양인兩人의 견해 또한 같은 맥락으로 이해됨.

8 彍弩(확노): 쇠뇌의 활시위를 끝까지 당김. '확'은 (시위를) 당김. '노'는 쇠뇌, 즉 쇠

로 된 발사 장치가 달린 큰 활로, 여러 개의 화살을 연달아 쏘게 되어 있음.

9 發機(발기): 쇠뇌를 발사함, 격발함. '기'는 노기弩機, 즉 쇠뇌의 발사 장치로, 곧 노아弩牙, 즉 쇠뇌의 시위를 거는 곳을 가리킴.

해설

앞 「계편」에서 이른바 '세勢'는 전투태세·실전 태세를 갖춘다는 뜻으로 언급되었다. '세'란 적을 무찌르고 승리를 쟁취할 수 있는 근본 요소로, 전투를 벌이기 전에 이미 승리를 예감할 수 있는 분명한 징후이며, "전장의 형세 변화에 따른 아군의 이해득실을 따져 탄력적인 대책과 전략을 세우〔因利而制權〕"(「계」)면서 형성되는 유리한 태세態勢요, 형세形勢이다. 그 같은 태세와 형세를 조성하는 문제와 관련해, 손자는 여기서 '세'〔기세〕와 '절'〔절주〕의 두 개념을 제시하였다. 손자는 격류나 맹금과 같은 자연 현상에서 깊은 인상을 받고 강조하기를, 모름지기 전쟁을 잘하는 장수라면 그 군사의 기세가 험하고 사납기를 쇠뇌의 활시위를 끝까지 당긴 것과 같도록 지휘하고, 그 군사의 절주가 짧고 신속하기를 쇠뇌의 시위를 끝까지 당겨 화살을 발사하는 것과 같도록 조련해야 한다고 하였다.

위르창余日昌이 이른 대로, 손자가 말한 '세'와 '절'의 두 개념은 사실상 '정正'과 '기奇'의 두 병법 전략에 대한 보충 설명으로도 이해된다. '세'는 대상과 목표까지 떨어진 거리에서 생겨나며(곧 목표에 접근할수록 '세'의 강도가 점점 더해진다는 말임) 정병의 표현 형식이라 할 것이요, '절'은 대상과 목표를 향한 접근 속도에서 생겨나며(곧 목표에 접근할수록 '절'의 속도가 점점 더해진다는 말임) 기병의 우세한 특징이라 할 것이다.

'세'의 효과는 결국 적군이 필패必敗할 수밖에 없는 '험세險勢', 즉 험하고 사나운 기세, 비유하자면 마치 범이 양의 무리를 쫓고, 수레가 천 길 벼랑에서 굴러 떨어지는 것처럼 그야말로 돌이킬 수 없는 파국으로 몰아가는 형세를 조성하는 것이다. 그리고 '절'의 효과는 결국 때와 힘의 교용巧用(정교한 이용, 절묘한 이용)으로, 마치 열정적인 음악을 연주하며 피아노 건반을 치듯 때와 힘의 안배와 변화가 간결하고 신속한 것과 같은 것이다. 다시 말하면 상대에게 타격을 가할 때 '세'는 손으로 밀듯 힘이 크고 맹렬하다면, '절'은 주먹을 날리듯, 또 비수를 던지듯 상대가 전혀 방비가 없는 틈을 타 순식간에 치명타를 날리는 것이다. '세'와 '절'은 서로 표리表裏를 이루는데, '절'은 '세'를 통해서 형성되고, '세'는 '절'을 통해서 드러난다.

4

온갖 깃발이 뒤엉키고, 수많은 인마人馬가 뒤섞이어 어지럽기 그지없는 가운데서 전투를 벌이지만 절대 전열戰列을 흐트러지게 해서는 아니 되고, 전장의 상황이 지극히 혼돈하여 앞을 내다볼 수 없는 가운데서도 시종 환상環狀의 진형陣形을 유지해 적에게 패배하는 일이 없도록 하여야 한다. 무릇 적을 속이기 위해 짐짓 어지러운 모습을 보이는 것은 곧 스스로 군용軍容을 가지런히 다스린 데에 바탕을 두고 있고, 짐짓 비겁한 모습을 보이는 것은 곧 스스로 용맹무쌍한 데에 바탕을 두고 있으며, 짐짓 약소한 모습을 보이는 것은 곧 스스로 강대한 데에 바탕을 두고 있다. 엄정함과 혼란함의 군대 관리는 조직 편제의 호부好否에 달려 있고, 용맹함과 비겁함의 군대 사기는 전투태세의 우열優劣에 달려 있으며, 강대함과 약소함의 전투 역량은 군사 실력의 대소大小에 달려 있다. 그러므로 적을 잘 다루는 사람은 적에게 일부러 거짓된 모습을 지어 보이나니, 그러면 적은 필시 그것을 믿고 따를 것이요, 또 적에게 일부러 작은 이익을 던져 주나니, 그러면 적은 필시 그것을 다투어 취할 것이다. 바로 그 같은 방법으로 적을 마음대로 다루면서 복병을 배치해 적을 쳐부술 기회를 노리는 것이다.

紛紛紜紜,¹ 鬪亂而不可亂也²; 渾渾沌沌,³ 形圓而不可敗也.⁴ 亂生於
분분운운 투란이불가란야 혼혼돈돈 형원이불가패야 난생어

治,⁵ 怯生於勇,⁶ 弱生於强. 治亂, 數⁸也; 勇怯, 勢也; 强弱, 形也. 故
치 겁생어용 약생어강 치란 수 야 용겁 세야 강약 형야 고

善動敵⁹者, 形之,¹⁰ 敵必從¹¹之; 予之,¹² 敵必取之. 以此動之,¹³ 以卒
선동적 자 형지 적필종 지 여지 적필취지 이차동지 이졸

待之.¹⁴
대 지

주석

1 紛紛紜紜(분분운운): '분분'은 어지럽고 질서가 없는 모양. 여기서는 온갖 정기旌旗가 얽히고 뒤섞여 어지러운 모양을 가리킴. '운운'은 많고 어지러운 모양. 여기서는 수많은 인마人馬, 즉 군인과 군마軍馬가 한데 뒤섞이어 어지러운 모양을 가리킴.

2 鬪亂而不可亂也(투란이불가란야): '투란'은 '투어란鬪於亂'과 같은 말로, 어지러운 가운데서 전투를 벌임을 뜻함. '불가란'은 전열이 흐트러지게 해서는 아니 됨. 곧 군대를 일사불란하게 이끎을 이름.

3 渾渾沌沌(혼혼돈돈): (전장의 상황·형세가) 혼미하여 불분명하고 불안정한 모양.

4 形圓而不可敗也(형원이불가패야): '형원'은 진법陣法의 한 형태로, 주로 방위防衛에 많이 쓰임. 곧 삼각형·정방형·육각형·원형圓形 등 환상環狀(고리처럼 둥근 형상)

의 진형陣形으로, 수미首尾가 연관되고, 좌우가 호응하면서 전력 배치가 주밀周密하여, 적의 어떠한 공격에도 자유자재로 대응할 수가 있음. '불가패'는 적이 우리를 패배시킬 수 없음. 곧 우리가 패배를 당하지 않는다는 말임.

5 亂生於治(난생어치): (거짓 형상으로 적을 미혹시키기 위해) 적에게 짐짓 어지러운 모습을 보일 수 있는 것은 사실 스스로의 군대 조직과 군용軍容(군대의 위용이나 장비, 또는 군대의 상태로, 주로 사기나 기율을 이름)이 정연整然히(가지런하고 질서가 있게) 잘 다스려져 있는 데에서 근원함. 일설에는 혼란은 잘 다스려진 가운데서 변화가 일어 생겨난다는 뜻이라고 함. '난'은 잘 다스려진 상태로, 곧 엄정嚴整함, 즉 엄격하게 정돈됨을 이름.

6 怯生於勇(겁생어용): 적에게 짐짓 비겁한 모습을 보일 수 있는 것은 사실 스스로가 용맹무쌍한 데에서 근원함. 일설에는 비겁함은 용맹한 가운데서 변화가 일어 생겨난다는 뜻이라고 함.

7 弱生於強(약생어강): 적에게 짐짓 약소한 모습을 보일 수 있는 것은 사실 스스로가 강대한 데에서 근원함. 일설에는 약소함은 강대한 가운데서 변화가 일어 생겨난다는 뜻이라고 함.

8 數(수): 앞에서 말한 '분수分數', 곧 군대의 조직 편제를 이름.

9 動敵(동적): 적을 다룸. '동'은 (적을) 움직임. 곧 다룸, 제어함을 이름.

10 形之(형지): 적에게 거짓 형상을 지어 보임. 곧 거짓 형상으로 적을 속이고 미혹시켜서 그릇된 판단을 하게 하여 그 틈을 타고자 하는 것임. '형'은 여기서는 동사로, 형상을 보인다는 말임. 따라서 「형편」의 '형' 자와는 다른 뜻임. '지'는 적을 가리킴.

11 從(종): 신종信從, 즉 믿고 따름.

12 予之(여지): 적에게 작은 이익을 줌. '여'는 줌. 여기서는 곧 적을 유인하기 위해 소리小利를 미끼로 던져 준다는 말임.

13 以此動之(이차동지): 이러한 방법으로 적을 움직임, 다룸. '차'가 십일가주본에는 '이利'로 되어 있으나, 한간본에 근거해 고침. '차'는 곧 앞에서 말한 '형지形之'·'여지予之' 두 가지 방법을 가리키는 것으로, 전후 문맥상 아주 자연스럽고 적절함. 반면 '이利'는 단지 '여지' 한 가지만을 받아 이르고, '형지'는 빠뜨리는 폐단이 있어 문맥적 의미상 적절치 않음. '동'은 '선동적자善動敵者'의 '동'과 같은 뜻임.

14 **以卒待之**(이졸대지): 복병을 배치하고 적을 무찌를 기회를 노림. '졸'은 병졸. 여기서는 복병, 또는 경졸勁卒·강병强兵을 이르는 것으로 이해됨. '대'는 기다림, 노림.

해설

손자가 앞서 말했듯이 "전쟁을 잘하는 사람은 매양 불패不敗의 자리에 서서 적을 무찌를 기회를 놓치지 않는다(善戰者, 立於不敗之地, 而不失敵之敗也)."(「형」) 전쟁터는 그야말로 '혼란'과 '혼돈'의 현장이다. 하지만 그 어떤 경우에도 시종 전열을 가다듬어 일사불란함을 잃지 않아야 한다. 그리고 가능한 한 환상의 진형을 유지해 방어에 유리함을 확보해야 한다. 손자는 여기서 이처럼 진법陣法 문제로 말머리를 꺼내고 있다. 진법은 곧 군대의 전투력을 최대한 효율적으로 그리고 충분히 발휘하기 위한 작전 대형隊形으로, 보다 합리적으로 부대를 배치해 포진布陣해야 한다. 왜냐하면 그것이 바로 수비를 위한 튼튼한 포석임과 동시에 공격을 위한 든든한 바탕이기 때문이다. 전쟁터에서는 먼저 '스스로를 보전하며(自保)' '불패의 자리에 서'는 것이 우선이다.

　오늘날 축구 경기에서는 이른바 433이니 442니 352니 하는 등등의 전술이 구사되고 있는데, 양 팀 선수들이 축구공 하나를 두고 서로 다투며 달리는 모습은 언뜻 봐서는 그저 무질서함 그 자체이다. 하지만 그처럼 무질서해 보이는 어지러운 움직임 가운데서도 각기 그 나름의 진형을 유지하고 있음은 두말할 나위가 없다. 그것은 물론 공수의 효율성을 높이면서 불확실한 승리의 가능성을 보다 확실하게 현실화하기 위해 반드시 유의해야 하는 부분이다. 전쟁터에서 "어지럽기 그지

없는 가운데서 전투를 벌이지만 절대 전열을 흐트러지게 해서는 아니되고," "시종 환상의 진형을 유지해 적에게 패배하는 일이 없도록 하여야 한다"는 손자의 요구 또한 같은 맥락으로 이해된다.

이어서 손자가 강조한 것은 "난생어치, 겁생어용, 약생어강亂生於治, 怯生於勇, 弱生於强"이다. 예로부터 전쟁에서는 너나없이 속임수를 즐겨 썼고, 급기야 "전쟁은 속임수가 원칙(兵者, 詭道也)"(「계」)이라는 인식이 팽배했다. 한데 속임수도 아무나 쓸 수 있는 게 아니다. 일정한 조건이 요구된다는 얘기다. "적을 속이기 위해 짐짓 어지러운 모습을 보이는 것은 곧 스스로 군용軍容을 가지런히 다스린 데에 바탕을 두고 있고, 짐짓 비겁한 모습을 보이는 것은 곧 스스로 용맹무쌍한 데에 바탕을 두고 있으며, 짐짓 약소한 모습을 보이는 것은 곧 스스로 강대한 데에 바탕을 두고 있다." 다시 말하면 장예張預가 이른 대로, 기만전술로 능히 적에게 아군의 혼란한 양상을 지어 보일 수 있기 위해서는 반드시 스스로 잘 다스려져 있어야 하고, 능히 적에게 아군의 비겁한 양상을 지어 보일 수 있기 위해서는 반드시 스스로 용맹한 기상이 있어야 하며, 능히 적에게 지치고 약한 양상을 지어 보일 수 있기 위해서는 반드시 스스로 막강한 전력을 갖추고 있어야 한다. 그리고 그 모든 것은 다 우리의 실상을 감추고 가상(거짓 형상)을 지어 보임으로써, 적이 오판하여 우리가 파 놓은 함정에 빠지도록 유인하기 위한 것이다. 요컨대 전쟁을 잘하는 뛰어난 장수라면 항시 자신의 군대를 엄정한 군기軍紀와 충천한 사기士氣, 막강한 전력으로 무장시켜 놓아야 한다. 그래야만 기만전술은 물론, 그 어떤 다른 작전도 거뜬히 수행하여 전쟁을 승리로 이끌 수가 있다는 얘기다.

한편 "난생어치, 겁생어용, 약생어강"은 또 다른 의미로 풀이될 수 있다. 즉, 혼란은 잘 다스려진 가운데서도 자칫 안일함에 빠지면 일어날 수 있고, 비겁함은 용맹한 가운데서도 자칫 나태함에 빠지면 나타날 수 있으며, 약소함은 강대한 가운데서도 자칫 해이함에 빠지면 초래될 수 있다는 뜻이다. 옛말에 물극필반物極必反, 즉 만사 만물은 그 발전이 극에 달하면 반드시 반전한다고 하지 않았던가? 세상에 그 어떤 것도 영원한 것은 없는 법이다. 아무리 잘 다스려지고, 용맹하고, 강대한 경우에도 자칫 자만과 교만에 빠지고, 안일과 타성에 젖는다면 얼마든지 '반전'이 일어나는 불상사가 초래될 수 있다. 그렇기 때문에 항시 긴장의 끈을 늦추지 말고 겸허히 자강불식自強不息, 즉 스스로 힘써 몸과 마음을 가다듬으며 쉬지 아니하여야 한다. 펑유란馮友蘭이 이른 대로, 손자는 자연 현상과 사회 현상은 결코 정지靜止해 부동不動하는 것이 아니라 끊임없이 변화하는 것이요, 그리고 그 모순 대립되는 쌍방은 그냥 굳어져 불변하는 것이 아니라 얼마든지 바뀌어 달라질 수 있는 것이란 사실을 알고 있었다. 전쟁 또한 그와 같을 뿐만 아니라 오히려 그 변화와 변동은 다른 많은 현상들에 비해 더욱 신속하고 극렬하다. 손자가 지적했듯이 자연계에서는 "금金·목木·수水·화火·토土 오행의 상극相克 관계는 고정불변한 것이 아니며, 춘·하·추·동 사계절은 어느 것도 한 위치에 고정해 있지 않고 끊임없이 교체 변화하며, 해는 길고 짧음이 있고, 달은 밝고 어두움이 있는 법이다(五行無常勝, 四時無常位, 日有短長, 月有死生)."(「허실虛實」) 사회 현상의 하나로서, 전쟁 역시 예외가 아니다. 그야말로 "난생어치, 겁생어용, 약생어강"한다. 무엇이든 대립되는 것은 서로 전환될 수 있으며, 모든 전환과 변화는 일정한 조건하에서 진행되게 된다. 이에 손자는 적극적으로 필요한 조건을 조성하여 전쟁 중에 일어날 수 있는 많은 변화가 모두 자신에게 유리한 방향으로 진행되도록 해야 함을 역설한 것이다.

아무튼 군대는 합리적인 조직 편제로 엄정하게 통제 관리하고, 우월한 전투태세를 바탕으로 용맹한 기상과 사기를 고취시키며, 천하무적의 군사 실력을 길러 막강한 전력을 갖추어야 한다. 바로 그 같은 '자기 보전(自保)' 내지 자기 충실을 발판으로 공수 작전에 임할 것이며, 특히 적절한 속임수를 구사해 적이 우리의 기만과 유인에 미혹케 한다면 "이미 패배의 구렁에 빠진 상대(己敗者)"(「형」)는 어렵지 않게 쳐부술 수 있을 것이다. 여기서 자기 충실을 '정正'이라고 한다면, 속임수는 '기奇'라고 할 수 있는데, '기정상생'의 전술적 효과는 진정 막대하고 또 무궁할 것이다.

5

그러므로 전쟁을 잘하는 사람은 아군에 유리한 전투태세를 조성해 승리하고자 할 뿐, 사람(부하 장졸)을 다그쳐 승리하고자 하지 않는다. 그렇기 때문에 그들은 능히 사람에게 매달리지 않고, 전투태세에 의지할 수가 있다. 전투의 태세와 형세에 의지하는 장수가 군사들을 거느리고 전쟁을 하는 것은 마치 나무나 돌을 굴리는 것과도 같다. 나무와 돌의 특성은 평탄한 곳에 놓이면 가만히 있고, 경사진 곳에 놓이면 움직이고 구른다. 그리고 나무와 돌이 모난 것은 정지靜止해 부동不動하고, 둥근 것은 잘 굴러 간다. 그러므로 전쟁을 잘하는 사람이 조성한 전투태세는 마치 그 높이가 천 길이나 되는 높디높은 산 위에서 둥근 돌을 굴리는 것과도 같나니, 전쟁에서 '세勢'란 바로 그런 것이다.

故善戰者, 求之於勢,¹ 不責於人,² 故能擇人³而任勢.⁴ 任勢者, 其⁵戰
고 선 전 자 구 지 어 세   불 책 어 인   고 능 택 인 이 임 세   임 세 자 기 전
人⁶也, 如轉木石. 木石之性, 安⁷則靜, 危⁸則動, 方則止, 圓則行. 故
인 야   여 전 목 석   목 석 지 성   안 즉 정   위 즉 동   방 즉 지   원 즉 행   고
善戰人之勢, 如轉圓石於千仞之山⁹者, 勢¹⁰也.
선 전 인 지 세   여 전 원 석 어 천 인 지 산 자   세   야

주석

1 **求之於勢**(구지어세): '전쟁의 주도권을 잡고 승리를 거두기 위한 발판·근거〔之〕'를 전투의 태세·형세·기세에서 구함, 찾음. 곧 적을 압도하는 막강한 전투태세와 기세를 고양高揚하고, 아군에게 절대적으로 유리한 전장의 형세를 조성하는 데 주력한다는 말.

2 **不責於人**(불책어인): 승리의 발판·근거를 사람, 즉 부하 장졸들에게 (요)구하지 않음. 곧 그저 부하 장졸들에게 용맹과 분투를 강요하는 등 아랫사람들을 다그쳐 승기를 잡으려고 하지 않는다는 말. '책'은 구求와 같은 뜻으로, 여기서는 가혹하게 요구함을 이름. 이 구절이 일부 판본에는 '불책지어인不責之於人'으로 되어 있어 의미 풀이에 참고가 됨. '인'은 곧 부하 장졸을 가리킴.

3 **擇人**(택인): 사람(장졸)은 그대로 내버려 둠. 곧 사람에게 매달리지 않는다는 말. '택'은 여기서는 석釋과 같은 뜻으로, (사람을) 풀어놓음, 버려둠, 놓아둠을 이름. 천시陳曦 역주譯注 『손자병법』에서 인용한 치우시페이裘錫圭의 논문 「설"택인이임세" 說"擇人而任勢"」에서 주장한 바에 따르면, 이 '택' 자는 '사捨'의 뜻(즉 버림, 놓음)으로 풀이해야 하는데, 그러면 '임任' 자의 뜻과 상반되어 대우對偶를 이룸. 여기서 '석인'은 곧 '불책어인不責於人'을 이어받아 이른 것이고, '임세'는 곧 '구지어세求之於勢'를 이어받아 이른 것임. 결국 전쟁을 잘하는 사람은 능히 막강하고 유리한 태세를 조성하여 사람들로 하여금 어떤 임무를 수행하지 않을 수 없게 할 뿐이며, 그런 것 말고 달리 사람들에게 뭔가를 요구하지는 않는다는 말인데, 그

것이 바로 "택인이임세"임. 그리고 "임세자任勢者" 이하에서 말하는 것도 바로 그 같은 이치를 설명하는 것이라고 함. 이상의 견해는 매우 설득력이 있어 따를 만함. 한편 '택' 자를 흔히 원의原義 그대로 고른다는 뜻으로 풀이하면서, "택인이임세"의 구의句義를 인재를 골라 유리한 태세를 이용한다는 뜻으로 이해함. 하지만 그것은 의미가 쉽게 와 닿지도 않을 뿐만 아니라, 앞서 말한 "불책어인"의 기본 입장과도 모순되어 재론의 여지가 있음.

4 任勢(임세): 태세·형세를 이용함, 태세·형세에 의지함. '임'은 씀(用), 맡김, 믿음, 의지함.

5 其(기): '임세자任勢者'를 가리킴.

6 戰人(전인): '사전인使戰人', 즉 사람들로 하여금 싸우게 한다는 뜻으로, 곧 장수가 사람들(군사들)을 지휘해 전쟁을 함을 이름. 이는 「형편」의 '전민戰民'과 같은 뜻임. 「형편」 제4장 주석 14 참조.

7 安(안): 안온安穩함, 즉 안정되고 평온함. 여기서는 곧 목석을 평탄한 곳에 놓는 것을 이름.

8 危(위): 위험함. 또 고준高峻함, 즉 높고 험준함. 여기서는 곧 목석을 경사진 곳에 놓는 것을 이름.

9 千仞之山(천인지산): 그 높이가 천 길이나 되는 높은 산. 「형편」 제4장 주석 17 참조.

10 勢(세): 여기서는 곧 그 군대가 보유한 '형形', 즉 군사 실력·군사력의 바탕 위에, 장수가 주관적인 지휘 역량을 발휘해 조성한 유리한 전투태세 내지 강력한 충격 역량을 말함.

해설

손자는 이른바 '세'(전투의 태세 내지 형세·작전의 태세 내지 형세)의 작용과 효용에 주목하면서, 전쟁에서 '세'의 운용은 필수 불가결한 것임을 역설하였다. 그러므로 전쟁을 잘하는 장수는 승기를 잡기 위해 보다 적극적으로 아군에게 유리한 '세'를 조성해, 군사들이 절로 사기충천·분기탱천憤氣撑天하여 용맹 전진하게 할 뿐이다. 반면 전쟁에 서툰 장수는 매양 일방적이고 무조건적으로 부하 장졸들에게 용맹 분발을 강요하면서 전국戰局을 유리하게 이끌어 가고자 하니, 그게 어찌 쉬운 일이겠는가? 전쟁을 잘하는 장수가 부하들을 다그쳐 전기轉機를 마련코자 하기보다는 유리한 '세'에 의지해, 다시 말해 유리한 '세'를 조성 유지하고 활용해 승기를 확보코자 하는 것은 바로 그 때문이다.

손자는 '세'를 이용 의지하는 장수가 전쟁을 지휘하는 것을 나무와 돌을 굴리는 것에 비유해 설명하였는데, 그것은 곧 조조가 이른 대로, "자연의 '세'에 맡기는 것이다(任自然勢也)." 매요신이 말했듯이 나무와 돌은 무거운 물건으로, '세'로 움직이기는 쉬워도 힘으로 옮기기는 어렵고, 삼군三軍은 대단히 많은 군사들로, '세'로 싸우게 할 수는 있어도 힘으로 부릴 수는 없나니, 이는 자연의 이치다.

전쟁을 잘하는 장수가 조성한 '세'는 그야말로 천 길 높이 솟은 높디높은 산 위에서 둥글고 큰 돌을 굴러 떨어뜨리는 것과 같은 기세가 있어, 그 무엇도 거칠 것이 없고, 그 누구도 막을 수 없는 위력威力을 발휘한다. 첸지보어錢基博가 이른 대로, '세'란 전장의 형세 변화에 따라 탄력적인 대책과 전략을 세우면서 형성되는, 아군에게 유리한 태세요 형세로, 적이 생각지도 못한 상황에서 출격하고, 적이 방비하지 못한 상황에서 공격하고자 하는 것이다. 따라서 반드시 아군의 실상을 꾸미고, 실정을 감추어야 한다. 하여 공격할 능력이 있으면서도 없는 것처럼 보이고, 특정한 전략을 쓰려고 하면서도 쓰지 않을 것처럼 보임으로써 적으로 하여금 우리의 공격에 대비하지 못하도록 한다. 그런 다음에 한결 유리한 '세'를 타고 무방비 상태의 적을 급습한다. 이는 곧 아군의 기세는 험하고 사나우며, 절주는 짧고 신속함을 자랑

162

하며 걱정하지도, 대비하지도 않은 적을 공격하는 것으로, 마치 천 길 높은 산 위에서 둥근 돌을 굴리는 것과도 같아서 적을 무찌르고 승리하기는 쉽고도 쉬울 것이다.

제6편

허실

虛實

:

일반적으로 '허실'이란 글자 그대로 허함과 실함, 공허함과 충실함을 말한다. 다만 「허실편虛實篇」의 논술을 종합해 볼 때, 손자가 말하는 '허실'은 우선 군사 전력상의 강약 및 우열優劣 상황을 이르는바, 곧 '허'는 불리한 측면이요, '실'은 유리한 측면이다.(「세편」 제1장 주석 11 참조) 그리고 또한 동시에 '허실'은 군사 작전상 허허실실, 즉 거짓으로 참을 어지럽히며 허를 찌르고 실을 꾀하는 계책으로 최대한 승리할 수 있는 조건을 조성하고, 기회를 만드는 전략 전술과 지휘 원칙을 말한다. 이전李筌은 "군사를 부려 전쟁을 잘하는 사람은 아군의 허함을 실함으로 바꾸고, 적을 무찌르기를 잘하는 사람은 적군의 실함을 허함으로 바꾼다(善用兵者, 以虛爲實; 善破敵者, 以實爲虛)"라고 하였고, 또 두목杜牧은 "무릇 용병 전쟁은 적의 실함을 피하고 허함을 공격해야 하는데, 그러기 위해서는 먼저 피아의 허실을 잘 알아야 한다(夫兵者, 避實擊虛, 先須識彼我之虛實也)"라고 하였다. 손자가 말한 '허실'의 함의含意에 대한 두 주석자註釋者의 이해는 나무랄 데가 없다.

「허실편」은 곧 모름지기 용병 전쟁은 허허실실 계책을 적극적으로 운용하여 적의 전력이 견실한 면을 피해 허약한 면을 공격해야 함을 역설하였다. 그러기 위해서 최우선시해야 할 것은 바로 전쟁의 주도권을 장악하는 것이다. 하여 손자는 "치인이불치어인致人而不致於人", 즉 적을 내 의도대로 움직이게 해야 하지, 내가 적에게 끌려 다녀서는 안 된다는 것을 강조하였다.

'허실'의 모순 현상은 한두 가지가 아닐 뿐더러 또한 고정불변한 것도 아니다. 따라서 사람의 주관적이고 능동적인 노력을 통해 그 운동성과 변동성을 촉진시켜 충분히 갖가지 새로운 전기戰機(전투에서 이길 수 있는 기회)를 만들 수가 있다. 용병 전쟁의 승패는 근본적으로 지휘관의 주관적인 능동성의 발휘에 달려 있다. 하여 전쟁을 잘하는 장수는 철저히 "치인이불치어인"의 원칙에 입각해 "적은 실상을 드러내게 하고, 우리는 실상을 감추는(形人而我無形)" 등 피아 쌍방의 대립 국면 속에서 적극적으로 모순을 이용하고, 또 모순을 변화시켜 아군은 실하고 적군은 허한, 유리한 형세를 조성한다. 예컨대 "적이 한가로이 편안하면 그들을 괴롭혀서 피로하게 하고, 군량이 넉넉해 배부르게 먹으면 양도糧道를 끊어 그들을 굶주리게 하며, 주둔지를 안정되고 견고하게 지키고 있으면 어떻게든 그들을 흔들어서 다른 곳으로 움직이게 해야 한다(敵佚能勞之, 飽能饑之, 安能動之)." 그리고 그런 다음에 마침내 이실격허以實擊虛, 즉 아군의 실함으로 적군의 허함을 공격하고, 또 피실격허避實擊虛, 즉 적군의 실함을 피해 그들의 허함을 공격한다. 요컨대 '피실취허避實就虛', 즉 적의 실함을 피하고 적의 허함을 노리는 것이야말로 진정 허실 전략의 기본 원칙이자 방법이다.

손자는 편 말미에서 허실 운용과 관련하여 '병형상수兵形象水', 즉 용병의 법칙은 물과 같아서 고정된 틀에 갇혀 있어서는 안 된다는 것을 다시 한 번 강조하였다. "물은 지형의 높고 낮은 변화에 따라 그 흐름을 결정하나니, 용병은 적정의 다양한 변화에 따라 탄력적인 전략으로 적을 굴복시키고 승리를 거두어야 한다〔水因地而制流, 兵因敵而制勝〕." 그야말로 전쟁을 필승으로 이끌기 위해서는 "다양한 적정에 맞춰 그때그때 전략 전술에 무궁한 변화를 꾀하여야 함〔應形於無窮〕"을 알아야 한다.

한 나라의 군주이기 전에 수많은 전쟁을 진두지휘한 장수이기도 했던 당나라 태종太宗 이세민李世民은 고대 병서兵書 가운데 『손자병법』을 으뜸으로 꼽았고, 『손자병법』 13편 가운데서는 또 「허실편」을 가장 중요한 부분으로 생각하였다. 그가 말했다. "짐이 역대 병서를 보건대 『손자병법』을 능가하는 것이 없고, 『손자병법』 13편 가운데서는 「허실편」을 능가하는 것이 없다. 무릇 군사를 부려 전쟁을 함에 있어서 피아의 허하고 실한 형세를 알면 승리하지 못하는 경우가 없을 것이다〔朕觀兵書, 無出孫武. 孫武十三篇, 無出虛實. 夫用兵識虛實之勢, 則無不勝焉〕." (『당태종이위공문대』) 전쟁은 교전 쌍방의 군사력을 겨루는 일이다. 상술한 「형편」의 '형形'이 교전 쌍방 군사력의 정적靜的인 표현이라면, 「세편」의 '세勢'는 교전 쌍방 군사력의 동적動的인 표현이다. 그렇다면 이 「허실편」에서 말한 용병 전쟁에서의 '허실' 계책의 활용은 곧 '형'에 근거해 '세'를 구사하기 위한 핵심 전략으로, 병가兵家에서 출기제승出奇制勝, 즉 기묘한 계략으로 적을 무찌르고 승리하기 위해서 우선적으로 고려해야 하는 문제이다.

1

　손자께서 말씀하셨다. 무릇 전쟁터를 먼저 차지하고 적군을 기다리는 군대는 여유롭지만, 전쟁터를 나중에 차지하고 황급히 응전하는 군대는 피로할 수밖에 없다. 그러므로 전쟁을 잘하는 사람은 적을 끌어들이지 적에게 끌려다니지 않는다. 능히 적으로 하여금 우리가 생각하는 곳으로 스스로 오게 하는 것은 그들에게 약간의 이득을 주어 유인하면 되고, 능히 적으로 하여금 우리가 생각하는 곳으로 오지 못하게 하는 것은 그들에게 약간의 위해危害를 주어 저지하면 된다. 그러므로 적이 한가로이 편안하면 그들을 괴롭혀서 피로하게 하고, 군량이 넉넉해 배부르게 먹으면 양도糧道를 끊어 그들을 굶주리게 하며, 주둔지를 안정되고 견고하게 지키고 있으면 어떻게든 그들을 흔들어서 다른 곳으로 움직이게 해야 한다.

孫子曰: 凡先處¹戰地²而待³敵者佚,⁴ 後處戰地而趨戰⁵者勞.⁶ 故善
손 자 왈　범 선 처 전 지 이 대 적 자 일　후 처 전 지 이 추 전 자 로　고 선
戰者, 致人⁷而不致於人.⁸ 能使敵人自至者, 利之⁹也; 能使敵人不得
전 자　치 인 이 불 치 어 인　능 사 적 인 자 지 자　이 지 야　능 사 적 인 부 득

至者, 害之^{10}也. 故敵佚能^{11}勞^{12}之, 飽能饑^{13}之, 安^{14}能動^{15}之.
지 자 해 지 야 고 적 일 능 로 지 포 능 기 지 안 능 동 지

주석

1 先處(선처): 선점先占함. '처'는 처함. 여기서는 점거함, 점유함을 이름.

2 戰地(전지): 전장戰場, 전쟁터. 여기서는 전장 가운데서 지리적으로 형세가 뛰어나고 험요險要하여 공수에 특히 유리한 지역이라는 뜻을 함축함. 곧 당대唐代 가림賈林이 이른 대로, 지형이 뛰어나고 험요한 지역을 선점하고 적을 기다린다는 것은 사전에 이미 일정한 대비와 예방 조치를 취한 상태로, 군사와 말들이 한가롭고 편안하다는 것임.

3 待(대): (적을) 기다림. 이는 가림이 이른 대로, 적의 내침에 사전 대비와 방비를 하고 있는 상태로, 다분히 적극적이고 주동적인 태도를 취하게 된다는 뜻을 함축함.

4 佚(일): 일逸과 같음. 한일閑逸함, 안일安逸함. 또 차분하고 여유로움.

5 趨戰(추전): 황급히 응전應戰함. '추'는 달려감. 여기서는 황급함을 이름.

6 勞(로): 피로함. 이는 정황상 어쩔 수 없이 소극적이고 피동적인 태도를 취하게 된다는 뜻을 함축함.

7 致人(치인): 다른 사람(여기서는 적군)을 끌어들임. '치'는 초치招致함. 또 움직임, 즉 움직이게 함. 이에는 곧 상대를 제압해 마음대로 다룬다는 뜻이 함축되어 있음.

8 致於人(치어인): 다른 사람에게 끌려다님. 이는 곧 상대에게 제압당한다는 뜻을 함축함.

9 利之(이지): 그들(적)을 이롭게 함. 곧 작은 이익을 미끼로 유인해서, 그들이 뭔가 이득이 된다고 여기게 함을 이름.

10 害之(해지): 그들을 해롭게 함. 곧 위험 요인으로 저지해서, 그들이 뭔가 손해가 된다고 여기게 함을 이름.

11 能(능): 여기서는 내乃, 즉則과 같은 뜻임.

12 勞(로): 피로하게 함. 이를 조조는 일을 벌여 번거롭게 하는 것이라고 하였고, 매요신은 어떻게든 괴롭혀서 편안히 쉴 수 없도록 하는 것이라고 함.

13 饑(기): 굶주리게 함. 이를 조조는 양도(糧道, 군량을 나르는 길)를 끊어 그들을 굶

주리게 하는 것이라고 함.

14 安(안): 여기서는 안수安守, 고수固守의 뜻으로, 주둔지를 안정되고 견고하게 지키고 있음을 이름.

15 動(동): 움직이게 함, 옮기게 함. 이를 두고 조조는 적이 반드시 아낄 곳을 공격하고, 적이 반드시 달려가 구원할 곳으로 출격하면, 곧 적들로 하여금 서로 구원하지 않을 수 없도록 할 수 있다고 함.

해설

이른바 '허실'은 군사적으로 보면 대개 전투 능력의 강약과 태세態勢의 우열을 가리킨다. 손자는 「허실편」의 말허두를 꺼내자마자 허실 전략, 즉 적의 실함을 피하고, 허함을 노려 승리하기 위한 기본 전제를 제시 강조하였다. "치인이불치어인致人而不致於人", 즉 적을 내 의도대로 움직이게 해야 하지, 내가 적에게 끌려다녀서는 안 된다는 것이 바로 그 핵심 논단論斷이다. 이는 사실상 전쟁의 주도권이 걸린 문제이다.

세상 그 어떤 경쟁과 대결에서도 무엇보다 중요한 것은 누가 주도권을 잡느냐이거늘 전쟁에서야 어찌 더 말할 나위가 있겠는가? 어떤 경우에도 주도권을 잡는다는 것은 분명 승리를 위해 보다 유리한 고지를 점령하는 것이다. 이에 손자는 그 구체적인 방법으로 전쟁터를 선점하고 적군을 기다릴 것을 요구하였다. 무릇 고대의 전쟁은 일정한 지역, 일정한 공간―전장, 전쟁터에서 진행된다. 그리고 전쟁터의 지리적 특징은 군대의 작전 형식과 전술의 운용에 직접적인 영향을 미친다. 하여 전쟁터 가운데에서도 아군에게는 유리하지만 적군에게는 불리한 곳을 선점한 다음, 그곳의 지리적 환경과 이점을 적극적으로 활용함으로써 전쟁의 주도권을 장악해야 한다. 그렇게 전장에 미리 도착해 주도권을 확보한 군대는, 필시 인마人馬가 모두 휴식과 정비를 충분히 하고, 물리적으로나 정신적으로 일정한 대비와 방비를 마친 상태에 사기 또한 충만할 것이다. 이야말로 진정 '실實함'이니, 군대가 작전에 더욱 적극적이고 주동적일 것은 불문가지다. 하지만 전쟁터에 뒤늦게 도착해 허겁지겁 응전하는 군대는 자연히 지치고 불안한 상태일 것이니, '허함'을 피하기는 어렵다. 그러니 그 군대는 아무래도 소극적이고 피동적이면서 상대에게 끌려다닐 수밖에 없는 노릇이다.

"치인이불치어인"은 우루쑹이 이른 대로, 전쟁에서 주도권을 쟁취하는 문제에 관한 역사상 최초의 논단으로, 그 이후에는 많은 병학兵學, 즉 군사학 전문가들이 모두 그 명제를 대단히 중시하였다. 특히 『당태종이위공문대唐太宗李衛公問對』에서는 『손자병법』의 "수많은 말들의 요지는 결국 '치인이불치어인'의 함의含意를 벗어나지 않는다〔千章萬句, 不出乎致人而不致於人而已〕"고 하며, 그 중요성을 역설하였다. '주도권'이란 군대가 스스로의 의지에 따라 자유롭게 행동할 수 있는 권력이다. 그리고 행동의 자유는 곧 군대의 명맥命脈인 만큼, 행동의 자유를 상실한 군대는 적에게 휘둘릴 수밖에 없고, 그렇게 되면 전쟁의 승리는 우리의 것이 아니라 적의 것이 되고 말 것이다.

사실 전쟁의 주도권은 전장의 선점만으로 안정적이고 지속적인 확보가 보장되는 것은 아니다. 전쟁에서의 유리한 조건은 한두 가지가 아니다. 그것은 일시에 확보되는 것도, 영원히 가질 수 있는 것도 아니다. 따라서 전쟁을 지휘하는 장수는 주관적 능동성을 발휘하여 끊임없이 유리한 조건을 창조함으로써 주도권의 확보와 유지에 총력을 기울여야 한다. 하여 손자는 또 다른 방법을 제안하였다. 약간의 이득과 위해로 적을 유인하거나 위협하여 특정한 지역으로 적이 스스로 오게 하거나 오지 못하게 하면서, 사뭇 적을 내 뜻대로 움직이는 것이다. 그리고 적이 편안하면 피로하게 하고, 배부르게 먹으면 굶주리게 하며, 주둔지를 안정되게 지키고 있으면 어떻게든 다른 곳으로 옮기게 하면서 마냥 적의 전투력을 소모 약화시켜야 한다. 요컨대 전쟁 중에 언제 어디서나 능히 "치인이불치어인"한다면, 진정으로 주도권을 장악하고, 이실격허以實擊虛(실함으로 허함을 공격함)의 결정적 전기戰機(전투에서 이길 수 있는 기회)를 마련할 수 있다는 것이 손자의 생각이다.

2

적이 급히 달려가 구원할 수 없는 곳으로 출격하고, 적이 미처 생각지도 못한 곳을 습격해야 한다. 천 리를 행군해도 피로하지 않은 것은 적의 경계가 느슨해 무인 지대나 다름없는 곳을 행군하기 때문이요, 공격하여 반드시 적지敵地를 탈취하는 것은 적이 수비하지 못하는 곳을 공격하기 때문이요, 수비하여 반드시 견고하게 지키는 것은 적이 공격하지 못하는 곳을 수비하기 때문이다. 그러므로 공격을 잘하는 사람은 적으로 하여금 언제 어디를 어떻게 수비해야 할지를 모르게 하고, 수비를 잘하는 사람은 적으로 하여금 언제 어디를 어떻게 공격해야 할지를 모르게 한다. '허실' 전략은 미묘하고도 미묘하나니, 어떠한 모형도 없을 정도요, 신묘神妙하고도 신묘하나니, 어떠한 기척도 없을 정도로다. 그러므로 능히 적의 운명을 결정하는 주재자가 될 수 있도다.

出其所不趨, 趨其所不意.[1] 行千里而不勞者, 行於無人之地[2]也; 攻
출기소불추 추기소불의 행천리이불로자 행어무인지지 야 공

而必取[3]者, 攻其所不守[4]也; 守而必固者, 守其所不攻[5]也. 故善攻
이필취 자 공기소불수 야 수이필고자 수기소불공 야 고선공

者, 敵不知其所守; 善守者, 敵不知其所攻. 微乎[6]微乎, 至於無形;
자 적부지기소수 선수자 적부지기소공 미호미호 지어무형

神乎神乎, 至於無聲.[8] 故能爲敵之司命.[9]
신호신호 지어무성 고능위적지사명

주석

1 "出其(출기)…" 2구句: 한간본에는 '불추不趨'가 '필추必趨'로 되어 있고, "추기소불의趨其所不意" 구는 아예 없으며, 『태평어람太平御覽』의 인용문도 한간본과 같음. 하지만 꿔화뤄가 이른 대로, 문의文意로 보든 군사적 의미로 보든 이 2구는 분명 승허이입乘虛而入, 즉 적의 빈틈을 타고 쳐들어감을 논한 것으로, 곧 "출기소불추出其所不趨"하고, 또 "추기소불의"해야 한다는 것임. 왜냐하면 그래야 비로소 "행천리이불로行千里而不勞"하고, "행어무인지지行於無人之地"할 수 있기 때문임. 한데 만약 '필추'라고 한다면, 어떻게 "행어무인지지"할 수 있겠는가? '출'은 출병함, 출격함, 출동함. '불추'의 '불'은 여기서는 불능不能의 뜻으로 이해됨. '불추'의 '추'는 (빨리) 달려감. 여기서는 (달려가서) 구원함을 이름. '추기'의 '추'는 여기서는 (달려가서) 습격함, 기습함을 이름. '불의'는 미처 생각하지 않았던 곳. 곧 뜻밖의, 예상 밖의 지역을 가리킴.

2 無人之地(무인지지): 곧 적의 경계와 방비가 허술해 빈틈이 많은 곳을 비유 지칭함. 이에는 적의 저지나 위협이 전혀 없음을 암시함.

3 取(취): 공취攻取, 즉 적의 성이나 진지를 공격하여 탈취함. 또 취승取勝, 즉 승리를 차지함, 거둠.

4 不守(불수): 수비하지 않음. 이에는 수비할 수가 없다거나 수비가 허술하다는 뜻을 함축함.

5 不攻(불공): 공격하지 않음. 이에는 공격할 수가 없다거나 공취攻取하기 어렵다

는 뜻을 함축함.

6 **微乎**(미호): 미묘하도다! '호'는 어기語氣 조사.

7 **至於無形**(지어무형): (너무나 다양하고 변화가 많은 허실 전략은 미묘하기 그지없어) 어떤 형상도 없는 경지에 이르러 있음. '지'는 이름, 도달함. '무형'은 곧 일정한 형상이나 모형이 없다는 말.

8 **無聲**(무성): 어떤 일정한 소리도 없음. 곧 어떤 기척(누가 있는 줄을 짐작하여 알 만한 소리나 기색)도 없다거나 내지 않는다는 말.

9 **司命**(사명): 운명을 주재함. 여기서는 운명의 주재자. '사'는 맡음, 주관함, 관장함.

해설

허실 전략은 어떤 방법으로 구사해야 할까? 여기서 이른바 "출기소불추, 추기소불의出其所不趨, 趨其所不意", 즉 "적이 급히 달려가 구원할 수 없는 곳으로 출격하고, 적이 미처 생각지도 못한 곳을 습격해야 한다"는 것은 곧 「계편」에서 말한 "적의 방비가 없는 상황에서 공격하고, 적이 생각지도 못한 상황에서 출격하는 것이다(攻其無備, 出其不意)." 한데 이는 상술한 '기정奇正' 전략 가운데 '기'의 구체적 운용으로서, 그야말로 '피실취허避實就虛', 즉 적의 실함을 피하고 적의 허함을 노리는 것이니, 이것이 바로 허실 전략의 기본 원칙이요 방법이라고 할 수 있다. 이렇게 볼 때, "적의 경계가 느슨해 무인 지대나 다름없는 곳을 행군하"거나 "적이 수비하지 못하는 곳을 공격하"고, "적이 공격하지 못하는 곳을 수비하"는 것 또한 모두 '피실취허' 바로 그것이다.

전쟁에서 공격이나 수비를 잘하는 장수가 허실 계책의 구사에 능한 것은 두말할 나위가 없다. 허실 계책으로 공격을 잘하는 장수는 항상 적의 허실을 잘 알아서 적의 실함을 피하고 허함을 공격할 줄 안다.

그러니 적은 도무지 어떻게 수비해야 할지를 모를 수밖에 없다. 또 허실 계책으로 수비를 잘하는 장수는 항상 '허허실실' 함으로써 적으로 하여금 아군의 허실을 알 수 없게 한다. 그러니 적은 도무지 어떻게 공격해야 할지를 모를 수밖에 없다.

허실 계책은 진정 미묘하고 신묘함이 지극한 까닭에 그 전술적 효과가 탁월하여 그야말로 적의 운명을 결정할 수 있다는 게 손자의 생각이다. 리우칭이 이른 대로, 적을 꾀어 그들의 실상과 실정을 드러내게 하면서도 아군의 사정은 드러내지 않는 것은 곧 『손자병법』에서 강조한 궤도詭道 용병 사상의 중요한 관점의 하나이면서, 또한 전쟁 주도권을 탈취하는 데 관건이 되는 문제이다. 그 같은 목적을 달성하기 위해 『손자병법』에서는 다음과 같은 일련의 효과적인 조치를 취해야 함을 역설하였다. 첫째, 전략을 은폐하라. 군주와 장수가 전략을 결정할 때는 아군의 전략 의도가 새어 나가는 것을 막기 위해 "관문을 봉쇄하고 부절符節을 부러뜨려 적국의 사자使者가 드나들지 못하게 해〔夷關折符, 無通其使〕"(「구지九地」) 깊이 숨어든 세작細作도 아군의 기밀을 알아내지 못하게 하고, 총명한 적군의 장수도 아군의 계책을 눈치채지 못하게 하여야 한다. 그뿐만 아니라 심지어 실제로 작전에 들어가기 전에는 자신의 부하 장졸들까지 전혀 알지 못하도록 해야 한다.

둘째, 적극적인 양공陽攻(적을 속이기 위하여 주된 공격 방향과는 다른 쪽에서 공격함)과 교묘한 위장으로 적을 미혹(정신이 헷갈리어 갈팡질팡 헤맴)시켜라. 예를 들면 "적에게 스스로 공수攻守 능력이 있으면서도 없는 것처럼 보이고, 군대를 움직여 전쟁을 하려고 하면서도 그렇지 않은 것처럼 보이며, 가까운 곳을 공격하거나 곧바로 서둘러 공격하려고 하면서도 먼 곳을 공격하거나 한참 나중에 공격하려고 하는 것처럼 보이고, 먼 곳을 공격하거나 한참 나중에 공격하려고 하면서도 가까운 곳을 공격하거나 곧바로 서둘러 공격하려고 하는 것처럼 보이는〔能而示之不能, 用而示之不用; 近而示之遠, 遠而示之近〕"(「계」) 은진시가隱眞示假(참모습을 숨기고 거짓 모습을 보임)의 방법이나, "전력을 깊디깊은 지하에 감추듯이 하고〔藏於九地之下〕""날쌔기가 높디높은 천상에서 내려오듯이 하는〔動於九天之上〕"(「형」) 신출귀몰의 행동 원칙 등과 같이 함으로써, 적으로 하여금 "언제 어디를 어떻게 수비해야 할지를 모르게 하고〔不知其所守〕""언제 어디를 어떻게 공격해야 할지를 모르게 해〔不知其所攻〕"(「허실」) 피동적인 국면에 처하게 한다.

셋째, 갖가지 방법을 동원해 적의 실제 전력과 병력 배치, 작전 의도를 속속들이 드러내게 하여 아군이 "적정의 다양한 변화에 따라 탄력적인 전략으로 적을 굴복시키고 승리를 거두기〔因敵而制勝〕"(「허실」) 위해 필요한 조건과 환경을 조성하라. 그 구체적인 방법으로는 곧 세작을 활용하여 적의 정보를 얻어 적의 계책의 우열을 진지하게 분석하고, 양공 작전을 펴서 적의 군사 행동의 원칙을 드러내게 하며, 현지 정찰을 통해 지형地形 지모地貌를 파악하고, 소규모 교전을 벌여 적의 허실 강약을 살피는 것 등이다. 이러한 여러 가지를 제대로 실행하게 되면, 적으로 하여금 그들의 실체를 낱낱이 드러내게 할 수 있는 한편, 우리 또한 그로 인해 '무형無形'·'무성無聲'의 경지에 다다라 군사 행동의 자율권을 충분히 확보 유지함으로써 "우리가 진격해도 적이 방어하지 못하고〔進而不可禦〕""우리가 철수해도 적이 쫓아오지 못하여〔退而不可追〕""적의 운명을 결정하는 주재자〔敵之司命〕"가 될 수 있다. 그뿐

만 아니라 "적은 실상을 드러내게 해〔形人〕"(「허실」) 적을 이동 분산시
킴과 동시에, 우리는 적시〔適時〕에 병력을 집중하여 적의 요충지나 취약
한 곳을 공격해야 하는데, 그렇게 하면 "아군의 전일專一(마음과 힘을 모
아 오직 한 곳에만 씀)한 병력으로 적의 분산된 군대를 격파함〔以我之專, 擊
彼之散〕"(장예의 말)으로써 병가兵家 장수가 갈구하는 전장의 승리를 거
둘 수 있다.

　허허실실의 특수 전략이야말로 진정 전쟁에서 필수 불가결한 것이
라는 데에 이론의 여지가 없을 것 같다.

3

　우리가 진격해도 적이 방어하지 못하는 것은 바로 그들의 방비가
허술한 곳을 공격하기 때문이요, 우리가 철수해도 적이 쫓아오지 못
하는 것은 바로 우리의 행동이 너무나 재빨라서 그들이 따라잡을 수
없기 때문이다. 그러므로 우리가 적과 교전하려고 할 때, 적이 비록 보
루를 높이 쌓고, 도랑못을 깊이 파고 있더라도 나와서 우리와 교전하
지 않을 수 없는 것은 바로 우리가 그들이 반드시 구원해야 하는 요충
지를 공격하기 때문이요, 우리가 적과 교전하지 않으려고 하며 땅에
경계만 긋고 지키는데도, 적이 우리와 교전하지 못하는 것은 바로 우
리가 그들을 꾀어 진격할 방향을 바꾸게 하기 때문이다.

進而不可禦¹者, 衝²其虛³也; 退⁴而不可追者, 速⁵而不可及⁶也. 故我
진 이 불 가 어 자　충 기 허 야　퇴 이 불 가 추 자　속 이 불 가 급 야　고 아
欲戰, 敵雖高壘深溝,⁷ 不得不與我戰者, 攻其所必救⁸也; 我不欲戰,
욕 전　적 수 고 루 심 구　부 득 불 여 아 전 자　공 기 소 필 구 야　아 불 욕 전

畫地而守之,[9] 敵不得與我戰者, 乖其所之[10]也.
화 지 이 수 지   적 부 득 여 아 전 자   괴 기 소 지   야

주석

1 禦(어): 방어함, 상대편의 공격을 막음.

2 衝(충): 공격함, 습격함.

3 虛(허): 방비가 허술하고 경계가 느슨한 곳을 가리킴.

4 退(퇴): 철퇴撤退함, 철수함.

5 速(속): 신속迅速함, 신속神速함. 이 '속'이 한간본에는 '원遠'으로 되어 있음.

6 及(급): 미침. 곧 따라잡음을 이름.

7 高壘深溝(고루심구): '고루'는 높이 쌓은 보루(堡壘, 적의 침입을 막기 위하여 돌 따위로 튼튼하게 쌓은 구축물), '심구'는 성城을 보호하기 위해 그 둘레에 깊이 파서 만든 도랑못. 여기서는 양자 모두 동사로 쓰임.

8 其所必救(기소필구): 적이 반드시 구원할 곳. 곧 군사적 요충지를 이름.

9 畫地而守之(화지이수지): 땅에 경계만 긋고 지킴. 곧 그 정도로 수비가 용이함을 비유함. '화지'는 땅에 경계를 긋는 것으로, 방어 구역을 설정한다는 뜻임. 곧 '고루심구'할 필요 없이 그냥 방어하기만 하면 된다는 뜻을 함축함.

10 乖其所之(괴기소지): 적이 진격할 곳(방향)을 바꾸게 함. 곧 다른 곳으로 진격하게 함을 이름. '괴'는 어그러짐, 어긋남. 여기서는 바꿈, 바꾸게 함. 곧 적이 잘못된 생각을 하게 유도한다는 뜻을 함축함. '지'는 감(往).

해설

손자의 병법 사상에서 전쟁의 주도권을 장악하는 것은 승리를 부르는 결정적 요인으로, 무엇보다 중요한 문제이다. 이른바 '피실취허'의 허실 계책은 사실상 주도권 장악의 목적을 달성하기 위해 필수 불가결한 것이다. 손자는 여기서도 역시 같은 맥락의 주장을 펼치고 있다. 진

격하든 퇴각하든, 아니면 교전하든 하지 아니하든 반드시 우리가 그 주도권을 잡고, 적을 수동적인 위치로 몰아넣어 매양 우리의 계책과 의도에 따라 움직이지 않을 수 없도록 해야 한다.

진격함에는 적의 방비가 허술한 곳을 공격하고, 퇴각을 함에는 적이 따라잡을 수 없을 정도로 재빨리 물러나는 것은 모두 적의 빈틈과 허점을 노리는 전략이다. 여기서 잠깐 '속이불가급야速而不可及也'의 '속速', 즉 신속하다, 재빠르다는 말이 갖는 의미를 한 번 생각해 보자. 그것은 물론 일차적으로 행군의 속도가 빠르다는 의미가 있을 것이다. 하지만 그뿐이 아니다. 그 의미에 있어 보다 더 큰 비중을 차지하는 것은 필시 시간상의 신속함, 재빠름일 것이다. 즉, 우리의 철수 계획과 실행을 적이 전혀 눈치채지 못하도록 하는 것이다. 그야말로 적이 생각지도 못한 때에 퇴각을 실행하는 것이니, 이 어찌 적의 허를 찌르는 것이 아니겠으며, 그러니 그들이 어찌 따라잡을 수 있겠는가?

적과 교전하려고 할 때는 적의 요충지를 공격해 그들이 달려와 구원하지 않을 수 없도록 하고, 적과 교전하지 않았으면 할 때는 그들을 꾀어 다른 곳으로 진격해 가지 않을 수 없도록 유도한다는 것 또한 모두 허허실실의 전략이다. 여기서 "공기소필구攻其所必救", 즉 적이 반드시 구원에 나서야 하는 요충지를 공격하는 목적이 무엇일까 한 번 생각해 보면, 대략 주쥔朱軍이 이른 대로, 첫째, 적으로 하여금 그들에게 불리한 상황에서도 우리와 교전하지 않을 수 없도록 몰아가기 위함이요, 둘째, 적의 주력主力을 꾀어서 아군 장수의 주공主攻 지역, 즉 적의 주력 방어 지역을 떠나도록 함으로써 아군이 적의 빈틈을 타고 진격할 수 있도록 여건을 조성하기 위함일 것이다. 그리고 아군은 군량은 많으나 군사가 적은 반면, 적군은 군량은 적으나 군사가 많은 경우나, 또는 적이 우리가 반드시 구원에 나서야 하는 요충지를 공격할 것이란 사실을 안 경우 등은 모두 어떻게든 적의 공격 방향과 목표를 바꾸게 해 교전을 피하는 것이 좋을 것이다. 그것은 곧 역으로 적이 아군을 상대로 '피실취허'의 작전에 들어갈 수 있는 유리한 기회를 원천적으로 막는 것이다.

4

그러므로 적은 실상을 드러내게 하고, 우리는 실상을 감추면, 우리는 병력을 집중시킬 수 있는 반면, 적은 병력을 분산시킬 수밖에 없다. 그렇게 하여 우리는 병력을 한 곳에 집중하고, 적은 병력을 열 곳에 분산하게 되면, 결국 열(十)의 병력으로 하나(一)의 병력을 공격하는 것이 되니, 우리는 병력이 많은 반면, 적은 병력이 적은 형세가 된다. 이처럼 우리가 많은 병력으로 적은 병력의 적을 공격할 수 있다면, 우리가 상대해서 전투를 해야 할 적은 늘 수적으로 열세에 놓이게 된다. 어쨌든 우리가 적과 전투를 벌이려고 생각하는 곳을 적은 알 수가 없게 해야 하는데, 전쟁을 벌일 곳을 알 수 없으면, 적은 방비하는 곳이 많아지게 된다. 그렇게 적이 방비하는 곳이 많으면, 결국 우리가 상대해서 전투를 해야 할 적은 적게 된다. 그러므로 앞쪽을 방비하면 뒤쪽의 병력이 적어지고, 뒤쪽을 방비하면 앞쪽의 병력이 적어지며, 왼쪽을 방비하면 오른쪽의 병력이 적어지고, 오른쪽을 방비하면 왼쪽의 병력이 적어진다. 곳곳마다 방비를 하지 않은 곳이 없으니, 곳곳마다 병력이 적지 않은 곳이 없다. 요컨대 어느 군대든 병력이 적은 까닭은 바로 병력을 분산시켜 곳곳마다 적을 방비하기 때문이요, 병력이 많은 까닭은 바로 적으로 하여금 병력을 분산시켜 곳곳마다 아군을 방비하게 하기 때문이다.

故形人[1]而我無形,[2] 則我專[3]而敵分. 我專爲一, 敵分爲十,[4] 是以十
고 형 인 이 아 무 형   즉 아 전 이 적 분   아 전 위 일   적 분 위 십   시 이 십

攻其一也,[5] 則我衆而敵寡; 能以衆擊寡者, 則吾之所與戰者,[6] 約[7]
공 기 일 야   즉 아 중 이 적 과   능 이 중 격 과 자   즉 오 지 소 여 전 자   약

矣. 吾所與戰之地[8]不可知, 不可知, 則敵所備者多[9]; 敵所備者多,
의   오 소 여 전 지 지 불 가 지   불 가 지   즉 적 소 비 자 다   적 소 비 자 다

則吾所與戰者, 寡矣. 故備前則後寡, 備後則前寡; 備左則右寡, 備
즉 오 소 여 전 자   과 의   고 비 전 즉 후 과   비 후 즉 전 과   비 좌 즉 우 과   비

右則左寡. 無所不備, 則無所不寡. 寡者, 備人者也; 衆者, 使人備
우 즉 좌 과   무 소 불 비   즉 무 소 불 과   과 자   비 인 자 야   중 자   사 인 비

己[10]者也.
기   자 야

주석

1 **形人**(형인): 적으로 하여금 그들의 실상實相을 드러내게 함. '형'은 동사로, 실상·실정實情을 드러내게 함을 뜻함.

2 **我無形**(아무형): 아군은 형적形跡이 없음, 즉 그 실상을 감추고 드러내지 않는다는 말. 여기서 '형적'은 형상과 자취란 뜻이니, 곧 실상 내지 낌새를 이르는 것으로 이해됨. 여기서 '형'은 명사로 쓰임.

3 **專**(전): 전일專一, 즉 마음과 힘을 모아 오직 한 곳에만 씀. 곧 집중함.

4 **敵分爲十**(적분위십): 적은 병력을 열 곳으로 분산함. 여기서 '십'은 사실 그 수의 많음을 상징하며, 반드시 실제 수효를 가리키는 것은 아닌 것으로 이해됨.

5 **是以十攻其一也**(시이십공기일야): 곧 아군이 국지적局地的으로는 적군에 대해 '열'로 '하나'를 공격하는 정도의 절대적 우세를 형성하게 되어, 열 곳으로 분산된 적

군을 하나하나 각개격파하기에 아주 유리하다는 뜻을 함축 표현함.

6 吾之所與戰者(오지소여전자): 곧 아군이 상대하여서 전투를 하여야 할 적군을 가리킴.

7 約(약): 적음(少). 아래 '과의寡矣'의 '과'와 같음. 곧 수적으로 열세라는 말. 이에는 또 그 전력이 약소弱小하다는 뜻을 내포함.

8 吾所與戰之地(오소여전지지): 우리가 적과 전투를 벌이려고 생각하는 땅, 즉 전장의 구체적인 위치를 가리킴. 또한 곧 적지敵地 가운데 우리가 공격하려고 하는 곳을 가리킴.

9 敵所備者多(적소비자다): (우리가 생각하는 전장이 어디인지 적이 알지 못하기 때문에) 적은 부득불 짐작이 가는 여러 곳에 모두 방비를 할 수밖에 없음을 이름. 이에는 곧 그러기 위해서 적은 어쩔 수 없이 병력을 여러 곳으로 분산시키지 않으면 안 된다는 뜻을 내포함.

10 己(기): 자기自己. 곧 자기 군대, 아군을 가리킴.

해설

전쟁 전前의 묘산廟算에서 이른바 '오사'·'칠계'에 대한 면밀한 비교 검토가 이루어지면서(「계편」 참조) 피아 쌍방의 분야별 역량의 강약이 여실히 드러나게 된다. 강한 것은 실함이고, 약한 것은 허함으로, 그것은 곧 객관적으로 존재하는 진허眞虛요, 진실眞實이다. 하지만 그 같은 진허와 진실은 결코 한 번 형성이 되고 나면 언제까지나 그 모양 그대로 고정불변한 것이 아니다. 전쟁을 지휘하는 쌍방의 장수가 누가 얼마나 능동적이고 창의적인 노력을 하느냐에 따라서, 적군의 강함을 허함으로 변화시키고, 아군의 약함을 실함으로 변화시킴으로써 전장에서 충분히 아군에게 유리한 형세를 조성할 수가 있다.

피아 사이의 허실 변화를 촉진하는 것으로는 '기氣'와 '역力' 두 측면이 있다. '기'는 정신적인 힘으로, 기세·사기土氣라고 할 수 있고, '역'은 육체적인 힘으로, 체력·병력兵力(군대의 힘)이라고 할 수 있다. 또한 '기'는 달리 말하면 곧 필승의 신념과 전투의 용기이다. 사람이 '기'가 실하면 앞으로 나서 싸우고, '기'가 허하면 뒤로 물러나 달아나게 된다. 그러므로 전쟁을 잘하는 장수는 어떻게든 아군의 '기'는 실하게 하고, 적군의 '기'는 허하게 한다. 한데 『사마법』에서 이르기를, "무릇 전쟁이란 '역'(병력)으로 오래 버티고, '기'(사기)로 승리를 거둔다(凡戰, 以力久, 以氣勝)"라고 하였다. 사실 '기'로 승리를 거두기 위해서는 '역'의 뒷받침이 없어서는 안 된다. 양자는 상호 보완·동반 상승의 효과를 주고받는 아주 밀접한 관계에 있다.

그렇다면 어떻게 아군의 '기'·'역'은 실하게 하고, 적군의 '기'·'역'은 허하게 할 것인가? 손자가 제시한 방법은 바로 "형인이아무형形人而我無形", 즉 적은 실상을 드러내게 하고, 우리는 실상을 감춤으로써 "아전이적분我專而敵分", 즉 우리는 병력(군대의 인원)을 집중시킬 수 있는 반면, 적은 병력을 분산시킬 수밖에 없도록 하는 것이다. 그러면 우리는 수적으로 우세를 점하게 되고, 적은 상대적으로 열세에 놓이게 된다. 또한 결국 "이중격과以衆擊寡", 즉 우리의 많고 우세한 병력으로 적고 열세한 병력의 적을 공격해 궤멸시킬 수가 있다.

예를 들어 궤도詭道와 기정奇正으로 적이 우리의 공격 목표를 도저히 예측할 수 없도록 한다면, 그들은 반드시 병력을 분산시켜 짐작이 가는 여러 곳을 모두 방비하게 될 것이다. 곳곳마다 다 방비를 하니, 곳곳마다 다 병력이 적을 수밖에 없다. 그러면 곳곳마다 다 허하게 될 것이고, 그때 우리가 온 병력을 집중해 애초의 목표 지점 한 곳을 공격한다면, 그야말로 "대군大軍으로 고군孤軍(따로 떨어져 도움을 받지 못하는 군대)을 치는 것(以大衆臨孤軍也)"(장예의 말)이 되니, 어렵지 않게 승리할 수 있을 것이다. 이처럼 전쟁의 주도권을 장악해 적을 우리의 의도대로 움직이는 것은 승리의 핵심 동력으로, 그 의의는 실로 중차대한 것이다.

5

그러므로 만약 전투를 벌일 장소를 미리 알고, 전투를 벌일 일시日時를 미리 알면, 천 리를 달려가서도 적과 교전할 수 있다. 하지만 전투를 벌일 장소도 미리 알지 못하고, 전투를 벌일 일시도 미리 알지 못하면, (매번 창졸히 상대와 맞닥뜨릴 터이니) 좌익은 우익도 구원하지 못하고, 우익은 좌익도 구원하지 못하며, 전군前軍은 후군後軍도 구원하지 못하고, 후군은 전군도 구원하지 못할 텐데, 하물며 멀게는 수십 리, 가깝게는 수 리를 떨어져 전투를 하는 군대들 간間에야 더 말할 나위가 있겠는가? 그렇다면 내가 생각건대 월越나라 군사가 설령 아무리 많다고 한들 전쟁에서 승리하는 데에 그게 또 무슨 도움이 되겠는가? 그러므로 말한다. 전쟁의 승리는 힘써 이루어 낼 수 있는 것이다. 적이 설령 아무리 많다고 하더라도, 그들로 하여금 항상 열세에 놓여 우리와 제대로 맞서 싸울 수 없게 하면 된다.

故知戰之地, 知戰之日, 則可千里而會戰[1]; 不知戰地,[2] 不知戰日,[3]
고 지 전 지 지 지 전 지 일 즉 가 천 리 이 회 전 부 지 전 지 부 지 전 일
則左[4]不能救右,[5] 右不能救左, 前[6]不能救後,[7] 後不能救前, 而況遠
즉 좌 불 능 구 우 우 불 능 구 좌 전 불 능 구 후 후 불 능 구 전 이 황 원

者數十里·近者數里乎? 以吾度之,[8] 越人之兵[9]雖[10]多, 亦[11]奚[12]益於
자 수 십 리 근 자 수 리 호   이 오 탁 지   월 인 지 병 수   다   역   해   익 어

勝敗[13]哉? 故曰: 勝可爲也.[14] 敵雖衆, 可使無鬪.[15]
승 패   재   고 왈   승 가 위 야   적 수 중   가 사 무 투

주석

1 **會戰**(회전): 일정 지역에 양편의 대규모 병력이 집결하여 전투를 벌임.

2 **不知戰地**(부지전지): 한간본에는 '부지전지지不知戰之地'로 되어 있음.

3 **不知戰日**(부지전일): 한간본에는 '부지전지일不知戰之日'로 되어 있음.

4 **左**(좌): 좌익左翼, 좌익군左翼軍. 곧 중앙 부대의 왼쪽에 배치된 부대, 군대.

5 **右**(우): 우익, 우익군.

6 **前**(전): 전군前軍, 즉 앞장서서 나아가는 군대.

7 **後**(후): 후군後軍, 즉 부대 편성에서 뒤에 배치된 군대.

8 **以吾度之**(이오탁지): 내 생각에 따르면, 내가 추측컨대. '오'가 무경본武經本에는 '오吳'로 되어 있음. '탁'은 헤아림, 추측함. 여기서는 이에 분석 판단의 의미를 함축함.

9 **越人之兵**(월인지병): 월나라 군사, 군대. 춘추시대 진晉나라와 초楚나라는 천하의 패권霸權을 다투었는데, 진나라가 오吳나라를 끌어들여 초나라를 견제하자, 초나라는 월나라를 이용해 오나라와 맞섬. 그러면서 오·월 두 나라 사이에는 오랜 세월 전쟁이 쉼 없이 이어졌고, 대대로 적대국이 됨. 손자는 이때 오나라 왕에게 병법을 논술하였으며, 따라서 왕왕 월나라를 가상의 적국으로 상정하곤 하였음. 일설에는 '월'을 초월함, 초과함으로 보고, '월인지병'을 적군을 초과하는 병력을 뜻하는 것으로 풀이함.

10 **雖**(수): 비록. 또 설령, 설사.

11 **亦**(역): 우又와 같음. 또.

12 **奚**(해): 하何·기豈와 같음. 무슨, 어찌, 어떻게.

13 **勝敗**(승패): 여기서는 편의사偏義詞·편의복사偏義複詞, 즉 상관相關되거나 상반相反된 뜻을 가진 두 글자로 이루어진 낱말에서 특정한 어느 한 글자의 뜻으로만 쓰이는 말로, '승'(이김)의 뜻임. 이를 승패(이기고 짐)의 뜻으로 보면 문맥상 어울

리지 않음. 한간본과 무경본에는 아예 '패' 자 자체가 없음.

14 **勝可爲也**(승가위야): 승리는 힘써 이루어 낼 수 있음, 쟁취할 수 있음. '위'는 조성함, 만들어 냄, 쟁취함을 뜻함.

15 **"敵雖衆**(적수중)···" 2구: 적이 설령 아무리 많더라도 그들로 하여금 우리와 싸울 수 없도록 만들면 됨. 곧 우리가 전쟁의 주도권을 잡고 적의 병력을 분산시키는 등 승리할 여건을 지속적으로 조성하여, 적으로 하여금 전력을 집중시키지 못하고 늘 열세에 놓여 우리와 제대로 맞서 싸울 수 없도록 하면 된다는 말임.

해설

전투를 벌일 곳과 때를 적이 알지 못하게 하면, 그들은 부득불 병력을 분산시켜 여러 곳을 방비하지 않을 수 없다. 그 결과 어느 곳에서든 그들이 상대적으로 수적 열세에 놓이는 형세가 조성된다. 그뿐이 아니다. 우리는 필시 그들의 빈틈을 노려 공격을 할 것이고, 그러면 그들은 매번 창졸히 우리와 맞닥뜨려 지극히 황망한 가운데 허둥지둥 응전할 수밖에 없다. 모든 면에서 주도권을 빼앗기고, 열세에 놓인 군대가 어찌 제대로 맞서 싸울 수 있겠는가? 그러므로 손자는 말한다. "승가위야勝可爲也니라."

"승가위야", 즉 "전쟁의 승리는 힘써 이루어 낼 수 있는 것이다." 이는 여기서 손자가 강조한 논지論旨의 핵심이다. 한데 손자는 앞 「형편」에서는 "전쟁의 승리는 예지豫知할 수는 있어도, 억지로 이루어 낼 수는 없다〔勝可知而不可爲〕"라고 한 바 있다. 무슨 얘긴가? 양자는 서로 모순되는 얘기가 아닌가? 물론 아니다. 전쟁의 승리가 '불가위不可爲'라 함은 전쟁의 객관적 법칙성法則性의 관점에서 입론立論한 것이다. 곧 전쟁의 승리는 단지 주관적으로 원하고 바라는 것만으로 억지로 만들어 낼 수는 없으며, 반드시 일정한 객관적인 물질적 근거와 바탕이 마련되어 있어야 한다는 것이다. 다만 객관적인 조건들은 쉽사리 변화시킬 수 있는 것이 아니다. "승가지이불가위"란 바로 그 때문이다. 반면 전쟁의 승리가 '가위可爲'라 함은 전쟁 지휘관의 주관적인 능동성의 관점에서 입론한 것이다. 곧 일정한 객관적인 물질적 근거와 바탕이 마련되었을 때는, 단지 전쟁을 지휘하는 장수가 주관적 능동성을 충분히 발휘한다면 능히 승리를 쟁취할 수 있다는 것이다. 물론 '가위'라 함은 승리를 기정사실화 하는 것이 아니라, 그 가능성을 말하는 것이다. 아무튼 양자는 입론의 관점이나 제론提論의 방식이 다를 뿐, 결코 서로 모순되는 것은 아니다.

이 '불가위'와 '가위' 양자의 문제에 대해 좀 더 이해를 돕기 위해 위즈어민于澤民, 천치티엔陳啓天 평유란馮友蘭의 설명을 종합해 들어 보자. 곧 양자를 '치군治軍'과 '용병用兵'의 관점에서 보면, 전자는 전쟁을 시작하기 전의 문제로, 전력戰力의 구비具備와 증강을 중시한다. 반면 후자는 전쟁 발발 이후의 문제로, 전력의 기민하고 탄력적인 운용을 중시한다. 하여 '치군'의 관점에서 보면 곧 "승가지이불가위"이다. 왜냐하면 피아 쌍방 전력의 강약은 하나의 객관적인 사실일 뿐이며, 그 같은 객관적 상황은 파악하고 이해할 수는 있지만, 자기 욕심만 앞세워 마냥 '우리는 강하고 저들은 약한' 형세를 조성할 수는 없기 때문이다. 아군은 몰라도, 적군의 강약은 우리가 어떻게 할 수 있는 게 아니라는 얘기다. 그리고 '용병'의 관점에서 보면 곧 "승가위"이다. 왜냐하면 상대적 전력의 우세는 결코 무조건적으로 승리를 보장하는 것이 아니며, 장수가 전쟁을 어떻게 지휘하느냐에 따라 허함을 실함으로, 약함을 강함으로 변화시켜 마침내 약함이 강함을 이기는 결과를 가져올 수 있기 때문이다. 전쟁의 승리는 우리가 "치인이불치어인致人而不致於人", 즉 허허실실의 계책으로 충분히 이루어 낼 수 있다는 얘기다. 요컨대 손자는 전쟁 승패를 좌우하는 객관적 조건에 대한 면밀한 분석과 검토를 대단히 중요하게 생각했을 뿐만 아니라, 전쟁 지휘관의 주관적인 능동성의 발휘와 작용을 또한 크게 강조한 것이다.

6

그러므로 전쟁을 할 때는 적의 동태를 요모조모 따져 보아 그들의 계책의 득실과 우열을 알고, 적을 집적거려 보아 그들의 행동 원칙과 양상을 알며, 적에게 거짓된 모습을 보여 그들이 대비를 잘하고 살 곳에 있는지 그렇지 않고 죽을 곳에 있는지를 알고, 적과 한번 적은 병력으로 맞붙어 보아 그들의 강약과 허실 정황을 알아야 한다. 따라서 거짓 작전으로 적을 속임의 극치는 아군의 어떠한 형적形跡도 드러내지 않는 것이다. 어떠한 형적도 드러내지 않으면, 아무리 깊이 숨어든 세작도 우리의 실체를 정탐할 수 없고, 아무리 지략이 뛰어난 적장도 그 어떤 계책도 도모할 수가 없다. 하여 적정敵情에 따라 그때그때 기민하고 신축적인 작전으로 적을 굴복시키고, 전쟁 승리를 뭇사람들에게 드러내 놓아도, 사람들은 그 내면의 근원적인 까닭을 알 수가 없다. 사람들은 모두 단지 우리가 전쟁에 승리한 실제 정황만을 알 뿐, 우리가 적을 제압하고 승리를 거둔 그 내면의 오비奧祕는 알지 못한다. 또한 그러므로 이전 전쟁에서 승리한 전략을 마냥 되풀이해서는 아니 되며, 다양한 적정에 맞춰 그때그때 전략 전술에 무궁한 변화를 꾀해야 한다.

故策之^{1}而知得失之計,^{2} 作之^{3}而知動靜之理,^{4} 形之^{5}而知死生之地,^{6}
고 책 지 이 지 득 실 지 계   작 지 이 지 동 정 지 리   형 지 이 지 사 생 지 지

角之^{7}而知有餘不足之處.^{8} 故^{9}形兵之極, 至於無形^{10}; 無形, 則深
각 지 이 지 유 여 부 족 지 처   고 형 병 지 극 지 어 무 형   무 형 즉 심

間^{11}不能窺,^{12} 智者不能謀.^{13} 因形^{14}而錯勝^{15}於眾, 眾不能知; 人皆知
간 불 능 규   지 자 불 능 모   인 형 이 조 승 어 중 중 불 능 지 인 개 지

我所以勝之形,^{16} 而莫知吾所以制勝之形.^{17} 故其戰勝^{18}不復,^{19} 而應
아 소 이 승 지 형   이 막 지 오 소 이 제 승 지 형   고 기 전 승 불 복 이 응

形^{20}於無窮.
형 어 무 궁

주석

1 策之(책지): '책'은 주籌와 같음. 곧 예전에 수효를 셈하던 데에 쓰던 산가지. 여기서는 동사로 계산하다, 셈하다는 뜻으로, 곧 분석 연구함, 따져 봄을 이름. '지'는 적의 동태 따위를 가리키는 것으로 이해됨.

2 得失之計(득실지계): 적의 계책의 득실과 우열.

3 作之(작지): 적을 집적거림. '작'은 일어남, 일으킴(興). 여기서는 도발함, 즉 남을 집적거려 일이 일어나게 함을 이름.

4 動靜之理(동정지리): 적의 행동 원칙, 양상樣相. '리'는 도리道理, 이치, 법칙, 원칙.

5 形之(형지): 적에게 거짓 형상을 보임. 이에는 그렇게 하여 그 반응을 본다는 뜻을 내포함. 일설에는 그 지형地形을 자세히 살핀다는 뜻으로 풀이하나, 뒤의 "형병지극, 지어무형形兵之極, 至於無形"과 합치되지 않아 적절치 않음.

6 死生之地(사생지지): 생지(살 곳)와 사지(죽을 곳). 이는 조본학趙本學이 이른 대로, 대비對備의 유무를 이르는 것으로 이해됨. 곧 대비를 잘하고 있으면 생지이고, 대비를 잘하고 있지 않으면 사지임. 한편 이를 흔히 적의 허실과 우열의 소재所在를 가리키는 것으로 풀이하나, 아래의 '유여부족지처有餘不足之處'의 의미와 중복되는 감이 있어 적절치 않음.

7 角之(각지): 적과 시험 삼아 겨뤄 봄, 맞붙어 봄. 곧 소규모 전투로 탐색전을 벌임을 이름. '각'은 (힘을) 겨룸.

8 有餘不足之處(유여부족지처): 유여有餘한 점과 부족한 점. 곧 적敵 전력의 강약 및 허실 정황을 가리킴.

9 故(고): 한간본에는 이 글자가 없음.

10 "形兵(형병)…" 2구: 전쟁에서 위장·양공陽攻과 같은 작전으로 적을 속임의 극치는 아군의 어떠한 형적形跡도 드러내지 아니하여, 적이 아군의 실상을 도저히 알아채지 못하도록 하는 것임을 이름. '형'은 동사로, 적을 속이기 위해 거짓 형상을 지어 보임을 뜻함. '병'은 용병 작전으로, 여기서는 위장과 양공 같은 거짓 작전을 가리킴. 따라서 '형병'은 곧 전쟁 과정에 위장 및 양공 작전으로 적을 속임을 이름. '무형'은 형적을 드러내지 않음을 이름. 제4장 주석 2 참조.

11 深間(심간): 깊이 숨어든 간자. '간'은 간자, 세작, 간첩.

12 窺(규): 엿봄, 정탐함.

13 不能謀(불능모): 어떤 모략謀略, 즉 계책이나 책략도 도모할 수 없음. 곧 어떤 대책과 전략도 낼 수 없어 속수무책이라는 말임.

14 因形(인형): 조조 주注에서 "인적형이립승因敵形而立勝"이라고 했듯이, 적정에 따라 그때그때 기민하고 신축적인 작전으로 승전함을 뜻함. '인'은 인함, 통通함, 의거함. '형'은 적정의 변화에 따라 임기응변함을 이름.

15 錯勝(조승): (뭇사람들 면전에) 승리를 놓아둠. 곧 승리를 거둬서 보여준다는 말. '조'는 조措와 같음. 놓음, 둠(置).

16 所以勝之形(소이승지형): 승리한 외형적인 정황. '형'은 형상, 형식, 정황으로, 여기서는 작전의 방식과 방법 따위를 가리킴.

17 所以制勝之形(소이제승지형): 적을 굴복시키고 승리를 거둔 군사 전략상의 내재적인 형상. '제승'은 적을 제압하고 승리함. '형'은 승리의 내재적인 형상, 원칙, 이치. 여기서는 곧 오비奧祕(가장 깊은 비밀·뜻)·오의奧義(깊은 뜻)를 이르는 것으로 이해됨.

18 其戰勝(기전승): 매번 전쟁에서 승리한 그 전략, 전법戰法.

19 復(복): 반복함, 중복함, 거듭함.

20 應形(응형): 적정의 변화에 적응함, 따름. '형'은 형세, 정형情形(사물의 정세와 형편). 여기서는 특히 적정을 가리킴.

전쟁에서 교전 당사국은 각기 내부 실상과 전략 전술을 극비에 부치게 마련이다. 따라서 적정을 정탐해 최대한 정확히 파악하는 것은 전쟁 승패의 관건이다. 하여 손자는 여기서 타초경사打草驚蛇, 즉 풀을 두드려 풀숲에 숨어 있는 뱀을 놀라게 하듯이 '책지策之'·'작지作之'·'형지形之'·'각지角之' 등 갖은 방법으로 변죽을 울려 적이 그 실체를 드러내게 해 적정의 실상을 세세히 정탐해야 함을 강조하였다. 이는 사실 '지피지기'의 작전 원칙에 대한 논술이나 다름이 없다. 적정의 여러 사항에 대한 사전 파악이 제대로 이루어진다면, 그에 상응하는 맞춤 전략으로 공수攻守 모두에 피실취허避實就虛할 수 있으니, 그야말로 '백전불태百戰不殆'할 수 있다.

"형병지극, 지어무형形兵之極, 至於無形", 즉 "거짓 작전으로 적을 속임의 극치는 아군의 어떠한 형적도 드러내지 않는 것이다." '거짓 작전'이란 곧 적을 속이기 위한 위장과 양공 작전을 이르는데, 바꿔 말하면 곧 '시형示形(아군의 거짓 형상·모습을 적에게 보임)'과 '장형藏形(아군의 참 형상·모습을 적에게 숨김, 감춤)'의 궤도詭道를 적극 활용하는 것이다. 그 같은 궤도의 지극한 경지는 바로 '무형無形'이라는 게 손자의 주장이다. 그것은 곧 이가란진以假亂眞(거짓으로 참을 어지럽혀 흐릿하게 함)하는 가운데 "형인이아무형形人而我無形," 즉 적은 실상을 드러내게 하고, 우리는 어떠한 형적도 드러내지 아니하여, 적이 도저히 우리의 실상을 알아채지 못하고 오판하게 하는 것이다.

한漢나라 경제景帝 때 흉노匈奴 기병騎兵 대군大軍이 상군上郡(지금의 섬서성 북부 일대)으로 쳐들어 왔다. 상군 태수太守 이광李廣은 기병 백여기騎를 이끌고 나가 적의 주력 부대와 맞섰다. 흉노는 이광의 군사가 겨우 백여 기에 불과한 것을 보고, 뭔가 자신들을 유인하기 위한 속임수라고 여기면서 일단 진형陣形을 갖추고 공격 태세에 들어갔다. 이광의 부하가 흉노 군대의 기세가 등등한 것을 보고는 겁을 먹고 도망칠 궁리를 하였다. 이광이 부하를 붙들고 훈계하였다. "지금 적은 대군이지만, 우리는 병력도 적은 데다 우리 주력군과도 멀리 떨어져 있다. 만약 지금 우리가 도망친다면, 흉노 대군이 반드시 쫓아올 것이고, 그렇게 되면 우리는 한 사람도 살아서 도망가지 못한다. 하지만 지금 우리가 도망가지 않으면, 흉노는 오히려 우리가 유적지계誘敵之計, 즉 적을 유인하는 계책을 쓰는 것으로 알고 쉽사리 공격해 오지 못한다." 이광은 철군하지 않은 것은 물론, 조금씩 조금씩 흉노 대군에게 다가가는가 하면, 심지어는 병사들에게 안장을 풀고 말에서 내려 휴식을 취하게 하였다. 그러자 흉노는 척후병을 보내 이광의 군대를 정탐했는데, 이광은 과감하게도 몰래 다가가 활을 당겨 척후병을 사살하고 돌아와 휴식을 취하였다. 그렇게 양군이 황혼녘까지 대치하였으나, 흉노는 섣불리 공세를 펴지 못하였다. 그러다 한밤중이 되자 흉노 군대는 한나라 대군이 진영을 급습할 것을 두려워하여 황급히 철군하였고, 이광은 군사들을 이끌고 무사히 본영으로 돌아왔다.

이처럼 이광이 흉노의 대군을 맞아서도 백여 명의 장졸들을 이끌고 의연하게 대처해 흉노로 하여금 유적지계에 빠질 수 있다는 우려와 착각을 하게 하였고, 게다가 또 흉노의 척후병을 사살하여 한나라 주력군이 분명히 뒤에 포진하고 있다는 확신을 갖게 하여, 마침내 흉노가 야반도주하듯이 군대를 철수시켜 돌아가게 하였는데, 이는 곧 손자가 말한 "형병지극, 지어무형"의 의의와 효과가 어떤 것인지를 여실히 보여주는 사례이다. 아무튼 이광의 전술 운용은 가히 입신入神의 경지에 이르렀다 할 만하거니, 사람들이 어찌 그가 '적을 제압하고 승리를 거둔 그 내면의 오비奧祕'를 쉬 알겠는가?

손자의 주장은 여기서 그치지 않는다. 아무리 기발했다 하더라도 이전 전쟁에서 승리한 전략을 마냥 되풀이해서는 안 된다는 것을 일깨워주었다. 하나의 계책이 참으로 기발하여 신통한 효력을 발휘했다 하여 선뜻 같은 계책을 거듭 쓰는 것은 옳은 일이 아니다. 당연한 얘기이지만, 전쟁의 전략 전술은 제반 조건들을 두루 고려해 치밀한 구상과 검토를 거쳐 신중하게 결정되어야 한다. 다시 말해 "다양한 적정에 맞춰 그때그때 전략 전술에 무궁한 변화를 꾀해야 한다." 전략 전술의 중복 사용은 병가兵家의 대기大忌(몹시 꺼려서 하지 않는 것)임을 알아야 한다.

7

무릇 용병의 법칙은 물의 흐름과 같아야 하는 법, 물의 속성은 높은 곳을 피해 낮은 곳으로 흘러가나니, 용병의 법칙은 적의 전력이 견실한 면을 피해 허약한 면을 공격해야 한다. 물은 지형의 높고 낮은 변화에 따라 그 흐름을 결정하나니, 용병은 적정의 다양한 변화에 따라 탄력적인 전략으로 적을 굴복시키고 승리를 거둬야 한다. 그러므로 용병 전쟁에는 항구 불변의 형세가 없고, 물의 흐름에는 고정불변의 형상이 없나니, 능히 적정의 변화에 따라 탄력적으로 용병하여 승리를 거둘 수 있다면 가히 입신의 경지에 이르렀다 할 것이다. 무릇 금金·목木·수水·화火·토土 오행의 상극相克 관계는 고정불변한 것이 아니며, 춘·하·추·동 사계절은 어느 것도 한 위치에 고정해 있지 않고 끊임없이 교체 변화하며, 해는 길고 짧음이 있고, 달은 밝고 어두움이 있는 법이다.

夫兵形[1] 象[2]水, 水之形,[3] 避高而趨[4]下; 兵之形, 避實而擊虛.[5] 水因地
부 병 형　상 수　수 지 형　피 고 이 추 하　병 지 형　피 실 이 격 허　수 인 지

而制流,[6] 兵因敵而制勝.[7] 故兵無常勢,[8] 水無常形;[9] 能因敵變化而取
이 제 류　병 인 적 이 제 승　고 병 무 상 세　수 무 상 형　능 인 적 변 화 이 취

勝者, 謂之神.[10] 故五行無常勝,[11] 四時無常位,[12] 日有短長,[13] 月有死
승 자　위 지 신　고 오 행 무 상 승　사 시 무 상 위　일 유 단 장　월 유 사

生.[14]
생

주석

1 兵形(병형): 용병 전쟁, 즉 군사를 부려 전쟁을 하는 형식·방식. 여기서는 용병의 법칙·원칙을 이르는 것으로 이해됨.

2 象(상): 상像과 같음. 닮음, 같음〔若〕.

3 水之形(수지형): 한간본에는 '수행水行'으로 되어 있음. 한데 '피고이추하避高而趨下'는 물의 형식이나 형태라기보다는 그 본성 내지 습성을 이르는 것이라 할 수 있으므로, 한간본의 표현이 나아 보임. 아무튼 여기서 '수지형'은 물의 유동流動(흐르며 움직임) 형식·형태 내지 성향性向·속성을 뜻하는 것으로 이해됨.

4 趨(추): 향向함, ~를 향해 감.

5 避實而擊虛(피실이격허): 적의 전력이 견실한 면을 피하고, 허약한 면을 집중 공격함.

6 制流(제류): 그 흐름의 방향에 제약을 받음, 그 흐름의 방향을 결정함. '제'는 제약·제어함, 제정制定·결정함.

7 兵因敵而制勝(병인적이제승): 용병 전쟁은 적정敵情의 변화에 따라 승리를 위한

전략을 결정함. 곧 적정의 변화에 따라 상응하는 전력·전법을 채택해 적을 제압하고 승리를 거둠을 이름. '적'은 적정. '제'는 제압함, 굴복시킴. '제승'은 적을 굴복시키고 승리함.

8 **常勢**(상세): 항상 그러한 항구 불변의 형세, 태세.

9 **常形**(상형): 항상 그러한 고정불변의 형상, 형태.

10 **神**(신): 신묘함, 신기함. 곧 입신入神함, 즉 기술이나 기예 따위가 매우 뛰어나 신과 같은 정도의 영묘한 경지에 이름을 이름.

11 **五行無常勝**(오행무상승): 오행에는 고정불변의 상극이 없음. 곧 오행 사이의 상극相克 관계는 고정불변한 것이 아니라는 말. '오행'은 금金·목木·수水·화火·토土를 가리키는데, 옛날 사람들은 이를 만물을 조성하는 다섯 가지 기본 원소라고 여김. 전국시대에 오행설五行說(우주 만물 구성과 온갖 자연 현상을 오행의 생성 소장消長 변천으로 설명하려는 학설)이 크게 유행하면서 '오행 상생相生 상승相勝'의 이론이 출현함. '상생'은 상호 생성시킴을 말하고, '상승'은 곧 상극으로, 상호 배척함을 말함. 여기서 '무상승'이라 함은 다섯 가지 원소는 마냥 '상극'하는 경우는 없다는 뜻으로, 곧 용병의 방법과 전략은 변화무궁하여 정해진 틀이 없음을 비유 설명함. '상'은 고정불변함.『손자병법』이 춘추시대 말기에 편찬되었음을 감안하면, 여기에 보이는 '오행 상생 상승'의 이론은 필시 후세 사람이 혼입混入한 것일 수 있음. 다만 손자의 변증법적 관념은『손자병법』전권소卷을 관통하고 있으며, 어쩌면 전국시대 '오행 상생 상승' 이론의 근원일 수 있음.

12 **四時無常位**(사시무상위): 일 년 사계절은 고정불변의 위치가 없음. 곧 일 년 사계절은 각각 특정한 위치를 차지하고 계속 그곳에 있는 것이 아니라 끊임없이 추이推移하며 교체 변화한다는 말. '사시'는 춘·하·추·동 사계四季. '상위'는 고정불변의 위치.

13 **日有短長**(일유단장): 해는 (계절의 변화에 따라) 길고 짧음이 있음. '일'은 해·태양으로, 여기서는 낮(해가 뜰 때부터 질 때까지의 동안)을 가리킴. 해는 음력으로 동지 때가 가장 짧고, 하지 때가 가장 긺.

14 **月有死生**(월유사생): 달은 삶과 죽음이 있음. 곧 달의 영휴盈虧(차고 이지러짐)와 회명晦明(어둡고 밝음)의 변화를 말함. 달은 음력 매월 회일晦日, 즉 말일末日·그믐날에 사라졌다가(死), 삭일朔日, 즉 초하룻날에 다시 살아나므로(生) 이같이 말한 것임. '사생'은 사패死霸와 생패生霸로, 전자는 달이 운행하면서 밝았다가 어

두워지는 것을 말하고, 후자는 달이 운행하면서 어두웠다가 밝아지는 것을 말함. 이상에서 말한 사시와 일월의 변화는 모두 조조가 이른 대로, 용병 전쟁에는 항구 불변의 형세가 없고, 오로지 팽창하고 수축함과 나아가고 물러남을 모두 적정의 변화에 따라 응변應變할 뿐임을 비유 설명함.

해설

흐르는 물은 지형의 높낮이 변화에 순응해 높은 곳을 피해 낮은 곳으로 흘러간다. 용병 전쟁 또한 그와 같은 원리로 진행되어야 한다는 게 손자의 주장이다. 즉, 적정의 다양한 변화에 맞춰 전략 전술의 탄력적 변화를 꾀해 적의 전력이 견실한 면을 피해 허약한 면을 공격하여 적을 무찌르고 승리할 수 있어야 한다. 이는 리우칭이 이른 대로,『손자병법』에서 제시한 하나의 중요한 원칙이자 지극히 높은 용병의 경지인바, 전권全卷의 관련 논술을 종합해 볼 때, 대략 다음과 같은 의미가 내포되어 있음을 알 수 있다. 첫째, 전쟁의 작전 지휘에 있어서 낡은 규칙의 묵수墨守와 이전에 성공한 전법의 답습을 반대하는 한편, 융통성 있게 용병하여 "이전 전쟁에서 승리한 전략을 마냥 되풀이해서는 아니 되며, 다양한 적정에 맞춰 그때그때 전략 전술에 무궁한 변화를 꾀해야 함(其戰勝不復, 而應形於無窮)"(「허실」)을 역설하였다. 그리고 그 같은 전략 전술 변화의 관건은 적정이나 지형의 변화에 따라 신축적으로 변화를 주어야 한다는 것이다.

  둘째, 작전 전략을 구상 결정할 때는 '오사'·'칠계'로 적정을 면밀히 분석함과 동시에, "인리이제권因利而制權"(「계」), 곧 수시로 적정의 변화에 따른 아군의 이해득실을 따져 원래의 전략을 수정해 탄력적인 대책과 전략을 세워야 한다.

셋째, 작전 전략을 실행할 때는 "작전의 원칙을 준수하되 적정에 따라 신축적인 변화를 주어서[踐墨隨敵]"(「구지九地」) 서로 다른 대상에게는 서로 다른 전법을 채택 구사하여야 한다. 예를 들면 "죽음을 마다하지 않고 달려드는 적장은 적당히 꾀어 죽이면 되고, 죽음을 두려워하며 어떻게든 살려는 적장은 꾀를 내어 사로잡으면 되며, 성미가 급하고 화를 잘 내는 적장은 업신여기며 조롱하면 되고, 한없이 청렴하고 결백한 적장은 치욕을 주어 흔들면 되며, 백성을 지나치게 사랑하는 적장은 백성을 구원하느라 성가시어 지치게 하면 된다[必死, 可殺也; 必生, 可虜也; 忿速, 可侮也; 廉潔, 可辱也; 愛民, 可煩也]."(「구변」) 또한 적군의 전의戰意와 사기에 변화를 잘 살펴 "전쟁 초반 적군의 예기는 피하고, 중·후반 적군의 사기가 떨어지거나 꺾인 틈을 타서 공격을 가하며[避其銳氣, 擊其惰歸]"(「군쟁」), 행군의 노선과 작전의 목표를 선택 결정함에 있어서는 "아무리 길이라도 가지 않아야 하는 경우가 있고, 아무리 적의 군대라도 공격하지 않아야 하는 경우가 있으며, 아무리 적의 성읍城邑이라도 공취攻取하지 않아야 하는 경우가 있고, 아무리 적의 땅이라도 쟁취하지 않아야 하는 경우가 있음[塗有所不由, 軍有所不擊, 城有所不攻, 地有所不爭]"(「구변」)을 알아야 하는 등등이다.

아무튼 사시와 일월을 비롯한 세상의 만사 만물은 그 어떤 것도 고정불변하지 않나니, 시시각각으로 변하는 전장의 상황이야 더더욱 말할 필요가 없다. 손자가 시종 그때그때 전황과 적정의 변화에 따른 전략적 임기응변의 필요성과 중요성을 강조해온 것은 바로 그 때문이다. 송대宋代 왕석王晳이 이른 대로, 용병 전쟁에는 상리常理 즉 항구 불변의 당연한 이치는 있으나, 상세常勢 즉 고정불변의 형세는 없고, 물의 흐름에는 상성常性 즉 항구 불변의 속성은 있으나, 상형常形 즉 고정불변의 형상은 없다. 용병 전쟁의 상리는 적의 허약한 곳을 공격하는 것이지만, 상세가 없으니 적정의 다양한 변화에 따라 탄력적으로 응변하여야 하고, 물의 상성은 아래로 흘러가는 것이지만, 상형이 없으니 지형의 높고 낮은 변화에 따라 그 흐름을 결정하여야 한다. 무릇 용병 전쟁의 형세에 변화가 생기면 설령 패졸敗卒이라도 오히려 다시 승병勝兵을 치게 할 수 있거늘, 하물며 정예병이야 더 말할 나위가 있겠는가?

손자가 용병의 법칙을 물의 속성과 같은 맥락으로 이해하였는데, 문득 노자가 말한 '상선약수上善若水'(『노자』 제8장)란 명언을 떠올리게 된다. 그것은 곧 최상의 덕성을 갖춘 사람은 물과 같다는 얘기다. 노자가 또 말했다. "천하에서 가장 부드럽고 약한 것이 천하에서 가장 단단하고 강한 것을 지배한다. 무릇 아무 형체도 없는 것이 어떤 틈도 없는 것을 뚫고 들어가나니, 나는 그래서 '무위'가 이롭다는 것을 알게 되었다(天下之至柔, 馳騁天下之至堅. 無有入無間, 吾是以知無爲之有益)."(『노자』 제43장) "세상에 물보다 부드럽고 약한 것은 없다. 하지만 굳세고 강한 것을 쳐서 무너뜨리는 데에 물을 능가할 수 있는 것은 아무것도 없다. 왜냐하면 그 같은 힘을 놓고 볼 때, 다른 어떤 것도 물을 대신할 수 없기 때문이다. 하지만 부드러움이 굳셈을 이기고, 약함이 강함을 이긴다는 것을 세상에 아무도 제대로 이해하지 못하고, 또 제대로 실행하지도 못한다(天下莫柔弱於水, 而攻堅强者莫之能勝, 以其無以易之. 柔之勝剛, 弱之勝强, 天下莫能知, 莫能行)."(『노자』 제78장) 이렇게 볼 때, 손자의 이른바 '병

형상수兵形象水'는 병법 이론에 그치지 않고, 오히려 심오한 철학 사상까지 내포하고 있는 것으로 이해된다.

물은 부드럽고 약한 본성 그대로 처신하면서도 굳세고 강한 것을 이긴다. 용병의 최고 경지 역시 강공強攻 맹공猛攻이 아니라, 바로 피실격허避實擊虛임을 알아야 한다. 다만 그에는 두 가지 어려움이 있으니, 하나는 전쟁을 지휘하는 장수가 어떻게 '무상세無常勢'·'무상형無常形'의 이치를 깊이 깨닫고 용병에 입신入神할 것인가가 어렵고, 다른 하나는 어떻게 상대의 허실을 여실히 정탐할 것인가가 어렵다. 왜냐하면 『손자병법』의 이론과 사상은 이미 어느 나라 어느 군대에도 다 통하는 통리通理인 만큼, 상대 또한 적극적이고 효과적으로 이를 활용할 것이기 때문이다. 그러므로 용병약수用兵若水, 즉 용병을 물처럼 하기 위해서는 무엇보다 장수의 의식 관념이 물을 닮아야 한다. 때로는 바다의 파도처럼 거세게 솟구치기도 하고, 때로는 고산高山의 유수流水처럼 구석구석 스며들며 촉촉이 적시기도 해야 한다. 요컨대 전쟁으로 승부를 다투는 쌍방 가운데 어느 쪽이든 용병상用兵上 보다 더 탄력적인 응변應變에 능한 쪽이 승리를 쟁취할 기회를 갖게 된다.

제7편

군쟁

軍爭

'군쟁'이란 양군兩軍, 즉 양편의 군대가 서로 적을 눌러 이길 수 있는 유리한 여건을 조성하기 위해 다투는 것으로, 본격적으로 전투에 돌입하기 위한 일차적 과제라 할 것이다. 「군쟁편」의 주지主旨는 곧 양군의 지휘관 장수가 각기 어떻게 군대를 움직여 '기선 제압'과 '전쟁 주도권 장악'이라는 중대한 이익을 쟁취할 것인가의 문제를 설파함에 있다.

손자는 우선 양군의 전쟁 과정에서 가장 어려운 것은 바로 '군쟁'의 문제임을 강조하면서, 그 중요성을 부각하였다. 다시 말하면 '군쟁'은 전쟁 지휘관에게는 그야말로 지극히 어렵고도 중대한 시험이요, 시련이자, 임무이다. 그런 만큼 지휘관 장수는 반드시 "우회로를 지름길로 만들고, 불리한 여건을 유리한 여건으로 만들〔以迂爲直, 以患爲利〕" 수 있는 능력을 갖추어야만, 비로소 적을 무찌르고 최후의 승리를 쟁취할 수가 있다. 손자가 이른 대로, "'이우위직以迂爲直'의 계책을 먼저 알고 쓰는 사람이 승리하는 것이니, 이것이 바로 군쟁의 법칙이다〔先知迂直之計者勝, 此軍爭之法也〕."

한데 '군쟁'은 양면성, 즉 이로운 면이 있는가 하면, 위험한 면이 있다. 군쟁 과정에 자칫 부적절한 전략과 타당치 못한 대처로 뜻하지 않은 위험에 직면할 수도 있음을 알아야 한다. 따라서 장수는 여러 방면에서 세심하고 치밀한 준비와 대비를 하여야 한다. 예를 들면 '치중輜重(전쟁 장비와 군수물자)', '제후지모諸侯之謀(열국 제후의 전략 의도)', 지형地形, 향도嚮導 등등에 대한 꼼꼼한 준비와 포석이 요구된다. 특히 군사 작전 중에는 최적의 시기 포착에 유의하여 이른바 '치기治氣'·'치심治心'·'치력治力'·'치변治變'에 능하여야 하나니, 곧 "전쟁 초반 적군의 예기는 피하고, 중·후반 적군의 사기가 떨어지거나 꺾인 틈을 타서 공격을 가하며(避其銳氣, 擊其惰歸)," "아군의 군기軍紀 엄정함으로 적군의 군기 문란함에 대응하고, 아군의 안정安靜 침착함으로 적군의 불안 초조함에 대응하며(以治待亂, 以靜待嘩)," "아군 진영과 가까운 전장을 잡아서 먼 길을 달려오는 적군에 대응하고, 아군은 편안히 전열을 정비한 상태로 적군이 피로에 치친 상태에 대응하고, 아군은 배부르게 먹는 상태로 적군이 굶주림에 허덕이는 상태에 대응하며(以近待遠, 以佚待勞, 以飽待饑)," "군기軍旗가 정돈된 적군은 공격하지 말고, 진용陣容이 장대壯大한 적군도 공격하지 말 것이다(無邀正正之旗, 勿擊堂堂之陳)."

끝으로 손자는 또 작전 지휘의 세부 지침으로 세칭 '용병팔계用兵八戒'를 제시하였는데, 각각 지형과 계책, 심리, 강약 등 다양한 시각에서 적군을 분석하여, 예시한 여덟 가지 상황에서는 절대로 경거망동을 삼가고, 용병에 신중을 기할 것을 주문하였다.

한편 천시陳曦가 이른 대로, 「군쟁편」은 『손자병법』 13편의 전체 구성에서 하나의 경계선이라 할 만하다. 천치티엔도 말했다. "이 「군쟁편」 이전의 「계」·「작전」·「모공」·「형」·「세」·「허실」 등 여러 편은 모두 본격적으로 전투에 돌입하기 전의 요무要務(요긴한 일)를 개괄 논술하였는데, 하나같이 반드시 미리 애써 추구해야 할 것들이다. 그리고 이 편 이하 여러 편은 곧 실제 전쟁에 관한 여러 가지 일들을 구분 논술하였는데, 적과 맞서 승리를 쟁취하기 위해서 반드시 유의해야 할 것들이다." 요컨대 이 이전의 여섯 편은 비교적 추상적인 군사 이론을 탐구하였다면, 「군쟁편」부터는 『손자병법』이 이제 실전實戰 문제에 대한 연구에 들어간 것이다.

1

손자께서 말씀하셨다. 무릇 군사를 이끌고 전쟁을 하는 원칙은 장수가 군주에게 명령을 받고, 백성들을 징집해 군대를 조직한 후 적과 서로 군문軍門을 마주하고 대치하며 주둔하게 되는데, 그러한 와중에 군쟁軍爭, 즉 양군兩軍이 본격 교전에 앞서 서로 적을 눌러 이길 유리한 여건을 조성하면서 기선을 제압하기 위해 다투는 것보다 더 어려운 것은 없다. 군쟁이 어려운 것은 우회로를 지름길로 만들고, 불리한 여건을 유리한 여건으로 만들어야 하기 때문이다. 그러므로 만약 적으로 하여금 길을 우회하게 하고, 또 작은 이익으로 적을 유인해 불리한 지경에 처하게 하여, 우리가 적보다 뒤에 출발하고도 전략적 요충지에 적보다 먼저 도착할 수 있다면, 이야말로 진정 '이우위직以迂爲直'의 계책을 아는 것이다.

孫子曰: 凡用兵之法, 將受命於君, 合軍聚衆,¹ 交和而舍,² 莫難
손자왈 범용병지법 장수명어군 합군취중 교화이사 막난
於³軍爭.⁴ 軍爭之難者, 以迂爲直,⁵ 以患爲利.⁶ 故迂其途而誘之以
어 군쟁 군쟁지난자 이우위직 이환위리 고우기도이유지이

利,⁷ 後人發,⁸ 先人至,⁹ 此知迂直之計¹⁰者也.
리　후인발　선인지　차지우직지계　자야

주석

1 **合軍聚衆**(합군취중): 민중을 징집해 군대를 조직함. '합'은 모음, 결집함. 또 조직 함. '취'는 취집聚集함, 징집함.

2 **交和而舍**(교화이사): 적과 서로 군문을 마주하고 대치하며 주둔함. '교'는 닿음, 접촉함. 여기서는 대치함, 즉 서로 맞서서 버팀을 이름. '화'는 화문和門, 곧 군문, 즉 군영軍營·진영陣營의 출입문을 일컬음. '사'는 지止의 뜻으로, 지숙止宿·유숙留 宿, 즉 어떤 곳에 머묾, 묵음을 이름. 여기서는 곧 숙영宿營함, 주둔함을 가리킴.

3 **於**(어): 비교 어조사. ~보다.

4 **軍爭**(군쟁): 양군이 서로 적을 눌러 이길 수 있는 유리한 여건을 조성하기 위해 다툼. 이는 곧 본격적으로 전투에 돌입하기 위한 과정으로, 양군이 서로 기선을 제압하기 위해 다툼을 이름.

5 **以迂爲直**(이우위직): 우회로迂廻路(곧바로 가지 않고 멀리 돌아서 가는 길)를 지름길로 만듦, 전환함. '우'는 우회함. 여기서는 우회로를 이름. '직'은 곧음. 여기서는 곧 은길, 지름길을 이름.

6 **以患爲利**(이환위리): 불리한 조건을 유리한 조건으로 만듦, 전환함. '환'은 환해患 害, 환난. 여기서는 불리한 조건을 이름.

7 **迂其途而誘之以利**(우기도이유지이리): 적으로 하여금 길을 우회하게 하고, 또 작 은 이익으로 적을 유인함. 곧 그렇게 하여 적이 불리하고 어려운 지경에 처하게 함을 이름. '우'는 여기서는 사역동사로 쓰여 우회하게 한다는 뜻임. 앞 '이우위 직以迂爲直'의 '우'는 아군의 측면에서 한 말인 반면, 여기의 '우'는 적군의 측면에 서 한 말임. '기'와 '지'는 모두 적을 가리킴.

8 **後人發**(후인발): 후어인발後於人發. 다른 사람보다 뒤에 출발함. '인'은 적인敵人, 곧 적, 적군을 가리킴.

9 **先人至**(선인지): 선어인지先於人至. 다른 사람보다 먼저 이름(도착함).

10 **迂直之計**(우직지계): 이는 사실상 '이우위직以迂爲直'과 '이환위리以患爲利'의 계 책을 아울러 일컫는 것임.

용병 전쟁의 관건은 피아의 허실을 알고, 기정奇正을 탄력적으로 운용해 이실격허以實擊虛함으로써 전기戰機(전투에서 이길 수 있는 기회)를 잡는 것이다. 문제는 전쟁의 쌍방이 모두 갖은 전략 전술로 상대방의 계책과 행동을 방해하고 저지하려고 한다는 것이다. 따라서 군대가 제승制勝의 목적을 달성하기 위해서는 반드시 사전事前에 이미 우회적인 전략과 행동으로, 적의 전략적 분석과 판단에 착각과 오류를 낳게 함으로써 아군에게 보다 유리한 여건을 조성해 기선을 제압해야 한다. 손자가 말하는 '군쟁'이란 바로 이처럼 쌍방이 서로 대치하면서 각기 이로움을 다투는 것이다. 사실 이는 곧 전쟁의 주도권을 잡기 위해 극력으로 다투는 것이다. 그러므로 '군쟁'은 전쟁에서 대단히 중요한 문제이면서 또한 대단히 어려운 문제이다.

'군쟁'이 아무리 어려운 문제일지라도, 전쟁의 승리를 위해서는 지략을 총동원해 아군은 '우회로를 지름길로 만들고, 불리한 여건을 유리한 여건으로 만들도록〔以迂爲直, 以患爲利〕' 하여야 한다. 반면 적군은 '본시 지름길을 가고자 하는 것을 어떻게든 멀리 돌아가는 우회로를 가도록 하고, 본시 유리한 여건을 갖추고 있는 것을 작은 이익으로 유인해 불리한 지경에 처하도록〔以直爲迂, 以利爲患〕' 하여야 한다. 그러면 우리가 적보다 뒤에 출발하고도 전략적 요충지에 적보다 먼저 도착해 전투의 주도권을 장악하게 될 것이다.

2

아무튼 그러한 까닭에 군쟁은 이로운 면이 있는가 하면 또 위험한 면이 있다. 만약 군쟁의 이점利點만 알고 전군全軍이 모든 장비와 군수품을 가지고 기선 제압의 이로움을 다툰다면, 필시 고되고 지쳐서 전략적 요충지에 다다르지 못할 것이다. 그렇다고 만약 전군이 모든 장비와 군수품을 놓아두고 경무장輕武裝으로 날래게 나아가 기선 제압의 이로움을 다툰다면, 필시 그 많은 장비와 군수품에 큰 손실을 입게 될 것이다. 또한 그렇기 때문에 갑옷을 말아 두고 경무장으로 종종걸음을 치며 밤낮을 멈추지 않고 길을 재촉해 쉼 없이 행군하여 백 리를 달려가 기선 제압의 이로움을 다툰다면, 필시 삼군三軍의 우두머리 장수가 적에게 사로잡힐 뿐만 아니라, 군사들 가운데 강건한 이들은 앞서 가고, 허약한 이들은 뒤처질 터이니, 그렇게 해서는 겨우 십분의 일의 군사들만 목적지에 도착할 수 있을 것이다. 또 오십 리를 달려가 기선 제압의 이로움을 다툰다면, 필시 선봉군의 장수가 좌절을 맛보게 될 터이니, 그렇게 해서는 절반의 군사들만 목적지에 도착할 수 있을 것이다. 그리고 삼십 리를 달려가 기선 제압의 이로움을 다툰다면, 필시 삼분의 이의 군사들만 목적지에 도착할 수 있을 것이다. 그러므로 군대에 무기와 장비가 없으면 당연히 패전敗戰하고, 군량과 사료飼料가 없어도 패전하며, 군수물자가 비축되어 있지 않아도 패전한다.

故軍爭爲[1]利, 軍爭爲危. 擧軍[2]而爭利,[3] 則不及[4]; 委軍[5]而爭利, 則
고 군 쟁 위 리 군 쟁 위 위   거 군 이 쟁 리   즉 불 급   위 군 이 쟁 리 즉
輜重[6]捐.[7] 是故[8]卷甲而趨,[9] 日夜不處,[10] 倍道[11]兼行,[12] 百里而爭利,
치 중 연   시 고 권 갑 이 추   일 야 불 처   배 도 겸 행   백 리 이 쟁 리

則擒^{13}三將軍,^{14} 勁者^{15}先, 疲者^{16}後, 其法^{17}十一^{18}而至; 五十里而爭
즉 금   삼 장 군   경 자 선   피 자 후   기 법 십 일   이 지   오 십 리 이 쟁

利, 則蹶^{19}上將軍,^{20} 其法半至; 三十里而爭利, 則三分之二至. 是故
리   즉 궐   상 장 군   기 법 반 지   삼 십 리 이 쟁 리   즉 삼 분 지 이 지   시 고

軍無輜重^{21}則亡, 無糧食則亡, 無委積^{22}則亡.
군 무 치 중   즉 망   무 양 식 즉 망   무 위 적   즉 망

주석

1 爲(위): 여기서는 유有 또는 시是(~이다)의 뜻으로 풀이됨.

2 擧軍(거군): '거'는 전全과 같은 뜻으로, '거군'은 곧 전군全軍을 이름. 다만 여기서
  는 전군이 모든 전쟁 장비와 군수품을 가지고 이동함을 가리킴.

3 爭利(쟁리): 여기서는 곧 기선을 제압하는 이로움을 다투는 것을 이름.

4 不及(불급): 미치지 못함. 여기서는 전략적으로 유리한 요충지에 다다르지 못함
  을 이름. 또한 아군에게 유리한 여건을 조성하고 전략적 요충지를 선점하여 기
  선을 제압하는, 군쟁의 목적을 달성하지 못함을 이르는 것으로 확대 해석할 수
  도 있음.

5 委軍(위군): '위'는 위기委棄, 즉 (물건을) (내)버리다, 버리고 돌보지 않는다는 뜻으
  로, 여기서 '위군'은 전군이 모든 전쟁 장비와 군수품을 버리고(놓아두고) 이동함
  을 이름.

6 輜重(치중): 양초糧草, 피복, 장막 등 군대 유지와 전쟁 수행에 필요한 물품, 곧 군
  수품, 군수물자를 통틀어 이르는 말.

7 捐(연): 버림, 버려짐, 손실을 입음.

8 是故(시고): 그런 까닭으로, 그러므로. 여기서는 곧 앞에서 말한 "그 많은 장비와
  군수품에 큰 손실을 입게 될 것"을 두고 하는 말임.

9 卷甲而趨(권갑이추): 갑옷을 말아 두고(입지 않고) 경무장으로 날래게 달려감. '권'
  은 맒, 거둠. '갑'은 개갑鎧甲, 갑옷. '추'는 종종걸음을 침. 곧 신속히 전진함, 행군
  함을 이름.

10 處(처): 여기서는 지止·식息의 뜻임. 멈춤, 쉼.

11 倍道(배도): 노정路程을 배가倍加함. 곧 길을 재촉함을 이름.

12 兼行(겸행): 밤낮없이, 쉼 없이 행군함.

212

13 **擒**(금): 생포함, 사로잡음.

14 **三將軍**(삼장군): 상·중·하 삼군三軍의 주장主將, 즉 우두머리 장수, 총사령관. '삼군'은「모공편」제6장 주석 4 참조.

15 **勁者**(경자): 군사 가운데 굳세고 강건强健한 자.

16 **疲者**(피자): 군사 가운데 지치고 허약한 자.

17 **其法**(기법): 그러한 방법·전법戰法으로는, 그렇게 해서는.

18 **十一**(십일): 십일什一과 같음. 십분의 일.

19 **蹶**(궐): 넘어짐, 엎어짐. 곧 좌절, 실패, 손상損傷을 이름.

20 **上將軍**(상장군): 전군前軍(앞장서서 나아가는 군대), 즉 선봉군先鋒軍의 장수. 가림賈林이 '상'은 선先과 같은 뜻이라고 함.

21 **輜重**(치중): 여기서는 특히 전쟁 무기와 장비를 두고 이르는 것으로 이해됨.

22 **委積**(위자): 축적함, 저축함, 비축함. '위'도 '자'(여기서 독음은 '적'이 아니라 '자'임)와 마찬가지로 쌓는다는 뜻임.

해설

군쟁은 전쟁의 승패에 결정적 작용을 하며, 지대한 영향을 끼친다. 그렇기 때문에 군사를 부려 전쟁을 하는 사람은 너나없이 군쟁을 대단히 중시한다. 한데 세상만사가 다 이利와 해害 두 측면이 있듯이, 군쟁 또한 이로운 면이 있는가 하면 또 위험한 면이 있다. 자칫 군쟁의 이로운 측면만 생각하고, 위험한 측면을 간과해서는 안 된다는 얘기다.

　군쟁의 이로운 측면은 누구나 알 수 있다. 그 때문인가, 손자는 여기서 군쟁의 위험한 측면, 즉 전략상 불리不利와 손실을 초래하는 폐단과 부작용을 집중적으로 분석하였다. 손자는 군대의 강행군을 예로 들어 군사상의 양난兩難, 즉 이러기도 어렵고 저러기도 어려움을 구체적으로 서술하였다. 먼저 전군이 모든 장비와 군수품을 가지고 군쟁에 나서면, 오히려 많은 물자로 인해 야기되는 과중한 부담과 피로로 군사 행동의 민첩함과 예리함을 잃게 된다. 그렇게 되면 아무래도 적보다 먼저 유리한 조건과 지점을 확보하는 것은 어려워진다. 그렇다고 만약 전군이 모든 장비와 군수품을 놓아둔 채 가볍고 빠른 걸음으로 군쟁에 달려든다면, 비록 유리한 지세와 형세를 선점할 수 있을지는 몰라도 전력의 큰 비중을 차지하는 전쟁 장비와 군수물자에 큰 손실을 입게 될 것이다. 그뿐만 아니라 심지어 갑옷까지 말아 두고 경무장으로 밤낮없이 길을 재촉해 적을 쫓는다면, 병사를 잃는 것은 물론, 장수까지 적에게 사로잡히거나 크나큰 좌절을 겪을 수 있고, 또한 종국에는 전군이 패전의 나락으로 떨어질 수 있어, 치명적인 후과後果를 피할 수가 없다.

이처럼 손자가 군쟁의 군사적 위험을 부각 강조하는 뜻은 두말할 나위 없이 용병자用兵者의 경계와 각성을 촉구함에 있다. 모름지기 전쟁을 잘하는 장수라면 마땅히 군쟁의 위험한 측면에 대해 높은 경각심을 가지고, 그 위험한 사태의 발생을 미연에 방지하는 실천적 노력을 기울임으로써 군쟁의 이로움을 충분히 성취 확보하여야 할 것이다.

3

따라서 여러 제후국들의 전략 의도를 알지 못하면 그들과 우호 관계를 맺어서는 아니 되고, 산림이 우거진 지역, 산세가 험준하고 골물이 거센 산악 지역, 늪이나 못 등의 지형을 알지 못하면 군대를 이동 배치하거나 포진布陣해서는 아니 되며, 현지 사정에 밝은 길잡이를 쓰지 않으면 지형에 따른 이점을 얻을 수 없다. 그러므로 군사를 부려 전쟁을 할 때는 다양한 기만술로 승리를 쟁취하고, 국가적 전략적으로 이득이 있을 때 비로소 출동하며, 병력의 분산과 집중으로 전술의 변화를 꾀해야 한다. 그뿐만 아니라 군대가 날랠 때는 광풍狂風과 같이 하고, 찬찬할 때는 나무숲과 같이 하며, 공격할 때는 맹렬하기를 불과 같이 하고, 수비할 때는 견고하기를 산과 같이 하며, 아군의 참모습을 가릴 때는 암흑 같아서 적이 전혀 알아차릴 수 없게 하고, 적진으로 돌진할 때는 적이 몸을 피할 수 없도록 천둥 번개와 같이 하여야 한다. 또한 적의 향읍鄕邑을 약탈할 때는 군대를 분산해 나누어 진행하고, 영토를 개척할 때는 군대를 분산해 전쟁에 유리한 지형을 차지해 지키며, 전략적 이해득실을 따져보고 적절한 행동을 취해야 한다. 요컨대 '이우위직以迂爲直'의 계책을 먼저 알고 쓰는 사람이 승리하는 것이니, 이것이 바로 군쟁의 법칙이다.

故不知諸侯之謀[1]者, 不能豫交[2]; 不知山林·險阻[3]·沮澤[4]之形者, 不
고 부 지 제 후 지 모 자 불 능 예 교 부 지 산 림 험 조 저 택 지 형 자 불
能行軍[5]; 不用鄕導[6]者, 不能得地利. 故兵以詐立,[7] 以利動,[8] 以分合
능 행 군 불 용 향 도 자 불 능 득 지 리 고 병 이 사 립 이 리 동 이 분 합
爲變[9]者也. 故其疾[10]如風, 其徐[11]如林, 侵掠[12]如火, 不動如山,[13] 難
위 변 자 야 고 기 질 여 풍 기 서 여 림 침 략 여 화 부 동 여 산 난
知如陰,[14] 動如雷震.[15] 掠鄕分衆,[16] 廓地分利,[17] 懸權而動.[18] 先知迂
지 여 음 동 여 뇌 진 약 향 분 중 확 지 분 리 현 권 이 동 선 지 우
直之計[19]者勝, 此軍爭之法也.
직 지 계 자 승 차 군 쟁 지 법 야

주석

1 諸侯之謀(제후지모): 열국列國 제후의 전략 의도. '모'는 모략謀略, 계모計謀, 계략,

계책. 곧 전략 의도를 이름.

2 **豫交**(예교): 외교에 참여함. 곧 여러 제후(국)들과 외교 및 우호 관계를 맺음을 이름. '예'는 예預와 같고, 또 여與와도 같음. 곧 참예함, 참여함.

3 **險阻**(험조): 산세가 험준하고 골물이 거센 산악 지역. 『이아爾雅』「석명釋名」··"산이 험준한 것을 '험'이라 하고, 물이 가로막고 있는 것을 '조'라 한다(山嶮曰險, 水隔曰阻)."

4 **沮澤**(저택): 늪과 못. 곧 소택지沼澤地, 즉 늪과 연못으로 둘러싸인 습한 땅을 이름.

5 **行軍**(항군): 이 말은 「구지편」 제7장에도 보이는데, 그 독음은 '행군'이 아니며, 처군處軍함을 뜻함. 곧 군대가 전장의 다양한 상황과 조건에 맞추어 이동 배치·포진布陣·숙영하고 또 전투하는 등의 제반 조처를 적절히 취함을 이름.「항군편」'해제' 참조.

6 **鄕導**(향도): 향도嚮導, 즉 현지 사정에 밝은 길잡이.

7 **兵以詐立**(병이사립): 용병 전쟁은 다양한 속임수로 승리를 쟁취해야 함. '사'는 궤사詭詐, 속임. 여기서는 속임수, 기만술, 기만책을 이름. '립'은 성립함. 여기서는 성공함, 승리함을 이름.

8 **以利動**(이리동): 국가적·전략적으로 이로움이 있을 때 행동함. 곧 이익의 유무有無와 대소大小를 따져 행동·출동·출격 여부를 결정함을 이름.

9 **以分合爲變**(이분합위변): 병력의 분산과 집중으로 전술의 변화를 꾀함. 곧 용병 전쟁 시에는 응당 전장戰場의 실제 상황에 따라 탄력적으로 병력을 분산하기도 하고 또 집중하기도 하여야 함을 이름. '분'은 병력을 분산함. '합'은 합함, 곧 병력을 집중함을 이름.

10 **疾**(질): 빠름, 날램, 민첩함.

11 **徐**(서): 느림, 찬찬함, 침착함.

12 **侵掠**(침략): 침략侵略하여 약탈掠奪함. 여기서는 공격함을 이름.

13 **不動如山**(부동여산): 군대가 한 곳에 주둔하여 지킴이 산처럼 견고함. '부동'(움직이지 않음)은 군대가 특정한 곳에 주둔하고 방수防守에 들어감을 이름.

14 **難知如陰**(난지여음): 아군의 참모습을 은폐하기를 암흑처럼 하여 적이 도저히 알아차릴 수 없게 함. '난지'는 진상眞相을 알기 어렵게 함, 곧 은폐함을 이름. '음'은 어둠, 암흑. 곧 검은 구름이 하늘을 뒤덮어 어떤 별(星)도 알아볼 수 없는

암흑 상태를 이름. 또는 칠야漆夜, 흑야黑夜, 곧 어두운 밤을 이름.

15 雷震(뇌진): 우레, 천둥.

16 掠鄕分衆(약향분중): 적의 향읍을 약탈할 때는 군대를 분산해 여러 갈래로 진행함. 당대唐代 진호陳皞가 이른 대로, 무릇 향읍 촌락은 본디 한 곳뿐인 게 아니므로 방비가 없는 곳들을 찾아내 군대를 분산시켜 약탈하여야 함. '향'은 적국의 향읍·촌락을 이름. '분중'은 분병分兵의 뜻으로, 병중兵衆, 즉 군대를 분산함을 이름. 일설에는 (약탈한 양식이나 재물, 또는 사람들을) 여러 부대나 공로가 있는 장수와 관리들에게 고르게 나누어 줌을 이른다고 함.

17 廓地分利(확지분리): 영토를 개척 확장할 때는 군대를 분산해 전쟁에 유리한 지형을 점거해 지킴. '확'은 擴과 같음. 개척함, 넓힘. '분리'는 장예가 이른 대로, 군대를 분산해 유리한 지형을 점거해 지킴으로써 적들이 그곳을 점령하지 못하게 함을 가리킴. 일설에는 확장한 땅을 분할해 전공을 세운 사람들에게 나누어 줌을 이른다고 함.

18 懸權而動(현권이동): 허실 및 이해득실을 따져보고 최적의 행동을 취하고, 작전을 펼침. '현'은 매닮. '권'은 저울추. '현권'은 저울추를 매달고 무게를 닮. 곧 가늠함, 따져봄을 이름.

19 計(계): 한간본에는 '도道'로 되어 있음.

해설

이는 군쟁의 기본 원칙(법칙) 내지 방법에 대한 설명이다. 전장에서 기선 제압의 이로움을 다투는 군쟁의 궁극적 목적은 물론 전쟁의 주도권을 장악해 최후의 승리를 쟁취하는 것이다. 그러기 위한 전제적前提的 요건으로, 손자는 우선적으로 제후국들의 전략 의도와 목표 지점의 지형적 특징을 잘 알아, 외교·군사적으로 패착을 두지 않으면서 현지 사정에 밝은 향도嚮導를 적극 활용해 지리적 이점을 얻어야 함을 일깨웠다. 그리고 다양한 기만술로 전략적 이득을 좇으며 그때그때 기민하고 탄력적인 전술 변화를 꾀할 것을 주문하였다. 또한 광풍처럼 날램과 나무숲처럼 찬찬함·공격의 맹렬함과 수비의 견고함 등등 능동성과 기동성을 갖춘 수준 높은 전력을 바탕으로 "이우위직以迂爲直", 즉 우회로를 지름길로 만들 것을 요구하였다. 다만 여기서 '우'(우회로)와 '직'(지름길)은 결코 정도征途(정벌하러 가는 길)의 '우'·'직'만을 가리키는 것이 아니라, 일체의 전략적 사고방식과 맥락의 '우'·'직'을 아울러 가리키는 것으로 확대 해석할 수 있을 것이다.

한편 여기서 손자가 강조한 "병이사립兵以詐立", 즉 군사를 부려 전쟁할 때는 다양한 기만술로 승리를 쟁취한다는 것은 이른바 "병자궤도兵者詭道"(「계」), 즉 전쟁은 속임수가 원칙이라는 말과 같은 의미이면서, 후세 사람들이 흔히 말하는 "병불염사兵不厭詐", 즉 전쟁은 속임수를 마다하지 않는다는 말의 어원語源이다. 아무튼 황푸민黃樸民이 이른 대로, 손자의 이 같은 사상은 대단히 중요한 시대적 의의를 갖는다. 그것은 곧 『사마법』(「계편」제1장 「해설」참조)으로 대표되는 옛 군례軍禮와의 경계를 분명히 그으면서 군사적 무력 투쟁의 기본 법칙을 정확히 제시하였다. 중국 고대 병학兵學 이론 발전사에서 『손자병법』은 일차적으로 혁명적 변혁을 이루었으며, 그 변혁의 핵심은 곧 의식 관념의 혁신이다. 그리고 그 같은 혁신의 기본 특징은 바로 서주西周 이래以來의 옛 군례 전통에 대한 철저한 부정否定으로, 이론적 혁신과 여시구진與時俱進(시대의 흐름과 변화에 맞게 나아감)의 기본 정신이 전권全卷(한 권의 책 전부)을 관통하는 가운데 은근한 온정이 어린 '예악禮樂'의 너울을 벗겨 내고, 아무 숨김없이 "병이사립, 이리동, 이분합위변兵以詐立, 以利動, 以分合爲變"의 원칙을 세상에 널리 드러내어 놓는가 하면, '공리功利'가 용병 전쟁의 출발점임을 거리낌 없이 말하면서 아주 대담하고 당

당하게 군사 행동 속에서 적군을 겨냥해 암중暗中 모해謀害를 꾀하고, 기만欺瞞 술책을 쓴다는 것이다.

그리고 "이리동以利動", 즉 국가적 전략적으로 이득이 있을 때 비로소 출동한다는 주장이 갖는 시대적 의의 또한 주목하지 않을 수 없다. 서주시대에는 당시의 사회 환경과 예악 문명의 영향을 받아 인의예양지병仁義禮讓之兵, 즉 인애仁愛와 도의道義의 기치를 내걸고 불인不仁함과 불의不義함을 정벌하면서도 예의를 지키고 공손히 사양하며 악랄히 다투지는 않는 군대와 전쟁이 성행하였으며, 춘추시대에는 또 화풀이하고 분풀이하기 위해 함부로 무력을 남용하는 전쟁, 그리고 얻는 것보다 잃는 것이 많은 소모적인 전쟁이 적지 않았다. 반면 손자는 전쟁은 마땅히 이해利害, 즉 이익과 손해를 최고의 기준으로 삼아서 이익의 유무와 대소에 따라 전쟁을 일으킬 것인지, 또 계속할지 말지를 결정해야 함을 주장하였는데, 이는 물론 손자가 견지한 공리주의적 전쟁 원칙의 구체적 표현이다.

4

『군정』에서 말했다. "전쟁터에서는 장수가 말을 해도 군사들이 알아듣지 못하기 때문에 징과 북을 활용해 명령을 하며, 장수가 동작을 해 보여도 군사들이 알아보지 못하기 때문에 갖가지 깃발을 활용해 명령을 한다." 무릇 징과 북, 그리고 온갖 깃발은 모든 군사들의 시청視聽과 행동을 통일시킨다. 모든 군사들이 행동에 일치를 보이면 용감한 자는 혼자서 무모하게 돌진할 수 없고, 비겁한 자는 혼자서 꽁무니를 빼고 달아날 수 없나니, 이것이 바로 병력이 많은 군대를 지휘하는 방법이다. 그러므로 야간 전투에서는 주로 징과 북으로 신호를 하고, 주간 전투에서는 주로 갖가지 깃발로 신호를 하는데, 바로 그렇게 하여 군사들이 듣고 보는 능력에 밤낮의 변화와 차이가 있는 문제에 적응하는 것이다.

『軍政[1]』曰: "言不相聞, 故爲[2]金鼓[3]; 視不相見, 故爲旌旗[4]." 夫金
군정   왈   언불상문   고위금고   시불상견   고위정기   부금
鼓旌旗者, 所以一[5]人[6]之耳目[7]也. 人旣專一,[8] 則勇者不得獨進, 怯
고정기자   소이일 인 지이목 야   인기전일   즉용자부득독진   겁
者不得獨退, 此用衆[9]之法也. 故夜戰多金鼓,[10] 晝戰多旌旗, 所以變
자부득독퇴   차용중 지법야   고야전다금고   주전다정기   소이변
人之耳目[11]也.
인 지이목   야

주석

1 軍政(군정): 『손자병법』보다 오래된 고대 병서兵書. 현재는 전해지지 않아 자세한 내용은 알 수 없음.

2 爲(위): 여기서는 설치함, 활용함을 뜻함.

3 金鼓(금고): 옛날에 군대의 진퇴 작전을 지휘 명령하는 통신 도구로, 징과 북을 일컬음. 북을 울리면 군대가 진격하고, 징을 울리면 군대가 후퇴함. '금'은 정鉦과 같음. 징.

4 旌旗(정기): 옛날에 군대에서 쓰던 각종 기·깃발을 통칭함. 이 또한 작전 지휘의 통신 도구로 활용함.

5 一(일): 통일함, 일치시킴.

6 人(인): 여기서는 군인(군사), 군대를 가리킴.

7 耳目(이목): 시청視聽, 즉 눈으로 보고 귀로 들음. 이는 곧 시청하여 하는 행동을 두고 이르는 것임.

8 專一(전일): 일치함, 동일함, 통일함. 곧 군사들이 장수의 지휘와 명령에 따라 똑

같이 행동함을 이름.

9 用衆(용중): 많은 사람을 운용함, 사용함. 곧 병력이 많은 군대를 지휘함을 이름.

10 金鼓(금고): 십일가주본에는 본디 '화고火鼓'로 되어 있으나, 무경본武經本 등에 근거해 '금고'로 고쳐 전후 어휘의 일치를 기함. '화고'는 횃불을 올리고 북을 울려 신호함을 이름.

11 變人之耳目(변인지이목): 군사들의 이목과 시청의 (주야晝夜) 변화와 수요需要에 적응함. '변'은 응변함. 여기서는 적응함을 이름. 일설에는 적군의 시청을 교란함을 이른다고 하고, 또 일설에는 군사들이 귀와 눈을 교체하게 함을 이른다고 하나, 모두 이론의 여지가 있음.

해설

손자는 「세편」에서 이르기를, "큰 부대를 이끌고 전쟁을 하는 것도 작은 부대를 이끌고 전쟁을 하는 것과 같나니, 왜냐하면 그것은 바로 작전 지휘의 신호 체계의 문제일 뿐이기 때문이다〔鬪衆如鬪寡, 形名是也〕"라고 하였다. 많은 군사가 넓은 전장에서 적과 전투를 벌일 경우, 군대의 수미首尾 간격은 아득히 멀고, 이목은 서로 닿지 않을 게 뻔하다. 대군을 거느리고 전쟁을 하는 장수가 그 같은 상황에서 "언불상문言不相聞"과 "시불상견視不相見"의 문제를 해결해 모든 군사들의 시청과 행동을 통일시키지 않는다면, 원활한 작전 수행은 거의 불가능하다. 따라서 대군을 통솔하는 장수는 작전 명령을 전군에 효율적으로 전달할 수 있는 통신 수단을 갖추어야 하며, 징과 북, 그리고 각종 깃발은 바로 그러한 배경에서 옛날 전장에서 널리 활용되던 통신 도구이다.

치우위秋羽가 이른 대로, 전쟁 과정에 일정한 지휘 체계를 완비하는 것은 군대의 효율적인 지휘를 가능케 함은 물론, 군율軍律이 엄명嚴明한 군대를 육성하는 데에도 대단히 중요한 작용을 한다. 군대의 효율적인 지휘 통솔은 곧 장수의 생각과 뜻을 전군의 병사 한 사람 한 사람을 통해 관철하는 것이다. 전쟁터에서 군대 진용陣容의 엄숙하고 질서 정연함은 아군 스스로에게는 자신감을 상승시키면서, 적군에게는 강력한 심리적 압박을 가하게 된다. 그리고 작전 행동의 통일과 단합, 일사불란은 군대의 전력을 실질적으로 제고하는가 하면, 또 최대한도로 발휘하게 한다. 그러므로 손자는 군대에는 효율적인 지휘 체계가 완비 확립되어 있어야 하며, 군대의 규모가 얼마나 크든, 전장의 형세가 얼마나 복잡하든, 장수는 능히 모든 병사를 한 사람도 빠짐없이 보다 효율적으로 지휘 통솔할 수 있어야 함을 강조한 것이다.

사실 옛날 전쟁터뿐만 아니라, 후세의 수많은 영역에서도 하나같이 효율적인 지휘 체계 확립을 위해 부단한 노력을 기울여 왔다. 예나 지금이나 그 어떤 우월한 전력을 갖춘 군대나 월등한 생산성을 자랑하는 수많은 영역의 조직들은 모두가 효율적인 지휘 체계의 기초 위에 건립된 것이라 해도 과언이 아니다.

5

무릇 적의 군사들의 그 높은 사기도 꺾어 버릴 수 있고, 적의 장수의 그 굳은 의지도 흔들어 버릴 수 있다. 또한 전쟁에 투입된 군사들은 초반에는 사기가 넘치지만, 중반에 접어들면 사기가 떨어지고, 종반에 이르면 사기가 꺾이는 법이다. 그러므로 군사를 부려 전쟁을 잘하는 사람은 전쟁 초반 적군의 예기는 피하고, 중·후반 적군의 사기가 떨어지거나 꺾인 틈을 타서 공격을 가하나니, 이는 곧 군사들의 사기 변화의 법칙을 잘 알아 적절히 작전을 구사하는 것이다. 또 아군의 군기軍紀 엄정함으로 적군의 군기 문란함에 대응하고, 아군의 안정安靜 침착함으로 적군의 불안 초조함에 대응하나니, 이는 곧 군사들의 심리 변화의 법칙을 잘 알아 적절히 작전을 구사하는 것이다. 또한 아군 진영과 가까운 전장을 잡아서 먼 길을 달려오는 적군에 대응하고, 아군은 편안히 전열을 정비한 상태로 적군이 피로에 치친 상태에 대응하며, 아군은 배부르게 먹는 상태로 적군이 굶주림에 허덕이는 상태에 대응하나니, 이는 곧 군대의 전투력 변화의 법칙을 잘 알아 적절히 작전을 구사하는 것이다. 그리고 군기軍旗가 정돈된 적군은 공격하지 말고, 진용陣容이 장대壯大한 적군도 공격하지 말 것이니, 이는 곧 적정敵情에 따라 기민하게 임기응변하는 것이다.

故¹三軍²可奪氣,³ 將軍可奪心.⁴ 是故朝氣⁵銳,⁶ 晝氣⁷惰,⁸ 暮氣⁹歸.¹⁰
고 삼 군 가 탈 기   장 군 가 탈 심   시 고 조 기 예   주 기 타   모 기 귀

故善用兵者, 避其銳氣, 擊其惰歸, 此治氣¹¹者也. 以治¹²待¹³亂, 以
고 선 용 병 자   피 기 예 기   격 기 타 귀   차 치 기 자 야   이 치 대 란 이

靜¹⁴待嘩,¹⁵ 此治心¹⁶者也. 以近待遠, 以佚¹⁷待勞, 以飽待饑, 此治
정 대 화   차 치 심 자 야   이 근 대 원   이 일 대 로   이 포 대 기   차 치

力¹⁸者也. 無¹⁹邀²⁰正正之旗,²¹ 勿²²擊堂堂之陳,²³ 此治變²⁴者也.
력 자 야   무 요 정 정 지 기   물 격 당 당 지 진   차 치 변 자 야

주석

1　故(고): 무경본에는 이 글자가 없음.
2　三軍(삼군): 전군全軍. 여기서는 적의 전군 군사를 가리킴.
3　奪氣(탈기): 사기士氣를 잃음, 사기가 꺾임. '탈'은 박탈剝奪함. 여기서는 (사기나 예기를) 꺾음, 손상시킴을 이름.
4　奪心(탈심): 의지를 흔듦. '탈'은 여기서는 (결심이나 의지를) 동요하게 함, 흔들리게

함을 이름. '심'은 결심, 의지(어떤 일을 이루고자 하는 마음)를 이름.

5 朝氣(조기): 아침의 기운. 곧 전쟁 초반의 군사들의 사기를 비유함.

6 銳(예): 예리함, 왕성함. 곧 사기가 높음, 넘침을 이름.

7 晝氣(주기): 낮의 기운. 곧 전쟁 중반의 군사들의 사기를 비유함.

8 惰(타): 나태함, 태만함. 곧 (사기가) 저하됨, 떨어짐을 이름.

9 暮氣(모기): 저녁의 기운. 곧 전쟁 종반의 군사들의 사기를 비유함.

10 歸(귀): 지식止息, 즉 그침, 멈춤. 곧 (사기가) 꺾임을 이름.

11 治氣(치기): 전쟁에서 군대의 사기를 다스림. 곧 피아 쌍방 군사의 사기 변화의 법칙을 익히 알아 능숙히 작전에 운용함을 이름. 장예는 이를 아군의 사기를 잘 다스려서 적군의 사기를 꺾는 것을 말한다고 함.

12 治(치): 다스림. 여기서는 군기(군대의 기강)가 엄정嚴整함, 즉 엄숙하고 정연함을 이름.

13 待(대): 대우待遇함. 여기서는 대응함, 맞섬을 이름.

14 靜(정): 고요함. 여기서는 안정安靜(육체적 정신적으로 편안하고 고요함)하고 침착함을 이름.

15 嘩(화): 화譁와 같음. 들렘, 떠들썩함. 여기서는 불안하고 초조함을 이름.

16 治心(치심): 전쟁에서 군대의 심리를 다스림. 곧 피아 쌍방 군사의 심리 상태와 변화의 법칙을 익히 알아 능숙히 작전에 운용함을 이름. 장예는 이를 아군의 심리를 잘 다스려서 적군의 심리를 흩뜨리는 것을 말한다고 함.

17 佚(일): 일逸과 같음. 안일安逸함. 여기서는 군대가 편안히 쉬면서 전열을 정비함을 이름.

18 治力(치력): 전쟁에서 군대의 전투력을 다스림. 곧 피아 쌍방의 전투력 변화의 추세와 법칙을 익히 알아 능숙히 작전에 운용함을 이름. 장예는 이를 아군의 전투력을 잘 다스려서 적군의 전투력을 저하시키는 것을 말한다고 함.

19 無(무): 한간본에는 무毋로 되어 있음. 뜻은 같음. ~하지 마라.

20 邀(요): 요격邀擊함, 즉 공격해 오는 대상을 기다리고 있다가 도중에서 맞받아 침; 영격迎擊함, 즉 공격하여 오는 적을 나아가 맞받아침.

21 正正之旗(정정지기): 군기軍旗가 정돈된, 곧 대오隊伍가 정비된 적군을 지칭함. '정정'은 엄정한 모양.

22 勿(물): 무毋와 같음. ~하지 마라.

23 堂堂之陳(당당지진): 진용陣容이 장대壯大한, 곧 전력이 강대强大한 적군을 지칭함. '당당'은 장대한, 즉 기상이 씩씩하고 큰 모양. '진'은 진陣과 같음. 여기서는 군대를 가리킴.

24 治變(치변): 전쟁에서 변화를 다스림. 곧 적정敵情에 따라 기민히 임기응변하여 작전을 구사함을 이름.

해설

손자가 강조하는 '군쟁'의 기본 법칙은 한마디로 '이우위직, 이환위리 以迂爲直, 以患爲利', 즉 우회로를 지름길로 만들고, 불리한 여건을 유리한 여건으로 만드는 것이다. 여기서 손자는 다시 그 구체적인 방법을 제시하면서, 먼저 심리전의 필요성과 중요성을 일깨운 후, '치기治氣'·'치심治心'·'치력治力'·'치변治變'의 전략 전술을 통해 적과의 군쟁에서 우세를 점할 수 있음을 천명하였다.

전쟁은 피아 쌍방의 군사력 대결이다. 한데 현대도 그렇지만, 특히 고대 전쟁에서 군사력을 구성하는 요소 가운데 상당한 비중을 차지하며, 그 위력威力을 결코 간과할 수 없는 것은 바로 군사의 사기와 장수의 의지일 것이다. 하여 전쟁에서 심리전은 필수 불가결하다. "적의 군사들의 그 높은 사기도 꺾어 버릴 수 있고, 적의 장수의 그 굳은 의지도 흔들어 버릴 수 있다." 이는 곧 심리전에 관한 주장이다. 군대의 사기나 의지가 무너지면, 설령 아무리 좋은 무기를 가지고 있다고 하더라도 정상적인 전투력을 발휘하기 어렵다. 그러므로 손자는 전쟁에서는 무엇보다 갖가지 심리 전술을 적극 활용해 적군의 사기를 꺾고, 적장의 의지를 흔들어 심리적 불안과 위기감에 휩싸이게 하여야 한다고 하였다. 그렇게 되면 결국 아군의 불필요한 소모와 희생을 줄이고, 사

반공배事半功倍(들인 노력은 적고 얻은 성과는 큼)의 전략적 효과를 거둘 수 있다는 얘기다.

무슨 일이든 다소간의 시간과 노력이 소요되더라도 사전 준비를 보다 철저히 한다면, 애초에 뜻한 바대로 한결 순조롭게 일을 진행, 성사시켜 소기의 목적을 달성할 수 있다. 손자가 말하는 군쟁은 사실상 전전戰前에, 즉 적과 본격 교전에 들어가기 전에 적을 능히 제압할 수 있는 유리한 여건을 조성해 주도권을 장악하기 위한 지략전智略戰이다. 그 가운데 이른바 '치기'는 전전에 적의 사기 변화와 저하를 꾀하고 노리는 것이고, '치심'은 심리적 교란과 충격 작전을 통해 적으로 하여금 기강도 무너지고 마음도 불안한 상태로 전투에 임하게 하는 것이며, '치력'은 어떻게든 적으로 하여금 고단함과 피로에 지치고, 굶주림에 허덕이게 해 원래의 전투력을 상실케 하는 것이고, '치변'은 적이 군기가 정돈되고, 진용이 장대할 때는 정면으로 맞부딪치지 않고, 적정이 아군에게 유리한 방향으로 변화되도록 꾄 다음에 무찌르는 것이다.

이상은 능히 상대를 제압하고 승리할 수 있는 방법으로, 손자는 곧 이를 통해 전쟁 지휘의 책무를 맡은 장수들에게 전전에 '이우위직'의 이치를 잘 알고, 적극적으로 한껏 유리한 전기戰機를 만들어 최소의 대가로 최대의 전과戰果를 거둘 수 있도록 해야 함을 일깨워 준다.

6

그러므로 용병 전쟁의 법칙은 고지高地에 있는 적은 위를 올려다보며 공격하지 말고, 구릉丘陵을 등지고 있는 적은 정면으로 공격하지 말며, 거짓으로 싸움에 져서 달아나는 척하는 적은 뒤쫓지 말고, 적의 정예 부대는 공격하지 말며, 아군을 유인하는 적의 군사는 거들떠보지 말고, 본국으로 돌아가는 적군은 막지 말며, 적군을 포위 공격할 때는 반드시 약간의 빈틈을 보이고, 궁지에 몰린 적은 지나치게 핍박하지 말아야 하나니, 이것이 바로 용병 전쟁의 법칙이다.

故用兵之法; 高陵¹勿向,² 背丘³勿逆,⁴ 佯⁵北⁶勿從,⁷ 銳卒⁸勿攻, 餌
고 용 병 지 법   고 릉 물 향   배 구 물 역   양 배 물 종   예 졸 물 공   이
兵⁹勿食,¹⁰ 歸師¹¹勿遏,¹² 圍師必闕,¹³ 窮寇¹⁴勿迫.¹⁵ 此用兵之法也.
병 물 식   귀 사 물 알   위 사 필 궐   궁 구 물 박   차 용 병 지 법 야

주석

1 高陵(고릉): 고지高地, 고산高山 지대.

2 向(향): 여기서는 앙공仰攻, 즉 위쪽에 자리한 적을 공격함.

3 背丘(배구): 구릉·언덕을 등짐. '배'는 등짐. 곧 의탁함, 의지함을 이름.

4 逆(역): 한간본에는 '영迎'으로 되어 있음. 영격迎擊, 즉 공격하여 오는 적을 나아가 맞받아침. 여기서는 곧 정면에서 공격함을 이름.

5 佯(양): 거짓으로. 곧 위장함, 가장함.

6 北(배): (싸움에 져서) 달아남. 곧 패주敗走함, 패배함.

7 從(종): (뒤)쫓음. 곧 추격함.

8 銳卒(예졸): 정예 군사, 정예 부대.

9 餌兵(이병): 유병誘兵, 즉 아군을 유인하는 적의 군사. '이'는 먹이, 미끼. 여기서는 미끼(곧 작은 이익 따위)로 유인함을 이름.

10 食(식): (먹이를) 먹음, (미끼를) 집어삼킴. 여기서는 곧 공취攻取함, 즉 공격하여 잡음, 또는 아랑곳함, 거들떠봄을 이름.

11 歸師(귀사): 본국으로 귀환하는 군대.

12 遏(알): 막음, 저지함.

13 闕(궐): 缺결과 같음. 결함, 흠, 빈틈. 곧 막다른 골목에 몰린 적이 최후의 발악을 하면, 자칫 반격을 당할 수 있기 때문에 은근히 활로, 즉 달아날 구멍을 열어주어 보임을 이름. 「구지편」제6장 참조.

14 窮寇(궁구): 궁지에 몰린 적. '궁'은 곤궁, 곤경. 곧 궁지. '구'는 떼도둑. 곧 외구外寇, 외적外敵.

15 迫(박): 핍박함, 즉 바싹 죄어서 몹시 괴롭게 굶.

해설

여기서 말하는 '용병의 법칙'은 곧 전장에서 하지 말아야 하는 여덟 가지 지휘 및 작전의 세부 지침으로, 흔히 '용병팔계用兵八戒'라 일컬어진다. 이는 그야말로 손자의 신전慎戰 사상을 여실히 반영하고 있는데, 전장의 다양한 상황과 적정에 대한 세심한 분석을 바탕으로 보다 신중하게 대응함으로써 뜻하지 않은 불리不利와 곤경에 빠지지 않고, 군쟁에서 유리한 고지를 점할 것을 일깨웠다. 그 내용은 다음과 같이 요약할 수 있다.

첫째, 우세를 점한 적은 무리하게 공격하지 않아야 한다. '고릉물향高陵勿向'과 '배구물역背丘勿逆', '예졸물공銳卒勿攻'은 모두 적이 천시天時나 지리地利, 인화人和, 그리고 장비나 법령 등 어느 특정한 방면에 뚜렷한 우세를 점하고 있을 때는 위험을 무릅쓰고 무리하게 공격해서는 안 된다는 것이다. 두목杜牧이 이른 대로, 낮은 곳에서 높은 곳을 공격하는 자는 힘이 부칠 것이나, 높은 곳에서 낮은 곳을 공격하는 자는 전세戰勢가 순조로울 것이니, 고지를 점하거나 구릉에 의지한 적을 함부로 앙공仰攻하거나 영격迎擊해서는 안 된다. 그리고 진호陳皞와 장예가 이른 대로, 경무장輕武裝에 정예精銳한 적군은 그 예봉을 감당하기

228

어려우므로 응당 잠시 피하면서 예기가 좀 꺾이기를 기다렸다가 맞받아쳐야 한다. 이처럼 손자는 우세한 적에 대한 무리한 공격은 자칫 막대한 피해와 손실을 입을 뿐만 아니라, 전쟁의 주도권을 빼앗기며 어떠한 실리도 챙기지 못하는 사태를 초래할 수 있음을 경계한다.

둘째, 적의 속임수에 걸려들지 않도록 해야 한다. '양배물종佯北勿從'과 '이병물식餌兵勿食'은 전쟁을 지휘하는 장수는 위장과 기만 술책으로 유인하는 적의 계략에 철저히 대비하여, 자칫 작은 이익을 탐하다가 적의 올가미에 걸려드는 일이 없도록 해야 한다는 것이다. 전쟁에선 너나없이 기만술을 쓰게 마련이다. 적의 거짓 패주敗走나 유병誘兵에 대해 신중히 대처하지 못하고, 만약 작은 이익에 눈이 멀어 경계심을 늦추었다가 그들의 계략에 말려든다면, 그 심대한 피해를 어찌 감당할 수 있겠는가? 당대唐代 가림賈林이 이른 대로, 적이 아직 힘이 다한 게 아닌데, 갑자기 패배한 듯이 달아나는 것은 필시 뜻밖의 매복埋伏으로 아군을 공격할 수 있기 때문에, 지휘관은 장졸들을 철저히 단속해 함부로 뒤쫓지 않도록 하여야 한다. 그리고 장예가 이른 대로, 물고기는 미끼를 탐하다가 낚시꾼에게 잡히고, 군대는 이익을 탐하다가 적에게 패배를 당한다는 것을 잊지 말아야 한다.

셋째, 곤궁한 지경에 처한 적은 지나치게 핍박하지 않아야 한다. 이른바 '귀사물알歸師勿遏'과 '위사필궐圍師必闕', '궁구물박窮寇勿迫'은 바로 그런 얘기다. 장예가 이른 대로, 군대가 변방에서 오래 있다가 보면 너나없이 고향으로 돌아가고픈 마음이 간절한데, 만약 귀향하는 적의 길을 막고 공격을 하면 그들은 필시 죽기를 각오하고 항전할 것이다. 또한 적을 포위 공격할 때는 적의 삼면을 에워싸되 한 모퉁이는 열어

주어 달아날 수 있는 길을 보여줌으로써 그들이 죽을 각오로 덤벼들지 않도록 하여야 한다. 궁지에 몰린 적도 같은 맥락에서 과도하게 옥죄어서는 안 된다. 궁서설묘窮鼠齧猫, 즉 쥐도 궁지에 몰리면 고양이를 문다고 하지 않았던가? 기세가 꺾인 채 곤경에 처한 적을 지나치게 핍박하면, 오히려 그들의 분노를 폭발시켜 최후의 발악을 하며 필사적으로 저항토록 하는 우를 범할 수 있다. 그로 인한 아군의 피해가 결코 만만치 않을 것은 물론, 자칫 선승후패先勝後敗의 돌이킬 수 없는 후과後果를 초래할 수도 있다.

흔히 "만법유도萬法有道"라고들 한다. 모든 일에는 각기 마땅히 지켜야 할 원칙이 있다는 말이다. 원칙을 지킨다는 것은 곧 윤리 도덕의 최소한에 대한 준수이면서, 또한 동시에 특정한 영역과 부문의 규칙에 대한 준수이다. 그리고 이 같은 준수는 도덕적 측면은 물론, 현실적 이익의 견지와 관점에도 부합한다. 이러한 원칙을 준수하지 않는다면 현실적 이익을 상실할 가능성이 크다는 얘기다. 손자가 병법을 설파하면서 전쟁을 지휘하는 장수들에게 이 일련의 작전 원칙을 준수할 것을 일깨우며 경계시킨 것도 물론 바로 그 때문이다.

제8편

구변

九變

여기서 '구변'은 정해진 틀에 얽매이지 않고, 그때그때 임기응변으로 전술적 융통성을 발휘함으로써 전장의 다양한 상황과 형세에 기민하게 대처함을 말한다. '구'는 많음﹝多﹞을 뜻하고, '변'은 변화·기변機變(그때그때 상황에 따라 기민하게 변함)을 뜻한다.

손자는 앞「군쟁편」에서 전쟁을 할 때는 우선 쟁리爭利, 즉 '기선 제압'과 '주도권 장악'이라는 중대한 이익을 쟁취하기를 잘해야 함을 역설하였다. 그리고 이제「구변편」에서는 한 걸음 더 나아가 이利(이익·이로움·유리함)와 해害(손해·해로움·불리함)는 상호 모순 대립되면서도 조화 통일되고, 또 피차간 전환이 이루어지기도 한다는 전제에서, 문제를 볼 때는 반드시 이와 해, 득과 실을 아울러 분석 고찰할 수 있어야 함을 강조하였다. 요컨대 그렇게 하여 이의 긍정적인 측면을 살리면서 해의 부정적인 측면을 보완하는 전략적 기변으로 쟁리에 유리한 고지를 점령함은 물론, 최후의 승리를 쟁취하여야 한다는 얘기다.

이 편의 내용은 대략 다음과 같이 요약된다. 첫째, 모름지기 전쟁을 지휘하는 장수라면 응당 전략적 '구변'에 정통하여, 다양한 지형 조건에 따라 전략 전술의 신축적인 변화를 줌으로써 그 군사 지리적 이점을 얻어 살릴 수 있어야 한다. 또한 마냥 원칙만을 고수할 것이 아니라, 때로는 "유소불有所不", 즉 하지 않아야 하는 경우가 있음을 알고 전략적 기변을 기민히 구사함으로써 전투력을 한껏 발휘할 수 있도록 하여야 한다.

둘째, '구변'의 기본 원칙은 작전의 구상과 수행 과정에 이로운 면이 다분한 가운데에도 해로운 요소를 생각하고, 해로운 면이 드러나는 가운데에도 이로운 요소를 생각하는 것이다. 그렇게 하여 작전에 대한 신심을 증대시킴과 동시에, 화난을 미연에 방지하는가 하면, 위험한 상황을 안정된 상황으로 전환시켜야 한다.

셋째, 전쟁에 임함에 있어서는 적이 진격해 오지 않았으면 하는 요행을 바라지 말고, 아군 스스로가 충분한 준비를 하고, 막강한 전력을 갖추는 데에 진력하고, 희망을 걸어야 한다. 이는 공자께서 '군자는 일의 탓이나 해법을 자기에게서 찾는다(君子求諸己)'(『논어』「위영공衛靈公」)고 한 것과도 상통한다.

넷째, 장수에게는 '오위五危', 즉 다섯 가지 위험성 내지 약점이 있으며, 그것은 곧 군대를 전멸시키고, 장수를 죽이는 치명적인 결과를 초래할 수 있다. 하여 장수는 스스로도 그 점을 각별히 경계해야 할 것은 물론이거니와, 적장의 성격적 결함(위험성)을 세세히 살펴 최적의 전략적 기변으로 상대를 제압하고 승리를 쟁취토록 하여야 한다.

1

손자께서 말씀하셨다. 무릇 군사를 이끌고 전쟁을 하는 원칙은 장수가 군주에게 명령을 받고, 백성들을 징집해 군대를 조직해 임하게 되는데, 땅이 허물어져 통행하기 어려운 지역에서는 숙영宿營하지 말고, 사통팔달하여 여러 나라와 접경한 지역에서는 각국 제후들과 친교를 맺으며, 후방과 동떨어진 데다 물도 식량도 없어 살아남기 힘든 지역에서는 머물지 말고, 드나들기 어렵고 적에게 포위되기 쉬운 지역에서는 기묘한 계책을 세우며, 나아갈 수도 물러설 수도 없는 막다른 지역에서는 죽을 각오로 싸워야 한다.

아무리 길이라도 가지 않아야 하는 경우가 있고, 아무리 적의 군대라도 공격하지 않아야 하는 경우가 있으며, 아무리 적의 성읍城邑이라도 공취攻取하지 않아야 하는 경우가 있고, 아무리 적의 땅이라도 쟁취하지 않아야 하는 경우가 있으며, 아무리 군주의 명령이라도 받아들이지 않아야 하는 경우가 있다.

그러므로 장수가 다양한 지형에 따른 신축적인 전략 전술의 변화로 얻게 되는 군사 지리적 이점에 정통하다면 진정 용병 전쟁을 아는 것이요, 장수가 다양한 지형에 따른 신축적인 전략 전술의 변화로 얻게 되는 군사 지리적 이점에 정통하지 못하다면, 설령 지형을 잘 안다고 할지라도 그 군사 지리적 이점을 얻어 가질 수는 없다. 또한 장수가 군대를 이끌고 전쟁을 하면서 다양한 기변의 전략 전술을 알지 못하면, 설령 다섯 가지 '하지 않아야 하는 경우'의 이점을 잘 안다고 할지라도 군대의 전투력을 충분히 발휘하게 하지는 못한다.

孫子曰: 凡用兵之法, 將受命於君, 合軍聚衆, 圮地[1]無舍, [2] 衢地[3]交
손 자 왈　 범 용 병 지 법,　장 수 명 어 군,　합 군 취 중　비 지 무 사　구 지 교

合, [4] 絕地[5]無留, 圍地[6]則謀, [7] 死地[8]則戰. 塗[9]有所不由, [10] 軍有所不
합　 절 지 무 류,　위 지 즉 모　사 지 즉 전.　도 유 소 불 유　군 유 소 불

擊, 城有所不攻, 地有所不爭, 君命有所不受. 故將通於九變[11]之地
격,　성 유 소 불 공,　지 유 소 부 쟁,　군 명 유 소 불 수.　고 장 통 어 구 변　지 지

利[12]者, 知用兵矣; 將不通於九變之利者, 雖知地形, 不能得地之利
리 자,　지 용 병 의　 장 불 통 어 구 변 지 리 자,　수 지 지 형,　불 능 득 지 지 리

矣. 治兵[13]不知九變之術, [14] 雖知五利, [15] 不能得人之用[16]矣.
의.　치 병　부 지 구 변 지 술,　수 지 오 리,　불 능 득 인 지 용　의.

주석

1 圮地(비지): 땅이 허물어져 사람이 다니기 어려운 지역. '비'는 무너짐, 허물어짐.

2 舍(사): 멈춤, 머묾. 곧 (군대가) 숙영함, 주둔함을 이름.

3 衢地(구지): 사통팔달하여 여러 나라와 접경接境한 지역. '구'는 사통팔달함.

4 交合(교합): 인접국과 친교를 맺음. 곧 주변국과 우호 관계를 맺어 원군을 확보함을 이름.

5 絕地(절지): 후방과 완전히 단절된 데다 물도 없고, 양초糧草도 없어 살아남기 힘든 지역.

6 圍地(위지): 출입이 어렵고 적에게 포위되기 쉬운 지역.

7 謀(모): 조조가 이른 대로, 기묘한 계책을 내는 것. 곧 적에게 포위되지 않고 곤경

에서 벗어날 수 있는 모략謀略·계책을 세움을 이름.

8 死地(사지): 진퇴가 어려운 막다른 골목으로, 죽기로 싸우지 않으면 살아남기 힘
든 지역.

9 塗(도): 도途와 같음. 길(道).

10 由(유): 말미암음, 경유함. 곧 (어떤 곳을) 거쳐 지나감.

11 九變(구변): 정해진 틀에 얽매이지 않고 그때그때 임기응변으로 전술적 융통성
을 한껏 발휘함을 이름. 여기서는 특히 다양한 지형 조건하에서의 전략 전술의
신축적인 변화, 즉 기변을 가리킴.

12 地利(지리): 땅의 형세에 따라 얻게 되는 (군사적) 이점이나 편리성. 무경본과 앵
전본을 비롯한 여러 판본에는 '지' 자가 없고, 또 아래 '장불통어구변지리자將
不通於九變之利者' 구句에도 '지' 자가 없는 것으로 보아, 원래는 '지리'가 아니라
'리利'로 되어 있었을 가능성이 있기는 하나, 확증이 없는 만큼 일단 그대로 두
고 이해하기로 함.

13 治兵(치병): 군대를 지휘 통솔함. 또 군대를 통솔해 전쟁을 함.

14 九變之術(구변지술): 다양한 기변, 즉 그때그때 신축적으로 변화를 주는 전략
전술. '술'은 (구체적인) 수단과 방법을 이름.

15 五利(오리): 앞에서 말한 "도유소불유塗有所不由"에서 "군명유소불수君命有所不
受"까지의 다섯 가지 "하지 않아야 하는 경우(所不)"의 이점을 가리킴. 일설에는
"비지무사圮地無舍"에서 "사지즉전死地則戰"까지의 다섯 가지 지리地利를 가리킨
다고도 하나, 그에 대해서는 앞서 이미 언급한 바가 있어 설득력이 떨어짐. 한
편 조본학은 '오리'의 '오'는 분명 '지地'의 잘못이라고 함.

16 人之用(인지용): 군인·군사의 작용. 곧 군사·군대의 전투력을 이름.

해설

양군兩軍이 서로 힘겨루기를 하는 전장의 형세는 시시각각으로 변하
게 마련이다. 그러므로 장수가 실제 전세戰勢와 전황戰況에 근거해 그
전략 전술에 신축적인 변화를 주면서, 그때그때 얼마나 능동적으로
대처하느냐 못하느냐는 전쟁의 승패에 직접적인 영향을 끼치게 된다.

하여 손자는 「군쟁편」에 이어서 「구변편」을 배치해 그와 관련된 병법 이론을 설파하였다.

손자가 말하는 '구변', 즉 전략 전술의 신축적인 변화—기변의 주체는 물론 전쟁을 진두지휘하는 장수이며, "장수가 다양한 지형에 따른 신축적인 전략 전술의 변화로 얻게 되는 군사 지리적 이점에 정통하다면 진정 용병 전쟁을 아는 것"이라고 할 수 있다. 손자는 여기서 우선 전장에서 흔히 만나게 되는 몇 가지 상황을 거론하며, 장수가 기변으로 대응하는 전략적 방안을 논하였다. 이른바 "비지무사, 구지교합, 절지무류, 위지즉모, 사지즉전圮地無舍, 衢地交合, 絕地無留, 圍地則謀, 死地則戰"은 곧 전쟁 과정에 군대가 처하게 되는 불리한 위치를 콕 집어, 장수가 결단코 상응한 조치를 취해 가능한 한 피해와 손실을 입지 않도록 하여야 함을 강조한 것이다. 그 가운데 앞의 네 경우는 지형 자체에 치중해, 용병의 지휘자인 장수는 응당 기민하고 적절한 조치와 대응으로 해당 지형의 불리不利와 해악害惡에 빠지지 않도록 하여야 함을 일깨웠다. 반면 마지막의 경우는 전세戰勢의 측면이 가미된 것으로, 지형적 불리는 물론이거니와 전세의 열약劣弱(열등하고 약함)은 더더욱 심각한 악조건인 탓에, 그야말로 죽기를 각오한 '결사決死 분전奮戰'만이 진정 죽음의 땅 '사지'에서 기사회생할 수 있는 유일한 길임을 분명히 하였다.

그리고 이른바 "도유소불유, 군유소불격, 성유소불공, 지유소부쟁, 군명유소불수塗有所不由, 軍有所不擊, 城有所不攻, 地有所不爭, 君命有所不受"는 곧 장수가 지나치게 원칙에 집착해 피해와 손실을 부르고, 급기야 전쟁의 패배를 자초하는 우를 범하지 않도록 하여야 함을 강조한 것이

238

다. 해롭고 불리함을 보면 피하고 막아야 한다는 것은 사실 누구나 다 아는 지극히 당연한 이치다. 하지만 눈앞의 명리名利에 얽매이다 보면 또한 누구나 왕왕 그 당연한 분별력을 잃곤 한다. 전쟁에 임하는 장수와 군대는 너나없이 적군을 물리치고 적의 요새와 진지, 성城을 함락하기 위해 전력을 다한다. 한데 "전쟁은 신속히 승리하는 것을 높이 사며, 오래 끄는 것은 좋게 여기지 않는다(兵貴勝, 不貴久)."(「작전」) 장수가 자칫 분별력을 잃고 실책을 범할 소지는 상존한다는 얘기다. 이에 손자는 다섯 가지 "유소불有所不", 즉 때에 따라서는 '하지 않아야 하는 경우가 있음'을 적시해 장수들이 상황 파악과 사리 분별에 각별히 유의할 것을 촉구하였다.

물론 손자가 말하는 '유소불'은 결코 '필불必不', 즉 반드시(절대로) 하지 않아야 하는 것은 아니다. 구체적인 상황에 의거해 위불위爲不爲를 결정해야 하며, 그 판단의 기준은 유불리有不利·이해득실利害得失 바로 그것이다. 무엇보다 표면적인 눈앞의 작은 이익에 현혹되어 자칫 간과하게 되는 실질적이고 장기적이며 거대한 화난禍難을 경계해야 한다. 예컨대 적이 '작은 이익으로 유인하는(誘之以利)'(「군쟁」) 계략에 걸려들어서는 아니 될 일이다. 따라서 그 같은 상황에서 장수가 행해야 할 '구변'은 탄력적인 기변일 뿐만 아니라, 또한 곧 시비선악을 분명히 가리고, 이해득실을 철저히 따지는 현명함과 명석함이 뒷받침된, 그 야말로 다음 단락에서 말하는 "반드시 그 이해득실을 아울러 따지는(必雜於利害)" 분석과 판단이어야 한다. 하여 설령 임금의 명령이라 할지라도 동일한 자세와 태도를 취하여 실제 상황에 맞고, 적을 무찌르고 승리를 쟁취하는 데 이로운 명령이라면 당연히 그대로 좇아 행해야 할 것이다. 하지만 실제 상황에도 맞지 않고, 적을 무찌르는 데에도 별 소용도 없으며, 심지어 무리한 간섭으로 작전에 방해를 주는 터무니없는 명령이라면 절대로 따라서는 아니 될 것이다. "아무리 군주의 명령이라도 받아들이지 않아야 하는 경우가 있다"는 것은 바로 그러한 얘기다. 이 같은 관점은 곧 「모공편」의 이른바 "군주가 자국 군대에게 오히려 위해危害를 주는 경우가 세 가지이다(君之所以患於軍者三)"와 "장수는 지용智勇을 겸비해 유능하고, 군주는 작전에 간여하지 않으면 승리한다(將能而君不御者勝)"는 논지와 일맥상통한다.

요컨대 '구변', 즉 신축적 기변의 전략을 구사할 수 있는 능력은 장수에게 요구되는 최소한의 자질이자 최고 수준의 자질이라 할 것이다. 하여 손자는 전쟁을 지휘하는 장수라면 응당 '구변지술九變之術'에 정통해야 함을 거듭 강조하였고, '구변'에 능통하지 못한 장수는 용병 전쟁의 책무를 감당할 수 없다는 뜻을 역설하였다. 「계편」에서 손자가 장수의 오덕五德―'지智'·'신信'·'인仁'·'용勇'·'엄嚴' 가운데 '지'를 으뜸으로 꼽은 것 또한 이와 무관하지 않을 것이다.

2

그러므로 지혜로운 장수가 전략을 구상할 때는 반드시 그 이해득실을 아울러 따진다. 불리한 조건에서도 전략의 유리한 측면을 따져 알게 되면 능히 그 임무에 신심信心을 가질 수 있고, 유리한 조건에서도 전략의 불리한 측면을 따져 알게 되면 능히 그 화난禍難을 미연에 방지할 수가 있다.

是故智者¹之慮,² 必雜³於利害.⁴ 雜於利,⁵ 而務⁶可信⁷也; 雜於害, 而
시 고 지 자 지 려   필 잡 어 이 해   잡 어 리   이 무 가 신 야   잡 어 해   이
患⁸可解⁹也.
환 가 해 야

주석

1 智者(지자): 지혜로운 사람, 슬기로운 사람. 여기서는 곧 장수를 두고 이름.

2 慮(려): 사려思慮함, 고려考慮함, 사고思考함, 구상構想함.

3 雜(잡): 섞음. 여기서는 곧 (양 측면을) 아울러 고려함, 가늠함, 따져 봄을 이름.

4 利害(이해): 특정한 전략 전술의 이해득실을 가리킴.

5 雜於利(잡어리): 불리한 상황하에서 유리한 측면을 따져서 앎을 이름.

6 務(무): (작전의) 임무.

7 信(신): 신심을 가짐. 일설에는 신伸과 통하여 펼침, 신장伸張함을 뜻하며, 여기서
    는 실현함, 실행함, 완수함을 이른다고 함.

8 患(환): 화환禍患, 화난.

9 解(해): 해소解消함. 곧 (화난을 미연에) 방지함을 이름.

해설

세상 모든 일에는 이利도 있고, 해害도 있는데, 그 같은 유리한 요소와
유해한(불리한) 요소는 두말할 나위 없이 상호 모순 대립되는 측면이
있다. 하지만 양자는 마냥 외곬으로 상호 대치對峙하는 것만은 아니
며, 일정한 조건하에서는 하나의 통일체 안에 공존하기도 하고, 또 각
기 모순 대립된 측면으로 전환되기도 한다. 유리함이 불리함으로 바
뀌고, 불리함이 유리함으로 바뀔 수 있다는 얘기다.

  진정 지혜로운 장수라면 전략을 세우며 제반 사항을 고려할 때, 절
대로 단편적인 사고에 갇혀 있어서는 아니 되며, 반드시 전면적인 분

석과 고려를 통해 전국全局을 균형감 있게 통찰할 수 있어야 한다. 하여 조조가 이르기를, "유리한 상황 속에서도 불리한 요소를 생각하고, 불리한 상황 속에서도 유리한 요소를 생각한다(在利思害, 在害思利)"고 했듯이, 불리한 조건하에서도 그 내면에 함축된 전략상 유리한 요소와 동력動力을 간파할 줄 알고, 또 유리한 조건하에서도 자칫 초래될 전략상 불리한 요소와 후과後果를 간파할 줄 알아야 한다. 그러면 작전 승리에 대한 신심을 높이면서 능히 군사들의 사기를 진작시킬 수 있을 뿐만 아니라, 불의의 변고와 화난을 미연에 방지함으로써 불필요한 피해와 손실을 최소화할 수가 있다. 사람이 매사에 못내 불안에 떨며 적극 진취하지 못하는 것도 문제이지만, 그렇다고 그저 무분별하고 맹목적인 낙관도 분명 경계해야 할 일이다.

3

그러므로 다른 나라 제후들을 굴복시킴은 그들에게 불리한 것으로 가해加害함으로써 하고, 다른 나라 제후들을 궁지로 몲은 그들에게 위험한 일로 위협함으로써 하며, 다른 나라 제후들을 쉴 틈도 없이 분주하도록 함은 그들에게 작은 이익이 되는 것으로 유혹함으로써 한다.

是故屈諸侯¹者以害, 役²諸侯者以業,³ 趨⁴諸侯者以利.
시 고 굴 제 후 자 이 해   역 제 후 자 이 업   추 제 후 자 이 리

주석

1 諸侯(제후): 다른 나라(특히 적국) 제후들, 또는 다른 제후국들.

2 役(역): 부림(使), 몲(驅). 곧 어떤 대상을 바라는 처지나 방향으로 움직여 가게 함을 이름.

3 業(업): 일(事). 여기서는 위험한 일을 가리킴.

4 趨(추): 달림, 빨리 감. 여기서는 (적으로 하여금) 한껏 분주奔走하여 쉴 겨를이 없게 함을 이름. 일설에는 ~로 향해 간다는 뜻으로, 적이 우리에게 귀부歸附해 옴을 이른다고 함.

해설

앞에서 손자는 훌륭한 장수라면 응당 이해득실을 아울러 따져 볼 줄 알아야 함을 강조하였다. 여기서는 또 그 같은 바탕 위에 상대국과의 이해관계를 적절히 활용해 다른 나라를 마음대로 움직여 굴복시키기도 하고, 궁지에 빠뜨리기도 하며, 한없이 분주해 여념이 없도록 유도하기도 하여야 함을 일깨웠다. 요컨대 전쟁에서 적군을 상대함에는 최대한 그들이 어렵고 힘들어 하는 방향으로 여건과 상황을 조성하고 확대해 그들의 유리함은 불리함으로 전환되고, 불리함은 가일층 증대되게 하여야 한다. 반면 아군으로서는 애초의 유리함을 적극 유지 확대해 나가는 가운데 불의의 화난을 미연에 방지하는가 하면, 또 본디의 불리함은 유리함으로 전환시키도록 해야 할 것이다.

4

그러므로 군사를 이끌고 전쟁을 하는 원칙은 적이 진격해 오지 않기를 기대하지 말고, 우리 스스로가 충분한 대비를 하는 데에 의지하며, 적이 침공해 오지 않기를 기대하지 말고, 우리 스스로가 적이 감히 침공해 오지 못할 전력을 갖추는 데에 의지할 따름이다.

故用兵之法, 無^{1}恃^{2}其^{3}不來, 恃吾有以待^{4}也; 無恃其不攻, 恃吾有
고 용 병 지 법   무 시 기 불 래   시 오 유 이 대 야   무 시 기 불 공   시 오 유

所不可攻也.
소 불 가 공 야

1 無(무): 마라(毋, 勿).
2 恃(시): 의시依恃함, 즉 믿고 기댐·의지함을 뜻하며, 여기서는 기대함, 희망을 걺을 이름.
3 其(기): 적을 가리킴.
4 待(대): 기다림. 여기서는 전쟁 준비·대비를 충분히 하고 기다림을 두고 이름.

해설

유비有備면 무환無患이요, 무비無備면 유환有患이다. 이른바 '유비'와 '무비' 또한 한 쌍의 모순 대립 측면이다. 『손자병법』은 앞서 보았듯이, 적을 상대할 때는 응당 "적의 방비가 없는 상황에서 공격하고, 적이 생각지도 못한 상황에서 출격하여야 함(攻其無備, 出其不意)"(「계」)을 거듭 강조하였다. 그러기 위해서는 허실虛實과 기정奇正에 밝고, 기변과 기만의 전략 전술에 능통하여야 한다. 아울러 아군 스스로는 시시각각 사방팔방으로 대비를 철저히 하고, 경계를 한껏 강화하여야 함을 강조하였다. 왜냐하면 그렇게 해야만 비로소 아군 스스로 "불패不敗의 자리에 서서[立於不敗之地]"(「형」) 적으로 하여금 틈을 탈 수도, 기회를 노릴 수도 없게 할 수 있기 때문이다.

여기서 우리는 네 번이나 쓰인 '시恃' 자에 주목하게 되는데, '시'는 믿고 의지한다는 뜻으로, 곧 기대함, 희망을 걺을 이른다. 용병 전쟁에 있어서는 적이 달려오지 않거나 공격하지 않는 요행을 바랄 것이 아니라, 아군 자신의 충분한 준비, 막강한 전력에 의지하고 희망을 걸어야 한다는 게 손자의 생각이다. 그렇게 하여 스스로에 대한 신심을 높이고, 적에 대한 두려움을 떨쳐버린다면 어떤 사태에 직면해서도 능히 승리를 쟁취할 수 있다. 또한 전쟁과 평화는 상반되면서도 상보적相補的 관계에 있나니, 용감히 전쟁에 임할 수 있을 때 비로소 평화를 말할 수 있으며, 평화를 말하기 위해서는 더더욱 전쟁 준비를 철저히 하고 있어야 한다. 요컨대 전쟁뿐만 아니라, 만사는 유비무환이다.

5

장수에게는 다섯 가지 위험성이 있나니, 죽음을 마다않고 달려드는 적장은 적당히 꾀어 죽이면 되고, 죽음을 두려워하며 어떻게든 살려는 적장은 꾀를 내어 사로잡으면 되며, 성미가 급하고 화를 잘 내는 적장은 업신여기며 조롱하면 되고, 한없이 청렴하고 결백한 적장은 치욕을 주어 흔들면 되며, 백성을 지나치게 사랑하는 적장은 백성을 구원하느라 성가시어 지치게 하면 된다. 무릇 이 다섯 가지는 장수가 자칫 범할 수 있는 과오요, 용병 전쟁 중에 일어날 수 있는 재앙이다. 전쟁에서 군대를 전멸시키고, 장수를 죽이는 것은 필시 이 다섯 가지 위험성 때문이나니, 전쟁을 지휘하는 장수는 이를 자세히 살피고 유의하지 않을 수 없도다.

故將有五危[1]: 必死[2], 可[3]殺[4]也; 必生[5], 可虜[6]也; 忿速[7], 可侮[8]也; 廉
고 장 유 오 위　필 사　가 살 야　필 생　가 로 야　분 속　가 모 야　염

潔[9], 可辱也; 愛民[10], 可煩[11]也. 凡此五者, 將之過也, 用兵之災也.
결　가 욕 야　애 민　가 번 야　범 차 오 자　장 지 과 야　용 병 지 재 야

覆軍[12]殺將, 必以[13]五危, 不可不察也.
복 군　살 장　필 이　오 위　불 가 불 찰 야

주석

1 危(위): 위험성. 여기서는 곧 장수에게 있을 수 있는 치명적인 약점, 결함을 두고 이르는 말임.

2 必死(필사): 죽기를 각오함, 죽음을 불사함. 여기서는 장수가 용맹하기는 하나 지략도 없이 외곬으로 죽기를 마다하지 않으면서 무모하고 또 경솔하게 상대와 맞부딪침을 이름. 이는 물론 장수라면 누구나 염두에 두고 경계해야 할 일반론일 수 있기는 하나, 여기서는 특히 적장을 두고 이르는 것으로 이해됨. 왜냐하면 전략 전술의 신축적인 변화를 강조하는 「구변편」의 논지에 비춰볼 때, 적장이 그 같은 약점을 가지고 있을 때는 각기 신축적인 기변으로 적절히 대처해야 함을 역설한 것이기 때문임. 아래도 이와 같음.

3 可(가): ~하는 게 가可함, ~하면 됨.

4 殺(살): 여기서는 유살誘殺, 즉 유인해 죽임을 이름.

5 必生(필생): 죽음을 두려워하며 기필코(어떻게든) 살려고 함.

6 虜(로): 사로잡음.

7 忿速(분속): 화를 잘 내고 성미가 급함. '분'은 분노함. '속'은 신속함. 여기서는 성미가 급함, 과격함을 이름.

8 侮(모): 모욕함, 경멸함, 조롱함.

9 廉潔(염결): 청렴하고 결백함.

10 愛民(애민): 여기서는 백성을 지나치게 사랑함을 이름. 곧 장수가 전국全局(전체 국면이나 판국)을 크게 보지 못하고, 부인지인婦人之仁, 즉 여인처럼 여린 마음으로 백성을 지나치게 아끼고 사랑하여 자잘한 인정을 베푸는 것도 주저하지 않음을 가리킴.

11 煩(번): 번거롭게 함, 성가시게 함. 곧 적국의 백성들을 괴롭혀서, 적장이 자국

백성들을 구원하고 보호하느라 힘들어 지치게 함을 이름.

12 覆軍(복군): 군대를 전멸시킴. '복'은 복멸覆滅, 즉 어떤 단체나 세력이 뒤집히어 망함. 또 그렇게 망하게 함. 여기서는 군대의 전멸, 멸몰滅沒을 이름.

13 以(이): ~ 때문임, ~으로 인因함임.

해설

손자는 「계편」에서 장수가 갖추어야 할 오덕五德을 강조한 바 있다. 한데 만사가 다 그렇듯이 장수의 자질과 덕목 또한 정도가 지나칠 경우, 그 부작용과 폐해를 우려하지 않을 수 없다. 예컨대 장수가 용맹이 지나쳐 죽음을 불사하고 적진을 향해 무모히 돌진하는 성향이 있다면, 필시 적의 유살지계誘殺之計(유인해 죽이는 계책)에 걸려들기 십상이니, 그 비극적인 후과를 어찌 막을 수 있겠는가? 여기서 손자가 장수에게 있을 수 있는 '다섯 가지 위험성〔五危〕'이자 치명적인 약점을 적시해 경계케 한 것은, 바로 그 같은 견지의 발로이다. 더욱이 "전쟁에서 군대를 전멸시키고, 장수를 죽이는 것은 필시 이 다섯 가지 위험성 때문이나니," 우선은 아군의 장수 스스로도 그 같은 우려가 없는지 각별히 경계하고 또 경계해야 할 일이다. 그리고 적장의 인성 내지 성격적 결함(위험성)을 세세히 간파해 최적의 전략적 기변으로 상대를 제압하고, 최후의 승리를 쟁취할 수 있도록 하여야 한다. 이 「구변편」의 논지에 비춰볼 때, 이는 곧 적장의 인성과 심리를 역이용한 '구변'의 전략이라 할 것이다.

제9편

항군

行軍

오늘날 '행군行軍'이란 군대가 대열을 지어 어느 한 곳에서 다른 한 곳으로 이동하는 것을 말하며, 기본적으로 행군 내지 행진行陣의 행위와 과정 그 자체를 이르는 것 외에는 다른 의미를 내포하지 않는다. 하지만 여기서 말하는 '항군行軍'은 그와는 많이 다르다. 또한 우루쑹이 이른 대로, 이 말의 독음은 '행군'이 아니라 '항군'으로 읽어야 한다. 『손자병법』에서는 '항군'이란 말을 모두 세 차례 쓰고 있는데, 이 「항군편」의 편명 외에는 「군쟁편」과 「구지편」에서 똑같이 "부지산림·험조·저택지형자, 불능항군不知山林·險阻·沮澤之形者, 不能行軍"이라고 한 것으로, 그 모두는 '항군'으로 읽는 것이 옳다. '항군'의 '항'은 진항陣行, 즉 벌여 놓은 진陣의 항오行伍(행렬)의 뜻으로, 군대의 이동 배치와 포진布陣을 말한다. 그리고 '군'은 둔屯의 뜻으로, 군대의 주둔 숙영宿營을 말한다. 따라서 여기서 '항군'이라 함은 곧 전쟁을 수행하면서 행군하는 과정에 이루어지는 '처군處軍'을 말한다. '처군'은 군대가 군사 작전을 수행하는 가운데 갖가지 지형地形 조건하에서 행군하고 숙영하고 전투戰鬪하는 등의 제반 행위를 적절히 조처함을 가리킨다. 결국, 조조가 이른 대로 군사 작전에 유리한 지형을 택해 '항군'하는 것이다. 또한 장예가 이른 대로, '구지九地'의 기변에 통달한 연후에야 비로소 유리한 지형을 골라 '항군'할 수가 있으며, 그렇기 때문에 이 편을 「구변편」 다음에 배치한 것이다. 이렇듯 「구변」·「항군」 두 편은 내용상 전후 연결 관계에 있다.

「항군편」의 내용은 '처군處軍'과 '상적相敵(적정을 살핌)'을 위주로 하면서 치군治軍의 기본 원칙을 부차적으로 덧붙이고 있다. 왕석王晳이 이른 대로, '항군'을 함에는 유리한 지형을 점거하여야 하며, 그러면 적정을 정찰하기에 매우 편리하다. '처군'과 '상적', 즉 상이한 지형 조건에 따라 군대를 배치 지휘하고, 적정을 정찰하는 것은 군사 작전상 대단히 중요한 문제이다.

'처군'의 핵심은 작전상 불리한 지형은 피하고, 유리한 지형을 점거, 이용하기를 잘해야 한다는 것이다. 그것은 물론 아군이 전장에서 시종始終 생활과 생존, '항군'과 작전에 편리한 지역을 차지할 수 있도록 해야 하기 때문이다. 이에 손자는 산악 지역, 수변水邊 지역, 염지鹽地와 소택지沼澤地, 평원 지역 등 네 가지 지형에서의 상이한 '처군' 원칙과 방법을 열거 설명하였다. 또한 아울러 지형 이용의 기본 특징을 귀납해 "무릇 군대가 주둔할 때는 높은 곳을 좋아하고 낮은 곳은 싫어하며, 양지를 선호하고 음지는 기피하나니, 인마人馬가 휴양하며 원기를 회복할 수 있으면서 지세가 높아 거처하고 드나들기에 편리한 곳에 주둔하여야 함(凡軍好高而惡下, 貴陽而賤陰, 養生而處實)"을 강조하였다. 그리고 군대가 진군進軍하는 도중에 극력 피해야 할, 위험한 지형과 적의 복병과 세작이 숨어들 우려가 있는 지형을 열거하면서 경각심을 고취하였다.

'상적'은 곧 적진에서 나타나는 갖가지 현상들을 통해서 적의 동향과 실태, 그리고 그 전략 의도를 정확히 분석 판단하기를 잘해야 한다는 것이다. 이에 손자는 서른두 가지 '상적'의 방법을 논술하였는데, 그것은 곧 전쟁의 주도권을 장악하기 위한 선결 조건이나 다름이 없다.

손자에 따르면, 전쟁에서 병력의 수만 많다고 우세를 담보할 수 있는 것은 아니다. 관건은 얼마나 잘 적정을 정찰하고, 군력軍力을 집중해 승리를 쟁취할 수 있느냐이다. 그러니 적을 얕보고 무모하게 진격하는 것은 더더욱 삼가야 한다. 또한 그래서 '처군'·'상적'은 더더욱 중요할 수밖에 없다.

손자는 편 말미에서 치군, 즉 군대를 관리·통솔하는 기본 원칙을 설명하였다. 그 핵심은 "영지이문, 제지이무令之以文, 齊之以武", 즉 군사들은 인애仁愛와 도의道義로 가르치고, 규율과 징벌로 단속해야 한다는 것이다. 그것은 물론 궁극적으로 "장수가 뭇 군졸들과 서로 친화 단결하여(與衆相得)" 최상의 전투력을 발휘할 수 있도록 하기 위한 것이다.

1

손자께서 말씀하셨다. 무릇 상이한 지형 조건에 따라 군대를 지휘하고, 적정을 정찰할 때에는 다음과 같은 원칙을 지켜야 한다. 산악 지대를 통과할 때는 계곡을 따라서 나아가되, 숙영할 때는 고지대를 점거해 햇볕을 마주 받으며 남면南面하고, 고지高地를 점령하고 있는 적과 전투를 벌일 때는 앙공仰攻을 하지 말아야 한다. 이는 산악 지역에서 작전을 펼치는 군대를 지휘하는 원칙이다.

강을 건넌 다음에는 반드시 강에서 멀리 떨어진 곳에 주둔하며, 적이 강을 건너 진격해 오면 강 가운데서 적을 맞받아치지 말고, 적의 절반이 강을 건너오기를 기다렸다가 공격하는 것이 유리하다. 만약 적과 일전을 벌이고자 한다면 강 가까이에서 적을 맞받아치지 말고, 강 상류의 햇볕을 마주 받는 고지대에 주둔하며 강물의 흐름을 거스르는 하류에 주둔하지 않도록 해야 한다. 이는 수변水邊 지역에서 작전을 펼치는 군대를 지휘하는 원칙이다.

염지鹽地와 소택지沼澤地를 통과할 때는 응당 그곳을 서둘러 벗어나

야지 머물러 있지 않도록 해야 한다. 만약 염지와 소택지 가운데서 적과 교전을 벌인다면 반드시 물이 있고 풀이 우거진 곳 부근에서 나무 숲을 등지고 진을 쳐야 한다. 이는 염지와 소택지에서 작전을 펼치는 군대를 지휘하는 원칙이다.

평원 지역에서는 편편한 땅에 진영을 구축하고, 또한 뒤로는 고지대를 등지는 것이 좋나니, 그렇게 하여 앞쪽은 낮고 뒤쪽은 높은 지대에 주둔하여야 한다. 이는 평원 지역에서 작전을 펼치는 군대를 지휘하는 원칙이다.

무릇 이상의 네 가지 지형 조건하에서의 '처군' 원칙이 갖는 이점은 바로 상고시대 황제黃帝가 주변 네 부족의 수령을 이긴 까닭이다.

孫子曰: 凡處軍[1]相敵[2]: 絕山依谷,[3] 視生[4]處高, 戰隆無登,[5] 此處山
손 자 왈   범 처 군 상 적   절 산 의 곡   시 생 처 고   전 륭 무 등   차 처 산
之軍也. 絕水必遠水[6]; 客[7]絕水而來, 勿迎之於水內,[8] 令半濟而擊
지 군 야   절 수 필 원 수   객 절 수 이 래   물 영 지 어 수 내   영 반 제 이 격
之,[9] 利; 欲戰者, 無附[10]於水而迎客; 視生處高,[11] 無迎水流,[12] 此處
지   이   욕 전 자   무 부 어 수 이 영 객   시 생 처 고   무 영 수 류   차 처
水上之軍[13]也. 絕斥[14]澤,[15] 惟[16]亟[17]去[18]無留; 若交軍[19]於斥澤之中,
수 상 지 군 야   절 척 택   유 극 거 무 류   약 교 군 어 척 택 지 중
必依水草[20]而背眾樹,[21] 此處斥澤之軍也. 平陸處易,[22] 而右背高,[23]
필 의 수 초 이 배 중 수   차 처 척 택 지 군 야   평 륙 처 이   이 우 배 고
前死後生,[24] 此處平陸之軍也. 凡此四軍[25]之利, 黃帝[26]之所以勝四
전 사 후 생   차 처 평 륙 지 군 야   범 차 사 군 지 리   황 제 지 소 이 승 사
帝[27]也.
제 야

주석

1 處軍(처군): 군대를 조처措處함, 지휘·통솔함. 아래에 이어지는 글에 의하면, 이는

곧 갖가지 지형地形 조건에 따른 군대의 행군(행진, 이동)·숙영(주둔)·작전(전투) 등 제 방면에 있어서의 조처를 가리킴. 여기서는 곧 전쟁 과정에 군대를 지휘 통솔하는 원칙을 두고 이름. '처'는 조처함, 처리함, 조치함.

2 相敵(상적): 적정을 살핌, 관찰·정찰偵察함. '상'은 봄(視), 살핌·살펴서 앎(察). 이에는 곧 판단한다는 뜻을 내포함.

3 絕山依谷(절산의곡): 산악 지대를 통과할 때는 계곡을 따라서 나아감. '절'은 (산을) 통과함, 넘어감. '의'는 의부依附, 즉 의지하여 따름.

4 視生(시생): 햇볕을 마주 받으며 남쪽을 향함. '시'는 봄(看). 여기서는 ~을 향함, 면面함을 이름. '생'은 생지生地. 여기서는 향양向陽, 즉 햇볕을 마주 받음, 또 그러한 지대를 이름. 조조는 "'생'이란 햇볕을 뜻한다(生者, 陽也)"고 했고, 이전李筌은 "햇볕을 마주 받음을 일컬어 '생'이라고 한다(向陽曰生)"고 함.

5 戰隆無登(전륭무등): 고지高地를 점령하고 있는 적과 전투를 벌일 때는 앙공을 하지 마라. '륭'은 높음(高). 여기서는 고지에 있는 적을 이름. '무'는 무毋와 같음. ~하지 마라. '등'은 등반登攀. 여기서는 앙공, 즉 아래쪽에서 위에 있는 대상을 향해 공격함을 이름.

6 絕水必遠水(절수필원수): 강을 건너서는 반드시 그 강에서 멀리 떨어진 곳에 주둔함. '절'은 횡단함, 가로(질러) 건넘. '원수'는 물에서 멀리 떨어짐. 여기서는 군대가 주둔하는 위치를 두고 이름. '원'은 동사로, 멀리함, 멀리 떨어짐을 뜻함.

7 客(객): (진격해 오는) 적을 가리킴. 아래도 같음. 리우칭이 이른 대로,『손자병법』에서 말하는 '객'은 적의 경내境內로 진격해 온 군대이고, 그에 맞대응하는 군대는 '주主'로, 해당 지역에서 적을 맞아 싸우는 군대를 가리킴.

8 迎之於水內(영지어수내): 강 가운데에서 건너오는 적을 맞받아침. 한데 그러기 위해서는 아군도 많은 희생을 감수해야 함. '영'은 영격迎擊, 즉 공격하여 오는 적을 나아가 맞받아침. '수내'는 수중水中, 곧 강 가운데. 일설에는 수변水邊, 곧 강가를 이른다고 함.

9 令半濟而擊之(영반제이격지): 적군으로 하여금 (그들의 병력) 절반이 강을 건너오게 한 다음에 그들을 공격함. '영'은 사使와 같음. ~로 하여금 ~하게 함. '반제'는 적군의 반은 강을 다 건너오고, 반은 아직 강을 다 건너오지 못한 상태를 이름. 다시 말해 적이 강을 반쯤 건넜다는 말이 아님. '제'는 (물을) 건넘(渡).

10 附(부): 가까이 함, 근접함.

11 **視生處高**(시생처고): 여기서는 사실상 강의 상류에 주둔해야 함을 이름.

12 **無迎水流**(무영수류): 강물의 흐름을 거스르지 마라. 곧 강의 하류에 주둔하지 말라는 말. '영'은 역逆의 뜻임.

13 **水上之軍**(수상지군): 수변水邊 내지 강변江邊 지역에서 작전을 수행하는 군대.

14 **斥**(척): 염지鹽地, 즉 염분이 스며 있는 땅, 짠땅.

15 **澤**(택): 소택지沼澤地, 즉 늪과 연못으로 둘러싸인 습한 땅.

16 **惟**(유): 응당, 마땅히.

17 **亟**(극): 빨리, 신속히, 서둘러.

18 **去**(거): (어떤 곳에서, 어떤 곳을) 떠남, 벗어남.

19 **交軍**(교군): 양편 군대가 서로 교전함. 곧 적군과 교전을 벌임을 이름.

20 **依水草**(의수초): 물이 있고 풀이 우거진 곳에 의지함, 가까이함, 곧 부근에 자리함(진을 침). '수초'는 물과 풀을 이르며, 물풀을 뜻하는 것이 아님.

21 **背衆樹**(배중수): 나무숲을 등짐, 즉 등 뒤에 둠. '중수'는 수림樹林.

22 **平陸處易**(평륙처이): 평원에서는 편편한 땅에 진영陣營을 구축함. '평륙'은 (드넓은) 평원 지역. '이'는 편편함, 평탄함. 여기서는 그러한 땅을 이름.

23 **而右背高**(이우배고): 그리고 좋기는 뒤쪽으로 고지대를 등짐. '우'는 상上의 뜻으로, 여기서는 ~하는 것이 제일 좋다는 말임. 이는 옛날 사람들이 우측을 위 상位相이 높고 좋은 것으로 숭상한 데에 따른 풀이임. 일설에는 군대의 우익右翼, 또는 주요 익측翼側(측면), 주력主力을 이른다고 함.

24 **前死後生**(전사후생): 앞쪽은 낮고 뒤쪽은 높음. 이는 곧 조조가 이른 대로, 적을 맞아 싸우기에 편한 곳임. '사'는 지형이 낮음[低]을, '생'은 지형이 높음[高]을 각각 이름.

25 **四軍**(사군): 상술한 '산山'·'수상水上'·'척택斥澤'·'평륙平陸' 등 네 가지 지형 조건 하에서의 '처군' 원칙을 가리킴.

26 **黃帝**(황제): 전설상의 상고시대 황하유역의 부족 연맹 수령으로, 화하족華夏族(오늘날 한족漢族의 전신前身)의 시조. 또 헌원씨軒轅氏라고도 함.

27 **四帝**(사제): 황제 당시의 염제炎帝, 치우蚩尤 등 주변 사방의 부족 연맹 수령을 가리킴. 일설에는 상고시대 황하 주변의 부족 수령 적赤·청靑·백白·흑제黑帝를 가리킨다고 함.

전술하였듯이 「항군편」의 주요 내용은 '처군'과 '상적' 그리고 치군의 기본 원칙 등 세 방면에 대한 이야기다. 손자는 편篇 서두에서 말머리를 꺼내면서 곧바로 '처군·상적' 두 방면에 대한 논술을 예고하고 있는데, 먼저 '처군'의 원칙이다.

여기서 '처군'은 다양한 지형 조건에 따른 군대의 이동·숙영·전투 등을 조처하고 지휘하는 방법을 말한다. 그러니 결국 전쟁 과정에 군대를 지휘 통솔하는 원칙을 통칭通稱하는 것으로 이해된다. 손자는 '처군'에 대해 산악 지역[山], 수변 지역[水上], 염지와 소택지[斥澤], 평원 지역[平陸] 등 네 가지 지형으로 나누어 그 방법과 원칙을 논술하였다.

첫째, 산악 지대를 통과할 때는 계곡을 따라 나아가야 하는데, 그것은 장예가 이른 대로, 계곡의 물과 풀을 인마人馬의 음료와 사료로 취하기에 편리하면서, 지형이 험준해 견고히 수비할 수 있는 지대地帶를 등지고 의지할 수 있기 때문이다. 또 숙영할 때는 고지대를 점거해 남면하여야 하는데, 그것은 시야가 탁 트인 데다 지세가 험요險要해 수비하기에 유리하기 때문이다. 그리고 고지의 적과 교전할 때는 앙공하지 말아야 하는데, 그것은 곧 「군쟁편」에서 이른 "고릉물향高陵勿向"과 같은 말로, 공격하기에는 큰 부담과 희생을 감수해야 하는 반면, 수비하기에는 지극히 불리한 지형 조건이기 때문이다.

둘째, 강을 건넌 후에는 강에서 멀리 떨어진 곳에 주둔하여야 하는데, 그것은 장예가 이른 대로, 적을 유인해 강을 건너게 하여 그들을 배수진背水陣의 불리함에 빠뜨릴 수 있는 반면, 아군은 나아가고 물러

남에 거칠 것이 없기 때문이다. 또 강을 건너서 돌진해 오는 적은 강
중江中에서 맞받아치기보다는 적군의 절반이 강을 건넜을 때 공격하
는 게 유리한데, 그것은 그때는 강을 건넌, 적의 전군前軍은 미처 전열
을 가다듬지 못하고, 강을 건너지 못한, 적의 후군後軍은 아직 강중에
있으므로, 기습 공격을 받으면 분명히 큰 혼란에 빠질 것이기 때문이
다. 그야말로 장예가 이른 대로, (그때는) 적의 전열이 정비되지 않고,
수미首尾가 잇닿지 않으므로, 그런 그들을 공격하면 틀림없이 이길 수
가 있다. 또 아군에게 유리하다는 생각으로 적과 일전을 벌이려 한다
면, 절대로 강변에서 적을 맞받아치려 해서는 안 되는데, 그것은 장예
가 이른 대로, 그렇게 하면 적이 강을 건너오지 않을지도 모르기 때문
이다. 반대로 만약 아군에게 불리한 생각이 들어 적과 교전하지 않으
려고 한다면, 강변에서 적에게 맞서 항거함으로써 그들로 하여금 강
을 건너오지 못하게 하는 것이 좋다. 그리고 강 상류의 남면南面 고지
대에 주둔해야 하며, 하류에 주둔하지는 말아야 하는데, 그것은 적이
상류에서 수공水攻(물길을 끊어 급수를 막거나 강물을 막았다가 터뜨려 침수시
켜 공격함)을 펼치거나 강물에 독약을 풀어 위해를 가하는 소행 따위를
방지해야 하기 때문이다.

셋째, 염지와 소택지를 통과할 때는 서둘러 그곳을 벗어나야 하며,
절대 잠시라도 머물지 않도록 해야 하는데, 그것은 염지는 풀도 자라
지 않는 황폐지荒廢地이고, 소택지는 진창이라 전략상 전혀 이롭지 못
한 지형이기 때문이다. 한데 만약 부득이 염지와 소택지 가운데서 적
과 교전을 벌여야 한다면, 반드시 물이 있고 풀이 우거진 곳 부근에서
나무숲을 등지고 진을 쳐야 하는데, 그것은 장예가 이른 대로, 초급樵

汲, 즉 땔나무를 하고 물을 긷는 데에 편리한가 하면, 나무숲을 험조險
阻, 즉 작전에 유용한 위험 지대와 보호벽으로 삼을 수 있기 때문이다.

넷째, 평원에서는 편편한 땅에 진영을 구축하고, 고지대를 등짐으
로써 앞쪽은 낮고 뒤쪽은 높은 지대에 주둔해야 하는데, 그것은 평탄
한 지형은 병거兵車와 기병騎兵을 활용하기에 편리하고, 전저후고前低
後高의 지형은 적을 향해 날쌔게 진격하기에 편리하기 때문이다.

이상에서 손자는 전쟁 과정에 흔히 마주치게 되는 네 가지 지형에
서의 용병 및 지휘의 원칙을 제시하였다. 이 일련의 전략 전술은 각기
지형의 특성에 따라 피차간에 차이를 보인다. 하지만 어느 것 하나 각
각의 지형이 갖는 우세를 이용해 그 가운데에 존재하는 장애와 한계
를 돌파하고 보다 유리한 고지를 점령하기 위한 포석이 아닌 게 없다.

2

무릇 군대가 주둔할 때는 높은 곳을 좋아하고 낮은 곳은 싫어하며,
양지를 선호하고 음지는 기피하나니, 인마人馬가 휴양하며 원기를 회
복할 수 있으면서 지세가 높아 거처하고 드나들기에 편리한 곳에 주
둔하면 군중軍中에 온갖 질병도 발생하지 않을 것이니, 이를 일러 필
승의 전제 조건이라 할 것이다. 구릉이나 제방 지역은 반드시 그 양지
바른 쪽에 주둔하면서 그런 지역을 등지는 것이 좋다. 이 같은 일련의
용병 작전상의 이점은 곧 지형적인 도움으로 얻어지는 것이다.

하천 상류에 비가 내려 물거품이 떠내려 오며 큰물이 닥칠 조짐이
보일 때 물을 건너려 한다면, 반드시 물살이 진정되기를 기다렸다가

건너야 한다.

무릇 위험한 지형으로는 절간絶澗·천정天井·천뢰天牢·천라天羅·천함天陷·천극天隙 등이 있는데, 이들 지역을 지날 때는 반드시 신속히 벗어나야 함은 물론, 그 가까이에 머물지도 말아야 한다. 요컨대 이 여섯 가지 위험 지역을 만나면, 아군은 멀리 피하면서 적군은 가까이 다가가게 하고, 아군은 정면으로 마주하면서 적군은 등지고 의지하게 해야 한다.

군대가 이동하다가 산세가 험준하고 골물이 거센 산악 지역, 지대가 낮고 물이 고인 지역, 갈대 같은 수초水草가 우거진 지역, 나무가 빽빽이 우거진 수풀, 시야를 가릴 정도로 잡초가 무성한 지역을 만나면, 반드시 조심스레 자세히 살피고 구석구석 뒤져 봐야 하나니, 그런 곳들은 바로 적군의 복병과 세작細作이 숨어드는 곳이다.

凡軍[1]好高而惡下,[2] 貴陽而賤陰,[3] 養生而處實,[4] 軍無百疾, 是謂
범 군 호 고 이 오 하 귀 양 이 천 음 양 생 이 처 실 군 무 백 질 시 위
必勝. 丘陵堤防, 必處其陽, 而右背之. 此兵之利, 地之助也. 上[5]
필 승 구 릉 제 방 필 처 기 양 이 우 배 지 차 병 지 리 지 지 조 야 상
雨, 水沫[6]至, 欲涉[7]者, 待其定[8]也. 凡地有絕澗[9]·天井[10]·天牢[11]·天
우 수 말 지 욕 섭 자 대 기 정 야 범 지 유 절 간 천 정 천 뢰 천
羅[12]·天陷[13]·天隙,[14] 必亟去之, 勿近也. 吾遠之,[15] 敵近之; 吾迎[16]之,
라 천 함 천 극 필 극 거 지 물 근 야 오 원 지 적 근 지 오 영 지
敵背[17]之. 軍行[18]有險阻[19]·潢井[20]·葭葦[21]·山林[22]·翳薈[23]者, 必謹覆
적 배 지 군 행 유 험 조 황 정 가 위 산 림 예 회 자 필 근 복
索[24]之, 此伏奸[25]之所處也.
색 지 차 복 간 지 소 처 야

주석
───────────────────────────────────

1 軍(군): 군대가 (막사를 치고 진지를 구축하여) 주둔·숙영함.

2 好高而惡下(호고이오하): 높은 곳을 좋아하고 낮은 곳을 싫어함. '오'는 혐오嫌惡, 즉 싫어하고 미워함. 매요신梅堯臣이 이른 대로, 지대가 높으면 상쾌하고 건조하여 군사들이 편안히 잘 적응할 수 있을 뿐만 아니라 위에서 아래의 적을 내려다보며 공격하기에 편리하지만, 지세가 낮으면 습기가 많아 질병에 걸리기 쉬울 뿐만 아니라 아래에서 위의 적을 상대해 싸우기에 어려움이 있음.

3 貴陽而賤陰(귀양이천음): 양지를 선호하고 음지를 기피함. '귀'는 귀하게 여김, 중시함. 곧 선호함을 이름. '천'은 천시함, 경시함. 곧 기피함을 이름. 장예가 이른 대로, 양지를 선호함은 밝고 쾌적한 데다 질병 또한 만연하기 어렵기 때문이고, 음지를 기피함은 어둡고 우울하여 양생養生 건강에 좋지 않기 때문임.

4 養生而處實(양생이처실): 인마가 능히 휴양생식休養生息하면서도 지세가 높아 거처하고 드나들기에 편리한 곳을 골라 주둔함. '양생'은 휴양생식으로, 여기서는 곧 물과 풀, 양식이 풍족해 인마가 휴양하며 원기를 회복함을 이름. '처실'은 지세가 높은 곳에 주둔함을 이름. 조조는 '실'이 고高의 뜻이라고 함.

5 上(상): 하천의 상류.

6 水沫(수말): 물거품. 이는 곧 큰물이 격류가 되어 흐름을 암시함.

7 涉(섭): (물을) 건넘.

8 定(정): (물살이) 안정됨, 진정됨.

9 絕澗(절간): 깊은 산골짝의 깎아지른 절벽 사이로 골물(谷水)이 흐르는 험준한 지형.

10 天井(천정): 사방은 험준하고(지세가 험하며 높고 가파르고) 가운데만 움푹 꺼진 지형.

11 天牢(천뢰): 험준한 산으로 둘러싸여 있어 어떻게 들어갈 수는 있어도 나오기는 어려운, 흡사 감옥 같은 지형. '뢰'는 뇌옥牢獄, 즉 감옥.

12 天羅(천라): 가시덤불이 빽빽이 우거져 한 번 들어가면 마치 그물에 걸린 것처럼 여간해서는 빠져 나오기 힘든 지형. '라'는 나망羅網, 즉 그물.

13 天陷(천함): 지세가 낮고 진창이 많아 인마가 빠지기 쉬운 지형. '함'은 함정.

14 天隙(천극): 두 산 사이의 계곡이 좁고도 깊어 사람이 다니기에 너무 힘든 심곡深谷 지형. '극'은 (갈라진) 틈.

262

15 之(지): 지시대명사로, 상술한 여섯 가지 위험한 지형을 가리킴.

16 迎(영): 정면으로 마주함.

17 背(배): 등짐. 곧 배면背面, 즉 뒷면에 두고 의지함을 이름.

18 軍行(군행): 행군行軍, 즉 군대가 먼 거리를 이동함. 또 진군進軍, 즉 적을 치러 군대가 나아감.

19 險阻(험조):「군쟁편」제3장 주석 3 참조.

20 潢井(황정): 지대가 낮고 물이 고인 지역. 조조가 이르기를, '황'은 못, 물웅덩이를 뜻하고, '정'은 아래, 낮음을 뜻한다고 함.

21 葭葦(가위): 갈대. 여기서는 이로써 갈대를 비롯한 수초가 우거진 지역을 가리킴.

22 山林(산림): 여기서는 빽빽이 우거진 나무숲을 이름. 무경본에는 '임목林木'으로 되어 있고, 한간본에는 '소림小林'으로 되어 있음.

23 翳薈(예회): 시야를 완전히 가릴 정도로 잡초가 무성한 지역. '예'는 (시야를) 가림, 가로막음. '회'는 (잡초가) 우거짐. 한간본에는 '예회' 뒤에 "가복닉자可伏匿者", 즉 엎드려 숨을 수 있는 곳이란 말이 덧붙여져 있음.

24 覆索(복색): 꼼꼼히 살피고 구석구석 찾음. '복'은 심찰審察, 즉 자세히 살핌. 일설에는 반복함, 되풀이함. '색'은 수색, 즉 구석구석 뒤지어 찾음.

25 伏奸(복간): (적군의) 복병과 세작. '복'은 복병. 일설에는 (몸을) 숨긴다는 뜻이라고 하나, 장예가 이른 대로, '복'과 '간'은 두 가지 서로 다른 일(사람)을 가리킴. '간'은 간자, 간세奸細, 세작.

해설 ────────────────────────

이는 앞 장에서 말한 '처군' 원칙에 대한 부연 설명이다. 손자는 이른바 '필승의 전제 조건'을 제시하는 가운데 '처군' 원칙의 본질적 취지와 의의를 설파하였다. 전장의 지형들은 다양할 수밖에 없고, 또 각각의 지형들은 작전상 그 나름의 이로움과 해로움이 있다. 따라서 훌륭한 장수라면 반드시 그 각각의 지형에 따른 적절한 '처군'으로 용병 작전상 유리한 고지를 점령하여야 한다. 하여 손자는 전장에서 절간·천정·천뢰·천라·천함·천극 등 '육해지지六害之地', 즉 여섯 가지 위험하고 해로운 지형을 만나면, 아군은 멀리 피하거나 정면으로 마주하되, 적군은 가까이 다가가거나 등지고 의지하게 하여야 함을 역설하였다. 그것은 곧 그렇게 하여 아군은 앞으로 나아가고 뒤로 물러남에 자유로울 수 있게 하는 반면, 적군은 행동에 제약을 받을 수밖에 없게 하여, 아군에게는 유리하고 적군에게는 불리한 형세를 조성해야 한다는 얘기다. 그리고 군대가 이동하는 과정에 '험조險阻'·'황정潢井'·'가위葭葦'·'산림山林'·'예회翳薈' 등 다섯 가지 복잡하고 불리한 지형을 만나면, 적의 복병과 세작이 숨어들었을 가능성을 염두에 두고 수색과 경계를 한껏 강화해야 함을 역설하였다.

손자는 「계편」에서 '지地'—지리地利를 전쟁의 승패를 결정짓는 기본 요소인 '오사五事'의 하나로 열거하였다. 그리고 이제 각종 지형 조건에 따라 군대가 마땅히 취해야 할 최적의 대응과 조치를 자세히 논술하였다. 여기서 우리는 손자가 지형 및 지리를 얼마나 중시하고 있는지, 또 그러한 의식과 관점을 관통하고 있는 피해취리避害就利(불리함을 피하고 유리함으로 나아감)와 이환위리以患爲利(불리한 여건을 유리한 여건으로 만듦)의 사상을 엿볼 수 있다.

한편 이 단락에서 한 가지 분명히 짚고 넘어가야 할 것이 있으니, 이른바 "차병지리, 지지조야此兵之利, 地之助也", 즉 지형 조건에 따른 '처군'과 관련한 일련의 용병 작전상의 이점은 바로 지형의 도움으로 얻어지는 것이라는 말의 함의이다. 손자의 말은 결코 지형 조건이 갖는 유리함과 불리함 자체가 전쟁의 승패를 좌우하여 결정한다는 것이 아니다. 관건은 뭐니 뭐니 해도 사람이다. 이를테면 장수가 다양한 지형 조건을 얼마나 적절히 이용하느냐가 전쟁의 승패를 좌우할 수가 있다. 어떤 동일한 지형 조건 하에서 장수 갑은 패배한 반면, 장수 을은 승리할 수 있나니, 승패의 관건은 지형이 아니라 바로 사람인 것이다. 요컨대 사람이 전쟁 승패의 결정적 요소라면, 지형은 단지 보조적인 작용을 할 뿐이다.

3

적군이 아군 가까이 접근해 있으면서도 안정安靜을 유지하는 것은 그들이 험요險要한 지형에 의지하고 있기 때문이다. 적군이 아군에서 멀리 떨어져 있으면서도 군사를 보내 싸움을 거는 것은 우리가 그들의 책략에 걸려들기를 바라기 때문이다. 적군이 편편하고 탁 트인 지역에 주둔하는 것은 그들이 꾀할 이로움이 있기 때문이다. 많은 나무들이 흔들거리는 것은 적군이 나무를 베어 길을 트면서 진격해 온다는 말이다. 적군이 풀숲에 많은 장애물을 설치해 놓는 것은 아군을 의혹에 싸이게 하기 위함이다. 새들이 놀라 날아오르는 것은 적군이 매복해 있다는 말이다. 길짐승이 놀라 달아나는 것은 적군이 천지를 뒤덮을 기세로 기습해 온다는 말이다. 흙먼지가 하늘 높이 똑바로 날려 올라가는 것은 적군의 병거兵車가 진격해 온다는 말이다. 흙먼지가 낮고 넓게 인다는 것은 적군의 보병이 돌진해 온다는 말이다. 흙먼지가 여기저기 분산된 데다 가늘게 끊겼다 이어졌다 하는 것은 적군이 땔나무를 한다는 말이다. 흙먼지가 희소한 데다 여기서 일었다

저기서 일었다 하는 것은 적군이 진지를 구축해 군대를 주둔시킨다는 말이다.

적군이 말을 공손하게 하면서 전투 준비를 강화하는 것은 그들이 진격하겠다는 것이다. 적군이 말을 강경하게 하면서 금방이라도 진격할 태세를 보이는 것은 그들이 퇴각하겠다는 것이다. 적군이 병거兵車를 먼저 출동시켜 대군大軍의 측방側方에 배치하는 것은 전투를 벌이고자 진을 치는 것이다. 적군이 특별한 이유도 없이 강화講和를 청하는 것은 분명 음모가 도사리고 있는 것이다. 적군이 분주히 움직이며 모든 병거의 진형陣形을 갖추는 것은 아군과 결전을 벌이기를 바란다는 것이다. 적군이 진격할 듯 하다가 진격하지 않고, 퇴각할 듯하다가 퇴각하지 않는 것은 아군이 그들의 술책에 걸려들도록 유인하는 것이다. 적군 병사들이 병장기에 몸을 의지해 서 있는 것은 적의 군중에 식량이 부족해 전군全軍이 굶주리고 있다는 것이다. 적군의 물 긷는 병사가 물을 길어서 자신이 먼저 마시는 것은 적의 군중에 물이 부족해 전군이 갈증에 시달리고 있다는 것이다. 적군이 취할 이득이 있는 것을 보고도 진격하지 않는 것은 그들이 피로에 지쳐 있다는 것이다. 적군의 군영에 새들이 모여드는 것은 적영敵營이 군사들은 떠나고 텅 비어 있다는 것이다. 적군 병사들이 밤중에 소리를 지르는 것은 두려움에 떨고 있다는 것이다. 적군의 군중軍中이 어수선하고 소란스러운 것은 장수가 위엄도 권위도 없다는 것이다. 적군의 각종 기旗들이 끊임없이 흔들거리는 것은 그들의 진형陣形과 대오隊伍가 흐트러졌다는 것이다. 적군의 장수가 안달복달하며 화를 잘 내는 것은 적군 군사들이 전쟁에 싫증을 내고 있다는 것이다. 적군이 사람의 양식을 말에게 먹이고, 짐을 나르는 소를 잡아 그 고기를 먹는가 하면, 군영에 매달아 놓은 솥 같은 취사도구를 다 없앤 후, 다시는 군영으로 돌아가지 않는 것은 그들이 궁지에 몰려 결사 항전의 의지를 불태운다는 것이다.

적장이 나직한 목소리와 온화한 태도로 간절히 타이르며 군사들에게 천천히 부드럽게 말을 하는 것은 군사들에게 신임을 잃었다는 것이다. 적군이 군사들에게 빈번히 포상을 하는 것은 상황이 어렵고 구차하다는 것이다. 적군이 군사들에게 빈번히 형벌을 가하는 것은 곤경에 처해 있다는 것이다. 적장이 처음에는 군사들을 포학하게 다루다가 나중에는 또 군사들이 배반할까 두려워하는 것은 군대 지휘에 전혀 정통하지 못하다는 것이다. 적군이 사자를 보내와 예물을 바치며 사과를 하는 것은 휴전休戰을 하고 싶다는 것이다. 적군이 노기가 등등하게 아군과 맞서 버티고 있으면서도 오랫동안 교전도 벌이지 않고, 또 철수도 하지 않는다면, 반드시 신중하게 그들의 의도를 면밀히 살펴봐야 한다.

敵近而靜¹者, 恃²其險³也; 遠而挑戰者, 欲人⁴之進⁵也; 其所居易
적 근 이 정 자 시 기 험 야 원 이 도 전 자 욕 인 지 진 야 기 소 거 이

者, 利也.⁶ 衆樹動⁷者, 來也; 衆草多障者, 疑⁸也. 鳥起⁹者, 伏也; 獸
자 리 야 중 수 동 자 래 야 중 초 다 장 자 의 야 조 기 자 복 야 수

駭¹⁰者, 覆¹¹也. 塵高而銳¹²者, 車來也; 卑¹³而廣者, 徒¹⁴來也; 散而
해 자 복 야 진 고 이 예 자 거 래 야 비 이 광 자 도 래 야 산 이

條達¹⁵者, 樵采¹⁶也; 少而往來者, 營軍¹⁷也. 辭卑¹⁸而益備者, 進也;
조 달 자 초 채 야 소 이 왕 래 자 영 군 야 사 비 이 익 비 자 진 야

辭强而進驅¹⁹者, 退也; 輕車²⁰先出居其側者, 陳²¹也; 無約²²而請和
사 강 이 진 구 자 퇴 야 경 거 선 출 거 기 측 자 진 야 무 약 이 청 화

者, 謀也; 奔走而陳兵車者, 期²³也; 半進半退²⁴者, 誘也. 杖而立者,
자 모 야 분 주 이 진 병 거 자 기 야 반 진 반 퇴 자 유 야 장 이 립 자

飢也²⁵; 汲而先飲者, 渴也²⁶; 見利而不進者, 勞也. 鳥集者, 虛也;
기 야　급 이 선 음 자　갈 야　견 리 이 부 진 자　로 야　조 집 자　허 야

夜呼者, 恐也. 軍擾²⁷者, 將不重²⁸也; 旌旗²⁹動者, 亂³⁰也; 吏³¹怒者,
야 호 자　공 야　군 요 자　장 부 중 야　정 기 동 자　란 야　이 로 자

倦³²也; 粟馬³³肉食³⁴, 軍無懸甀³⁵, 不返其舍³⁶者, 窮寇³⁷也. 諄諄翕
권 야　속 마 육 식　군 무 현 부　불 반 기 사 자　궁 구 야　순 순 흡

翕³⁸, 徐³⁹與人⁴⁰言者, 失衆⁴¹也; 數賞者, 窘也⁴²; 數罰者, 困也⁴³; 先
흡　서 여 인 언 자　실 중 야　삭 상 자　군 야　삭 벌 자　곤 야　선

暴而後畏其衆者, 不精⁴⁴之至也. 來委謝⁴⁵者, 欲休息也. 兵怒而相
포 이 후 외 기 중 자　부 정 지 지 야　내 위 사 자　욕 휴 식 야　병 로 이 상

迎,⁴⁶ 久而不合,⁴⁷ 又不相去,⁴⁸ 必謹察之.
영　구 이 불 합　우 불 상 거　필 근 찰 지

주석

1 靜(정): 안정, 즉 육체적 또는 정신적으로 편안하고 고요함.

2 恃(시): 의시依恃, 즉 믿고 의지함.

3 險(험): 험요, 즉 지세가 험하여 방어하는 데에 중요함. 또 그런 곳.

4 人(인): 다른 사람, 상대방. 여기서는 아군을 가리킴.

5 進(진): 진입함, 들어감. 여기서는 적의 책략·술책에 걸려듦을 이름. 일설에는 진병進兵, 진군進軍, 곧 싸움터로 군사를 내보냄.

6 "其所居(기소거)…" 2구: 이는 장예가 이른 대로, 적이 험요한 곳을 마다하고 편편한 곳에 주둔하는 것은 그들에게 반드시 이로움이 있기 때문인바, 이를테면 상대가 그들의 책략에 걸려들기를 바라기 때문에 일부러 평지에 주둔함으로써 작은 이익을 내보이며 상대를 유인하는 따위일 수 있음. '거'는 거처함. 곧 주둔함, 숙영함을 이름. '이易'는 평이함. 곧 평지平地, 편편하고 넓은 땅을 이름.

7 動(동): (많은 나무들이) 움직임, 흔들거림. 이는 조조가 이른 대로, 적이 우거진 나무를 베어 길을 트면서 진격해 오기 때문임.

8 疑(의): 여기서는 사역동사로, 의혹하게 함, 미혹하게 함을 뜻함. 곧 (상대방에게) 혼란을 줌을 이름. 일설에는 의병疑兵, 즉 적의 눈을 속이기 위해 거짓으로 군사를 꾸밈. 또는 그런 군대 시설. 한데 의병 또한 상대에게 혼란을 주기 위한 것이니, 그 기본 의미는 사실상 다르지 않음.

268

9 **起**(기): 경기驚起, 즉 놀라서 일어남. 곧 (새가) 놀라서 날아오름을 이름.

10 **駭**(해): 놀람. 곧 (들짐승이) 놀라서 달아남을 이름.

11 **覆**(복): 경복傾覆, 즉 뒤집어엎음. 곧 천지를 뒤덮을 맹렬한 기세로 기습해 옴을 이름. 일설에는 복병을 뜻한다고 하나, 앞 구절의 '복伏'의 의미와 중복되어 적절치 않음.

12 **銳**(예): 예직銳直, 즉 날카롭고 곧음. 곧 (흙먼지가) 똑바로 날려 올라감을 이름.

13 **卑**(비): 낮음[低].

14 **徒**(도): 보병, 보졸步卒.

15 **條達**(조달): 작고 가늘면서 끊겼다 이어졌다 함.

16 **樵採**(초채): 채초採樵, 즉 땔나무함.

17 **營軍**(영군): 군영軍營·진지를 구축해 군대를 주둔시킴.

18 **卑**(비): 겸비謙卑, 즉 겸손하게 자기를 낮춤. 곧 공손함.

19 **進驅**(진구): 앞으로 나아가 몰아침. 곧 진격할 태세를 보임을 이름.

20 **輕車**(경거): '치거馳車'라고도 함. 빨리 달리는 가벼운 수레. 곧 전장에서 진격할 때 쓰는 병거兵車·전거戰車를 가리킴.

21 **陳**(진): 진陣과 같음. 포진布陣, 즉 전투를 벌이기 위해 진을 침.

22 **無約**(무약): 정약定約, 즉 약속이나 계약을 정한 것도 없이. 곧 무고無故히, 아무 이유 없이. 일설에는 '곤경에 빠지지 아니하였는데도'라고 하는데, 그것은 '약'을 곤궁, 곤경의 뜻으로 본 데에 따른 풀이임.

23 **期**(기): 기대함, 기구期求함. 여기서는 적군이 아군과 일전을 벌이기를 바람을 이름.

24 **半進半退**(반진반퇴): 진격할 듯이 하다가 진격하지 않고, 퇴각할 듯이 하다가 퇴각하지 않는 모양. 역대 주석가들이 이를 흔히 전열이 정비되지 않아 어지러운 모양으로 풀이해 왔으나, 문맥적 의미상 적절치 않아 보임.

25 **"杖而**(장이)···"2구: 적군이 병기에 기대어 서 있는 것은 곧 적의 군중에 식량이 부족하거나 떨어져 전군이 굶주리고 있다는 말임. '장'은 장仗과 같음. 명사로, 병장기兵仗器, 즉 옛날에 병사들이 쓰던 온갖 무기. 또 동사로, 기댐, 의지함.

26 **"汲而**(급이)···"2구: 적군의 물 긷는 병사가 물을 길어 자신이 먼저 마시는 것은 적의 군중에 물이 부족하거나 떨어져 전군이 갈증에 시달리고 있다는 말임. '급이선음汲而先飮'이 한간본에는 '급역선음汲役先飮'으로 되어 있음. '급'은 물을 길

음. '급역'은 물 긷는 역부役夫, 병사.

27 擾(요): 분요紛擾, 즉 어수선하고 소란스러움.

28 重(중): 위중威重, 즉 위엄이 있고 태도가 무거움.

29 旌旗(정기): 옛날 군대의 각종 기·깃발의 통칭.

30 亂(란): 여기서는 진형과 대오가 흐트러짐을 이름. 일설에는 군기軍紀가 문란하고, 질서가 무너졌음을 이른다고 함.

31 吏(리): 관리官吏. 여기서는 군관軍官, 장리將吏로, 곧 옛날 군대의 주장主將(우두머리 장수)과 부장副將(주장을 보좌하는 장수) 등의 장수를 통칭함.

32 倦(권): 권태倦怠, 즉 어떤 일이나 상태에 시들해져서 생기는 게으름이나 싫증을 느낌을 이름.

33 粟馬(속마): (사람이 먹는) 군량을 말에게 먹임. '속'은 곡식. 곧 양식을 통칭함. 여기서는 동사로 쓰임.

34 肉食(육식): 군사들이 (군수물자를 나르는 소 같은) 가축을 잡아 그 고기를 먹음을 이름.

35 軍無懸瓿(군무현부): 군중에 매달아 놓은 솥 같은 취사도구가 하나도 없음. 곧 파부침주破釜沈舟, 즉 솥을 깨뜨리고 배를 가라앉히는 것처럼 죽기를 각오하고 마지막 결전을 치를 의지를 불태움을 이름. '현'은 매닮, 걺. '부'는 부缶와 같음. (물을 담는) 질그릇 단지, 항아리. 여기서는 취사도구를 통칭함.

36 舍(사): 병사兵舍. 곧 군영을 이름.

37 窮寇(궁구): 궁지에 몰린 적. 여기서는 포위망을 뚫기 위해 결사 항전의 의지를 불태우는 적군을 가리킴.

38 諄諄翕翕(순순흡흡): 나직한 목소리와 온화한 태도로 간절히 타이름. '순순'은 쉬지 않고 말을 늘어놓는 모양, 곡진히(간절히) 타이르는 모양. '흡흡'은 태도가 온화한 모양. 여기서는 나직한 소리로 부드럽게 말하는 모양을 이름.

39 徐(서): 느릿느릿하고 온화한 모양.

40 人(인): 여기서는 병사들을 가리킴.

41 失衆(실중): 중인衆人, 즉 뭇사람의 신임을 잃음. 곧 군사들에게 인심을 잃음.

42 數賞者, 窘也(삭상자, 군야): 빈번히 포상을 하는 것은 상황이 곤군困窘하기 때문임. 이는 두목이 이른 대로, 형세가 어렵고 전력이 열세일 때는 군사들이 배반하지 않을까 두려운 까닭에 빈번히 상을 주어 그들을 기쁘게 해 주면서 달래는

것을 이름. '삭'은 자주, 거듭, 누차, 빈번히. '군'은 곤군, 즉 어렵고 구차함.

43 數罰者, 困也(삭벌자, 곤야): 빈번히 형벌을 가하는 것은 곤경에 처했기 때문임. 이는 장예가 이른 대로, 군사들이 지치고 고달픔이 극에 달하면 부릴 수가 없으므로, 부단히 형벌을 가하여 두려움에 떨게 해 군령軍令의 위엄을 세우는 것을 이름.

44 精(정): 정명精明함, 정통함. 또는 총명함, 현명함.

45 委謝(위사): 위지(委質/委贄)·사죄謝罪, 즉 예물을 바치며 용서를 빎. 이는 완곡한 말로 유감을 표하며 협상이나 담판을 요청함을 이르는 것으로 이해됨.

46 相迎(상영): (상대를) 맞이함. 곧 (상대와) 맞서서 버팀을 이름. 여기서 '상'은 동사 앞에서 일방이 다른 일방에게 어떤 행위를 한다는 뜻을 나타내며, '서로'란 뜻이 아님.

47 合(합): 합전合戰·접전接戰, 즉 서로 맞붙어 싸움. 곧 교전함.

48 相去(상거): 떠남. 곧 철수함, 퇴각함. '상'은 위 '상영相迎'의 '상'과 같음. '상거'가 일부 판본에는 '해거解去(포위를 헤치고 떠남)'로 되어 있는데, 그것을 봐도 '상'이 서로란 뜻으로 풀이해서는 아니 됨을 알 수 있음.

해설

이는 '상적相敵'의 원칙과 방법에 대한 설명이다. '상적'이란 적정을 관찰 내지 정찰해 분석 판단함을 말한다. 그것은 물론 공격 목표를 분명히 해 보다 효율적으로 적을 무찌르고 승리를 쟁취할 수 있는 전략 전술을 수립하기 위한 것이다.

천치티엔이 이른 대로, 여기서 "적근이정자敵近而靜者" 이하 17가지 징후는 모두 전투를 개시하기 전에 적정을 정찰하는 방법을 논한 것이요, "장이립자杖而立者" 이하 15가지 징후는 모두 전투를 진행하는 과정에서 적정을 정찰하는 방법을 논한 것이다. 전투 개시 전에 가장 금기시되는 것은 적군의 동정을 잘 알지 못하면서 무턱대고 방비 전략을 세우는 것이며, 그러므로 앞의 17가지 징후는 모두 마땅히 대비해야 할 일들을 열거한 것이다. 전투 진행 중에 반드시 해야 할 것은 적군의 약점을 찾아내 최적의 공격 전략을 세우는 것이며, 그러므로 뒤의 15가지 징후는 대개 진격하면 될 만한 일들을 열거한 것이다. 다만 마지막 한 가지 징후는 적정이 그다지 명료하지 않은 경우이며, 따라서 대응에 더욱 신중에 신중을 기해야 한다.

이처럼 손자는 전장에서 나타나는 32가지 현상과 그로부터 드러나는 적정을 열거함으로써 '상적'의 원칙과 방법을 일깨워 주었는데, 이는 그야말로 손자의 '상적삼십이법相敵三十二法'이다. 이 '삼십이법'은 대략 크게 두 부류로 나뉜다. 첫째, 전장에서 목도되는 자연 경관의 특징과 변화에 의거해 적정을 관찰 판단하는 것이다. 나무들이 흔들거리고, 풀숲에 많은 장애물이 설치돼 있으며, 새들이 날아오르고, 길짐승이 달아나며, 흙먼지가 다양하게 일어 날리는 모습들, 그리고 군영에 새가 모이는 등의 자연 현상의 변화는 모두 적군의 여러 가지 움직임과 상황에 따른 대응이자 표현이다.

둘째, 전장에서 감지되는 적의 동動·정靜·허虛·실實의 특징과 변화에 근거해 적정을 관찰 판단하는 것이다. 이는 또 두 가지 유형으로 나뉘는데, 먼저 적군의 행동과 태도를 근거로 그들의 상황과 의도를 판단하는 것이다. 적군이 험요한 데에 의지한 경우와 우리가 책략에 걸려들기를 바라는 경우, 뭔가 꾀할 이로움이 있는 경우는 각각 상이한 전략으로 포진해 대적對敵하여야 한다. 적군이 진격하겠다는 경우와 퇴각하겠다는 경우, 휴전하고 싶다는 경우는 각각 사자가 하는 말이 확연히 다르다. 적군이 포진하는 경우와 음모를 꾸미는 경우, 결전을 벌이려는 경우, 아군을 유인하려는 경우는 각각 그들의 움직임에 일정한 특징을 보인다. 다만 적군이 노기를 띠고 아군과 대치하면서도 오랫동안 교전도, 철수도 하지 않는 경우는 그 의도를 간파하기가 쉽지 않은 만큼 위험성이 상당히 높기 때문에 최대한 신중한 대처가 요구된다.

다음은 적군 진영 내부의 표현—동태와 상태를 근거로 그들의 전력과 심리를 판단하는 것이다. 굶주림과 갈증, 피로와 두려움, 진형이 흐트러짐과 전쟁에 싫증을 냄, 장수가 위엄이 없음과 군대가 궁지에 몰려 결사決死함은 모두 각기 그 나름의 징후가 있는 것이다. 이 일련의 현상은 주로 병사들의 표현을 통해 적정을 총체적으로 판단하는 것이다. 그리고 간절하고 부드러이 말하거나 빈번히 포상하고, 빈번히 형벌하며, 군사들을 포학하게 대하다가는 또 그들의 배반을 두려워하는 것 등을 통해서는 곧 적장의 위상과 처지, 심리와 이지理智가 어떠한지를 판단할 수가 있다. 특히 적장은 적군의 모든 전략 전술의 결정권자이자 지휘관인 만큼 그의 면면에 대한 분석과 판단은 더더욱 중요하다.

4

전쟁을 함에 있어 그저 병력만 많다고 좋은 것은 아니다. 오직 자신의 힘만 믿고 무모하게 진격하지 말 것이며, 능히 군대의 힘을 한데 모으고, 적정을 정확히 분석 판단하여 적을 누르고 승리할 수 있으면 족할 따름이다. 요컨대 깊은 생각도 없이 적을 얕보는 자는 필시 적에게 사로잡히고 말 것이다.

兵非益多^{1}也, 惟^{2}無武進,^{3} 足以幷力^4·料敵^5·取人^{6}而已.^{7} 夫惟無慮^8
병 비 익 다 야 유 무 무 진 족 이 병 력 요 적 취 인 이 이 부 유 무 려

而易敵^{9}者, 必擒^{10}於人.
이 이 적 자 필 금 어 인

주석

1 **益多**(익다): 곧 '이다위익以多爲益'의 뜻으로, 많은 것이 이로움(좋음)을 이름.

2 **惟**(유): 유唯와 같음. 오직, 단지, 다만.

3 **武進**(무진): 무력武力, 즉 군사력만 믿고 무모하게 진격함.

4 **幷力**(병력): 합력合力과 같음. 병력兵力을 집중함, 곧 군대의 힘을 합침.

5 **料敵**(요적): 적정을 헤아림, 관찰 판단함.

6 **取人**(취인): 적과 싸워 이김. 일설에는 인심을 쟁취함. 곧 군사들의 신임과 지지를 받음을 이른다고 함. 하지만 이 장章이 전술한 '상적'에 대한 부연인 점을 감안하면, 일설의 풀이는 재론의 여지가 있음.

7 **而已**(이이): ~일 뿐임, 따름임.

8 **無慮**(무려): 심모원려深謀遠慮, 즉 깊은 꾀(계책)와 멀리 내다보는 생각이 없음.

9 **易敵**(이적): 적을 얕봄. '이'는 쉽게 봄, 가볍게 봄. 곧 경시함, 멸시함.

10 **擒**(금): 사로잡음.

해설

전쟁에서 병력이 차지하는 비중은 물론 작지 않다. 하지만 병력이 많은 것만으로는 부족하다. 무엇보다 중요한 것은 어떤 경우에도 능히 적정의 실체를 명확히 알아내 보다 효과적인 전략을 수립한 다음, 전력을 집중해 적에게 치명타를 가한다면 충분히 승리할 수 있다. 반면

적을 얕보면서 자신의 군세軍勢만 믿고 경거망동한다면 비참한 패배를 면치 못할 것이다. 결국 '상적'과 '처군'은 서로 연관되어 있는 것으로, 일종의 '지피지기知彼知己'의 관계라고 할 수 있다. 다시 말하면 어떻게 '처군'하느냐는 곧 '상적'과 밀접한 관계가 있거니와, '상적' 이후 어떤 전략을 수립할 것이냐 또한 곧 아군의 '처군' 상황에 의거하여야 한다.

5

군졸들이 아직 장수와 친근하면서 의지하고 따르지 않는데 그들의 잘못에 대해 징벌을 가하면, 그들은 심복心服하지 않는다. 군졸들이 심복하지 않으면, 그들을 통솔해 전쟁을 하기가 어렵다. 군졸들이 이미 장수와 친근하면서 의지하고 따르는데 그들의 잘못에 대해 징벌을 가하지 않으면, 그들을 통솔해 전쟁을 할 수가 없다. 그러므로 군졸들은 인애仁愛와 도의道義로 가르치고, 규율과 징벌로 단속해야 하나니, 그러한 군대를 이끌고 전쟁을 하면 반드시 승리할 수 있을 것이다. 평소에 법령을 엄격히 집행하면서 군사들을 가르치고 이끌면, 그들은 기꺼이 믿고 따를 것이다. 하지만 평소에 법령을 엄격히 집행하지 않으면서 군사들을 가르치고 이끌면, 그들은 결코 믿고 따르지 않을 것이다. 요컨대 평소 법령을 엄격히 집행할 수 있다는 것은 곧 장수가 뭇 군졸들과 서로 친화 단결하기 때문이다.

卒未親附¹而罰之, 則不服; 不服, 則難用²也; 卒已親附而罰不行,
졸 미 친 부 이 벌 지   즉 불 복   불 복   즉 난 용 야   졸 이 친 부 이 벌 불 행

則不可用也. 故令³之以文,⁴ 齊⁵之以武,⁶ 是謂必取.⁷ 令⁸素行以教其
즉 불 가 용 야   고 령 지 이 문   제 지 이 무   시 위 필 취   영 소 행 이 교 기

民,⁹ 則民服; 令不素行以教其民, 則民不服. 令素行者, 與衆相得¹⁰
민   즉 민 복   영 불 소 행 이 교 기 민   즉 민 불 복   영 소 행 자   여 중 상 득

也.
야

주석

1 親附(친부): 친근親近 의부依附, 즉 (군사들이 장수와) 친근하면서 의지하고 따름.

2 用(용): 사용함. 여기서는 군사를 부려(통솔해) 전쟁을 함을 이름.

3 令(령): 가르침.

4 文(문): 인의지도仁義之道, 인애仁愛와 도의道義. 황푸민黃樸民은 이를 정신 교육과 물질적 격려를 두고 하는 말이라고 함.

5 齊(제): 가지런하게 함. 곧 바로잡음, 단속함, 다스림을 이름.

6 武(무): 규율과 징벌. 황푸민은 이를 군기軍紀·군법과 중형重刑·엄벌을 두고 하는 말이라고 함.

7 取(취): 취승取勝, 즉 승리를 차지함. 일설에는 군사들의 신망을 얻음을 이른다고 함.

8 令(령): 법령, 군령軍令, 규칙.

9 民(민): 민중. 여기서는 특히 군사들을 가리킴.

10 得(득): 상득相得함, 즉 서로 뜻이 맞아서 잘 통하는 상태에 있음. 곧 친화 단결함을 이름.

해설

이는 치군·부중附衆(장수가 군사들로 하여금 자신에게 의지하고 따르도록 이끎)의 원칙에 대한 설명이다. 그 핵심은 "영지이문, 제지이무令之以文, 齊之以武", 즉 군졸들은 인애와 도의로 가르치고, 규율과 징벌로 단속해야 한다는 것이다.

이른바 치군은 기본적으로 군대 내부의 인간관계를 보다 원만히 하여 장졸 상호간의 친화 단결을 강화하는 것이다. 그러므로 장수는 일차적으로 군졸들과의 우의를 돈독히 다지고, 동고동락 환난여공患難與共(환난을 함께 이겨냄)하면서 진실로 그들을 감동·감화시켜야 한다. 그러면 그들은 냉혹한 전장에서 장수를 심복하며 기꺼이 분전할 것이다. 장수는 또한 동시에 군대의 기강을 확립함으로써 고도의 군사적 집중과 통일을 유지하도록 하는 데에 유의해야 한다. 군기의 엄정 여부는 곧 군대가 강력한 전투력을 보유하고 있느냐 그렇지 않느냐를 판단하는 중요한 준거의 하나이다. 군대는 그야말로 무장武裝 집단인 만큼 그 특수한 직능과 임무로 인해 엄격한 기강과 기율은 필수 불가결한 것이다. 이처럼 인간적 소통과 교감交感에 엄정한 기강이 더해지면서 군대의 전투력은 극대화되고, 나아가 최후의 승리를 차지하게 됨은 당연한 일일 것이다.

제10편

지
형

地
形

지형이란 각종 지리적 요소와 조건의 총체적 형상으로, 전쟁 현장에서의 그 작용과 의의는 결코 간과할 수 없는 것이다. 「지형편」은 전략 전술상 지형 이용의 중요성과 갖가지 지형 조건하에서 취할 수 있는 최적의 전략 전술의 기본 원칙을 집중적으로 논술하였다. 앞의 「항군편」에서도 이미 전장의 지형 조건에 관한 문제를 논한 바 있는데, 손자는 곧 「항군」·「지형」 두 편에서 모두 지형에 대한 전략적 견해를 피력하고 있다. 다만 양자는 그 초점에 차이가 있는데, 전자는 군대가 작전 과정에서 행군하거나 숙영하는 등 '처군'하는 데에 초점을 맞추고 있는 반면, 후자는 전장에서 적군을 상대로 전투를 펼치는 데에 초점을 맞추고 있다.

여기서 손자는 먼저 각종 지형의 지리적 특징과 그 대對작전 영향 등을 고려해, 전장의 일반적인 지형을 여섯 가지로 분류 열거하는가 하면, 그 각각의 지형에 따른 적의適宜한 용병 전략과 방법을 구체적으로 일러 주었다. 아울러 "무릇 지형이란 용병 전쟁의 보조적인 조건일 뿐임(夫地形者, 兵之助也)"을 전제하면서, 전쟁 지휘의 책임을 맡은 장수는 마땅히 다양한 지형의 전략적 이용에 대한 철저한 연구에 심혈을 기울여야 함을 강조하였다. 이는 곧 장수의 능동적이고 주관적인 지휘 통솔이 전쟁의 승패를 좌우하는 결정적 요인임을 부각한 것이다.

그리고 손자는 전쟁에서 패배에 이르는 여섯 가지 상황, 즉 '육패六敗'를 열거하면서, 그 모든 것은 "결코 천재天災가 아니라 장수의 과오에서 비롯된 것들임(非天之災, 將之過也)"을 분명히 하였다. 그것은 곧 장수의 지휘 책임이 얼마나 막중한가와 지휘 미숙이 초래하는 후과가 얼마나 심각한가를 일깨움으로써 경계케 한 것이다.

손자는 또 장수는 응당 '전도戰道', 즉 전쟁의 법칙 내지 원칙을 따라야 함을 역설하였다. '전도'란 달리 말하면, 곧 전쟁의 전개와 발전의 필연적 추세로서, 피아의 실정實情·지형의 실상實相 등에 대한 종합적인 분석과 평가의 결과로부터 도출된 전략적 판단이자 원칙이라 할 것이다. 요컨대 현능한 장수라면 "적을 알고 나를 알며(知彼知己)" "천시天時를 알고 지리地利를 알아서(知天知地)" 능히 "승리를 쟁취하는 데 위험이 따르지 않고(勝乃不殆)" "승리를 쟁취하는 게 끊임이 없을(勝乃不窮)" 수 있어야 한다는 것이다.

손자는 장수에게 엄격한 도덕적 자질과 품성을 요구하였는데, "진격함에 승전의 공명功名을 추구하지 않고, 퇴각함에 항명抗命의 죄책罪責을 회피하지 않으며, 오로지 백성을 안전하게 보호하는(進不求名, 退不避罪, 唯人是保)"데에 성심을 다해야 한다는 것이다. 또한 장졸將卒 간의 이상적인 관계를 유지하기 위한 준칙을 천명하기도 하였다. 장수는 당연히 군졸들을 인애해야 하되 '아이들을 버릇없이 키우는(驕子)'

식式의 치군治軍은 안 된다는 것이니, 곧 은위恩威(은혜와 위엄)를 병행 결합하는 것이 답이란 애기다.

1

손자께서 말씀하셨다. 전장의 지형에는 '통通' 즉 사통팔달하는 지형, '괘掛' 즉 들어가기는 쉬워도 나오기는 어려운 지형, '지支' 즉 피아彼我가 모두 험요險要를 점거해 대치할 수 있는 지형, '애隘' 즉 두 산사이 협곡의 좁고 험한 지형, '험險' 즉 산은 높고 물은 깊어 험악한 지형, '원遠' 즉 피아 사이의 거리가 먼 지형 등 여섯 가지가 있다. 아군도 갈 수 있고, 적군도 올 수 있는 지형을 일컬어 '통'이라고 한다. 통형通形에서는 적군보다 먼저 지세가 높고 양지바른 곳을 점거해 원활한 보급로를 확보 유지하면서 전투를 벌이면 유리하다. 들어가기는 쉬워도 나오기는 어려운 지형을 일컬어 '괘'라고 한다. 괘형掛形에서는 적군이 방비를 하고 있지 않으면 출격하여 그들을 무찌를 수 있지만, 적군이 만약 방비를 하고 있으면 출격하여도 그들을 무찌를 수 없고, 또 되돌아 나오기도 어려우니, 불리하다. 아군이 출격해도 불리하고, 적군이 출격해도 불리한 지형을 일컬어 '지'라고 한다. 지형支形에서는 적군이 설령 아군을 작은 이익으로 유인하여도 결코 출격하지 말아야 하며, 오히려 군대를 이끌고 짐짓 그곳에서 퇴각하는 척하면서 적군을 유인해, 그들이 절반 정도 출격했을 때 군대를 돌려 그들을 공격하는 것이 유리하다. 그리고 애형隘形에서는 아군이 먼저 그곳을 점거한 후, 반드시 그 어귀에 군대를 가득 배치해 견고히 지키면서 적의 내침來侵에 맞서야 한다. 만약 적군이 먼저 그곳을 점거한 후 그 어귀에 군대를 가득 배치해 견고히 지키고 있으면 무리하게 진격하지 말아야 하고, 적군이 그 어귀에 군대를 가득 배치해 견고히 지키고 있지 않으면 그들을 공격해도 된다. 험형險形에서는 아군이 먼저 그곳을 점거한 후, 반드시 지세가 높고 양지바른 곳을 차지하고 적의 내침에 맞서야 한다. 만약 적군이 먼저 그곳을 점거하고 있으면, 반드시 군대를 이끌고 퇴각하며 진격하지 말아야 한다. 원형遠形에서는 피차 점거한 지형이 엇비슷하여 적군에게 싸움을 걸기가 어려우므로, 무리하게 나가싸우면 불리하다. 무릇 이 여섯 가지는 전장에서 지형을 이용하는 기본 원칙이요, 장수가 수행해야 할 중대한 임무이나니, 자세히 살피고 유의하지 않을 수가 없도다.

孫子曰: 地形¹有通²者, 有挂³者, 有支⁴者, 有隘⁵者, 有險⁶者, 有遠⁷
손 자 왈   지 형 유 통 자   유 괘 자   유 지 자   유 애 자   유 험 자   유 원
者. 我可以往,⁸ 彼可以來, 曰通. 通形者, 先居⁹高陽,¹⁰ 利¹¹糧道¹²
자   아 가 이 왕   피 가 이 래   왈 통   통 형 자   선 거 고 양   이 양 도
以戰則利. 可以往, 難以返,¹³ 曰挂. 挂形者, 敵無備, 出而勝之; 敵
이 전 즉 리   가 이 왕   난 이 반   왈 괘   괘 형 자   적 무 비   출 이 승 지   적
若有備, 出而不勝, 難以返, 不利. 我出而不利, 彼出而不利, 曰支.
약 유 비   출 이 불 승   난 이 반   불 리   아 출 이 불 리   피 출 이 불 리   왈 지
支形者, 敵雖利¹⁴我, 我無¹⁵出也; 引而去之,¹⁶ 令¹⁷敵半出而擊之,
지 형 자   적 수 리 아   아 무 출 야   인 이 거 지   영 적 반 출 이 격 지
利. 隘形者, 我先居之, 必盈之¹⁸以待敵¹⁹; 若敵先居之, 盈而勿從²⁰
리   애 형 자   아 선 거 지   필 영 지 이 대 적   약 적 선 거 지   영 이 물 종

不盈而從之. 險形者, 我先居之, 必居高陽以待敵; 若敵先居之, 引
불 영 이 종 지　험 형 자　아 선 거 지　필 거 고 양 이 대 적　약 적 선 거 지　인

而去之, 勿從也. 遠形者, 勢均,²¹ 難以挑戰, 戰而不利. 凡此六者,
이 거 지　물 종 야　원 형 자　세 균　난 이 도 전　전 이 불 리　범 차 륙 자

地之道²²也, 將之至任,²³ 不可不察也.
지 지 도　야　장 지 지 임　불 가 불 찰 야

주석

1 **地形**(지형): 지세地勢. 이는 곧 지모地貌와 지물地物의 총칭總稱. 지모는 땅 표면의 생김새로, 고저高低·기복起伏 등의 상태를 이름. 지물은 땅 위에 존재하는 나무나 건물 등의 물체를 이름.

2 **通**(통): 통달通達함, 즉 막힘없이 환히 통함. 곧 광활하고 평탄하며 사통팔달하는 지역, 지형을 가리킴.

3 **挂**(괘): 걺, 매닮. 또 (매달아 높은 물체 같은) 장애(물). 곧 앞은 높고 뒤는 낮거나 앞은 편편하고 뒤는 험준하여, 들어가기는 쉬워도 나오기는 어려운 지형을 가리킴.

4 **支**(지): 지지支持함, 지탱함. 곧 피아 쌍방이 모두 험요險要(지세가 험하여 방어하는 데에 중요한 곳)를 점거해 대치할 수 있는 지역으로, 누구든 먼저 나오는 쪽이 불리한 만큼 쉽게 출격하기 어려운 지형을 가리킴.

5 **隘**(애): 협애狹隘함, 즉 지세가 좁고 험함. 곧 험준한 두 산 사이의 협곡 지대를 가리킴.

6 **險**(험): 험준함, 험악함. 곧 산은 높고 물은 깊어 행동하기 어려운, 험악한 지형을 가리킴.

7 **遠**(원): 곧 피아 사이의 거리가 먼 지형을 가리킴.

8 **往**(왕): (그곳으로) 나아감, 들어감.

9 **居**(거): 점거占據함, 점령함.

10 **高陽**(고양): 지세가 높고 양지바른 곳.

11 **利**(리): 여기서는 동사로, (보급로를) 편리하게 (유지)함, 곧 막힘없이 (원활히) 잘 통하게 함을 뜻함.

12 **糧道**(양도): 군량을 나르는 길. 곧 보급로補給路, 군수로軍需路를 이름.

13 **返**(반): (원래 자리로) 되돌아옴. 여기서는 (나아갔던 곳에서) 되돌아 나옴을 이름.

14 **利**(리): 여기서는 동사로, 작은 이익을 미끼로 상대를 유인함을 뜻함.

15 **無**(무): 무毋와 같음. ~하지 마라.

16 **引而去之**(인이거지): 군대를 이끌고 그곳에서 퇴각하는 척함. '인'은 인솔함, 이
끎. '거'는 (그곳에서) 떠남, 곧 퇴각함.

17 **令**(령): 사使와 같음. ~로 하여금 ~하게 함. 여기서는 곧 (적이) ~하도록 유인함
을 이름.

18 **盈之**(영지): 군대를 애구隘口, 즉 협곡 어귀에 가득 배치해 견고히 지킴. '영'은
만滿과 같음. 가득 참, 충만함. '지'는 지시대명사로, '애형'의 협곡 내지 그 어귀
를 가리킴.

19 **待敵**(대적): 적을 기다림. 곧 적의 내침에 대비함, 맞섬을 이름.

20 **勿從**(물종): 적진으로 진격하지 마라. '종'은 (적의 의도대로) 따름. 곧 적진을 향해
진격함을 이름.

21 **勢均**(세균): 이를 맹씨孟氏와 장예는 '병세兵勢'가 균등함을 이른다 하고, 두우杜
佑는 '지세地勢'가 균등함을 이른다고 함. 다만 이 「지형편」은 '지형'에 중점을
두고 있는 만큼, 두우의 견해가 보다 적절한 것으로 판단됨.

22 **道**(도): 원칙, 법칙.

23 **至任**(지임): 지극한 임무. 곧 대임大任을 이름.

해설

손자는 「지형편」의 말머리를 꺼내면서, 군대가 전쟁 중에 흔히 만나게
되는 여섯 가지 지형, 즉 통형, 괘형, 지형, 애형, 험형, 원형을 열거 제
시하였다. 그리고 그 각각의 특징과 개념을 정리하는가 하면, 그러한
서로 다른 지형 조건하에서 마땅히 취해야 할 전략 전술의 원칙과 방
법을 일깨워 주었다. 지형에 대한 손자의 분석과 논술은 단순히 자연
환경의 측면에 머물러 있는 것이 아니라, 군사 작전상 어떻게 대처하
여야만 비로소 유리한 고지를 점할 수 있을 것인가 하는 관점에 입각
하고 있다. 전쟁에서 지형 자체는 단지 객관적인 조건에 불과하다. 따

라서 각종 지형 조건하에서 어떻게 대처하는가는 전적으로 지휘관 장수의 주관적인 능동성과 적극성에 달려 있다. 전장에서 피아 쌍방은 전략상 유리한 지형을 놓고 쟁탈전을 벌이게 되는데, 유리한 지형을 점거한 쪽은 전법戰法의 운용에 있어 한결 능동적일 수 있는 데다 융통과 변통의 여지 또한 많을 것이다. 요컨대 손자가 강조한 대로, 이상의 여섯 가지 지형 이용의 원칙은 전쟁을 지휘하는 장수가 자세히 살피고 유의하여 성공적으로 실행하여야 할 중대한 책무이다.

2

무릇 패군敗軍에는 '주走'·'이弛'·'함陷'·'붕崩'·'난亂'·'배北' 등의 경우가 있다. 이 여섯 가지는 결코 천재天災가 아니라 장수의 과오에서 비롯된 것들이다. 대개 피아의 지리적 형세가 엇비슷한 상황에서 아주 적은 병력으로 열 배나 되는 적의 대군을 공격하다가 패주하는 경우를 일컬어 '주'라고 한다. 군졸들은 용맹하나 장수가 유약하여 패배하는 경우를 일컬어 '이'라고 한다. 장수는 용맹하나 군졸들이 유약하여 패배하는 경우를 일컬어 '함'이라고 한다. 부장副將이 주장主將에게 화가 나서 명령에 불복하다가, 적을 만나자마자 주장을 원망하며 제멋대로 출전하지만, 주장이 그의 능력을 잘 알지 못해 패배하는 경우를 일컬어 '붕'이라고 한다. 장수가 유약하고 위엄이 없는 데다 군졸들을 교육하고 훈련시키는 데도 미숙하여 장졸將卒 상하上下간에 기율도 없고, 병력의 배치도 뒤죽박죽이어서 패배하는 경우를 일컬어 '난'이라고 한다. 장수가 적정을 정확히 살펴 알지 못하고 적은 병력으로 많은 적군과 맞붙어 싸우는가 하면, 약한 군대로 강한 적군을 공격하는 데다 용병 작전에 정예 선봉대조차 투입하지 아니하여 패배하는 경우를 일컬어 '배'라고 한다. 무릇 이 여섯 가지는 군대가 패배하는 근본 원인이요, 장수가 져야 할 막중한 책임이나니, 자세히 살피고 유의하지 않을 수가 없도다.

故¹兵²有走³者, 有弛⁴者, 有陷⁵者, 有崩⁶者, 有亂⁷者, 有北⁸者. 凡此
고 병 유주 자 유이 자 유함 자 유붕 자 유란 자 유배 자 범차

六者, 非天之災, 將之過也. 夫勢均,⁹ 以一擊十,¹⁰ 曰走. 卒强¹¹吏¹²
륙자 비천지재 장지과야 부세균 이일격십 왈주 졸강 리

弱, 曰弛. 吏强卒弱, 曰陷. 大吏¹³怒而不服, 遇敵懟¹⁴而自戰,¹⁵ 將不
약 왈이 이강졸약 왈함 대리 노이불복 우적대 이자전 장부

知其能, 曰崩. 將弱不嚴, 教道不明,¹⁶ 吏卒無常,¹⁷ 陳兵¹⁸縱橫¹⁹ 曰
지기능 왈붕 장약불엄 교도불명 이졸무상 진병 종횡 왈

亂. 將不能料敵,²⁰ 以少合²¹衆, 以弱擊强, 兵無選鋒,²² 曰北. 凡此六
란 장불능료적 이소합 중 이약격강 병무선봉 왈배 범차륙

者, 敗之道²³也, 將之至任, 不可不察也.
자 패지도 야 장지지임 불가불찰야

주석

1 故(고): 무릇. 「작전편」 제5장 주석 1 참조.

2 兵(병): 군대. 여기서는 패군, 즉 싸움에 진 군대를 가리킴.

3 走(주): 패주敗走, 즉 싸움에 져서 달아남.

4 弛(이): 해이解弛, 즉 긴장이나 규율 따위가 풀려 마음이 느슨함. 곧 장수가 유약柔弱하고 무능하여 군대 기강이 무너져 통제하기 어려움을 이름.

5 陷(함): 함몰陷沒, 즉 재난을 당하여 멸망함. 곧 장수는 비록 용맹 강경强勁하나 군사들의 전투력이 부족해, 적군과의 전투에서 장수가 고군분투하다가 결국은 패몰敗沒(싸움에 져서 죽음)을 당하고 맒을 이름.

6 崩(붕): 붕궤崩潰·붕괴崩壞, 즉 무너지고 깨어짐. 곧 궤패潰敗·괴패壞敗, 즉 적의 공

격을 받고 궤멸하여 패함을 이름.

7 亂(란): 전열, 대오가 흐트러짐, 어지러움.

8 北(배): 패배·패퇴敗退함.

9 勢均(세균): 곧 지리적 형세가 균등함을 이름.

10 以一擊十(이일격십): 하나의, 즉 지극히 적은 병력으로 그 열 배나 되는 적의 대군을 공격함.

11 强(강): 강한强悍, 즉 군세고 강함. 곧 용맹함을 이름.

12 吏(리): 관리. 여기서는 군관軍官, 장리將吏로, 곧 주장主將(우두머리 장수)과 부장副將(주장을 보좌하는 장수) 등의 장수를 통칭함. 주장은 대장大將 또는 총수總帥(총지휘관)라고도 하고, 부장은 소장小將 또는 편장偏將이라고도 함.

13 大吏(대리): 선임先任 부장·편장. 곧 주장의 부하 장수를 가리킴.

14 懟(대): 원망함, 불만함.

15 自戰(자전): 독자적으로(독단적으로, 제멋대로) 출전함.

16 教道不明(교도불명): 군사들을 가르치고 이끄는 데, 즉 치군治軍에 밝지 못함, 미숙함. '교도'는 교도教導와 같음. 여기서는 곧 (군사들에 대한) 교육과 훈련을 이름.

17 無常(무상): 기율紀律이 없음. '상'은 상규常規, 기율, 질서.

18 陳兵(진병): 병력을 배치함. 또 병거兵車를 진열해 진을 침. '진'은 진陣과 같음.

19 縱橫(종횡): 난잡하고 두서가 없음, 뒤죽박죽임.

20 料敵(요적): 적정을 분석 판단함. '요'는 헤아림, 살펴서 알아냄.

21 合(합): 합전合戰·접전接戰, 즉 서로 맞붙어 싸움.

22 選鋒(선봉): 정예병을 정선精選해 조직한 선봉대先鋒隊.

23 道(도): 여기서는 근원, 원인을 이름.

해설

손자는 전쟁에서 패배할 수밖에 없는 경우로 '주'·'이'·'함'·'붕'·'난'·'배' 등 여섯 가지를 들어 설명하였다. 또한 이 여섯 가지 패배의 원인은 바로 총지휘관 장수의 과오요, 책임임을 강조하면서 각별히 경계케 하였다. 후세에 이른바 '육패六敗'로 일컬어지는 이 여섯 가지 패배는 객관적인 여건이나 원인과는 직접적인 관련이 없으며, 오히려 장수의 주관적인 과오의 소치임이 분명하다. 리링李零이 이른 대로, '육패'의 상황은 세 유형으로 나눌 수 있다. 첫째, '주'와 '배'는 작전 지휘의 부당함으로 인해 군사들의 패주와 패퇴를 초래한 경우로, 지휘의 부당함은 당연히 장수의 책임이다. 둘째, '이'와 '함'은 군대 관리가 부당한 경우로, 관리란 지나치게 느슨하거나 엄격해도 좋지 않고, 지나치게 약하거나 강해도 좋지 않다. 이 같은 관리상의 문제 또한 장수의 책임임은 두말할 나위가 없다. 셋째, '붕'과 '난'은 진형陣形의 난맥상으로, 복합적인 문제점을 안고 있다. 부장이 주장에게 화가 나서 명령에 불복하는 것은 주장이 그의 능력을 알아주지 못하기 때문이요, 장졸 상하 간에 기율도 없고, 병력의 배치도 뒤죽박죽인 것은 장수가 유약하고 위엄이 없기 때문이다.

전쟁에서의 패배는 객관적인 여건과 환경에 영향을 받기도 하지만, 인위人爲로 인해 초래되는 것이 보다 근본적인 원인이다. 특히 총지휘관을 비롯한 각급 지휘관 장수의 미숙未熟과 과오는 쉬이 전군에, 나아가 국가 사회에 크고 작은 재앙을 가져도 준다. 바꿔 말하면 손자가 「작전편」에서 강조한 대로, 용병 전쟁의 원칙에 밝은 훌륭한 장수는 그야말로 능히 민중의 생명과 운명을 책임지고, 국가의 안위와 존망을 좌우하는 존재이다.

3

무릇 지형이란 용병 전쟁의 보조적인 조건이다. 적정을 정확히 파악해 승리하기 위한 전략을 수립하며, 지형의 험요險要와 도로의 원근遠近을 세세히 살피는 것은 현능한 장수가 견지하는 전쟁의 원칙이다. 이러한 이치를 알고 전쟁을 지휘하는 장수는 반드시 승리할 것이요, 이러한 이치를 알지 못하고 전쟁을 지휘하는 장수는 반드시 패배할 것이다. 그러므로 전쟁의 원칙에 비춰 보아 반드시 이길 가능성이 있다면, 설령 군주가 출전하지 말라고 하더라도 반드시 출전함이 옳을 것이요, 전쟁의 원칙에 비춰 보아 결코 이길 가능성이 없다면, 설령 군주가 반드시 출전하라고 하더라도 오히려 출전하지 않음이 옳을 것이다. 그리하여 진격함에 승전의 공명功名을 추구하지 않고, 퇴각함에 항명抗命의 죄책罪責을 회피하지 않으며, 오로지 백성을 안전하게 보호하여 군주의 근본 이익에 부합케 하는, 그런 장수는 진정 나라의 보배와 같은 존재이다.

夫地形者, 兵之助[1]也. 料敵制勝,[2] 計[3]險阨[4]·遠近, 上將[5]之道[6]也.
부지형자 병지조야 요적제승 계험액 원근 상장 지도 야
知此而用戰[7]者必勝, 不知此而用戰者必敗. 故戰道必勝,[8] 主[9]曰無[10]
지차이용전 자필승 부지차이용전자필패 고전도필승 주 왈 무
戰, 必戰可也; 戰道不勝, 主曰必戰, 無戰可也. 故進不求名, 退不
전 필전가야 전도불승 주왈필전 무전가야 고진불구명 퇴불
避罪, 唯人是保,[11] 而利合於主,[12] 國之寶也.
피죄 유인시보 이리합어주 국지보야

주석

1 助(조): 보조, 보좌. 여기서는 보조적인 요소(조건)를 이름.

2 制勝(제승): 적을 제압해 승리함, 적을 눌러 이김. 다만 여기서는 이 같은 일반적
  인 풀이가 문맥상 적절치 않으며, 따라서 이는 승리의 전략을 제정 수립함의 뜻
  으로 풀이함이 옳을 것임.

3 計(계): 계산함, 헤아림, 살핌(즉 자세히 따지거나 헤아려 봄).

4 險阨(험액): 험조險阻함, 즉 지세가 가파르거나 험하여 막히거나 끊어져 있음. 험
  요險要함, 즉 지세가 험준하여 군사적으로 중요함.

5 上將(상장): 현능賢能하고 고명高明한 장수. 여기서는 주장主將, 즉 총지휘관을 두
  고 이름.

6 道(도): 여기서는 용병 전쟁의 법칙을 이름.

7 用戰(용전): 전투·전쟁을 지휘함. '용'은 이以·위爲와 같은 뜻임.

8 戰道必勝(전도필승): 전쟁의 법칙에 근거해 분석 검토해 볼 때 반드시 이길 수 있
  는 가망이 있음. '전도'는 전쟁 내지 전승戰勝(싸워서 이김)의 원칙, 법칙. 일설에는
  전장의 상황과 전쟁의 법칙, 또는 전쟁의 객관적인 조건을 이른다고 함.

9 主(주): 군주, 임금.

10 無(무): 무毋, 물勿과 같음. ~하지 마라.

11 唯人是保(유인시보): 진격을 하느냐 퇴각을 하느냐 그 기준은 오로지 백성들을
   안전하게 보호할 수 있는 데에 초점을 맞춘다는 말. '인'은 민民과 같음. 민중,
   백성.

12 利合於主(이합어주): 그 이익이 군주의 뜻에 부합함. 곧 군주의 이익에 부합한다
   는 말.

해설

군대가 전장에서 어떤 지형을 점거하고 적과 교전하느냐는 전쟁의 승
패에 상당한 영향을 미치는 중요한 문제이다. 하지만 아무리 좋은 지
형을 점거했다고 하더라도, 그것을 적절히 이용할 줄 아는 현능한 장
수가 없다면 별무소용이다. 여기서 손자가 "지형이란 용병 전쟁의 보
조적인 조건"임을 분명히 한 것은, 바로 전쟁에서 지휘관 장수의 주도

적이고 핵심적인 역할과 위상을 재천명한 것이다. 두목이 이르기를, "무릇 용병 전쟁에서 승패의 관건은 장수가 인애와 도의로써 군사들을 통솔하느냐 못하느냐일 따름이며, 만약 지형의 유리함을 얻는다면 용병 전쟁의 보조적 조건으로서 승리를 쟁취하는 데에 도움이 될 수 있다〔夫兵之主, 在於仁義節制而已; 若得地形, 可以爲兵之助, 所以取勝也〕"라고 하고, 장예가 이르기를, "능히 지형을 잘 알고 이용하는 것은 단지 용병 전쟁의 보조적 조건으로서 전쟁 승리를 위한 부차적인 요소일 뿐이다. 장수가 적정을 정확히 헤아려 승리를 위한 전략 전술을 수립하는 것이야말로 진정 전쟁 지휘의 근본이요, 핵심이다〔能審地形者, 兵之助耳, 乃末也. 料敵制勝者, 兵之本也〕"라고 한 것은, 모두 손자의 취지에 대한 올바른 이해요, 부연敷衍이다.

무릇 전쟁의 승리를 쟁취하기 위해, 장수는 기본적으로 '전도戰道', 즉 전쟁의 원칙과 법칙을 숙지 통달하고, 또한 충실히 준수 실행하여야 한다. 한데 고대 사회에 있어서 군대는 군주의 명령에 절대 복종해야 하고, 장수는 반드시 군주에게 명령을 받아 출전하게 된다. 하지만 실제 전황은 시시각각으로 급변할 수 있고, 전장에서 진두지휘하는 장수에게는 임기응변의 기민한 결단과 대처가 요구된다. 전쟁의 이같은 특성으로 인해 장수와 군주 사이에는 미묘한 기류가 형성되기 십상이다. 「구변편」에서 "장수가 군주에게 명령을 받아〔將受命於君〕" 출전하지만, "아무리 군주의 명령이라도 받아들이지 않아야 하는 경우가 있다〔君命有所不受〕"는 점을 상기시킨 것은 바로 그 같은 기류를 염두에 둔 지침이다.

손자는 이제 한 걸음 더 나아가 훌륭한 장수라면 군명君命을 맹종하기보다는, 전쟁의 원칙에 근거한 필승의 가능성 유무에 따라 진퇴를 결정하여야 함을 강조하였다. 사실 장수가 군명을 어기고 그 나름의 원칙적 판단에 근거해 출전 여부를 결정하는 것은 정치 군사적으로 상당한 위험을 무릅써야 하는 문제이다. 그러한 위험과 모험 앞에서, 개인의 득실을 고려할 것인지, 아니면 나라와 백성의 안위安危를 고려할 것인지, 장수 개인으로서는 내면적으로 실로 가혹한 고뇌와 시련을 겪지 않을 수 없을 것이다. 이에 대해 손자는 그야말로 명쾌한 기준을 제시하였다. "진격함에 승전의 공명을 추구하지 않고, 퇴각함에 항명의 죄책을 회피하지 않으며, 오로지 백성을 안전하게 보호하"는 데에 초점을 맞춰 용전분투勇戰奮鬪할 따름이요, 그것이 곧 "군주의 근본 이익에 부합케" 될 것이라는 얘기다. 이처럼 인문 정신이 투철한 장수라면 진정 "나라의 보배와 같은 존재"로서 손색이 없다.

4

무릇 장수는 군졸을 애호愛護하기를 갓난아이를 애호하듯이 하여야 하나니, 그러면 그들은 장수와 더불어 위험을 무릅쓸 것이다. 장수는 군졸을 애호하기를 사랑하는 아들을 애호하듯이 하여야 하나니, 그러면 그들은 장수와 더불어 생사를 함께할 것이다. 다만 군졸들을 마냥 너그럽게 대하기만 하면서 부리지는 못하고, 마냥 애호하기만 하면서 말을 듣게 하지는 못하며, 군기를 문란케 하여도 처벌을 하지도 못한다면, 그야말로 아이들을 버릇없이 키우는 것과 같아서 그런 군졸들을 데리고는 전쟁을 할 수가 없도다.

視¹卒如嬰兒, 故可與之赴深谿²; 視卒如愛子, 故可與之俱死.³ 厚⁴
시 졸 여 영 아　고 가 여 지 부 심 계　시 졸 여 애 자　고 가 여 지 구 사　후

而不能使,⁵ 愛而不能令,⁶ 亂而不能治,⁷ 譬若⁸驕子,⁹ 不可用也.
이 불 능 사　애 이 불 능 령　난 이 불 능 치　비 약 교 자　불 가 용 야

주석

1 視(시): 봄, 대함. 여기서는 애호함을 이름.

2 赴深谿(부심계): (위험이 도사린) 깊은 골짜기에 나아감. 곧 위험을 무릅씀, 환난을
함께함을 이름. '부'는 나아감. '심계'는 심곡深谷, 즉 깊은 골짜기. 여기서는 극히
위험한 지역을 비유함.

3 俱死(구사): 죽음을 함께함. 곧 생사를 함께함을 이름.

4 厚(후): 후대厚待, 즉 너그럽게 대함.

5 使(사): (사람을) 부림, (일을) 시킴.

6 令(령): 명령. 여기서는 명령에 따르게 함, 말을 듣게 함을 이름.

7 治(치): 다스림. 여기서는 처벌함, 징벌함을 이름.

8 譬若(비약): 비유하자면 ~와 같음, 마치 ~와 같음.

9 驕子(교자): 버릇없는 아이(자식). 또 아이를 버릇없게 키움. '교'는 교만함, 무례
함, 버릇없음.

해설

장졸將卒 관계는 치군治軍에 있어 두말할 나위 없이 대단히 중요한 문
제이다. 장졸 관계를 얼마나 원만히 정립하고 유지하느냐에 따라, 상
하가 능히 한 마음으로 단결하여 군대의 사기가 크게 진작될 수도 있
고, 아니면 갖가지 우려와 환난을 야기할 수도 있다. 장졸 관계를 이
상적으로 유지하기 위해서는 뭐니 뭐니 해도 장수가 올바른 마음과
태도로 군졸들을 상대할 수 있어야 한다. 예컨대 장예가 이른 대로,

"장수가 군졸 대하기를 아들 대하듯이 하면, 군졸은 장수 대하기를 아버지 대하듯이 할 것인바, 아버지가 위난危難에 처하였는데도 아들이 죽음을 무릅쓰고 달려들지 않는 경우는 일찍이 없었다. 그러므로 순자荀子가 이르기를, '(인인仁人들 사이에는) 신하가 임금을 대하고, 아랫사람이 윗사람을 대하기를 마치 아들이 아버지를 섬기고, 아우가 형을 섬기듯이 하며, 또 손발이 머리와 눈을 보호하듯이 한다'고 하였다. 좋은 술을 두루 하사하면 삼군三軍이 다 취할 것이요, 따뜻한 말로 위무慰撫하면 군사들이 모두 솜옷을 입은 듯 따스함을 느낄 것이다. 아! 진실로 은혜로 아랫사람을 대하는 것은 옛날 사람들이 중시한 바이다. 그러므로 고대 병법서 『위료자尉繚子』에서 이렇게 말했다. '군대가 연중 쉼 없이 전장에서 힘들게 작전에 임할 때에는, 장수가 반드시 솔선수범하며 자신보다 군졸들을 먼저 생각해야 한다. 이를테면 날이 더워도 거개車蓋(수레 휘장·덮개)를 펼치지 않고, 날이 추워도 옷을 두껍게 껴입지 않으며, 위험에 직면하면 스스로 앞장서 나아가고, 군중軍中의 우물을 다 파고 난 다음에 가장 나중에 물을 마시며, 군중의 밥이 다 된 다음에 가장 나중에 식사를 하고, 군중의 보루가 다 구축된 다음에 가장 나중에 휴식하여야 한다'〔將視卒如子, 則卒視將如父; 未有父在危難, 而子不致死. 故荀卿曰: '臣之於君也, 下之於上也, 如子弟之事父兄·手足之捍頭目也.' 夫美酒泛流, 三軍皆醉; 溫言一撫, 士同挾纊. 信乎, 以恩遇下, 古人所重也. 故『兵法』曰: '勤勞之師, 將必先己. 暑不張蓋, 寒不重衣, 險必下步, 軍井成而後飮, 軍食熟而後飯, 軍壘成而後舍'〕." 또한 매요신梅堯臣이 이른 대로, "장수가 군졸들을 따뜻이 어루만지며 사기를 북돋우면 군졸들은 장수를 친근히 따르며 달아나지 않을 것이요, 장수가 군졸들을 애호하며 격려하면 군졸들은 장수를 굳게 신뢰하며 의심하지 않을 것이다. 그러면 설령 죽음이 닥쳐도 군졸들이 장수와 함께 죽음을 무릅쓸 것이요, 설령 위험이 닥쳐도 군졸들이 장수와 함께 위험을 무릅쓸 것이다(撫而育之, 則親而不離; 愛而助之, 則信而不疑. 故雖死與死, 雖危與危)."진정 장수라면 "인애仁愛와 은의恩義(은혜와 의리)로 사람의 마음을 얻어야 한다(以仁恩結人心也)"(왕석王晳의 말)는 게 손자의 생각이다.

한데 군졸들을 인애해야 한다는 손자의 논리에는 분명한 정도와 분별이 있다는 것을 명심해야 한다. 손자는 '아이들을 버릇없이 키우는 〔驕子〕' 식式의 치군은 단호히 반대하였다. 군졸들에 대한 애호의 정은 마음 깊이 가지되, 무분별한 비행非行을 방임하고 용인해서는 안 된다는 것이다. 아이를 제멋대로 내버려 두는 것은 사실상 아이를 망치는 것이나 다름이 없다. 군대에서 병졸들을 적절한 통제 없이 제멋대로 내버려 둔다면, 그 결과는 전투력의 상실은 물론이거니와 나아가 국가적 위난의 시기에도 믿고 동원할 만한 군대가 없어 사직社稷을 지키기 어려운 지경에 이를 수도 있다. 요컨대 군대는 분명 특수 집단인 만큼 반드시 법치法治와 인치仁治를 병행하되, 아무래도 법치가 주主가 되어야 할 것이다. 손자는 앞 장에서 군장君將, 즉 군주와 장수의 관계를 언급한 데 이어 이 장에서는 장졸 관계를 논하였는데, 장수란 곧 군주와 군졸 사이에 위치하는 신분으로서 그 처신 처사에 진실로 현명賢明과 예지銳智가 요구된다 할 것이다. 그러니 이 두 가지 복잡한 관계에 대해 어찌 심사숙고하고, 성심성의를 다하지 않을 수 있겠는가?

5

아군 병졸들이 출격할 수 있다는 것만 알고, 적군을 공격해서는 안 된다는 것은 알지 못하고 출격하면, 승리할 가능성은 반반이다. 적군을 공격해도 된다는 것만 알고, 아군 병졸들이 출격할 수 없다는 것은 알지 못하고 출격하면, 승리할 가능성은 반반이다. 적군을 공격해도 된다는 것도 알고, 아군 병졸들이 출격할 수 있다는 것도 알지만, 지형 조건상 적과 교전해서는 안 된다는 것은 알지 못하고 출격하면, 승리할 가능성은 반반이다. 무릇 용병의 이치를 잘 아는 장수는 군사행동을 함에 미혹에 빠지지 않고, 전략 전술을 구사함에 곤궁에 빠지지 않는다. 그러므로 말한다. "적을 알고 나를 알면 승리를 쟁취하는 데 위험이 따르지 않고, 천시天時를 알고 지리地利를 알면 승리를 쟁취하는 게 끊임이 없을 것이다."

知吾卒之可以擊,[1] 而不知敵之不可擊,[2] 勝之半也[3]; 知敵之可擊, 而
지 오 졸 지 가 이 격   이 부 지 적 지 불 가 격   승 지 반 야   지 적 지 가 격   이

不知吾卒之不可以擊, 勝之半也; 知敵之可擊, 知吾卒之可以擊,
부 지 오 졸 지 불 가 이 격   승 지 반 야   지 적 지 가 격   지 오 졸 지 가 이 격

而不知地形之不可以戰,[4] 勝之半也. 故知兵者,[5] 動而不迷,[6] 擧而不
이 부 지 지 형 지 불 가 이 전   승 지 반 야   고 지 병 자   동 이 불 미   거 이 불

窮.[7] 故曰: 知彼知己, 勝乃不殆[8]; 知天知地, 勝乃不窮.[9]
궁   고 왈   지 피 지 기   승 내 불 태   지 천 지 지   승 내 불 궁

주석

1 吾卒之可以擊(오졸지가이격): 아군 병졸들이 출격할 수 있음. 곧 당장當場의 전투력이 상당함을 이름.

2 敵之不可擊(적지불가격): 적군을 공격해서는 아니 됨. 곧 적의 총체적 전력이 아군을 능가하거나 하는 등의 이유로 아군이 적을 누르고 승리하기 어려운 상황임을 이름. 일설에는 적군이 출격할 능력을 갖추고 있음을 이른다고 함. 하지만 '고지병자故知兵者' 앞 10구句에서 아군 쪽은 '졸卒' 자를 덧붙여 '오졸吾卒'이라고 한 반면, 적군 쪽은 단지 '적敵'이라고만 하고, 또 아군 쪽은 '이以' 자를 덧붙여 '가이可以'나 '불가이不可以'라고 한 반면, 적군 쪽은 단지 '가可'나 '불가不可'라고만 한 표현상의 차이에서 감지되는 어감에 비춰 볼 때, 일설은 이론의 여지가 있음. 조본학 또한 아래와 같이 풀이함. "적군이 아군에 비해 적거나 약하거나, 겁이 많거나 허술하거나, 피로하거나 굶주리거나, 기력이 쇠하였거나 전열戰列이 정연整然하지 않거나, 정예精銳하지 않거나 화합하지 않거나 준비가 없으면, 그러한 경우는 분명 적을 공격해도 된다는 것이다. 그러나 만약 적군이 비록 적지만 늘 승리하거나, 비록 약하지만 기발한 전략이 있거나, 비록 겁은 많지만 포진布陣에 능하거나, 비록 허술하지만 능히 방비할 수 있거나, 비록 굶주리지만 그저 온 마음으로 살길을 찾지는 않거나, 비록 피로하지만 원군援軍이 멀리 있지 않거나, 비록 기력은 쇠하였지만 아직 좌절挫折에 빠지진 않았거나, 비록 전열은 정연하지 않지만 용병 전략이 간편하거나, 비록 정예하지는 않지만 용감히 죽기를 각오하고 싸우려고 하거나, 비록 화합하지는 않지만 밖으로 틈이 보이지 않거나, 비록 준비는 없지만 세작이 아직 충실히 적정을 정탐하지 못했다면, 그러한 경우에는 또 적을 공격해서는 안 된다는 것이다(敵兵較我則寡·則弱·則怯·則虛·則勞·則饑·則氣衰·則不登·則不精·則不和·則無備, 此固敵之可擊也. 若雖寡而常勝, 雖弱而有奇, 雖怯而陣有法, 雖虛而能備, 雖饑而心不求生, 雖勞而援兵不遠, 雖氣衰而未遭挫敗, 雖不整而用兵簡便, 雖不精而敢於死戰, 雖不和而外無隙, 雖無備而間諜未實, 是亦不可擊也)."

3 勝之半也(승지반야): 승리의 가능성이 절반임. 곧 승리와 패배의 가능성이 각각 반이니, 결국 필승의 가능성이 없다는 말임.

4 地形之不可以戰(지형지불가이전): 지형 조건상 적과 교전해서는 안 됨. 곧 지형이 적과 교전하기에 적합지 않음(불리함), 적과 교전하는 데에 지형의 도움을 받을 수가 없음을 이름.

5 知兵者(지병자): 용병, 즉 군사를 부려 전쟁을 하는 이치를 잘 아는, 통달한 사람, 장수.

6 動而不迷(동이불미): (용병의 이치에 대해 모르는 게 없으므로) 군사행동을 함에 미혹에

빠지지 않음. 곧 망동妄動하지 않는다는 말. '동'은 행동함. 곧 군사 행동, 군사 작전을 함을 이름.

7 **擧而不窮**(거이불궁): 전략 전술을 구사함에 곤궁困窮에 빠지지 않음. 이 역시 무소부지無所不知한 까닭에 경거망동하지 않아 화를 부르는 일이 없다는 말. '거'는 거조擧措, 즉 어떤 일을 꾸미거나 처리하기 위한 조치로, 여기서는 전쟁의 전략 전술을 가리킴. 앞 구절의 '동'과 이 구절의 '거'는 사실상 같은 의미로, 두 구절은 동의同義 반복의 형식으로 의미를 강조하는 표현임. '궁'은 곤궁. 일설에는 다하다(盡)는 뜻이라고 하면서, 이 구절을 전략 전술을 구사함에 변화가 무궁무진함을 이른다고 풀이함. 하지만 이 장의 논점은 장수의 기민하고 신축적인 전략 전술 구사 능력이 아니라, 용병 전략상 '지피지기知彼知己'와 '지천지지知天知地' 여부가 승패를 좌우한다는 점에 맞춰져 있음을 감안할 때, 일설의 풀이는 설득력이 떨어짐.

8 **勝乃不殆**(승내불태): '백전불태百戰不殆' 내지 '백전백승百戰百勝'과 같은 뜻으로, 곧 필승의 가능성이 있다는 말임. '태'는 위태함, 위험함.

9 **勝乃不窮**(승내불궁): 무경본을 비롯한 다수의 판본에는 '승내가전勝乃可全'으로 되어 있음. '불궁'은 여기서는 다하지 않음, 끊임이 없음. 곧 무한히 반복된다는 말. '승내가전'은 승리를 온전하게 할 수 있다는 뜻으로, 곧 온전한 승리·완전한 승리를 거둔다는 말임. 사실 손자는 '전승全勝', 즉 온전한 승리·완전한 승리를 용병 전쟁의 최고 경지로 숭상하였는데(「모공편」 제1장 참조), 그 같은 견지에서 볼 때, '승내불궁'보다는 '승내가전'의 의미가 더 나은 것으로 판단됨.

해설

손자는 「지형편」을 마무리하면서 전쟁 지휘의 보편적인 원칙을 재차 강조하였다. 전쟁의 승패는 크게 세 방면의 요소로 결정되는데, 피아 두 방면의 요소와 객관적 환경(여건) 방면의 요소가 바로 그것이다. 손자에 따르면 셋 가운데 어느 한 방면에 대한 숙지와 심해深解도 결여된다면, 승리할 가능성은 단지 절반에 지나지 않는다. "지피지기, 승내불태; 지천지지, 승내불궁知彼知己, 勝乃不殆; 知天知地, 勝乃不窮." 다시 말해 확실한 승리를 쟁취하기 위해서 전쟁 지휘관은 '지피知彼'·'지기知己'는 물론, '지천知天'·'지지知地' 등 '사지四知'의 능력까지 두루 갖추어야 한다는 것이다. 천치티엔이 이른 대로, 「지형편」은 시종 전쟁의 총지휘관 장수를 염두에 두고 견해를 피력하였다. 장수는 먼저 충분히 '사지'한 연후에 전투를 개시해야만 비로소 완전한 승리를 거둘 수 있다는 얘기다. 다만 '사지'에 대한 논술 비중에는 차이가 있다. '지피'와 '지천'의 문제는 이미 다른 편에서 논한 만큼 이 편에서는 자세히 언급하지는 않았다. 이 편에서 상론詳論의 비중이 가장 큰 것은 '지지'이고, 그 다음은 '지기'이다. 비록 편 제목을 「지형」이라 명명했지만, '지형'만을 논한 것은 아닌 것이다.

예나 지금이나 사람들은 일상의 상호 경쟁과 쟁투爭鬪 속에서, 흔히 상대의 약점과 자신의 강점에 유의하면서 자신의 우세로 상대의 열세를 타격할 생각을 하곤 한다. 그것은 곧 자기 자신의 약점과 열세 부분에 대한 객관적이고 냉정한 분석과 평가를 소홀히 한다는 것이다. 사람들이 어떤 상쟁相爭 속에서 '위험'에 직면하게 되는 근본 원인은 상대로 인한 것이라기보다는, 사실 자기 자신의 약점과 열세를 사전에 분석 숙지하고, 또한 그에 따라 적절하고 유효하게 방비하고 대비하지 않은 데에 기인한 것이라고 할 수 있다. '지피'는 물론, 반드시 '지기'를 해야 하는 것은 상대를 공격하고 제압해 승리하기 위한 목적도 목적이지만, 그보다 먼저 상대의 공격에 대한 최적의 방비를 하면서, 스스로 공수攻守를 위한 최상의 전력과 태세를 갖추기 위한 것이다. 손자가 "적을 알고 나를 알면 승리를 쟁취하는 데 위험이 따르지 않는다"고 한 것도 그 같은 맥락으로 이해된다.

전쟁에서 '육패六敗'를 당하지 않고 최후의 승리를 거두기 위해서는 '지피지기'와 함께 절실히 요구되는 것은 바로 '지천지지'이다. '천'과 '지'는 「계편」에서 이미 '오사五事'·'칠계七計'를 논술하면서 언급되었는데, 장수라면 반드시 그 두 문제에 통달해야 한다. 피아 쌍방의 실제 상황을 속속들이 아는 것 외에도 '천'·'지'의 유리함을 적극적으로 이용하는가 하면, 또 그 불리함은 효과적으로 모면하거나 역이용할 줄 알아야 한다. 왜냐하면 그처럼 "용병의 이치를 잘 아는 장수"이어야만 비로소 작전 수행 과정에 미혹이나 곤궁에 빠지지 않을 수 있기 때문이다. 손자가 "천시를 알고 지리를 알면 승리를 쟁취하는 게 끊임이 없을 것이다"라고 한 것 또한 그 같은 맥락으로 이해된다.

제11편

구
지

九
地

：

'구지'는 군대가 전쟁 과정에 처하게 되는 아홉 가지 서로 다른 지형의 전장, 전지戰地를 말한다. 다만 여기서 '구'는 꼭 '아홉 가지'라는 데에 국한되지 않고, '여러 가지'라는 의미를 아울러 함축하고 있는 것으로 이해된다. 무릇 전지에는 분명 아홉 가지 지형만 있는 것은 아닐 것인바, 보다 전형적인 아홉 가지 지형을 예거例擧해 설명했을 뿐이며, 그 밖의 다른 지형들은 그에 준해 유추할 수 있을 것이다.

「구지편」은 『손자병법』 13편 가운데 편폭篇幅이 가장 길고, 내용 또한 가장 다양한 데다 앞 몇 편의 관련 논술과 중복되는 부분도 적지 않아 약간은 잡다하다는 느낌마저 들게 한다. 아무튼 이 편은 앞의 「지형편」과 마찬가지로, 군사 지형·전투 지형의 문제를 집중 토론하고 있는데, 다만 그 논지의 초점에는 차이를 보인다. 「지형편」은 전지의 객관적인 지리 조건에 대한 관점에 입각해, 장수는 응당 서로 다른 지형 조건에 따라 상응한 전략 전술을 적절히 구사할 줄 알아야 함을 역설하였다. 반면 이 편은 군사들의 주관적인 심리 변화에 대한 관점에 입각해, 서로 다른 작전 지형이 군사들의 심리에 끼치는 영향 관계를 논술하는가 하면, 장수는 응당 서로 다른 지형 조건에 따른 군사들의 심리 상태를 고려해 전투력을 극대화할 수 있는 응변應變의 전략 전술을 수립 구사할 줄 알아야 함을 역설하였다.

이 편에서 '구지'에 따른 전법戰法을 논하면서, 손자는 "군대를 위지危地에 투입하고 나면 군사들이 죽기로 싸워 살아나고, 군대를 사지死地에 빠뜨리고 나면 군사들이 죽기로 싸워 살아난다(投之亡地然後存, 陷之死地然後生)"는 인식과 신념에 크게 기반하고 있다. 그리하여 특수한 전장 상황하에서 장수는 스스로 아군을 막다른 골목으로 몰기도 하고, 또 아군의 퇴로를 차단하기도 하면서 군사들로 하여금 결사決死 분전奮戰토록 촉동觸動하여 최후의 승리를 쟁취할 수 있어야 함을 일깨웠다. 그야말로 『주역』에서 "궁즉변, 변즉통窮則變, 變則通"이라고 하였듯이, 궁하면 변하게 되고, 변하면 통하게 됨을 굳게 믿은 것이다.

손자는 또 그 병법 사상의 특징을 보여주는 일련의 작전 원칙을 강조하였는데, 예를 들면 일정한 방법을 통해 적군의 취약성을 조장하고, 전쟁의 주도권을 장악하며, 적의 실實함은 피하고 허虛함을 치며, 작전의 신속성을 제고하고, 병력을 한데 집중한다는 등등으로, 이는 또 다양한 지형 조건의 특성과 유기적으로 연계 결합해 전략화戰略化하여야 한다는 주장이다.

이 밖에도 손자는 치군治軍 원칙에 대한 설득력 있는 견해를 피력하였는데, 기본적으로 엄정한 군율로 강력한 장악력을 발휘해야 함을 역설하였다. 또한 그러한 가운데 군사들이 마치 한 사람처럼 일치단결토록 하고, 길흉을 점치는 미신 행위를 금해 의려疑慮를 불식시키며, 군대의 휴양休養 정비와 사기 진작에 유의해 전투력을 축적할 것을 강조하였다. 그리고 손자는 장수가 군사들이 작전 의도를 알지 못하게 해야 한다고 하였는데, 이는 군사 작전의 성공적 수행을 위한 전제 조건을 강조한 것으로 이해된다. 하지만 이를 두고 일부 논자들은 손자가 우민愚民·우병愚兵 정책을 주장한 것이라고 비판의 목소리를 높이고 있으나, 그것은 아무래도 군사 작전의 특수성을 간과한 견해라고밖에 할 수 없다.

1

손자께서 말씀하셨다. 용병 전쟁의 원칙에 근거하면, 전지戰地에
는 '산지散地', '경지輕地', '쟁지爭地', '교지交地', '구지衢地', '중지重地', '비
지圮地', '위지圍地', '사지死地' 등 '구지九地'가 있다. 제후의 군대가 자국
영토에서 적과 교전하는 곳은 '산지'라 하고, 적지敵地에 진입하기는
했으나 아직 깊이 들어가지 아니한 곳은 '경지'라 하며, 아군도 차지하
기만 하면 유리하고 적군도 차지하기만 하면 유리한 곳은 '쟁지'라 하
고, 아군도 갈 수 있고 적군도 올 수 있는 곳은 '교지'라 하며, 여러 제
후국의 땅이 서로 인접해 있어 먼저 그곳에 다다르면 사방 여러 나라
의 도움을 받을 수 있는 곳은 '구지'라 하고, 적지에 너무 깊이 들어가
는 바람에 적국의 많은 성읍城邑을 등 뒤에 두게 되는 곳은 '중지'라 하
며, 산림이 우거진 지역·산세가 험준하고 골물이 거센 산악 지역·늪과
못으로 둘러싸인 소택지沼澤地처럼 통행하기 어려운 곳은 '비지'라 하
고, 진격해 들어가는 길은 좁고 험하며 퇴각해 나오는 길은 꾸불꾸불
하고 멀어서 적군은 적은 병력으로 아군의 많은 병력을 격퇴할 수 있

는 곳은 '위지'라 하며, 재빨리 떨쳐 일어나 죽을힘을 다해 싸우면 살고 그렇지 않으면 죽을 수밖에 없는 곳은 '사지'라 한다.

그러므로 '산지'에서는 전의戰意를 확고히 다지기 전에는 적과 전투를 벌이지 말아야 하고, '경지'에서는 섣불리 멈추지 말아야 하며, '쟁지'는 반드시 선점해야 하지만, 만약 적이 먼저 그곳을 점령했다면 무리하게 공격해 빼앗으려고 하지 말아야 하고, '교지'에서는 군대의 대오와 전열戰列이 끊어지게 하지 말아야 하며, '구지'에서는 주변 여러 나라와 친교를 맺어야 하고, '중지'에서는 현지에서 양초糧草를 약취 조달해야 하며, '비지'에서는 신속히 지나가야 하고, '위지'에서는 기발한 계책으로 위험에서 벗어나야 하며, '사지'에서는 죽기를 각오하고 싸워야 한다.

孫子曰: 用兵之法[1]: 有散地, 有輕地, 有爭地, 有交地, 有衢地, 有
손자왈   용병지법   유산지 유경지 유쟁지 유교지 유구지 유

重地, 有圮地, 有圍地, 有死地. 諸侯自戰其地者, 爲散地[2] 入人之
중지 유비지 유위지 유사지   제후자전기지자   위산지   입인지

地不深者, 爲輕地[3] 我得則利, 彼得亦利者, 爲爭地[4] 我可以往, 彼
지불심자 위경지   아득즉리 피득역리자   위쟁지   아가이왕 피

可以來者, 爲交地[5] 諸侯之地三屬[6] 先至而得天下衆[7]者, 爲衢地[8]
가이래자 위교지   제후지지삼촉   선지이득천하중 자   위구지

入人之地深, 背城邑多[9]者, 爲重地[10] 山林[11]·險阻[12]·沮澤[13] 凡難行
입인지지심 배성읍다 자   위중지   산림   험조   저택   범난행

之道者, 爲圮地[14] 所由入者[15]隘[16] 所從歸者[17]迂[18] 彼寡可以擊吾之
지도자 위비지   소유입자 애   소종귀자 우   피과가이격오지

衆者, 爲圍地[19] 疾戰[20]則存, 不疾戰則亡者, 爲死地[21] 是故散地則
중자 위위지   질전 즉존 부질전즉망자   위사지   시고산지즉

無戰[22] 輕地則無止[23] 爭地則無攻[24] 交地則無絕[25] 衢地則合交[26]
무전   경지즉무지   쟁지즉무공   교지즉무절   구지즉합교

重地則掠[27] 圮地則行[28] 圍地則謀[29] 死地則戰[30]
중지즉략   비지즉행   위지즉모   사지즉전

주석

1 用兵之法(용병지법): 어떤 판본에는 '지법' 두 글자가 없음.

2 "諸侯(제후)…" 2구: 제후의 군대가 자국自國 영토에서 적과 교전하는 경우에는 위급한 상황이 닥치면 쉽게 도산逃散(뿔뿔이 도망쳐 이리저리 흩어짐)하게 되므로, 그러한 전지를 '산지'라고 함을 이름. 두목이 이르기를, "군사들은 전지가 집에서 가까우면, 진격하더라도 죽을힘을 다해 싸울 마음이 없는데, 그것은 퇴각하면 돌아가 몸을 맡길 곳이 있기 때문이다(土卒近家, 進無必死之心, 退有歸投之處)"라고 함. 하씨何氏도 이르기를, "산지는 군사들이 고향 땅을 가까이 의지하고, 또 처자식을 그리워하는 까닭에 위급한 상황이 닥치면 쉽사리 흩어져 달아나므로, 이를 일러 산지라고 한다(散地, 土卒恃土, 懷戀妻子, 急則散走, 是爲散地)"라고 함. '자전기지自戰其地'는 곧 '자전어기지自戰於其地'의 뜻임. 한간본에는 '자自' 자가 없음. '자者'는 십일가주본에는 본디 없는 글자이나, 무경본·앵전본 등에는 그 글자가 있고, 또 이 구절 이외의 다른 '팔지八地'에 대한 서술과 형식상의 일치를 이루기 위해 보충함. '위爲'는 ~임, 또는 ~라고 함. '산散'은 도산, 이산離散, 환산渙散함.

3 "入人(입인)…" 2구: 적지에 진입하기는 했으나 아직 깊이 들어가지 아니한 경우에는 위급한 상황이 닥치면 쉽게(재빨리) 되돌아 나올 수 있으므로, 그러한 전지를 '경지輕地'라고 함을 이름. 장예가 이르기를, "바야흐로 적의 국경에 들어가다가 군사들이 되돌아가고 싶으면 곧바로 쉽게 되돌아갈 수 있는 지역이다(始入敵境, 土卒思還, 是輕返之地也)"라고 함. '인'은 다른 사람. 곧 적군을 가리킴. '경'은 경이輕易히. 곧 가볍게, 재빨리, 쉽게.

4 "我得(아득)…" 3구: 피아를 막론하고 누구든 점령하기만 하면 유리한 요해처이어서 서로 차지하려고 다투므로, 그러한 전지를 '쟁지爭地'라고 함을 이름. 장예가 이르기를, "지세가 험준하여 굳게 지킬 수 있는 유리한 지형은, 피아 누구든 얻기만 하면 모두 적은 병력으로 많은 병력을 이기고, 약한 군대로 강한 군대를 이길 수 있는 곳이니, 이는 반드시 서로 차지하려고 다투는 지역이다(險固之利, 彼我得之, 皆可以少勝衆·弱勝强者, 是必爭之地也)"라고 함.

5 交地(교지): 도로가 종횡으로 교차하여 통행하기에 편리한 지역.

6 삼촉三屬: (제후국의 땅) 여러 곳이 서로 인접함. '삼'은 다수多數, 많음을 이름. '촉'은 잇닿음, 인접함.

7 得天下衆(득천하중): 사방 여러 제후국의 지원을 받음. '천하중'은 천하의 제후 열

312

국列國을 이름.

8 **衢地**(구지): 「구변편」 제1장 주석 3 참조.

9 **背城邑多**(배성읍다): 적국의 많은 성읍을 등짐, 즉 등 뒤에 둠. 곧 지나왔다는 말. '배'는 등짐, 배후에 둠.

10 **重地**(중지): 중난지지重難之地, 즉 위난危難이 엄중한(심각한) 지역. 매요신이 이르기를, "적의 빈틈을 노려서 진격하여 적지로 너무 깊이 들어가면서 적의 많은 성읍을 지나온 탓에, 물길과 뭍길의 길목이 모두 적의 손에 있어 아군의 퇴로가 막혔으므로, 중난지지라고 한다(乘虛而入, 涉地愈深, 過城已多, 津要絶塞, 故曰重難之地)" 라고 함.

11 **山林**(산림): 이 앞에 원래는 '행行' 자가 있으나, 무경본·앵전본 등에는 그 글자가 없고, 뒤의 '범난행凡難行'의 '행' 자와 중복되므로, 삭제함.

12 **險阻**(험조): 「군쟁편」 제3장 주석 3 참조.

13 **沮澤**(저택): 늪과 못. 곧 소택지를 이름.

14 **圮地**(비지): 흔히 다니기 어려운 지역을 가리킴. 「구변편」 제1장 주석 1 참조.

15 **所由入者**(소유입자): 거쳐서 들어가는 곳. 곧 입구, 진입로를 이름.

16 **隘**(애): 지세가 좁고 험함. 「지형편」 제1장 주석 5 참조.

17 **所從歸者**(소종귀자): 따라서 돌아가는 곳. 곧 출구, 귀로歸路·회로回路를 이름.

18 **迂**(우): 우회迂廻/迂回, 우원迂遠, 즉 길이 꾸불꾸불하고 멂.

19 **圍地**(위지): 「구변편」 제1장 주석 6 참조. 장예가 이르기를, "앞은 좁고 뒤는 험한 지역은 한 사람이 지키면 천 명의 사람도 들어가기 어렵나니, 기습과 매복으로 승리를 쟁취해야 할 것이다(前狹後險之地, 一人守之, 千人莫向, 則以奇伏勝)"라고 함.

20 **疾戰**(질전): 속전速戰, 즉 재빨리 몰아쳐 싸움. 곧 재빨리 떨쳐 일어나 있는 힘을 다해 싸움을 이름. '질'은 빠름.

21 **死地**(사지): 「구변편」 제1장 주석 8 참조. 진호陳皞가 이르기를, "사람이 사지에 빠져 있는 것은 마치 물이 새는 배에 앉아 있고, 불이 난 집에 엎드려 있는 것과 같다(人在死地, 如坐漏船, 伏燒屋)"라고 하고, 가림賈林이 이르기를, "좌우에는 산이 높고, 앞뒤로는 골짜기가 깊고 험한 곳은 밖에서 들어오기는 쉬워도 안에서 나가기는 어렵나니, 자칫 잘못해서 이런 곳에 처했을 때는 서둘러 죽을 각오로 싸우면 살 수 있을 것이다. 하지만 만약 군졸들의 사기가 꺾이고, 비축한 식량마저 동이 난 채로 오래 버틴다면 죽지 않고 무얼 기다리겠는가?(左右高山, 前後

絶澗, 外來則易, 內出則難, 誤居此地, 速爲死戰則生. 若待士卒氣挫, 糧儲又無而持久, 不死何待〕"
라고 함.

22 無戰(무전): 싸우지 마라, 싸우지 않아야 함. 이는 전의戰意를 확고히 다지기 전에 서둘러 전투에 돌입해서는 안 된다는 말임. '무'는 무毌·물勿과 같음. ~하지 마라.

23 無止(무지): 멈추지(머물지) 마라. 이는 함부로 군대를 주둔시켜 긴장을 풀고 쉬게 해서는 안 된다는 말임. '지'는 정지停止함, 정류停留함.

24 無攻(무공): 공격하지 마라. 이는 '쟁지'를 만나면 반드시 적보다 먼저 점령해야 하지만, 만약 적이 먼저 그곳을 점령했다면 무리하게 공격해 빼앗으려고 해서는 안 된다는 말임.

25 無絶(무절): 끊어지게 하지 마라. 이는 군대의 대오와 전열戰列의 수미首尾 연계가 끊어져 적이 그 틈을 노려 습격해 오도록 해서는 안 된다는 말임.

26 合交(합교): 결교結交, 즉 교분·친교를 맺음. 이는 적극적인 외교로 주변 제후국들과 연맹을 맺어 그들의 지지와 지원을 얻어 내야 한다는 말임. 맹씨孟氏가 이르기를, "주변국들과 친교를 맺으면 안전하나, 친교를 잃으면 위험하다〔得交則安, 失交則危也〕"라고 함.

27 掠(략): 약취掠取함, 약탈함. 이는 「작전편」에서 말한 "인량어적因糧於敵"을 이름. 곧 적국의 오지奧地로 깊숙이 들어가면 필시 양도糧道가 끊길 것이므로, 현지에서 양초를 약취해 군수 보급 문제를 해결해야 한다는 말임. 조본학이 이르기를, "'경지'에서는 군량이 부족할까는 걱정하지 않고, 오직 군사들이 싸우지 않을까 봐 걱정하게 된다. 반면 '중지'에서는 군사들이 싸우지 않을까는 걱정하지 않고, 오직 군량이 부족할까 봐 걱정하게 된다〔輕地不患糧食之不足, 惟患士卒之不戰; 重地不患士卒之不戰, 惟患糧食之不足〕"라고 함.

28 行(행): 신속히 지나감, 떠나감. 곧 머물지 말아야 한다는 말임.

29 謀(모): 모략謀略을 냄. 곧 기발한 계책으로 위험에서 벗어나야 한다는 말임.

30 戰(전): 사전死戰, 즉 죽기를 각오하고 싸움.

손자는 군대가 원정遠征 과정에서 만나고 처하게 되는 전지(전쟁터)를 아홉 가지 지형, 즉 '구지九地'로 분류하였다. 또한 그 아홉 가지 서로 다른 지형의 전지, 전장이 군사들의 심리에 끼치는 영향과 군대 작전에 가져오는 유불리有不利에 근거하여, 전쟁을 지휘하는 장수는 반드시 '구지'의 서로 다른 지리·군사적 특징에 적응 숙달하여 각기 상이한 전략 전술을 수립하고 구사하여야 함을 강조하였다.

'산지'의 환경과 여건은 아군으로서는 자국의 영토에서 작전을 수행하는 만큼, 침략자인 적군이 전투 의지나 역량에 있어 상대적 우세를 점할 수 있는 반면에, 아군 군사들은 본능적으로 여차하면 도산逃散하려는 마음을 가질 수 있다. 이 같은 상황에서의 작전 지휘는 능동적으로 출격하기보다는, 수세守勢를 취해 굳게 지키며 적의 전력을 점차 소모, 소멸시키는 가운데 기회를 엿보아 승부수를 던지는 전략이 요구된다. '경지'의 여건은 적경敵境에 갓 들어간 상태이기 때문에 아직은 본국 변경邊境에서 멀리 떨어져 있지 아니하여 후방 교통로나 수송선輸送線이 가깝고, 보급 또한 비교적 수월하다. 다만 적국 백성들의 반항과 교란에 직면할 우려가 있다. 이 같은 상황에서의 작전 지휘는 적의 빈틈을 노려 진공전투進攻戰鬪(앞으로 나아가면서 공격하는 전투)의 유리한 형세를 적극 살려, 최대한 신속히 돌진하여 적군이 미처 전열을 가다듬기 전에 적의 저항을 분쇄함으로써 전략적 우위를 점하는 것이다. '쟁지'의 여건은 그곳을 수비하기는 쉬우나 공격하기는 어려워 정치 군사적으로 병가兵家에서 반드시 쟁취하고자 하는 요충지이다. 따라서 이에 대한 작전 지휘는 적보다 먼저 그곳을 점령하는 것이 최우선이다. 한데 만약 적이 선점하기는 했으나 아직 확고히 입지를 굳히지 못한 상태이면, 아군은 전략적 우세를 이용해 기회를 노려 공취攻取해야 한다. 그러나 만약 적이 그곳을 완전히 점령해 굳게 지키고 있는 상황이라면, 함부로 공격을 감행해서는 안 된다.

'교지'의 여건은 도로가 교차하는 관계로 언제든 적과 조우할 수 있는 가능성이 있다. 이에 대한 작전 지휘는 부대 배치를 보다 엄밀히 하여 그곳을 자칫 아군의 후방에 두지 않도록 해야 한다. 왜냐하면 만약 아군의 전력이 충분하지 않다면, 그곳을 지나 전진하는 과정에서 쉽게 적에게 후방을 차단당할 우려가 있기 때문이다. '구지'의 여건은 사통팔달하여 여러 나라가 맞물려 인접해 있는 전략적 요충지이다. 이 같은 상황에서의 작전 지휘는 적극적 외교로 주변 여러 나라와 친교를 맺어 든든한 지원군을 다수 확보함으로써 전략적 우위를 점하는 것이다. '중지'의 여건은 본국 변경에서 너무 멀리 벗어나 적군의 후방에 근접할 정도로 적경 깊숙이 들어간 상황이다. 이에 대한 작전 지휘는 그곳 적지에서 양초를 약탈해 군수 보급 문제를 해결하는 것이다. '비지'의 지형은 대단히 복잡하고 열악하여 군대가 곤궁에 빠지기 십상이다. 이에 대한 작전 지휘는 최대한 신속히 그곳을 통과하는 것이다. '위지'의 상황에는 진퇴가 다 어려우므로, 기만책 같은 기발한 계책으로 적이 경계를 늦추게 한 다음 돌격을 감행해 활로를 열어야 한다. '사지'는 여간하여서는 살아나기 힘든 막다른 골목에 처한 경우이다. 이 같은 상황에서의 작전 지휘는 다른 게 없다. 오로지 죽기를 각오하고 싸워서 살길을 찾지 않으면 안 된다.

군대가 자리한 전지의 객관적인 조건이 불리하다면, 장차 적과의 교전에서 위험한 국면에 처하고, 불행한 결과를 초래할 개연성은 너무나도 크다. 그렇기 때문에 전쟁을 지휘하는 장수라면 반드시 기계術計와 신책神策으로 "우회로를 지름길로 만들고, 불리한 여건을 유리한 여건으로 만들어(以迂爲直, 以患爲利)"(「군쟁」) 국면을 전환하고 승리를 위한 전기를 마련하여야 한다.

2

이른바 옛날에 군사를 부려 전쟁을 잘하는 사람은 능히 적으로 하여금 전군前軍과 후군後軍이 서로 호응하지 못하게 하고, 주력대와 선발대가 서로 의지하지 못하게 하며, 장수와 군졸이 서로 구원하지 못하게 하고, 상·하급 부대가 서로 단결하지 못하게 하며, 군졸들이 이리저리 흩어져 한데 모여 뭉치지 못하게 하고, 또한 설령 병력이 한데 모이더라도 일사불란하게 움직이지 못하게 하였다. 그 모든 것은 바로 자국의 이익에 맞으면 출격하고, 자국의 이익에 맞지 않으면 출격하지 않는다는 원칙에 입각한 것이다.

감히 묻건대, "적군이 많은 병력으로 대오를 가다듬어 장차 진격해 온다면, 어떻게 대처해야 하는가?" 답하나니, "먼저 그들이 소중히 여기는 것들을 탈취하면, 그들은 아군의 전략에 휘말릴 수밖에 없도다." 전쟁의 원칙은 신속함을 높이 사나니, 신속하면 적이 미처 손쓸 겨를도 없는 틈을 타 그들이 미처 생각치도 못한 경로를 통해서 그들이 미처 경계하지 못한 곳을 공격할 수가 있도다.

所謂[1]古之善用兵者, 能使敵人前後不相及,[2] 衆寡[3]不相恃,[4] 貴賤[5]不
소위 고지선용병자 능사적인전후불상급 중과 불상시 귀천불

相救, 上下[6]不相收,[7] 卒離[8]而不集, 兵合而不齊.[9] 合於利而動, 不合
상구 상하 불상수 졸리이부집 병합이부제 합어리이동 불합

於利而止.[10] 敢問: "敵衆整[11]而將來, 待[12]之[13]若何?" 曰: "先奪其
어리이지 감문 적중정 이장래 대 지 약하 왈 선탈기

所愛,[14] 則聽[15]矣." 兵之情[16]主速,[17] 乘人[18]之不及,[19] 由[20]不虞[21]之道,
소애 즉청 의 병지정 주속 승인 지불급 유 불우 지도

攻其所不戒[22]也.
공기소불계 야

주석

1 所謂(소위): 무경본과 앵전본에는 이 말이 없음.

2 相及(상급): 서로 미침. 곧 (전군과 후군이) 서로 호응하고 지원함을 이름. '급'은 책
응策應, 즉 계책을 통하여 서로 응하고 도움.

3 衆寡(중과): 많음과 적음. 곧 대大부대와 소小부대, 주력대主力隊와 선발대先發隊
를 이름.

4 恃(시): 의지함, 협동함.

5 貴賤(귀천): 귀함과 천함. 곧 장수와 군졸을 두고 이름.

6 上下(상하): 군대 편제상의 상·하급 부대를 가리킴.

7 收(수): 거둬들임, 받아들임, 한데 모음. 곧 (상·하급 부대가 서로) 연계함, 단결함을
이름.

8 離(리): 이산離散, 즉 헤어져 흩어짐. 또 그렇게 함.

9 齊(제): 가지런함, 고름(均). 곧 (행동, 움직임이) 일치함, 일사불란함을 이름. 이상의
"졸리卒離…" 2구를 두고, 두목이 이르기를, "교묘히 속이는 계책을 다양하게 짜
서 적을 교란하는 것이니, 혹은 짐짓 앞쪽을 공격하는 척하면서 뒤쪽으로 진격
하는 아군을 엄호하거나, 혹은 짐짓 동쪽을 공격하는 척하다가 서쪽을 치거나,
혹은 거짓 형상을 세워 보이거나, 혹은 특이한 기세氣勢를 부리는 등 아군이 신
출귀몰하며 분전奮戰하면, 적군은 필시 백방으로 방비를 하면서 그들의 대군大軍
이 분산될 것이다. 그렇게 하여 그들로 하여금 두려움에 떨며 사방으로 흩어지
고, 상하가 혼란에 빠져 서로 화합하지 못하고, 일치단결하지 못하게 하는 것이

다. 이야말로 진정 용병 전쟁을 잘하는 것이다(多設變詐, 以亂敵人. 或衝前掩後, 或掠東擊西, 或立偶形, 或張奇勢, 我則無形以合戰, 敵則必備而衆分. 使其意懼離散, 上下掠擾, 不能和合, 不得齊集. 此善用兵也)"라고 함.

10 "合於(합어)…" 2구: 이는 「화공편」에도 보임. 이에 양빙안楊丙安은, 이 2구가 여기서는 상하 문의文意와 서로 연결이 잘 되지 않는 반면, 「화공편」에서는 바로 "주불가이로이흥사, 장불가이온이치전(主不可以怒而興師, 將不可以慍而致戰)" 아래에 있는데, 아마 「화공편」의 글이 잘못 이곳에 중복 수록된 것이 아닌지 의심스럽다고 함. 분명 일리가 있는 주장임. 다만 확증이 없는 만큼, 이 2구를 일단 윗글의 '고지선용병자古之善用兵者'가 구사한 전략 전술의 근거가 되는 전쟁의 원칙으로 제시된 것으로 이해하고자 함. '동動'은 움직임. 곧 출동·출격·출정出征함을 이름. '지止'는 멈춤. 곧 출동·출격·출정하지 않음을 이름.

11 衆整(중정): '중'은 병력이 많음. '정'은 대오隊伍·진세陣勢가 정연整然함.

12 待(대): (방어 준비를 하고 적이 쳐들어오는 것을) 기다림. 곧 대응함, 대처함, 맞섬을 이름.

13 之(지): 지시대명사로, 적군을 가리킴.

14 所愛(소애): 애중愛重하는 것, 중시하는 것, 소중히 여기는 것.

15 聽(청): 청종聽從, 즉 이르는 대로 잘 듣고 좇음, 따름. 여기서는 (아군의 전략에) 휘말림(다른 사람의 꾐에 빠져 그 사람의 뜻대로 행동하게 됨)을 이름.

16 情(정): 정리情理. 여기서는 이치, 법칙, 원칙을 이름.

17 主速(주속): 신속함을 높이 삼. '주'는 동사로, 주요하거나 기본이 되는 것으로 여김. 곧 중시함, 높이 삼을 이름.

18 人(인): 적인敵人, 적군을 가리킴.

19 不及(불급): 미치지 못함. 여기서는 곧 적이 조수불급措手不及, 즉 일이 너무 촉급促急하여 미처 손을 쓸 겨를이 없음, 방비할 틈이 없음을 이름.

20 由(유): 경유함, 거침, 통함.

21 不虞(불우): 미처 예측, 예상, 짐작하지 못함.

22 不戒(불계): 미처 경계, 경비, 방비하지 못함.

"아군의 이익에 맞으면 출격하고, 아군의 이익에 맞지 않으면 출격하지 않는다." 이는 전쟁을 지휘하는 장수가 반드시 명심해야 할 중요한 원칙이다. 옛날에 전쟁을 잘하는 장수는 바로 이 원칙에 입각해, '전군과 후군이 서로 호응하지 못하게 하는' 등 적군 내부의 유기적인 연계와 결합을 방해하고 저지함으로써 적의 전투력을 약화시키는 전략을 구사하였다.

"먼저 적이 소중히 여기는 것들을 탈취한다." 이는 전열을 정비해 진격해 오는 적의 대군을 상대하며 취할 만한 전략이다. 주권朱權이 이른 대로, 옛날 전쟁에서는 혹은 적의 가족을 사로잡아 인질로 삼거나, 혹은 적의 군사적 요충지를 점거하거나, 혹은 적의 양도糧道를 끊는 등의 방식으로 적이 소중히 여기는 것들을 빼앗았다. 그렇게 되면 적은 자신들이 애중愛重하는 것들을 되찾으려는 마음이 급해지면서, 아군의 전략에 휘말릴 수밖에 없다. 이처럼, 손자가 「허실편」에서 강조했듯이 "치인致人", 즉 적을 아군의 의도대로 움직이게 해야 하는데, 그것은 곧 적의 우세를 열세로 전환시킴으로써 전쟁의 주도권을 장악하기 위한 전략이다.

"병지정주속兵之情主速", 즉 전쟁의 원칙은 신속함을 높이 산다. 후세 사람들이 흔히 말하는 "병귀신속兵貴神速"(『삼국지三國志』「위서魏書」「곽가전郭嘉傳」)은 바로 손자의 이 말에서 유래됐다. 손자는 「작전편」에서 "전쟁은 신속히 승리하는 것을 높이 산다(兵貴勝)"는 이른바 속승론을 주장하기도 하였다. 아무튼 전쟁에서의 신속한 작전은 무엇보다 "적이 미처 손쓸 겨를도 없는 틈을 타" 그들의 허점을 노릴 수가 있다. 그러면 그들의 내부 연계와 결합을 방해하거나 그들이 소중히 여기는 것들을 탈취하는 일도 결코 어렵지만은 않을 것이다. 작전의 신속함은 또한 아군이 결정적인 전기戰機, 즉 전투에서 이길 수 있는 기회를 잡을 가능성을 높인다. 전기란 피아 쌍방의 갖가지 조건이 특정한 시공간 속에서 아군에게 유리한 '조합組合'이다. 하지만 시공간이 달라지면, 피아 조건들의 조합도 바뀌고, 아군에게 유리한 전기는 더 이상 존재하지 않을 수 있다. 전쟁 중에는 얻기 어려운 것도 전기요, 잃기 쉬운 것도 전기인만큼, 전기가 다가오는 데도 신속 기민하게 움직이지 못한다면, 오히려 엄청난 대가를 치르며 후회 막급하게 될 것이다. 따라서 전쟁 지휘관은 반드시 전기를 포착하면 신속 기민한 작전으로 "그들이 미처 생각치도 못한 경로를 통해서 그들이 미처 경계하지 못한 곳을 공격할 수가 있"어야 한다.

3

무릇 적국의 영토 안으로 진격해 들어가 싸울 때는 이치가 이러하다. 대개 군대가 적국의 영토 깊숙이 들어가면 군사들이 전심전력專心專力하기 때문에, 자국 영토 안에서 싸우는 군대는 그런 상대를 이기지 못한다. 적국의 풍요로운 들판에서 양초를 약탈하면, 전군全軍이 풍족히 먹을 수 있다. 군대의 휴양休養 정비에 유의해 군사들이 피로에 지치지 않게 하며, 사기를 진작시키고 전투력을 축적하여, 적절히 병력을 운용 배치하고, 필요한 계책을 써서 적군이 아군의 의도를 알아차리기 못하게 해야 한다. 군대를 막다른 골목에 집어넣으면, 군사들은 죽기를 각오하고 싸우지 패주敗走하려고 하진 않는다. 죽기로 달려드는데 무엇을 못하겠는가? 군사들은 필시 전력소力을 다할 것이다.

무릇 군사들은 지극히 위험한 지경에 빠지면 마음을 다잡아 오히려 두려워하지 않고, 막다른 골목에 집어넣으면 전투 의지가 더욱 굳건해지며, 적지에 깊이 들어가면 더욱 합심 단결하고, 사지에 몰려 살길이 막막하면 죽기를 각오하고 싸운다. 그러므로 그러한 곤경에 처한 군대는 군령軍令을 다듬어 군기를 세우지 않아도 절로 경계를 강화하고, 죽기로 싸우기를 강요하지 않아도 절로 죽을힘을 다해 싸우며, 서로 단합하길 독려하지 않아도 절로 친화 단결하고, 엄명을 내리지 않아도 절로 군대의 규율을 충실히 지킨다. 따라서 장수는 단지 길흉을 점치는 미신 행위를 금해 군사들의 의려疑慮를 불식시키기만 하면, 그들은 죽을 지경에 이르러도 달아나는 일은 없을 것이다.

우리 군사들은 남아도는 재물이 없어도 재물을 탐하지 않는데, 그것은 결코 재물을 싫어해서가 아니요, 우리 군사들은 여분의 목숨이 있는 게 아닌데도 목숨을 아끼지 않는데, 그것은 결코 오래 사는 걸 싫어해서가 아니다. 공격 명령을 발하는 날이면, 군사들은 앉아 있는 이는 흐르는 눈물이 옷깃을 적시고, 드러누워 있는 이는 흐르는 눈물이 턱에서 엇갈릴 것이다. 군대가 막다른 골목에 몰리면, 군사들은 곧 오吳나라 용사勇士 전제專諸와 노魯나라 무사武士 조귀曹劌처럼 용맹무쌍할 것이다.

凡爲客之道[1]: 深入則專,[2] 主人[3]不克[4]; 掠[5]於饒野,[6] 三軍足食; 謹養
범 위 객 지 도   심 입 즉 전   주 인 불 극   약 어 요 야   삼 군 족 식   근 양

而勿勞,[7] 并氣積力,[8] 運兵[9] 計謀,[10] 爲不可測.[11] 投之無所往,[12] 死且不
이 물 로   병 기 적 력   운 병 계 모   위 불 가 측   투 지 무 소 왕   사 차 불

北.[13] 死焉不得,[14] 士人[15]盡力. 兵士甚陷[16]則不懼, 無所往則固,[17] 深
배　　사언부득　　사인　진력　병사심함　즉불구　무소왕즉고　　심

入則拘,[18] 不得已則鬪.[19] 是故其兵[20]不修[21]而戒, 不求而得,[22] 不約[23]
입즉구　부득이즉투　　시고기병　불수　이계　불구이득　　불약

而親,[24] 不令而信[25] 禁祥[26]去疑,[27] 至死無所之.[28] 吾士無餘財,[29] 非
이친　불령이신　금상　거의　　지사무소지　오사무여재　　비

惡[30]貨[31]也; 無餘命,[32] 非惡壽[33]也. 令發之日, 士卒坐者涕霑襟,[34] 偃
오화야　무여명　비오수　야　영발지일　사졸좌자체점금　언

卧[35]者涕交頤.[36] 投之無所往者, 諸[37]劌[38]之勇也.
와　자체교이　투지무소왕자　제　귀　지용야

주석

1 爲客之道(위객지도): 객군客軍으로서 견지해야 할 용병 전쟁의 원칙. '위'는 (객)이
되어서, (객)으로서. '객'은 객군, 즉 자국 영토를 떠나 타국(적국) 영토로 진격해
들어간 군대. '도'는 이치, 법칙, 원칙.

2 專(전): 전일專一, 즉 마음과 힘을 모아 오직 한 곳에만 씀. 곧 전투에 전심전력專
心專力함, 전심전력全心全力을 다함을 이름. 두목이 이르기를, "만약 적국의 국경
안으로 깊숙이 들어가면, 군사들은 필사의 의지가 생겨서 온 마음을 집중해 전
투에 임하게 된다(若深入敵人之境, 士卒有必死之志, 其心專一)"라고 했는데, 그것은 대
개 적지에서 아군의 대오에서 낙오하거나 적군에게 패배를 당하는 경우에는 꼼
짝없이 적에게 사로잡히거나 죽임을 당할 수밖에 없기 때문임.

3 主人(주인): 주군主軍, 즉 자국 영토 안에서 전쟁에 임하는 군대. 여기서는 적군을
가리킴.

4 克(극): 전승戰勝, 즉 싸워서 이김.

5 掠(략): (군량과 사료를) 약탈함, 약취掠取함.

6 饒野(요야): 풍요로운 들판.

7 謹養而勿勞(근양이물로): 군대의 휴양 정비에 심혈을 기울여 군사들이 피로에 지
치지 않게 함. '근'은 삼감, 조심함. 곧 주의함, 유의함을 이름. '양'은 휴양, 휴정休
整함. 곧 편히 쉬면서 군사들의 심신을 보양하고, 부대를 정비함을 이름.

8 幷氣(병기): 사기士氣를 진작시킴. '병'은 어우름, 합침. 곧 집중함, 제고提高함을

이름.

9 運兵(운병): 병력을 (효율적으로) 운용함, 배치함.

10 計謀(계모): 모략·계책을 꾸밈, 세움, 씀.

11 測(측): 헤아림, 추측함, 판단함.

12 投之無所往(투지무소왕): '투지어무소왕投之於無所往'과 같음. 군대를 막다른 골목(궁지)에 투입함. '투'는 투입함, 집어넣음. '지'는 군대, 군사를 가리킴. '무소왕'은 더 이상 갈 곳이 없음. 곧 막다른 골목, 궁지를 이름.

13 北(배): 패주敗走, 즉 싸움에 져서 달아남.

14 死焉不得(사언부득): 죽기로 달려드는데 무엇을 못하겠는가? '언'은 의문 대명사로, 하何와 같음. '부득'은 얻지 못함, 하지 못함, 해내지 못함.

15 士人(사인): 여기서는 사졸士卒, 군사, 군졸을 이름.

16 甚陷(심함): 심하게(깊이) 빠짐. 곧 지극히 위험한 지경에 빠짐을 이름.

17 固(고): 견고함. 곧 전투 의지가 굳건함을 이름.

18 拘(구): 구속함, 속박함. 여기서는 응집凝集, 즉 한군데 엉겨 뭉침. 곧 군사들이 마음을 합쳐 한 덩어리로 굳게 뭉침을 이름.

19 不得已則鬪(부득이즉투): 사지死地, 궁지에 몰리면 죽기를 각오하고 싸움. 두목이 이르기를, "이른바 부득이하다는 것은 장졸들이 모두 사지에 빠져 있어 결코 살아날 수 없을 것 같은 의심(걱정)이 드는 상황으로, 오직 죽기를 각오하고 싸워야 겨우 죽음에서 살아날 수 있나니, 진정 더할 나위 없이 부득이한 상황에 몰리면 군사들은 모두가 사력死力을 다해 싸운다(不得已者, 皆疑陷在死地, 必不生; 以死救死, 盡不得已也, 則人皆悉力而鬪也)"라고 함. '부득이'는 마지못해 하는 수 없는 상황. 곧 궁지, 사지에 몰린 상황을 이름. '투'는 사투死鬪, 즉 죽기를 각오하고 싸움.

20 其兵(기병): 앞에서 말한 '심함甚陷'·'무소왕無所往'·'심입深入'·'부득이不得已' 등의 상황에 처한 병사(군사), 군대를 가리킴.

21 修(수): 수보修補함, 정비整備함. 여기서는 곧 군령軍令을 엄정히 다듬어 갖추고, 군기軍紀를 확립함을 이름.

22 不求而得(불구이득): 구하지 않아도 얻음. 곧 죽을힘을 다해 싸우기를 강요하지 않아도 죽기로 싸움을 이름. '구'는 강구强求함, 강요함.

23 約(약): 제약制約함, 단속함, 다잡음. 곧 군사들을 독려함을 이름.

24 親(친): 친화 단결함.

25 信(신): 신수信守, 즉 신실히·성실히·충실히 지킴. 일설에는 신종信從, 즉 믿고 따름을 이른다고 함.

26 祥(상): 길흉의 조짐. 여기서는 점복占卜과 같은 미신적 행위와 신앙을 가리킴.

27 去疑(거의): 의혹·의려疑慮를 불식시킴. '의'는 의혹(의심하여 수상히 여김), 의려(의심하여 염려함). 일설에는 군사들을 의혹과 의려에 빠뜨리는 유언비어, 헛소문을 가리킨다고 함.

28 無所之(무소지): 달아나는 일이 없음. '지'는 (다른 곳으로) 감(往). 곧 도망감, 달아남을 이름.

29 無餘財(무여재): 여분의(남아도는) 재물이 없음. 이에는 그럼에도 불구하고 재물을 탐하지 않는다는 뜻이 함축되어 있음.

30 惡(오): 혐오함, 싫어함.

31 貨(화): 재화財貨, 재물.

32 無餘命(무여명): 여분의 생명이 없음. 곧 생명·목숨은 하나뿐이라는 말. 이에는 그럼에도 불구하고 목숨을 아끼지 않는다, 즉 죽기를 각오하고 싸운다는 뜻이 함축되어 있음.

33 壽(수): 장수함, 오래 삶.

34 涕霑襟(체점금): 눈물이 옷깃을 적심. '체'는 눈물, '점'은 적심, '금'은 옷깃.

35 偃臥(언와): 드러누움.

36 涕交頤(체교이): 눈물이 턱에서 교차함, 엇갈림. 곧 흐르는 눈물이 턱에 흥건함을 이름. 조조가 이르기를, "(분기충천한) 군사들이 모두 필사의 각오를 다지고 있는 것이다(皆持必死之計)"라고 함. '이'는 턱.

37 諸(제): 즉 전제專諸. 춘추시대 오吳나라 용사勇士로, 일찍이 오나라 공자公子 광光을 위해 오나라 왕 요僚를 살해하고, 자신도 임금의 호위 무사들에게 그 자리에서 죽임을 당했는데, 그렇게 하여 광이 왕위에 오르니, 그가 곧 훗날의 오왕吳王 합려闔閭·闔廬임.

38 劌(귀): 즉 조귀曹劌. 조말曹沫이라고도 함. 춘추시대 노魯나라 무사武士로, 제齊나라 환공桓公이 노나라를 정벌하고, 노나라 장공莊公과 가柯 땅에서 회맹會盟할 때, 비수로 환공을 협박해 제나라가 빼앗은 노나라 땅을 되돌려 받게 함.

손자가 말하는 '위객지도爲客之道'의 핵심은 '치지사지이후생置之死地而後生', 즉 전쟁을 지휘하는 장수가 자신의 군대를 오히려 사지에 몰아넣은 다음에 살길을 찾는 방법으로, 군사들로 하여금 결사決死 분전奮戰할 수밖에 없게 해 승리하는 전략이다. '사지'란 "서둘러 떨쳐 일어나 죽을힘을 다해 싸우면 살고, 그렇지 않으면 죽을 수밖에 없는 곳(疾戰則存, 不疾戰則亡者)"이거늘, 전장에서 사지에 몰린 상황에서 어느 누가 죽기를 각오하고 싸우지 않겠는가? 따라서 '위객지도'는 군사들의 심리를 적극 이용하는 전략이요, 또한 '이환위리以患爲利'(「군쟁」), 즉 불리한 여건 내지 지형을 유리한 여건 내지 지형으로 만들어 승리의 전기를 마련하는 전략이다. 이는 다른 한편으로는 또 적군으로 하여금 '산지', 즉 자국의 영토 안에서 전투에 임하게 하는 만큼, 아군이 작전상 상대적 우위를 점하는 유리함이 있다.

전쟁 과정에서 적의 국경을 넘었다면, 때로는 제반 여건을 고려해 차라리 최대한 깊숙이 '사지'로 들어가 전기를 마련하라는 '위객지도'를 설명하면서, 손자는 또 다음 몇 가지 사항을 덧붙였다. 즉, 적국의 양초와 물자를 적극적으로 약취해 군수품의 안정적 보급을 꾀하고, 군사의 정기精氣를 기르고 예기銳氣를 축적해 군대가 활력을 찾고, 전력이 증강되도록 하며, 치밀한 계책과 철저한 보안으로 적군이 아군의 의도를 알지 못해 혼란에 휩싸이게 해야 한다. 그리고 사지에 몰린 군사들은 전혀 강요할 필요도 없이 그들 스스로가 자발적으로 필사의 의지와 노력을 다하는 만큼, 장수는 단지 군중軍中의 미신 행위를 엄금해 군사들이 의려하고 동요하는 일이 없도록 하는 것만으로 충분하다. 아무튼 이렇듯 '사지'의 특수한 군사 심리적 여건 속에서 형성되는 군대의 정신 역량과 무장武裝은, 그 어떤 불리한 여건 속에서도 능히 적을 무찌르고 승리할 수 있는 중요한 근거가 될 수 있다.

전쟁이란 기본적으로 피아 쌍방이 서로 생사를 다투는 것으로, 적을 죽이고 자신의 안전을 확보하는 것이 무엇보다 중요하다. 전쟁에서의 영특함과 용맹함은 왕왕 사람이 죽음에 직면했을 때 본능적으로 분출하게 되는 생명에 대한 강렬한 욕구의 산물이다. 전장에서 사지에 몰린 절체절명의 위기에서는 본디 나약한 이도 용기백배할 수 있고, 본디 어리석은 이도 지혜를 모을 수가 있다. 하나뿐인 생명 가치에 대한 강렬한 애착과 욕구는 그야말로 기적 같은 일도 이뤄 낼 수가 있다.

4

그러므로 용병 전쟁을 잘하는 장수는 자신의 군대를 옛날 전설 속의 뱀 솔연率然처럼 일사불란하게 움직이게끔 지휘한다. 솔연은 항산恒山에 사는 뱀인데, 그 머리를 공격하면 즉각 꼬리로 응수해 오고, 그 꼬리를 공격하면 즉각 머리로 응수해 오며, 그 몸뚱이 가운데를 공격하면 즉각 머리와 꼬리 두 가지 모두로 응수해 온다. 감히 묻건대, "군대를 솔연처럼 조련調練시킬 수 있는가?" 답하나니, "가능하도다." 오나라 사람과 월나라 사람이 비록 서로 미워하지만, 그들이 만약 같은 배를 타고 강을 건너다 큰 바람을 만나면, 그들은 서로 구원하기를 마치 왼손과 오른손이 서로 돕는 것처럼 할 수가 있다. 그렇기 때문에 말을 나란히 묶어 놓고, 수레바퀴를 땅에 단단히 묻어 놓는 식으로 하여서는 군대의 단합과 전의戰意를 굳게 다지기를 기대하기 어렵다. 요컨대 군사들이 마치 한 사람처럼 일치단결하여 용감히 나아가 싸우게 하는 것은 바로 군대를 지휘 통솔하는 원칙이 어떠하냐에 달렸고, 강한 군사들과 약한 군사들이 모두 각기 전력을 다할 수 있게 하는 것은 바로 전장의 지형을 얼마나 합리적으로 이용하느냐에 달렸다. 그러므로 용병 전쟁을 잘하는 장수가 전군을 한 사람을 부리듯이 통솔할 수 있는 것은 바로 군사들을 그렇게 하지 않을 수 없는 상황에 놓이게 하기 때문이다.

故善用兵者, 譬如^{1}率然.^{2} 率然者, 恒山^{3}之蛇也. 擊其首則尾至,^{4}
고 선 용 병 자　비 여 솔 연　솔 연 자　상 산 지 사 야　격 기 수 즉 미 지

擊其尾則首至, 擊其中^{5}則首尾俱至. 敢問: "兵可使如率然乎?^{6}"
격 기 미 즉 수 지　격 기 중 즉 수 미 구 지　감 문　병 가 사 여 솔 연 호

曰: "可." 夫^{7}吳人與越人相惡也, 當其同舟而濟^8 遇風, 其相救也
왈　가　부 오 인 여 월 인 상 오 야　당 기 동 주 이 제　우 풍　기 상 구 야

如左右手. 是故方馬埋輪,^{9} 未足恃也^{10}; 齊勇若一,^{11} 政^{12}之道^{13}也;
여 좌 우 수　시 고 방 마 매 륜　미 족 시 야　제 용 약 일　정 지 도 야

剛柔皆得,^{14} 地之理也. 故善用兵者, 攜手若使一人, 不得已也.^{15}
강 유 개 득　지 지 리 야　고 선 용 병 자　휴 수 약 사 일 인　부 득 이 야

주석

1 譬如(비여): 비유하자면 마치 ~와 같음.

2 率然(솔연): 고대 전설 속의 뱀(蛇)을 일컬음. '솔연'이란 말은 날쌔다, 날래다, 재빠르다는 뜻으로, 곧 그 뱀의 날쌘 움직임을 형용해 일컬은 것임. 장예가 이르기를, "'솔'은 빠를 '속'과 같나니, 그 뱀을 공격하면 신속히 응수함을 이른다(率, 猶速也, 擊之則速然相應)"라고 함.

3 恒山(항산): 십일가주본에는 본디 '상산常山'으로 되어 있으나, 한간본에 근거해

고침. 항산은 중국의 오악五岳, 즉 오대 명산 가운데 북악北岳으로, 지금의 산서성山西省 혼원현渾源縣 동남부에 있음. 서한西漢 때 문제文帝 유항劉恒의 휘자諱字 '항'을 쓰기를 꺼려 '상산'으로 고쳤는데, 북주北周 무제武帝 때 다시 '항산'으로 고쳐 복원함.

4 至(지): 이름, 도달함. 여기서는 구응救應, 즉 응수해 구원함을 이름.

5 中(중): 한간본에는 '중신中身'으로 되어 있음. 몸의 중간 부분, 곧 몸뚱이 가운데를 가리킴.

6 "兵可(병가)…" 구句: 매요신이 이른 대로, '군대의 수미首尾가 마치 한 몸처럼 신속히 서로 호응하고 구응救應하게 할 수 있는가?'를 말함. '호乎'는 의문조사.

7 夫(부): 한간본에는 이 글자가 없음.

8 濟(제): (강을) 건넘[渡].

9 方馬埋輪(방마매륜): 말을 나란히 묶어 놓고, 수레바퀴를 땅에 단단히 묻어 놓음. 여기서는 곧 그렇게 하여 전열戰列의 안정을 기하며 전의를 굳게 다진다는 말임. 한데 이는 하나의 가정이요, 비유일 뿐, 결코 실전에서 이처럼 한다는 얘기는 아님. '방'은 병렬竝列, 즉 나란히 늘어놓음. 여기서는 (말을) 나란히 묶어 놓음을 이름.

10 未足恃也(미족시야): 믿을 만하지 못함. 곧 소기의 효과를 기대하기 어렵다는 말. '시'는 믿음, 의지함, 믿고 의지함. 이상 두 구를 두고 장예가 이르기를, "윗글에서 군대를 사지에 배치해 군인들의 전투 의지를 확고히 하는 계책을 하나하나 논하였다. 그러나 그것은 최상의 전략이라고 보기는 어렵다. 군대를 설령 위험 지역에 배치한다고 하더라도, 반드시 그때그때 임기응변의 지략智略으로 군사들을 부려, 그들로 하여금 서로 구원하기를 마치 왼손과 오른손이 서로 돕듯이 하게 한다면 능히 승리할 것이다. 그러므로 말한다. '비록 말을 나란히 묶어 놓고, 수레바퀴를 땅에 단단히 묻어 놓는 식으로 하여 전의를 굳게 다져 승리를 쟁취하기를 기대하는 어렵다. 요컨대 군사들로 하여금 서로 한 몸처럼 호응하고 구응하도록 하는 것만이 최후의 승리를 위해 분명히 믿고 의지할 수 있는 전략이다'[上文歷言兵於死地, 使人心專固, 然此未足爲善也. 雖置之危地, 亦須用權智使人, 令相救如左右手, 則勝矣. 故曰: 雖縛馬埋輪, 未足恃固以取勝; 所可必恃者, 要使士卒相應如一體也]"라고 함.

11 齊勇若一(제용약일): 모두가 한마음으로 단합해 용감히 떨쳐 일어나 전투에 임

하기를 마치 한 사람이 움직이듯이 함. '제'는 제심齊心 협력함. '용'은 분용奮勇 임전臨戰함. '약일'은 한 사람과 같음.

12 政(정): 바로잡음〔正〕. 곧 다스림, 관리함. 여기서는 (군대를) 지휘 통솔함을 이름.

13 道(도): 방법, 원칙.

14 剛柔皆得(강유개득): 강한 군사와 약한 군사가 모두 그 힘을 다함. '강유'는 강 약强弱과 같음. '득'은 그 작용과 역할을 얻음. 곧 그 능력을 다함을 이름.

15 "攜手(휴수)…" 2구: 두목이 이르기를, "삼군의 군사를 마치 한 사람의 손을 이 끌 듯이 통솔할 수 있는 것은, 형세가 부득이하여 모두가 반드시 나(장수)의 명 령을 따라야 하기 때문인바, 이는 곧 군대의 지휘 통솔이 대단히 용이함을 비유 하는 것이다〔言使三軍之士, 如牽一夫之手, 不得己, 皆須從我之命, 喩易也〕"라고 함. '휴수' 는 손을 잡아끎. 곧 이끎, 지휘 통솔함을 이름. '휴'는 휴携의 본자本字.

해설

전장에서 장수는 자신의 군대가 내부적으로 일치단결하여 긴밀히 상 호 호응·협력·구원할 수 있도록 통솔하여야 한다. 그것은 마치 "그 머 리를 공격하면 즉각 꼬리로 응수해 오고, 그 꼬리를 공격하면 즉각 머 리로 응수해 오며, 그 몸뚱이 가운데를 공격하면 즉각 머리와 꼬리 두 가지 모두로 응수해" 오는 솔연 뱀처럼 유기적인 협동 체계를 구축해 어떠한 적의 공격도 다 막아낼 수 있도록 하는 것이다. 그렇다면 장수 가 어떻게 군대를 그같이 이끌 수 있는가? 여러 가지 방법이 있을 수 있겠으나, 손자가 생각하는 가장 쉽고 효과적인 방법은 바로 "군사들 을 그렇게 하지 않을 수 없는 상황에 놓이게 하"는 것이다. 소위 '부득 이'함이 곧 사람들이 일치단결하여 적극적으로 서로 구응救應하게 하 는 근본 동력이라는 얘기다. 그 같은 이치를, 손자는 서로 원수지간인 오나라 사람과 월나라 사람이 같은 배를 타고 강을 건너는 극단적인 상황을 예로 들어 설명하였다. 아무리 오나라 월나라 사람들이라 하더라도 같은 배를 타고 강을 건너다 거센 풍파를 만났다면, 평소의 원한에 얽매일 계제가 아니다. 일단은 당면한 위난에서 무사히 벗어나는 것이 무엇보다 중요하다. 그렇기 때문에 그들은 본능적으로 일치단결하여 서로 협력하고 구응하지 않을 수 없다. 매요신이 이른 대로, (오나라 월나라 사람들이 함께 처한 '부득이'한) 형세와 상황이 그들로 하여금 그렇게 하도록 하는 것이다.

장예가 말했다. "오나라와 월나라는 원수지간이지만, 함께 위난에 처하게 되면 서로 구원하기를 왼손 오른손 두 손이 서로 돕듯이 하거늘, 하물며 원수지간이 아닌 경우에야 어찌 솔연의 머리와 꼬리가 서로 호응하고 구응하듯이 하지 않겠는가?〔吳越仇讎也, 同處危難, 則相救如兩手, 況非仇讎者, 豈不猶率然之相應乎〕" 이처럼 손자가 일깨워 주고자 하는 것은, 심지어 원수지간에도 절로 그러하거늘, 같은 나라 사람들, 같은 군대 병졸들이 함께 '부득이'한 상황에 처했다면, 더더욱 서로 긴밀히 협력하고 구원할 것이라는 이치이리라.

5

무릇 장수가 군대를 지휘하는 일은 침착하고 냉정한 자세로 깊고 그윽이 생각하는 가운데 엄정한 군율로 강력한 장악력을 발휘해야 한다. 그리하여 능히 군사들의 이목을 가려 장수의 작전 의도를 눈치채지 못하게 할 수 있어야 하나니, 설령 군사 임무를 바꾸고 전략 전술을 변경해도 군사들이 그 내밀한 뜻을 알지 못하며, 설령 주둔지를 바꾸고 길을 우회해도 군사들이 그 내밀한 생각을 알지 못하게 해야 한다. 장수가 군대에게 작전 임무를 주고 나서는, 마치 높은 곳에 올라간 뒤 사다리를 치워버리는 것처럼 퇴로를 차단해야 하나니, 장수가 군대와 함께 적국의 내지內地 깊숙이 들어가면 쇠뇌 방아쇠를 당겨 화살을 쏘거나, 돌아갈 배를 불사르고, 밥 지을 솥을 부수어 버리듯이 오직 나아가기만 할 뿐 물러서지 못하게 하며, 또한 마치 양떼를 몰듯이 군대를 몰아서 저리로 가게 하고, 또 이리로 오게 하지만, 결국 어디로 가야 하는지는 아무도 모르게 해야 한다. 요컨대 전군全軍의 군사들을 모아 험지險地로 몰아넣어 그들로 하여금 죽기를 각오하고 싸우게 하는 것이, 바로 장수가 군대를 지휘하며 해야 하는 일이라고 할 것이다. 그렇기 때문에 아홉 가지 지형 조건에 따른 응변應變의 전략과 군대의 진퇴 공방攻防에 따른 이해득실, 전군 장졸들의 상황에 따른 심리 상태 등에 대해서는, 전쟁을 지휘하는 장수가 자세히 살피고 유의하지 않을 수 없도다.

將軍之事,¹ 靜以幽,² 正以治.³ 能愚士卒之耳目, 使之無知⁴; 易⁵其
장군지사 정이유 정이치 능우사졸지이목 사지무지 역기
事, 革⁶其謀, 使人無識; 易其居⁷, 迂⁸其途, 使人不得慮. 帥與之期,⁹
사 혁기모 사인무식 역기거 우기도 사인부득려 수여지기
如登高而去其梯¹⁰; 帥與之深入諸侯之地,¹¹ 而發其機,¹² 焚舟破
여등고이거기제 수여지심입제후지지 이발기기 분주파
釜,¹³ 若驅¹⁴群羊, 驅而往, 驅而來, 莫知所之.¹⁵ 聚¹⁶三軍之衆, 投之
부 약구 군양 구이왕 구이래 막지소지 취 삼군지중 투지
於險, 此謂將軍之事也. 九地之變, 屈伸¹⁷之利, 人情之理,¹⁸ 不可不
어험 차위장군지사야 구지지변 굴신 지리 인정지리 불가불
察也.¹⁹
찰 야

1 **將軍**(장군): 군대를 지휘 통솔함. '장'은 여기서는 동사로 장어將御, 즉 거느림, 다스림을 뜻함. 따라서 여기서 '장군'은 무관武官 관직을 일컫는 말이 아님.

2 **靜以幽**(정이유): 이는 장예가 이른 대로, 그(장수)가 군사 작전을 꾀함에 있어 편안하고 고요하며, 깊고 그윽하여 다른 사람이 쉽게 헤아릴 수 없도록 하여야 함을 말함. '정'은 안정함, 진정鎭靜함이니, 곧 그 정신 상태가 참으로 침착하고 냉정함을 이름. '이'는 이而와 같음. '유'는 유심막측幽深莫測이니, 곧 그 사고思考 심도深度가 참으로 깊고 그윽함을 이름.

3 **正以治**(정이치): 이는 장예가 이른 대로, 그(장수)가 부하 장졸들을 다스림에 있어 공정 무사無私하고 엄정嚴整 능숙하여 장졸들이 감히 태만하지 못하도록 하여야 함을 말함. '정'은 공정함, 엄정嚴正함. '치'는 통치·치리治理에 능숙함. 곧 (군대의) 통솔력·장악력이 있음을 이름.

4 **"能愚**(능우)…" 2구: 군사들의 이목을 가려서 장수의 작전 의도를 모르게 할 수 있어야 함. 조본학이 이르기를, "군사들이 (장수의 작전 전략에 대해) 알게 되면 의려疑慮(의심하여 염려함)가 생기고, 생각하게 되면 두려움이 생기게 되므로, 헛되고 진실하지 않은 말을 더하여 그들의 이목을 가리는 것이다[有知識則生疑慮, 有思慮則生恐懼, 故駕虛空不實之言, 以愚其目]"라고 함. 또 천치티엔陳啓天이 이르기를, "전도가 위험하다는 사실과 군사 기밀을 운용하는 문제 같은 것은 군사들이 미리 알게 해서는 안 되는 것들이다. 그렇기 때문에 계책을 세워 군사들이 전도의 위험은 미리 알지 못한 채, 그저 장수의 명령에 복종하여 행동하게끔 하여야 한다[前途之危險與軍機之運用, 此不宜使士卒先知者, 故宜設計使士卒不知前途之危險, 但服從將軍之命令而行]"라고 함. '우'는 사역동사로, (군사들을) 어리석게 함. 곧 (군사들의 이목을) 가림, 속임을 이름.

5 **易**(역): 개역改易, 즉 있던 것을 고치어 다른 것으로 바꿈.

6 **革**(혁): 변혁, 변경함.

7 **居**(거): 거소居所. 여기서는 군대의 주둔지를 이름.

8 **迂**(우): 우회함, 즉 곧바로 가지 않고 멀리 돌아서 감.

9 **帥與之期**(수여지기): 총사령관 장수가 장졸들과 작전을 약정約定함. 곧 장졸들에게 작전 임무를 부여함을 이름. '기'는 약정함, 즉 어떤 일을 약속하여 정함. 곧 작전 임무를 두고 하는 말임.

10 "如登高(여등고)…" 구: 높은 곳에 올라간 뒤에 (타고 올라간) 사다리를 치우듯이 함. 곧 퇴로를 차단함으로써 군대가 오로지 용맹 전진하여 결사 분전할 수밖에 없도록 함을 이름.

11 諸侯之地(제후지지): (다른) 제후국의 땅. 여기서는 적국의 내지를 가리킴.

12 發其機(발기기): 쇠뇌 방아쇠를 당겨 화살을 쏨. 곧 (적국 깊숙이 들어가면) 그처럼 오로지 앞으로 나아갈 뿐 되돌아 올 수는 없도록 해야 함을 비유함. '기'는 노기弩機, 즉 쇠뇌(「작전편」 제4장 주석 10 참조) 틀. 또 그 방아쇠.

13 焚舟破釜(분주파부): (돌아갈 때 탈) 배를 불사르고, (밥을 지어 먹을) 솥을 깨뜨림. 곧 파부침주破釜沈舟와 같은 말로, 배수의 진을 치고 결사적으로 싸우겠다는 의지를 불태움을 비유함. '파부침주'는 진말秦末에 항우項羽가 거록巨鹿 전투에서 진나라 군대를 격파할 때 구사한 전략인 만큼, 이 '분주파부'란 말은 후세 사람이 덧붙인 게 아닌가 함. 한간본, 무경본 등에는 이 말이 없음.

14 驅(구): (양 떼를) 몲.

15 之(지): 감(往).

16 聚(취): 취집聚集함, 집결함, 한데 모음.

17 屈伸(굴신): 굽힘과 폄, 물러남과 나아감. 곧 군대의 진퇴 공수攻守를 이름.

18 人情之理(인정지리): 사람의 심정·감정의 상리常理(당연한 이치). 곧 인지상정人之常情, 인간 심리의 일반적인 양상을 이름.

19 也(야): 이는 본디 십일가주본에는 없는 글자임. 하지만 이는 말을 끝맺는 의미의 어조사인 만큼 있는 것이 나으므로, 한간본 등에 근거해 보충함.

해설

전쟁은 위난危難 그 자체이다. 따라서 전쟁에 나선 군대는 그 어떤 위험과 고난 속에서도 죽을힘을 다해 싸워 승리할 수 있는 의지를 불태우고, 사기를 진작시켜야 한다. 그러한 의지와 사기는 곧 전장의 위난 상황에서 분출되는 강력한 정신 역량으로, 군대의 전투력을 배가시키는 결정적 동인動因으로 작용하게 마련이다. 유능한 장수라면 능히 군대가 어떠한 희생도 두려워하지 않고 결사 분전하겠다는 의지와 사기를 촉발시키고, 활용할 수 있어야 한다. 이에 손자는 전장에서 군대를 지휘하는 장수가 갖춰야 할 기본 덕목으로 "침착하고 냉정한 자세로 깊고 그윽이 생각하는 가운데, 엄정한 군율로 강력한 장악력을 발휘"할 수 있어야 함을 강조하였다. 그리고 그 바탕 위에 "전군의 군사들을 모아 험지로 몰아넣어 그들로 하여금 죽기를 각오하고 싸우게"할 수 있어야 함을 일깨웠다.

아무리 전쟁 상황이라 하더라도, 장수가 자신의 군대를 험지로 몰아넣는다는 것은 결코 쉬운 일이 아니다. 하여 손자가 제안한 방법은 바로 "우사졸지이목, 사지무지愚士卒之耳目, 使之無知", 즉 군사들의 이목을 가려서 장수의 작전 의도를 눈치채지 못하게 하는 것이다. 만약 작전과 관련한 군사 기밀과 전략 전술을 사전에 전군의 장졸들에게 알린다면, 미리부터 너나없이 왈가왈부하는 가운데 크고 작은 의려와 공포가 일면서 작전 준비 단계는 물론, 작전 수행 과정에까지 악영향을 끼칠 수 있다. 그러므로 여기서 말하는 "우사졸지이목, 사지무지"는 손자가 우민愚民, 아니 우병愚兵 정책을 주장했다기보다는 작전 의도의 성공적인 실현을 위한 전제 조건을 강조한 것으로 이해된다. 아무튼 장예가 이른 대로, "전쟁 중에 주둔지는 험준한 곳을 버리고 평탄한 곳을 고르고, 이동하는 길은 가까운 길을 버리고 먼 길을 따르면, 군사들이 처음에는 그 내밀한 뜻을 알지 못해 의아할 것이나, 그렇게 하여 승리를 거두고 나면 그때 비로소 탄복할 것이다. 태백산인이 말했다. '용병 전쟁은 속임수 구사를 중요하게 여기는데, 적을 속이는 것은 물론이거니와, 아군 군사들도 속여서 그들이 그저 명령에 따르게만 하고, 작전의 내밀한 의도는 알지 못하게 하여야 한다'(其居則去險而就易 其途則捨近而從遠, 人初不曉其旨, 及勝乃服. 太白山人曰: '兵貴詭道者, 非止詭敵也, 抑詭我士卒, 使由之而不使知之也')."

작전을 성공으로 이끌어 최후의 승리를 쟁취하기 위해서는, 장수의 명령이 떨어지면 군대가 일말의 의려와 공포도 없이 한마음 한뜻으로 단결하여 용맹 전진하여야 한다. 따라서 장수는 전략적 필요에 의해 아군의 퇴로를 스스로 차단하고, 군대를 막다른 골목으로 모질게 몰아붙일 수 있어야 한다는 게 손자의 생각이다. 전장이라는 특수한 상황과 여건에서는, 이렇듯 인간의 일반적인 감정과 정서에는 반하지만, 일정한 강제성과 가혹성이 요구된다.

6

무릇 적국의 영토 안으로 진격해 들어가 싸울 때의 일반적인 이치는, 적국 안으로 깊이 들어가면 군사들이 전심전력하지만, 얕추 들어가면 군사들의 투지가 여려진다는 것이다. 자기 나라를 떠나 다른 나라 국경을 넘어가서 전투를 벌이는 곳은 절지絶地이고, 사통팔달하는 곳은 구지衢地이며, 적국 안으로 깊이 들어간 곳은 중지重地이고, 적국 안으로 얕추 들어간 곳은 경지輕地이며, 뒤로는 험요險要한 지대인데다 앞으로는 좁고 험한 길뿐인 곳은 위지圍地이고, 더 이상 빠져나갈 데가 없는 막다른 골목은 사지死地이다. 그러므로 산지散地에서는 우리는 장차 전군의 의지를 하나로 결집하고, 경지에서는 우리는 장차 부대 배치를 서로 긴밀히 결속시키며, 쟁지에서는 우리는 장차 뒤쪽의 본대를 다그쳐서 서둘러 달려오게 하고, 교지에서는 우리는 장차 방비를 보다 철저히 하며, 구지에서는 우리는 장차 여러 제후국들과의 결맹結盟을 강화하고, 중지에서는 우리는 장차 적국에서 양초를 약탈해 군량의 공급을 안정적으로 이어가며, 비지에서는 우리는 장차 길을 재촉하여 신속히 통과하고, 위지에서는 우리는 장차 우리 군사들이 도망갈 구멍을 막으며, 사지에서는 우리는 장차 군사들에게 결사 항전의 의지를 보여줄 것이다. 무릇 군사들의 심리는 적에게 포위를 당하면 완강히 저항하고, 사지에 몰려 살길이 막막하면 죽기를 각오하고 싸우며, 극히 위험한 지경에 빠지면 장수의 지휘에 순순히 따른다.

凡爲客之道: 深則專,[1] 淺則散.[2] 去國[3]越境[4]而師[5]者, 絕地[6]也; 四達
범 위 객 지 도   심 즉 전   천 즉 산   거 국 월 경 이 사 자   절 지 야   사 달
者, 衢地也; 入深者, 重地也; 入淺者, 輕地也; 背固前隘[7]者, 圍地
자   구 지 야   입 심 자   중 지 야   입 천 자   경 지 야   배 고 전 애 자   위 지
也; 無所往者, 死地也. 是故散地, 吾將一[8]其志; 輕地, 吾將使之
야   무 소 왕 자   사 지 야   시 고 산 지   오 장 일 기 지   경 지   오 장 사 지
屬[9]; 爭地, 吾將趨其後[10]; 交地, 吾將謹其守[11]; 衢地, 吾將固其結[12];
촉   쟁 지   오 장 추 기 후   교 지   오 장 근 기 수   구 지   오 장 고 기 결
重地, 吾將繼其食[13]; 圮地, 吾將進其塗[14]; 圍地; 吾將塞其闕[15]; 死
중 지   오 장 계 기 식   비 지   오 장 진 기 도   위 지   오 장 색 기 궐   사
地, 吾將示之以不活.[16] 故兵之情[17]: 圍則禦,[18] 不得已則鬪,[19] 過則
지   오 장 시 지 이 불 활   고 병 지 정   위 즉 어   부 득 이 즉 투   과 즉
從.[20]
종

주석

1 專(전): 정신이 전일專一함. 곧 전심전력專心專力함, 전심전력全心全力을 다함을

이름.

2 散(산): 정서情緖가 환산渙散함, 산만함. 곧 투지가 여려지고, 사기가 떨어짐을 이름.

3 去國(거국): 자기 나라를 떠남. '거'는 떠나감.

4 越境(월경): 다른 나라 국경을 넘어감.

5 師(사): 군대. 여기서는 동사로, 군대가 적과 전투를 벌임을 뜻함.

6 絶地(절지): 중심에서 멀리 떨어진 외진 땅. 곧 본국에서 멀리 떨어진 적국의 내지를 이름. 조본학은 '절'을 절망의 뜻으로 풀이함. 이 편에서 말하는 '구지' 가운데에는 '절지'가 없는데, 대략 앞에서 "제후의 군대가 자국 영토에서 적과 교전하는 곳은 '산지'라 한다(諸侯自戰其地者, 爲散地)"는 데에 상대해 여기서 특별히 일컫은 것으로 보임.

7 背固前隘(배고전애): 뒤로는 험요한 지형이 있고, 앞으로는 좁고 험한 길이 있음. '고'는 견고함. 곧 험요하여 공략하기 힘듦을 이름. '애'는 지세가 좁고 험함.

8 一(일): 여기서는 동사로, 통일함, 하나로 모음을 뜻함.

9 使之屬(사지촉): 각급 부대의 작전 배치를 상호 긴밀히 연결, 결속시킴. '촉'은 잇닿음, 인접함.

10 趨其後(추기후): 후군後軍, 후속 부대를 다그쳐서 서둘러 달려오게 함. 장예가 이르기를, "'쟁지'는 무엇보다 (적군보다 먼저) 신속히 점령하는 것이 중요한데, 만약 앞서 간 선봉대는 박차를 가해 이미 도착을 했지만, 뒤쪽의 본대가 제때에 도착하지 못한다면 완전히 점령할 수 없다. 그러므로 응당 그 후속 부대(즉 본대)를 다그쳐서 서둘러 달려오게 하여 전·후군이 모두 '쟁지'에 다다르게 해야 한다(爭地貴速, 若前驅至而後不及, 則未可. 故當疾進其後, 使首尾俱至)"라고 함. 한편 일설에는 이를 적군의 후면後面으로 가로질러 오게 한다는 뜻이라고 하나, 피아가 선점하기를 다투는 곳이 '쟁지'인 점을 감안하면, 이론의 여지가 있음. '추'는 빨리 달림. 여기서는 사역동사로, 빨리 달려오게 함을 이름.

11 謹其守(근기수): 그 수비에 신중을 기함. 곧 그곳(교지)의 방비를 보다 철저히 함을 이름. '근'은 삼감, 신중히 함. 장예가 이르기를, "적의 통로를 차단할 것까지는 없지만, 보루를 철저히 정비해 견고히 지키면서 적이 오기를 기다렸다가 복병을 배치해 공격하여야 한다(不當阻絶其路, 但嚴壁固守, 候其來, 則設伏擊之)"라고 함.

12 固其結(고기결): 여러 제후국들과의 결맹結盟을 공고히 함. '결'은 결맹, 즉 연맹

이나 동맹을 결성함.

13 **繼其食**(계기식): (적국에서 약탈하여) 군대 식량의 공급을 안정적으로 유지함. '계'는 계속함, 유지함. 매요신이 이르기를, "길이 먼 데다 이미 양도糧道마저 끊어진 상황이라, 본국으로 돌아가 군량을 가져오기는 불가능하므로 응당 적 국에서 양초를 약탈해 아군을 먹여야 한다(道既遐絶, 不可歸國取糧, 當掠彼以食軍)" 라고 함.

14 **進其塗**(진기도): 그 길로 신속히 전진함, 통과함. '도'는 도途와 같음. 길, 도로.

15 **塞其闕**(색기궐): 도망갈 구멍을 막음. 이는 곧 군사들로 하여금 죽을 각오로 싸 우도록 독려하기 위함임. 매요신이 이르기를, "스스로 샛길을 막아 군사들로 하여금 결사 항전하게 하는 것이다(自塞其旁道, 使士卒必死戰也)"라고 함. 또 장예 가 이르기를, "아군이 적국에 포위되어 있을 때는, 적군이 일부러 활로를 열어 아군 병사들이 달아나길 바라기 때문에 응당 아군 스스로 그 활로를 막아 병사 들의 마음을 하나로 뭉치게 해야 한다(吾在敵國, 敵開生路, 當自塞之, 以一士心)"라고 함. '색'은 틀어막음. '궐'은 결缺과 같은 뜻으로, 이지러진 틈, 빈틈, 구멍을 이름. 여기서는 포위망을 뚫고 도망갈 구멍, 활로를 가리킴.

16 **示之以不活**(시지이불활): 군사들에게 결사 항전의 의지를 보여줌. 장예가 이르 기를, "군수품을 불사르고, 양식을 버리는가 하면, 우물을 메우고, 아궁이를 부 수어 더 이상 살아나갈 수 없음을 보여줌으로써 군사들을 독려해 결사 항전하 게 하는 것이다(焚輜重, 棄糧食, 塞井夷灶, 示以無活, 勵之使死戰也)"라고 함. '지'는 아군 의 군사들을 가리킴. 일설에는 적(군)을 가리킨다고 하나, 문맥상 이론의 여지 가 있음.

17 **兵之情**(병지정): 군대의 정서, 군사들의 심정·심리.

18 **禦**(어): 막음. 여기서는 저항함을 이름.

19 **不得已則鬪**(부득이즉투): 이 편 제3장 주석 19 참조.

20 **過則從**(과즉종): 극히 위험한 지경에 빠지면 장수의 지휘·명령에 순순히 따름. '과'는 과함, 심其함. 곧 위난이 극심한 상황을 이름. '종'은 청종聽從, 즉 이른 대 로 잘 듣고 따름.

이는 이 편 전반부 내용에 대한 중복과 보충으로, 손자는 여기서 거듭 '구지지변九地之變', 즉 전장의 아홉 가지 지형 조건에 따라 기민히 대처하는 신축적인 전략 전술을 설명하였다. 또한 그러한 가운데 특히 '위객지도爲客之道', 즉 적국의 영토 안으로 진격해 들어간 상황에서 견지해야 할 용병 전쟁의 원칙을 일깨워 주는 데 주력하였다. 그 중점은 바로 "적국 안으로 깊이 들어가면 군사들이 전심전력하지만, 얕추 들어가면 군사들의 투지가 여려진다는 것이"고, "적에게 포위를 당하면 완강히 저항하고, 사지에 몰려 살길이 막막하면 죽기를 각오하고 싸우며, 극히 위험한 지경에 빠지면 장수의 지휘에 순순히 따른다"는 것을 강조함에 있다.

한편 「군쟁편」에서 이르기를, "적군을 포위 공격할 때는 반드시 약간의 빈틈을 보이[圍師必闕]"라고, 즉 포위당한 적군이 도망갈 활로를 약간은 열어 주라고 하였다. 그것은 곧 막다른 골목에 몰린 적이 최후의 발악을 하면서 적군은 물론 아군까지도 심대한 타격을 입는, 그야말로 '물고기도 죽고 어망도 터지는[魚死網破]' 불상사는 막아야 한다는 취지이다. 손자는 여기서는 또 위지에서는 우리 군사들이 도망갈 구멍을 막아야 함을 강조하였는데, 이는 아군이 적에게 포위를 당한 입장에서의 대응 전략이다. 아군을 포위한 상황이라면, 적군은 필시 빈틈을 보이며 일말의 활로를 열어 줄 것이다. 바로 그럴 때 아군 장수로서는 오히려 그들이 열어 준 활로를 막아 군사들로 하여금 심각한 위난 지경에 처하게 함으로써 필사의 각오를 다지게 하여야 한다. 왜냐하면 그렇게 해야만 비로소 사지를 생지로 전환하고, 패배를 승리로 바꿀 수 있기 때문이다.

7

　그러므로 여러 제후국들의 전략 의도를 알지 못하면 그들과 우호 관계를 맺어서는 아니 되고, 산림이 우거진 지역, 산세가 험준하고 골물이 거센 산악 지역, 늪이나 못 등의 지형을 알지 못하면 군대를 이동 배치하거나 포진해서는 아니 되며, 현지 사정에 밝은 길잡이를 쓰지 않으면 지형에 따른 이점을 얻을 수 없다. 아무튼 '구지' 가운데 한 가지라도 그 이해利害를 잘 알지 못하면, 천하를 호령하는 패왕의 군대가 될 수 없다. 무릇 패왕의 군대가 강대한 나라를 정벌할 때면 능히 그들로 하여금 도저히 병력을 한곳에 집중할 수 없게 하고, 병위兵威를 적국에게 가할 때면 능히 그들의 동맹국들로 하여금 감히 그들과 연합하지 못하게 한다. 그러므로 패왕의 군대는 애써 여러 나라와 외교 관계를 맺을 것도 없고, 천하를 호령하는 권세를 키울 것도 없이, 단지 자신들의 전략적 웅지를 펼치며 엄청난 위세를 적에게 가하기만 하면, 적의 성읍을 빼앗을 수 있고, 또 나아가 적의 도성都城도 무너뜨릴 수 있다.

　파격적인 포상을 시행하고, 응변應變의 비상非常 법령을 공포하여 전군의 장졸을 통솔하면 마치 한 사람을 부리듯 수월할 것이다. 군사들을 전투 임무에 투입할 때는 내밀한 작전계획은 알리지 말고, 그저 작전의 위험성만 일러 주고 부릴 뿐, 유리한 조건은 알리지 말아야 한다. 군대를 위지危地에 투입하고 나면 군사들이 죽기로 싸워 살아나고, 군대를 사지에 빠뜨리고 나면 군사들이 죽기로 싸워 살아난다. 무릇 군대를 험악한 지경에 몰아넣고 난 연후에 비로소 능히 승리를 쟁취할 수가 있는 법이다.

是故不知諸侯之謀者, 不能預交; 不知山林·險阻·沮澤之形者, 不
시 고 부 지 제 후 지 모 자   불 능 예 교   부 지 산 림 험 조 저 택 지 형 자   불
能行軍; 不用鄕導者, 不能得地利.¹ 四五²者不知一, 非霸王³之兵
능 항 군   불 용 향 도 자   불 능 득 지 리   사 오 자 부 지 일   비 패 왕 지 병
也. 夫霸王之兵, 伐⁴大國, 則其衆⁵不得聚⁶; 威⁷加於敵, 則其交⁸不
야   부 패 왕 지 병   벌 대 국   즉 기 중 부 득 취   위 가 어 적   즉 기 교 부
得合.⁹ 是故不爭天下之交,¹⁰ 不養天下之權,¹¹ 信¹²己之私,¹³ 威加
득 합   시 고 부 쟁 천 하 지 교   불 양 천 하 지 권   신 기 지 사   위 가
於敵, 故¹⁴其城可拔,¹⁵ 其國¹⁶可隳.¹⁷ 施無法¹⁸之賞, 懸¹⁹無政²⁰之令,
어 적   고 기 성 가 발   기 국 가 휴   시 무 법 지 상   현 무 정 지 령
犯²¹三軍之衆,²² 若使一人. 犯之以事,²³ 勿告以言²⁴; 犯之以害, 勿告
범 삼 군 지 중   약 사 일 인   범 지 이 사   물 고 이 언   범 지 이 해 물 고
以利.²⁵ 投之亡地然後存, 陷之死地然後生.²⁶ 夫衆陷於害, 然後能
이 리   투 지 망 지 연 후 존   함 지 사 지 연 후 생   부 중 함 어 해   연 후 능
爲勝敗.²⁷
위 승 패

주석

1 "是故(시고)…"6구: 이는 「군쟁편」 제3장에 이미 보임. 한데 여기서는 조본학이 이른 대로, 윗글을 이어받지도 않으면서 아래 글과도 별 관련이 없어 중복 출현의 오류로, 연문衍文(글 가운데에 쓸데없이 들어간 군더더기 글귀)이 아닌가 의심이 가지만, 확증이 없는 만큼 일단은 그대로 두고 이해하기로 함.

2 四五(사오): '구지', 즉 아홉 가지 전장 지형의 이해 문제를 이름.

3 霸王(패왕): 춘추시대에 각국 제후들을 거느리고 천하를 호령한 패주霸主, 즉 제후의 우두머리를 일컬음.

4 伐(벌): 정벌함, 공벌攻伐함, 공격함.

5 衆(중): 병중兵衆·군중軍衆, 즉 군대, 병력을 일컬음.

6 聚(취): 취집聚集, 취합聚合, 즉 한데 모음. 곧 (병력을) 결집結集(한곳에 모아 뭉침), 집중함을 이름. 왕석王晳이 이르기를, "능히 적의 계모計謀를 알고, 능히 지리를 알고, 또 그것들을 적절히 이용하고 활용해 적으로 하여금 서로 구원하지도 못하고, 서로 의지하지도 못하게 한다면, 설령 강대한 나라라도 어찌 능히 병력을 결집해 우리의 공격을 막을 수 있겠는가(能知敵謀, 能得地利, 又能形之, 使其不相救, 不相恃, 則雖大國, 豈能聚衆而拒我哉)?"라고 함.

7 威(위): 병위兵威·군위軍威, 즉 군대의 위력威力(상대를 압도할 만큼 강력한 힘)과 위세威勢(위엄이 있거나 맹렬한 기세).

8 交(교): 결교結交, 즉 외교 관계를 맺음. 여기서는 그 나라, 곧 동맹국을 가리킴.

9 合(합): 여기서는 군사 외교상의 연합, 연맹을 이름. 매요신이 이르기를, "(패왕의 군대가) 무적의 막강 전투력이 넘쳐나면 그 같은 군대의 위력이 적국에게 가해질 것이고, 그 위력이 적국에게 가해지면 이웃 나라들이 두려워할 것이고, 이웃 나라들이 두려워하면 적국은 결국 동맹국들과의 연합을 이끌어 낼 수가 없다(權力有餘, 則威加敵; 威加敵, 則旁國懼; 旁國懼, 則敵交不得合也)"라고 함.

10 不爭天下之交(부쟁천하지교): 천하의 외교를 다투지 않음. 곧 이웃의 여러 나라와 결교를 할 필요가 없음을 이름.

11 不養天下之權(불양천하지권): 천하의 권세·권력을 기르지 않음. 곧 천하를 호령하는 권세를 키울 필요가 없음을 이름. 일설에는 이웃의 여러 나라 안에 자국의 세력을 키울 필요가 없음을 이른다고 함.

12 信(신): 신伸과 같음. (뜻을) 폄, 펼침.

13 私(사): 사지私志, 즉 사사로운 뜻. 여기서는 곧 웅지雄志, 장지壯志를 가리킴.

14 故(고): 문맥상 여기서는 즉則의 뜻으로 이해함이 좋을 듯함.

15 拔(발): (군사 거점을) 공취攻取(공격해 차지함), 함락함.

16 國(국): 국도國都, 도성都城. 춘추시대의 '국'은 일반적으로 큰 성읍이나 국도를 일컬음.

17 隳(휴): 때려 부숨, 무너뜨림.

18 無法(무법): 상법常法에 맞지 않음. 곧 상규常規(보통의 경우에 널리 적용되는 규정)나 관례를 넘어서는, 파격을 이름.

19 懸(현): (높이) 매닮. 곧 (법령을) 반포함, 공포함을 이름.

20 無政(무정): 무정無正과 같음. 정규正規(정식 규정)에 맞지 않음. 곧 신축적인 응

변·기변機變 또는 비상非常을 이름.

21 犯(범): 이를 조조는 '용병'의 '용用', 즉 씀·부림(使)의 뜻으로 풀이함. 일설에는 '동動', 즉 움직임·동원함의 뜻으로, 또 일설에는 '범範', 즉 단속함·통제함의 뜻으로 풀이함. 이 세 가지는 사실상 다 같은 말로, 지휘 통솔함을 이름.

22 衆(중): 여기서는 특히 군대의 장졸을 두고 이름.

23 犯之以事(범지이사): 군사들을 일로써 부림, 동원함. 곧 군사들을 작전·전투에 투입함을 이름.

24 言(언): 여기서는 작전계획, 전략 의도를 가리킴.

25 "犯之以害(범지이해)…" 2구: 십일가주본을 비롯한 대부분의 판본에는 모두 '범지이리, 물고이해(犯之以利, 勿告以害)'로 되어 있고, 오직 한간본에만 이와 같이 되어 있음. 한데 우지우룽吳九龍이 이른 대로, 전후 문맥과 연관 지어 볼 때, 한간본의 의미가 낫고 옳으므로, 그에 근거해 고침. 여기서 '범지이해'는 바로 아래에서 말하는 "투지망지投之亡地"요, "함지사지陷之死地"이며, 이 2구는 곧 아래 2구와 같은 맥락의 말임. '해'는 해로움, 위험함. 또 그러한 요소.

26 "投之亡地(투지망지)…" 2구: 매요신이 이르기를, "땅은 비록 위망亡의 땅이라고 하지만, 온 힘을 다해 싸우면 결코 위망하지 않을 것이요, 땅은 비록 죽음의 땅이라고 하지만, 죽을힘을 다해 싸우면 결코 죽지 않을 것이다. 그러므로 말한다. '위망의 땅은 존속의 기초요, 죽음의 땅은 삶의 근본이다'(地雖曰亡, 力戰不亡; 地雖曰死, 死戰不死. 故曰亡者存之基, 死者生之本也)"라고 함. '지'는 군대, 군사를 가리킴. '망지'는 위망한, 즉 몹시 위험해서 멸망할 것 같은 땅. 곧 위지危地를 이름.

27 勝敗(승패): 여기서는 승리함을 이름. 이는 편의사偏義詞, 즉 서로 다른 뜻을 가진 두 글자로 이루어진 낱말에서 특정한 어느 한 글자의 뜻으로만 쓰이는 말로, '패'의 뜻은 없고 '승'의 뜻으로만 쓰인 것임.

해설

전쟁을 진두지휘하는 장수는 '구지', 즉 아홉 가지 유형의 전지가 갖는 작전상의 유불리를 잘 알고, 각각의 지형 조건에 따라 최적의 전략 전술을 신축적으로 구사할 줄 알아야 한다. 특히 '패왕의 군대(霸王之兵)'를 이끄는 장수라면 더더욱 그러하나니, '구지' 가운데 단 한 가지에 대해서도 잘 알지 못하고, 적절히 대처하지 못하는 일이 있어서는 안 된다. 그러므로 패왕의 군대야말로 진정 천하무적의 막강 군대라 할 것이다.

패왕의 군대가 대국을 정벌할 때면, 허허실실의 계책으로 그들이 도대체 어느 곳을 방비해야 할지를 모르게 한다. 그렇게 되면 아무리 대국이라도 병력을 한곳에 집중시키지 못하고, 여러 곳으로 분산시켜 대비하지 않을 수 없으니, 아군은 보다 유리한 고지를 점하며 목표 지점 한 곳을 집중 공격할 수 있게 된다. 이는 곧 '벌모伐謨'('모공편」 제2장 참조)에 준하는 전략이다. 또 패왕의 군대가 병위를 적국에게 가할 때면, 그들의 동맹국들로 하여금 감히 그들과 연합하지 못하게 한다. 그렇게 되면 적국은 고립무원에 빠지고 말 것이니, 아군의 우세는 불문가지다. 이는 곧 '벌교伐交'('모공편」 제2장 참조)의 전략이다. 따라서 패왕의 군대는 외세에 의존하거나 외세를 의식할 하등의 필요도 없이, 그저 스스로 국가적 웅지를 펼치며 적에게 위세를 가하는 것만으로 소향무적所向無敵, 즉 가는 곳마다 대적할 상대가 없게 된다.

피아 양군이 대치하는 상황에서 적군의 저항 의지를 꺾기 위해서는 아군의 막강한 위세와 위용威容으로 상대를 압도하면서, 궁극적으로는 '이일칭수以鎰稱銖('형편」 제4장 주석 12 참조)'와 '이하투란以碬投卵('세편」 제1장 주석 10 참조)'의 절대적 우세를 조성해 위압威壓하여야 한다. 그처럼 강대하고 견실한 물리적 역량은 능히 적의 간담을 서늘케 해 전의를 완전히 상실하고 자발적으로 항복해 오게 할 수도 있다. 그렇다면 패왕의 군대에 대한 손자의 논지는 일정 부분 "싸우지 않고 적의 군대를 굴복시키는〔不戰而屈人之兵〕"(「모공」) '전승全勝'(「모공편」 제1, 3장 참조) 사상의 주장과도 맥락이 닿아 있다.

장章 말미에서 손자는 앞에서 언급한 일련의 견해들을 재차 강조하였다. 그리고 그밖에도 전군을 마치 한 사람을 부리듯이 수월하게 치군治軍하는 또 다른 방법으로, 파격적인 포상과 비상 법령의 시행을 제안한 점이 주목을 끈다.

8

무릇 군사를 부려 전쟁을 하는 일은 적의 의도를 신중하고 자세히 살핀 후, 병력을 집중해 적의 요충지를 공격하면서, 천 리를 달려가서라도 적장을 잡아 죽이는 것이 중요한데, 이는 곧 능히 교묘한 용병으로 국가 대사를 완성함이라 할 것이다. 그러므로 전쟁을 결심하고, 그 전략을 수립 결정할 때에는 관문을 봉쇄하고 부절符節을 부러뜨려 적국의 사자使者가 드나들지 못하게 한 후, 종묘의 전당殿堂에서 거듭거듭 궁리해 개전開戰과 관련한 일체의 일을 결정하여야 한다. 그리고 일단 적이 허점을 노출하면, 반드시 신속히 그 허점을 노리고 들어가야 하며, 먼저 그들이 소중히 여기는 것들을 탈취하고, 또 후속 작전의 의도가 적에게 새어 나가지 않도록 해야 한다. 물론 작전의 원칙을 준수하되 적정에 따라 신축적인 변화를 주어서 구체적인 작전계획을 결정해야 한다. 또한 그러므로 처음에는 짐짓 처녀처럼 유약한 모습을 보여 적으로 하여금 경계를 늦추게 하고, 나중에는 달아나는 토끼처럼 신속히 돌진해 적이 도저히 막을 도리가 없게 하여야 한다.

故爲兵之事, 在於¹順詳²敵之意, 并敵一向,³ 千里殺將, 此謂巧能成
고 위 병 지 사   재 어   순 상   적 지 의   병 적 일 향   천 리 살 장   차 위 교 능 성

事⁴者也. 是故政擧之日,⁵ 夷關⁶折符,⁷ 無通其使,⁸ 屬⁹於廊廟¹⁰之上,
사 자 야   시 고 정 거 지 일   이 관   절 부   무 통 기 사   여 어 낭 묘 지 상

以誅¹¹其事.¹² 敵人開闔,¹³ 必亟¹⁴入之. 先其所愛,¹⁵ 微與之期.¹⁶ 踐
이 주   기 사   적 인 개 합   필 극   입 지   선 기 소 애   미 여 지 기   천

墨¹⁷隨敵,¹⁸ 以決戰事. 是故始如處女, 敵人開戶¹⁹; 後如脫兔, 敵不
묵 수 적   이 결 전 사   시 고 시 여 처 녀   적 인 개 호   후 여 탈 토   적 불

及拒.²⁰
급 거

주석

1 **在於**(재어): ~에 (달려) 있음. 곧 ~하는 것이 중요함을 이름.

2 **順詳**(순상): 신중히 그리고 자세히 살핌. '순'은 신愼의 가차假借. 신중함, 삼가고 조심함. '상'은 상세히 살핌, 헤아림. 일설에는 '순'은 따름, 순응함이고, '상'은 양佯의 가차로 거짓으로의 뜻이라고 보아, '순상'을 거짓으로 적의 의도대로 따르는 척함을 이른다고 함. 하지만 그것은 어순을 무시한 풀이로, 한문 문법상 이론의 여지가 있어 선뜻 따르기 어려움. 우지우롱, 천치티엔 등도 모두 구체적인 이유는 밝히지 않았지만, 일설을 오류로 단정함.

3 **并敵一向**(병적일향): 병력을 집중해 적의 특정한 한 방면을 공격함. '병'은 어우름. 여기서는 곧 병력을 집중함을 이름. '적'은 동사로, 대적함, 필적함을 뜻함. 여기서는 적을 타격함, 공격함을 이름. '일향'은 하나의 방향. 대개 적의 요충지, 또는 가장 취약한 부분·지점을 이르는 것으로 이해됨. 일설에는 '병적일향'이 '병일향적并一向敵'의 도치라고 하는데, 참고할 만함.

4 **事**(사): 이를 흔히 전장에서 적을 무찌르고 승리를 쟁취하는 일을 이르는 것으로 풀이함. 물론 그 또한 가可하나, 「계편」에서 "전쟁이란 나라의 중대사이다兵者, 國之大事"라고 한 것을 감안하면, 이는 곧 국가 대사로 이해함이 옳을 것임.

5 **政擧之日**(정거지일): 전쟁을 결심하고, 그 전략을 최종 결정하는 날, 때. '정'은 전쟁 내지 군사 행동의 계획과 전략. '거'는 발동함, 결정함.

6 **夷關**(이관): 관문을 봉쇄함. '이'는 굳게 막음, 잠금.

7 **折符**(절부): 부절符節을 부러뜨림. 곧 통행증을 폐지함을 이름. '절'은 절단折斷, 즉 구부러서 끊음, 부러뜨림. 여기서는 곧 폐지함, 없앰을 이름. '부'는 부절, 즉 옛날에 대나무나 옥 따위로 만들어 신표信標로 삼던 물건으로, 주로 사신이 가지고 다녔는데, 명령을 전달하거나 군대를 이동하고 장수를 파견할 때 통행증 기능을 함.

8 **其使**(기사): 적국의 사자使者를 가리킴. '사'는 사자, 사절使節. 매요신이 이르기를, "적국의 사자가 드나들지 못하게 하는 것은 자국의 군사 비밀이 새어 나갈 것을 두려워하기 때문이다(使不通者, 恐泄我事也)"라고 함.

9 **厲**(려): 려礪와 통함. 숫돌. 또 숫돌에 갊. 여기서는 갈고닦음, 곧 곰곰이 생각함, 거듭거듭 궁리함을 비유해 이름.

10 **廊廟**(낭묘): 묘당廟堂, 즉 종묘의 전당殿堂, 정전正殿. 또 조정朝廷을 비유 지칭하기도 함. 제6장 주석 2 참조.

11 **誅**(주): 조조가 이를 '치治'의 뜻으로 풀이함. 다스림. 여기서는 곧 (전쟁 전략을) 연구해 결정함을 이름.

12 **其事**(기사): 전쟁을 위한 일, 곧 전쟁에 돌입하기 위한 대책과 전략을 가리킴.

13 **開闔**(개합): 개문開門, 즉 문을 엶. 여기서는 곧 빈틈을 보임, 허점을 노출함을 비유함. '합'은 문짝.

14 **亟**(극): 신속히, 재빨리. 곧 기회를 놓치지 않음을 이름.

15 **先其所愛**(선기소애): 먼저 그들이 애중하는 것을 탈취함. 곧 그렇게 하여 기선을 제압하고, 주도권을 장악하라는 것임. '선'은 여기서는 동사로 쓰임. '기소애'는 곧 적의 요충지 등을 가리킴.(제2장 참조) 매요신이 이르기를, "먼저 적에게 유리하여 애중하는 지형을 살핀다(先察其便利愛惜之所也)"라고 함.

16 **微與之期**(미여지기): 작전 방향이 적에게 새어 나가지 않게 함. '미'는 무無 내지 불不의 뜻임. 곧 금지하는 말. '여'는 (알려) 줌. 곧 (비밀이) 새어 나감을 이름. '지'는 적을 가리킴. '기'는 기약, 희망. 여기서는 후속 작전의 의도나 방향을 이름. 이 구절을 일설에는 적과 기일을 정해 교전하지 않는다는 뜻으로 풀이함. 그것은 '기'를 교전 기일을 약정한다는 뜻으로 본 데에 따른 것임.

17 **踐墨**(천묵): 원칙을 준수함. 이는 곧 전법戰法의 원칙성을 강조함. '천'은 실천함, 지킴. '묵'은 승묵繩墨, 먹줄. 곧 옛날 목공의 먹통에 딸린 실줄로, 곧게 줄을 치는 데 씀. 여기서는 이로써 원칙, 법칙을 비유해 일컬음.

18 **隨敵**(수적): 적정에 따라 작전에 신축적인 변화를 줌. 이는 곧 전법의 융통성을 강조함.

19 **"始如**(시여)…**"** 2구: 장예가 이른 대로, 처녀처럼 유약한 모습을 보여 적으로 하여금 경계를 늦추고 빈틈을 드러내게 함을 말함. '개호開戶'는 문을 엶. 곧 경계를 늦춤을 이름.

20 **"後如**(후여)…**"** 2구: 장예가 이른 대로, 달아나는 토끼처럼 신속히 움직여 적이 당황하는 틈을 타 진격함으로써, 그들이 도저히 막을 도리가 없게 함을 말함. '탈토脫兔'는 달아나는 토끼란 뜻으로, 동작이 매우 빠름을 비유함. '불급不及'은 미치지 못함. 곧 ~할 겨를이 없음을 이름. '거拒'는 항거함, 막음, 방어함.

해설

전쟁은 나라의 중대사이다. 전쟁을 지휘하는 장수가 그런 큰일을 성공적으로 완성하기 위해서는 교묘한 용병술에 능통하여야 한다. 그것은 물론 전장에서 기선을 제압하고, 주도권을 장악해 "적을 끌어들이지 적에게 끌려다니지 않는(致人而不致於人)"(「허실」) 작전으로, 자신을 보호하고 적을 섬멸하기 위한 것이다. 그렇게 볼 때, "병력을 집중해 적의 요충지를 공격하면서, 천 리를 달려가서라도 적장을 잡아 죽이는 것"은 그야말로 적에게 심대한 타격을 안기면서 결정적 승기를 잡는 결정타가 될 것이다.

최종 승리를 위한 작전의 수립과 수행에는 무엇보다 철저와 신중을 기함은 물론, 비밀 유지에 각별히 유의해야 한다. 그뿐만 아니라 "작전의 원칙을 준수하되 적정에 따라 신축적인 변화를 주어"야 한다. 다만 적정을 분석 검토함에 있어서는, 절대로 아군에게 유리한 상황과 정보만을 근거로 하는, 주관적인 판단의 오류에 빠져서는 아니 되며, 또 적의 기만술에 속아 넘어가는 우를 범하지 않도록 주의해야 한다. 적정의 변화에 따라 수동적, 기계적으로 작전에 변화를 주어서는 안 된다는 얘기다. 오히려 짐짓 유약한 모습으로 적이 경계를 늦추게 하고, 그 틈을 노려 불의의 습격을 감행함으로써 적이 어찌할 도리가 없게 할 수 있어야 한다. 전쟁은 결국 피아 지휘관 장수의 머리싸움이다.

제12편

화
공

火 攻

'화공'은 글자 그대로 불로 적을 공격하는 것이다. 옛말에 '수화무정水火無情', 즉 물과 불은 사정없다고 하였다. 그렇기 때문에 물과 불은 전쟁에 아주 유용한 이기利器가 될 수 있다. 한데 화공이나 수공水攻은 단지 주공격의 중요한 보조 수단에 지나지 않는다. 하지만 그럼에도 불구하고 그 위력은 결코 무시할 수 없다. 손자가 이른 대로, "화공으로 군대의 주공격을 거들면 공격의 효과가 두드러지고, 수공으로 군대의 주공격을 거들면 공격의 효과가 강력하다(以火佐攻者明, 以水佐攻者强)." 결국 화공은 적군 전력의 주요 구성 요소들을 불태워 살상하고, 없애버림으로써 아군이 승리를 쟁취하는 데에 유리한 고지를 점할 수 있도록 돕는 전투 방식이다. 「화공편」은 편명에서 드러나듯이 '화공'이 논술의 중심 주제이며, '수공'에 대한 언급은 극히 소략疏略하다.

이 편은 곧 고대 화공 경험의 총결로, 우선 화공의 종류, 조건, 실시 방법, 그리고 화공 실시 후의 응변 대책 등을 집중 논술하였다. 손자는 화공을 화인火人, 화적火積, 화치火輜, 화고火庫, 화수火隊 다섯 가지로 나누는가 하면, 화공을 실시하기 위해서는 반드시 일정한 기상 조건과 물질 조건이 갖춰져야 함을 역설하였다. 또한 화공은 최대의 전과를 올리기 위해서는 단독 작전이 아니라, 병력과의 합동 작전으로 실시되어야 하며, "반드시 다섯 가지 화공의 다양한 변화에 따라 기민히 대응하여야 함[必因五火之變而應之]"을 강조하였다.

이밖에 손자는 또 "군주는 일시적 분노를 참지 못하고 군사를 일으켜서는 아니 되고, 장수는 일시적 화를 참지 못하고 싸우러 나가려고 해서는 아니 되나니, 오로지 나라의 이익에 맞으면 군대를 움직이고, 나라의 이익에 맞지 않으면 군대를 움직이지 않아야 한다[主不可以怒而興師, 將不可以慍而致戰; 合於利而動, 不合於利而止]"는 신전愼戰 사상을 강력히 피력하였다. 손자에 따르면, 그것이야말로 진정 "나라를 안전하게 지키고, 군대를 온전하게 보호하는 근본 원칙이다[安國全軍之道]."

1

손자께서 말씀하셨다. 무릇 화공에는 다섯 가지 방식이 있다. 첫째는 화인火人, 즉 적의 인마人馬를 불태워 죽이는 것이요, 둘째는 화적火積, 즉 적의 양초糧草를 불태워 없애는 것이요, 셋째는 화치火輜, 즉 적의 군수품 수레를 불태우는 것이요, 넷째는 화고火庫, 즉 적의 군수품 창고를 불태우는 것이요, 다섯째는 화수火隊, 즉 적의 후방 보급로를 불태우는 것이다. 화공을 시행할 때는 반드시 일련의 조건들이 갖춰져야 하고, 화공에 필요한 기재器材는 반드시 평소에 미리 구비하여 놓아야 한다. 불을 붙이는 데는 때를 잘 맞춰야 하고, 불을 활활 타오르게 하는 데는 날을 잘 잡아야 한다. 여기서 때란 날씨가 건조한 때를 말하고, 날이란 달이 기箕·벽壁·익翼·진軫 별자리를 지나는 때를 말하는데, 달이 이 네 개의 별자리를 지나는 때는 바람이 많이 부는 날이다.

孫子曰: 凡火攻有五: 一曰火人,[1] 二曰火積,[2] 三曰火輜,[3] 四曰火庫,
손 자 왈　범 화 공 유 오　　일 왈 화 인　　이 왈 화 적　　삼 왈 화 치　　사 왈 화 고
五曰火隊.[4] 行火必有因,[5] 煙火[6]必素[7]具.[8] 發火有時, 起火有日.[9] 時
오 왈 화 수　　행 화 필 유 인　　연 화 필 소 구　　발 화 유 시　　기 화 유 일　　시

者, 天之燥也; 日者, 月在箕·壁·翼·軫[10]也, 凡此四宿[11]者, 風起之
자 천 지 조 야　일 자　월 재 기 벽 익 진 야　범 차 사 수 자　풍 기 지

日也.
일 야

주석

1 火人(화인): 적군의 인마를 불태워 죽임. '화'는 동사로, 불로 태움[燒]을 뜻하며,
여기서는 곧 불태워 죽임을 이름. 이전李筌이 이르기를, "적의 군영을 불태워 적
의 군사들을 죽이는 것이다[焚其營, 殺其士卒也]"라고 함.

2 火積(화적): 적군의 양초를 불태워 없앰. '적'은 축적함, 비축함. 여기서는 적군이
비축해 놓은 양초를 가리킴.

3 火輜(화치): 적군의 군수물자를 실은 짐수레를 불태움. '치'는 치중, 즉 옛날 덮개
가 있으며, 군수품을 싣는 수레로, 그 짐이 아주 무거워 이같이 일컬음. 또 덮개
있는 수레에 실린 군수품을 이르기도 함.

4 火隊(화수): 적군의 후방 보급로補給路를 불태움. '수'(여기서는 독음이 '대'가 아님)는
수隧와 같음. 길, 도로. 곧 적군의 보급로, 양도糧道 및 군수품 운송 설비를 이름.
일설에는 적군의 대오隊伍를, 또 일설에는 적군의 배(舟)를 이른다고 함.

5 因(인): 원인. 여기서는 화공 시행을 위한 필수 조건, 즉 인원·물자·날씨·적정敵
情 등의 조건을 이름. 장예가 이르기를, "무릇 화공은 모두 날씨는 건조하고, 군
영은 띠와 대나무로 지어졌으며, 양초를 비축해 둔 데다, 풀숲이 우거진 곳 가까
이에 주둔하고 있는 상황 등의 조건들을 이용해, 바람이 불 때를 잡아 불을 질러
태운다[凡火攻, 皆因天時燥旱, 營舍茅竹, 積芻聚糧, 居近草莽, 因風而焚之]"라고 함.

6 煙火(연화): 화공에 필요한 기구와 연료. 이 두 글자가 한간본에는 '인因' 한 글자
로 되어 있음. 이에 우지우롱은 '연화'는 의미가 통하기 어려우며, 한간본이 옳다
고 봄. 그에 따르면 '연'은 '인'이 일차 '연烟'으로 와전되었다가 재차 '연煙'으로
와전된 것이고, '화'는 '필必'이 와전된 것이라고 하는데, 설득력이 있는 주장으로
참고할 만함. 다만 확증이 없는 데다 십일가주본의 표현이 이미 널리 알려진 만
큼 일단은 그대로 이해하기로 함.

7 素(소): 평소, 평상시.

8 具(구): 구비함.

9 "發火(발화)…"2구: 불을 붙이는 데는 때가 있고, 불을 활활 타오르게 하는 데는 날이 있음. 곧 화공을 개시하려면 유리한 천시天時 조건이 갖춰져야 함을 이름.

10 箕(기)·壁(벽)·翼(익)·軫(진): 고대 28수宿 가운데 네 개의 별자리 이름. 옛날 사람들은 달이 이 네 개의 별자리를 지날 때 큰 바람이 분다고 여겼으며, 그 때문에 병가兵家에서는 그때가 화공을 시행하기에 아주 유리한 시기라고 생각함.

11 宿(수): 성수星宿, 성좌星座. 곧 별자리.

해설

화공은 전쟁에서 자연의 힘을 빌려 대규모로 적을 살상해 치명타를 입히는 수단이다. 손자는 화공의 종류를 '화인', '화적', '화치', '화고', '화수' 다섯 가지로 분류하였는데, '화인'을 첫머리에 둔 점에 주목하게 된다. 그것은 필시, 전쟁의 승부는 결국 피아 쌍방의 유생역량有生力量(전투에 참가하는 생명이 있는 모든 존재, 즉 사람이나 짐승이 발휘하는 전투력)에 의해 좌우된다는 전제하에, 적군의 인마를 살상하는 것이 승리를 쟁취하기 위한 최우선 과제임을 강조한 것이리라. 그리고 나머지 네 가지 화공은 모두 적의 양초 등 군수물자의 비축과 공급을 저지하기 위해 상당히 효과적인 전략들이다. 이는 곧 「군쟁편」에서 "군대에 무기와 장비가 없으면 당연히 패전하고, 군량과 사료가 없어도 패전하며, 군수물자가 비축되어 있지 않아도 패전한다(軍無輜重則亡, 無糧食則亡, 無委積則亡)"라고 하였듯이, 군수물자가 전투력에 미치는 영향과 작용은 전쟁의 승패를 결정짓는 막대한 것이라는 손자의 인식을 웅변으로 말해준다.

화공의 시행에는 반드시 일정한 물질 조건과 기상 조건이 뒷받침되어야 한다. 사전에 화병火兵(화력을 이용해 싸우는 군사)을 양성해 놓아야 함은 물론, 점화 기구나 불화살을 비롯한 화공에 필요한 기자재 또한 평소에 미리 빠짐없이 구비해 놓아야 한다. 그리고 날씨가 건조한 때를 골라 발화에 편리를 더하고, 화염에 기세를 더하는가 하면, 바람이 많이 부는 날을 잡아 불길의 확산에 강력한 조력을 얻어야 한다. 이는 곧 「계편」에서 말한 '오사五事' 가운데 천시天時의 구체적인 운용 사례이다.

2

무릇 화공은 반드시 다섯 가지 화공의 다양한 변화에 따라 기민히 대응하여야 한다. 불이 적의 군영 안에서 일어나 타기 시작하면 밖에서 서둘러 그에 호응해 적을 공격하여야 한다. 불이 나서 타들어 가는데도 적군이 놀라 허둥대지 않는다면, 그대로 기다리며 공격하지 말아야 한다. 그러다 불의 위력이 극에 달하면, 상황을 보고 공격할 만하면 공격하고, 공격하지 말아야 하면 멈추어야 한다. 때로는 또 불을 적의 군영 밖에서 지를 수도 있는데, 그럴 때는 내응內應을 기다릴 필요 없이 그저 화공하기 좋은 때를 잡아 불을 지르면 된다. 다만 바람이 불어오는 쪽에서 불을 질러 공격을 해야 하며, 바람이 불어 가는 쪽에서 화공을 해서는 안 된다. 낮에 바람이 오래 불면, 흔히 밤에는 바람이 멎는다. 무릇 군대는 반드시 다섯 가지 화공의 다양한 변화를 잘 알고, 기상 변화의 시기를 헤아려 화공하기 좋은 때를 기다려야 한다.

凡火攻, 必因¹五火²之變而應之.³ 火發於內,⁴ 則早應之於外.⁵ 火發
범 화 공   필 인   오 화   지 변 이 응 지   화 발 어 내   즉 조 응 지 어 외   화 발

兵靜者, 待而勿攻⁶; 極⁷其火力, 可從⁸而⁹從之, 不可從而止. 火可發
병 정 자   대 이 물 공   극 기 화 력   가 종 이 종 지   불 가 종 이 지   화 가 발

於外, 無待於內,¹⁰ 以時¹¹發之. 火發上風, 無攻下風.¹² 晝風久, 夜風
어 외   무 대 어 내   이 시   발 지   화 발 상 풍   무 공 하 풍   주 풍 구   야 풍

止. 凡軍必知有¹³五火之變, 以數守之.¹⁴
지   범 군 필 지 유   오 화 지 변   이 수 수 지

주석

1 因(인): 인함. 곧 근거함, 따름을 이름.

2 五火(오화): 상술한 다섯 가지 화공 방식을 이름.

3 應之(응지): 다섯 가지 화공으로 야기되는 적정의 변화에 따라 기민히 병력을 배치 운용하고, 책응策應(계책을 통하여 서로 응하고 도움)을 진행해야 함을 말함. '응'은 대응함, 책응함. '지'는 상술한 '오화지변五火之變'을 가리킴.

4 內(내): 적의 군영 안을 가리킴.

5 早應之於外(조응지어외): 밖에서 서둘러 그(적의 군영 안에서 발화한 데)에 호응해 적을 공격함. '조'는 일찍, 빨리. 곧 늦지 않게 서두름을 이름. 두목이 이르기를, "무릇 화공은 곧 적으로 하여금 놀라고 혼란되게 한 다음에 그 틈을 타 공격하려는 것이지, 단지 화공만으로 적을 무찌를 수 있다는 말이 아니다. 적의 군영 안에 불이 처음 일어났다는 소리가 들리면 즉각 적을 공격하여야 하나니, 만약 불이 사그라들고 적군이 안정을 찾은 다음에 공격하면, 당연히 아무 이득이 없다. 그러므로 '서두르라'고 한 것이다〔凡火, 乃使敵人驚亂, 因而擊之, 非謂空以火敗敵人也. 聞火初作卽攻之: 若火闌衆定而攻之, 當無益, 故曰早也〕"라고 하고, 장예가 이르기를, "적의 군영 안에서 불이 막 일어나 타기 시작하면, 우리 군대가 서둘러 적의 군영 밖에서 공격을 가해 안팎에서 일제히 공격을 하면 적은 쉬이 놀라 혼란에 빠지게 된다〔火才發於內, 則兵急擊於外, 表裏齊攻, 敵易驚亂〕"라고 함.

6 "火發兵靜者(화발병정자)…" 2구: 불이 일어나 타는데도 적군이 여전히 놀라 허둥대지 않는다면, 그대로 기다리며 공격을 하지 말아야 함. 장예가 이르기를, "불이 일어났는데도 적군이 혼란되지 않는다면, 적이 이미 대비하고 있었다는 것이다. 그러니 다시 그로 인한 상황의 변화를 방비하고 대책을 세워야 할 것이

기 때문에 공격을 해서는 안 된다(火雖發而兵不亂者, 敵有備也. 復防其變, 故不可攻)"라고 하고, 하씨何氏가 이르기를, "불이 일어났는데도 적군이 놀라 소리치지 않는다면, 그것은 그들이 이미 대비를 하고 있었다는 것이다. 그렇기 때문에 아군이 달려가 공격을 하면 도리어 피해를 입을 수도 있다(火作而敵不驚呼者, 有備也. 我往攻, 則反或受害)"라고 함. '화발병정자'가 무경본과 앵전본에는 '화발이기병정자火發而其兵靜者'로 되어 있음. '정靜'은 안정安靜을 유지함. 곧 당황하지 않음을 이름. '대待'는 기다림.

7 極(극): (불의 기세가) 극에 달함, 최고조에 달함. 일설에는 (불의 기세가) 다함, 사그라듦.

8 從(종): 따름, 좇음. 여기서는 화력이 최고조에 달한 틈을 좇아(타고) 진격함을 이름.

9 而(이): 즉則과 같음.

10 內(내): 내응內應, 즉 적의 내부에서 몰래 아군과 통함.

11 以時(이시): 화공하기에 적합한 때, 즉 앞 장에서 말한 "날씨가 건조한 때"와 "달이 기·벽·익·진 별자리를 지나는 때"에 맞춤. '이'는 근거함, 따름, 맞춤.

12 "火發上風(화발상풍)…"2구: 곧 화공은 바람 방향에 유의해야 함을 말함. 두목이 이르기를, "만약 동풍이 분다면, 적의 동쪽에 불을 질러 태우고, 아군 역시 동풍을 좇아 적의 동쪽을 공격해야 한다. 그러나 만약 적의 동쪽에 불을 질러 놓고, 적의 서쪽을 공격한다면, 아군 역시 적과 마찬가지로 불에 피해를 입게 된다. 그러므로 바람이 불어 가는 쪽에서 화공을 해서는 안 된다는 것은 곧 바람이 부는 대로 화공을 해야 한다는 것이다(若是東, 則焚敵之東, 我亦隨以攻其東; 若火發東面, 攻其西, 則與敵人同受也. 故無攻下風, 則順風也)"라고 함. 여기서 '상풍上風'과 '하풍下風'은 그 앞에 '어於' 자의 의미를 넣어 이해해야 함. '상풍'은 바람이 불어오는 쪽. '하풍'은 바람이 불어 가는 쪽.

13 有(유): 무경본에는 이 글자가 없음.

14 以數守之(이수수지): 기상 변화의 시기를 헤아려 화공하기 좋은 때를 기다림. '수數'는 기·벽·익·진 네 개 별자리의 운행 도수度數, 횟수. 여기서는 기상 변화의 시기를 가리킴. 곧 앞 장에서 말한 "불을 붙이는 데는 때를 잘 맞춰야 하고, 불을 활활 타오르게 하는 데는 날을 잘 잡아야 한다(發火有時, 起火有日)"고 할 때의 그 '때'와 '날'과 같은 조건을 이름. '수守'는 수후守候, 등후等候. 곧 기다림을

이름. 일설에는 방수防守함, 수비함. 다만 여기서 손자의 논지는 화공을 방비하는 것이 아니라, 화공을 시행하는 것에 맞춰져 있음을 감안할 때, 이론의 여지가 있음.

해설

무릇 화공의 목적은 두 가지이니, 하나는 직접 적군의 인마를 살상하고, 양초와 치중輜重, 도로 등을 소각 파괴하는 것이요, 다른 하나는 적군 내부의 경황驚惶(놀라고 두려워 허둥지둥함)과 혼란을 야기하는 것이다. 한데 다섯 가지 유형의 화공에는 그 나름의 다양한 상황이 연출될수 있다. 따라서 장수는 그 각각의 다양한 상황 변화에 따른 응변의 작전 전략으로 기민히 대처할 줄 알아야 한다.

사실 화공이나 수공은 단지 공격 작전의 보조 수단일 뿐이다. 그렇기 때문에 양자는 공격 작전의 단일 방식으로 구성해서는 아니 되며, 반드시 전투 병력과의 유기적인 합동 작전으로 실시해야만 보다 큰 전과를 거둘 수가 있다. 물론 그렇다고 하여 화공이나 수공의 전략적 위상을 홀시해도 된다는 말은 아니다. 양자는 전쟁 전략의 중요한 구성 요소로서 다양한 계책을 결합 운용할 수가 있다. 손자가 여기서 말한 것도 바로 화공을 실시할 때 특별히 유의해야 할 전략 전술이다. 적의 군영에서 내응하는 간자間者의 방화放火에 호응해 밖에서 공격해 들어가든, 아니면 밖에서 방화하고 나서 어수선한 틈을 타 안으로 공격해 들어가든, 그 모두는 그때그때 변화하는 상황에 대한 철저한 분석과 판단에 근거하여 작전 돌입을 위한 최적의 시기를 포착하는 노력과 밀접히 연계되어야 한다. 또한 화공은 각각의 지역에 따라 시간

별, 계절별 기상 조건을 정확히 파악해 이용하는 데에 능통하여야 한다. 특히 바람의 방향에 유의해, 바람을 맞으며 화공을 벌이다 적군은 물론 아군 또한 그 피해를 입는 우를 범하지 않도록 해야 한다.

한편 장예가 이르기를, "단지 우리가 화공으로 적을 공격할 줄만 알아서는 아니 되며, 응당 적이 화공으로 우리를 공격하는 것도 방비하여야 한다(不可止知以火攻人, 亦當防人攻己)"라고 하였다. 그렇다. 손자가 말하는 전법들은 아군뿐만 아니라 적군 역시 같은 방식의 작전을 채택할 수가 있다. 훌륭한 장수라면 손자가 일깨운 그 다양한 전법을 구사할 줄 알아야 함은 물론, 그러한 전법을 구사하는 적군을 방어할 줄도 알아야 한다.

3

무릇 화공으로 군대의 주공격을 거들면 공격의 효과가 두드러지고, 수공으로 군대의 주공격을 거들면 공격의 효과가 강력하다. 다만 수공으로는 적의 전후·좌우 연계를 끊어버릴 수는 있어도 적의 군수물자를 탈취하지는 못한다.

故以火佐¹攻者明,² 以水佐攻者强. 水可以絕,³ 不可以奪.
고 이 화 좌 공 자 명　이 수 좌 공 자 강　수 가 이 절　불 가 이 탈

주석 ────────────────────────────────

1 佐(좌): 도움(助), 거듦.

2 明(명): 명현明顯, 즉 뚜렷이 나타남. 곧 공격의 효과가 분명함, 뚜렷함, 두드러짐을 이름. 일설에는 현명함. 또 일설에는 아래 구의 '강強'과 같은 뜻이라고 함.
3 絶(절): 끊음, 격절隔絶함. 곧 적군의 전후·좌우의 연계를 끊어버림을 이름.

해설

손자는 자연의 힘을 빌려 전투력을 증강하는 문제를 매우 중요하게 생각하였다. 그러므로 그는 화공뿐만 아니라 수공도 적극 활용할 것을 주장하였다. 화공과 수공은 모두 주공격의 보조 수단에 지나지 않는다. 하지만 양자를 활용한 공격의 효과는 자못 "두드러지고" "강력하다." 그런데 화공과 수공의 작용은 서로 달라서, 전자는 직접 적군의 인마를 살상하고, 물자를 불태우지만, 후자는 적군의 상호 연계를 끊을 뿐이다. 장예가 이른 대로, 수공은 단지 적군을 서로 떨어지게 해 전前·후군後軍이 서로 연계 지원하지 못하게 함으로써 일시적인 승리를 거둘 수 있을 따름이다. 하지만 그것은 화공이 적의 군수물자를 깡그리 불태워 없앰으로써 적으로 하여금 멸망의 나락으로 떨어지게 할수 있는 것만은 못하다. 이 같은 견지에서 손자는 수공보다는 화공의 작용과 효과를 더 높게 평가하였다. 『손자병법』에 「화공편」은 단독으로 편입되어 있는 반면, 「수공편」은 포함되어 있지 않은 것은 필시 바로 그 때문일 것이다.

4

무릇 전쟁에서 승리하고 적국의 성읍을 차지한 후, 제때에 전승의 성과를 공고히 하지 못하면 화를 부르게 되나니, 이를 일컬어 '비류費留', 즉 군비軍費만 허비한 것이라고 한다. 그러므로 말한다. 영명英明한 군주라면 이 문제를 신중히 생각해야 하고, 현량賢良한 장수라면 이 문제를 성실히 다루어야 한다.

그리고 나라에 이롭지 않으면 군대를 움직이지 않아야 하고, 승리할 가능성이 없으면 군사를 부리지 않아야 하며, 위급한 상황이 아니면 싸우러 나가지 않아야 한다. 군주는 일시적 분노를 참지 못하고 군사를 일으켜서는 아니 되고, 장수는 일시적 화를 참지 못하고 싸우러 나가려고 해서는 아니 되나니, 오로지 나라의 이익에 맞으면 군대를 움직이고, 나라의 이익에 맞지 않으면 군대를 움직이지 않아야 한다. 분노는 다시 환희로 바뀔 수 있고, 화는 다시 기쁨으로 바뀔 수 있다. 하지만 멸망한 나라는 다시 존속할 수 없고, 죽은 사람은 다시 살아날 수 없다. 그러므로 영명한 군주라면 군대를 움직여 전쟁을 하는 데에 신중해야 하고, 현량한 장수라면 군사를 이끌고 싸우러 나가는 데에 경각심을 가져야 한다. 이것이야말로 진정 나라를 안전하게 지키고, 군대를 온전하게 보호하는 근본 원칙이다.

夫戰勝攻取,[1] 而不修其功[2]者, 凶,[3] 命[4]曰費留.[5] 故曰: 明主慮之, 良
불 전 승 공 취   이 불 수 기 공 자 흉 명 왈 비 류   고 왈 명 주 려 지 양
將修[6]之. 非利不動,[7] 非得不用,[8] 非危不戰.[9] 主不可以[10]怒而興師,[11]
장 수 지 비 리 부 동   비 득 불 용   비 위 부 전   주 불 가 이 로 이 흥 사
將不可以慍[12]而致戰[13]; 合於利而動, 不合於利而止.[14] 怒可以復[15]
장 불 가 이 온   이 치 전   합 어 리 이 동 불 합 어 리 이 지   노 가 이 부
喜,[16] 慍可以復悅[17]; 亡國不可以復存, 死者不可以復生. 故明君慎
희   온 가 이 부 열   망 구 불 가 이 부 존 사 자 불 가 이 부 생 고 명 군 신
之, 良將警之. 此安國全軍之道也.
지 양 장 경 지 차 안 국 전 군 지 도 야

주석

1 **攻取**(공취): 적의 성읍을 공격해 차지함.

2 **不修其功**(불수기공): 그 전공戰功을 다스리지 못함. 곧 제때에 논공행상을 통해 승리의 성과를 공고히 하지 못함을 이름. '수'는 다스림. 여기서는 공고히 함을 이름. 이 구절을 일설에는 "전승공취戰勝攻取"의 공업功業을 세운 후 적당한 선에서 멈추지 못함, 즉 전쟁을 그만두지 못함을 이른다고 함.

3 **凶**(흉): 흉함, 즉 운이 사납거나 불길함. 곧 화禍를 부름, 이롭지 못함을 이름.

4 **命**(명): 명명命名함, 일컬음. 한간본에는 '명' 자 아래에 '지之' 자가 있음.

5 **費留**(비류): 군비만 허비함. '비'는 군비, 전쟁 경비. '류'는 류流와 같음. (물이) 흐름. 제때에 논공행상을 해 전승의 성과를 공고히 하지 않으면, 장졸들이 계속해서 있는 힘을 다해 싸우려고 하지 않기 때문에 최후의 승리를 쟁취하는 데에 전혀 도움이 되지 않음. 그러면 결국 그동안 투입된 군비만 허비한 꼴이 되는 것이니, 조조가 이른 대로 마치 물이 한 번 흘러가면 다시 돌아오지 않는 것과 같음. '비류'를 일설에는 군대가 군비를 소모하며 전쟁을 치르면서 돌아갈 줄 모르고 오래도록 전장에 머물러 있음을 이른다고 함. 또 일설에는 논공행상의 경비, 재물을 아낌을 이른다고 함.

6 **修**(수): 다스림, 다룸, 처리함.

7 **非利不動**(비리부동): 이로움이 있는 경우가 아니면 움직이지 않음. 곧 이전이 이른 대로, 영명한 군주와 현량한 장수는 국가에 이로운 면이 보이지 않으면 군대를 일으키지 않는다는 말. 일설에는 이를 군졸들의 입장에서 한 말로 이해해, 군졸들이 자신들에게 이득이 되는 경우가 아니면 장수를 위해 열심히 몸을 움직여 싸우지 않는다는 뜻으로 풀이함. 아래 "비득非得…" 2구 역시 같은 맥락으로 풀이함.

8 **非得不用**(비득불용): 승리를 할 수 있는 경우가 아니면 군대를 움직이지 않음. 곧 두목이 이른 대로, 사전에 적을 이길 가능성이 보인 다음에야 비로소 군대를 움직인다는 말. '득'은 득승得勝, 즉 승리를 거둠. '용'은 용병用兵함.

9 **非危不戰**(비위부전): 위급한 상황에 처한 경우가 아니면 출전하지 않음. 곧 조조가 이른 대로, 부득이한 상황에서야 비로소 군사를 움직여 전쟁을 한다는 말. 또 장예가 이르기를, "병기兵器는 흉기이고, 전쟁은 위험한 일인 만큼, 응당 화난禍難과 패배를 막아야 하나니, 경거망동해서는 아니 되며, 부득이한 연후에야 비로

소 군대를 움직여야 한다(兵, 凶器; 戰, 危事, 須防禍敗, 不可輕擧, 不得己而後用)"라고 함.

10　**以**(이): ~로 인하여, 말미암아.

11　**興師**(흥사): 기병起兵, 즉 군사를 일으킴. 곧 전쟁을 일으킴을 이름. '사'는 군사, 군대. 장예가 이르기를, "일시적 분노 때문에 군대를 일으켰다가 망하지 않은 나라는 드물다(因怒興師, 不亡者鮮)"라고 함.

12　**慍**(온): 성냄, 화냄, 원망함. 장예가 이르기를, "일시적 화 때문에 출전하였다가 패하지 않은 장수는 드물다. ……분노는 화보다 크고 격한 감정이므로 군주를 두고 말하고, 화는 분노보다 작고 순한 감정이므로 장수를 두고 말한 것이다. 군주는 전쟁을 일으킬 수 있지만, 장수는 단지 군주에게 출전을 청원할 수 있을 뿐이다(因忿而戰, 罕有不敗. ……怒大於慍, 故以主言之; 慍小於怒, 故以將言之. 君則可以興兵, 將則止可言戰)"라고 함.

13　**致戰**(치전): 출전出戰, 구전求戰(싸움에 나서려고 함)함.

14　**"合於**(합어)…" 2구: 곧 천치티엔이 이른 대로, 전쟁을 결심하는 가장 중요한 원칙은 군주나 장수의 개인적인 희로喜怒의 감정이 아니라 국가의 이해利害인바, 국가에 이익이 되면 전쟁을 하고, 국가에 이익이 되지 않으면 전쟁을 하지 않음을 말함. 이 2구는 「구지편」에도 보임. 「구지편」 제2장 주석 10 참조.

15　**復**(부): 다시, 재차.

16　**喜**(희): 환희. 장예가 이르기를, "얼굴빛에 희색이 드러나는 것을 '희'라고 한다〔見於色者, 謂之喜〕"라고 함.

17　**悅**(열): 기쁨. 장예가 이르기를, "마음속에 기쁜 감정이 이는 것을 '열'이라고 한다〔得於心者, 謂之悅〕"라고 함.

해설

손자는 「화공편」 말미에서 '화공'에 대한 얘기는 그만하고, 갑자기 다른 두 가지 문제를 역설하였다. 먼저 일차 전쟁 승리 후, 서둘러 논공행상하여 전승의 성과를 공고히 해야 한다는 주장이다. 왜냐하면 그렇게 하지 않으면 장졸들의 사기를 떨어뜨리게 되어 차후의 전투에서 승리를 장담할 수가 없으며, 그렇다면 결국 군비만 허비하는 꼴이 되기 때문이다. 논공행상의 중요성을 새삼 일깨운 것이다. 손자는 「작전 편」에서는 "군사들이 적의 재물을 탈취하기를 바란다면 반드시 그들에게 재물로 상을 주어야 한다. 그러므로 병거로 하는 전투에서 적의 병거 열 채 이상을 노획하면, 가장 먼저 적 병거를 노획한 병사를 포상하여야 한다(取敵之利者, 貨也. 故車戰, 得車十乘已上, 賞其先得者)"고 하였고, 「구지편」에서는 "파격적인 포상을 시행하고, 응변應變의 비상非常 법령을 공포하여 전군의 장졸을 통솔하면 마치 한 사람을 부리듯 수월할 것이다(施無法之賞, 懸無政之令, 犯三軍之衆, 若使一人)"라고 하였다. 그야말로 훗날 한漢나라 황석공黃石公의 『삼략三略』에서 이른 대로, "후한 상 아래에는 반드시 용사가 있다(重賞之下, 必有勇夫)"는 논리다. 전쟁에 있어서 포상은 사전에 후한 상을 걸어 독려하는 현상懸賞이든, 사후에 전공을 근거로 후한 상을 주어 격려하는 행상行賞이든, 분명 군사들의 사기 진작과 전투력 향상에 중요한 작용을 함을 잊어서는 안 된다. 전쟁의 최고 결정권자요 책임자인 군주나 장수는 이 문제를 반드시 "신중히 생각하고," "성실히 다루어야 한다"는 얘기다.

다음으로 군주와 장수는 개인적인 분노나 화를 참지 못하고 감정적으로 전쟁을 일으키거나 군사를 이끌고 출전하는 일이 있어서는 아니 되며, "오로지 나라의 이익에 맞으면 군대를 움직이고, 나라의 이익에 맞지 않으면 군대를 움직이지 않아야 한다"는 주장이다. 왜냐하면 전쟁에 대한 경솔한 판단과 결정은 돌이킬 수 없는 후과를 낳으면서 '백성의 생사'와 '나라의 존망'에 부정적인 영향을 끼칠 수 있기 때문이다. 하여 손자는 전쟁의 최고 목표이자 근본 원칙은 바로 "안국전군安國全軍", 즉 나라를 안전하게 지키고, 군대를 온전하게 보호하는 것임을 분명히 하였다. 사실 손자는 이와 유사한 관념을 이미 「계편」, 「모공편」, 「지형편」에서도 피력한 바 있는데, 여기서 다시 그 주장을 명확히 함으로써 '안국전군'이야말로 진정 전쟁을 결정하고, 통제하며, 관리하는 대大지혜요 대大전략임을 천명한 것이다.

한데 손자가 '화공'이라는 전술 문제를 논하다가 갑자기 신전愼戰 사상을 바탕으로 한 "안국전군"의 대지혜를 언급한 것은 무엇 때문일까? 혹시 착간錯簡, 즉 죽간竹簡의 순서가 뒤죽박죽이 되면서 이 장에 잘못 끼어들어 온 것은 아닐까? 그것은 우루쑹이 이른 대로, 착간의 문제라기보다는, 옛날 사람들이 견지한 의식 관념의 문제로 이해된다. 『좌전左傳』 「은공隱公 사년四年」에 이르기를, "무릇 전쟁이란 불과 같다. 전쟁을 일삼으며 그치지 않으면 장차 자기 자신을 불태워 망가뜨릴 것이다〔夫兵, 猶火也. 弗戢, 將自焚也〕"라고 하였다. 무력을 남용해 전쟁을 일삼는 것은 마치 불장난을 일삼는 것과 같아서 자칫 자분自焚과 자멸을 초래할 수 있다는 얘기다. 손자가 이 「화공편」 말미에서 특별히 신전 사상을 첨언한 것은 바로 그 같은 견지일 것이다.

제13편

용간

用間

'용간'은 간자間者를 이용한다는 말이다. 곧 간자를 이용해 적의 내
정內情을 정탐하고, 또 적의 내부를 교란함을 이른다. '간'은 간자, 간
첩, 첩자, 세작細作을 뜻한다.

「용간편」은 『손자병법』의 마지막 편으로, 내용상 맨 처음의 「계편」
과 서로 호응한다. 손자는 「용간편」을 "간자를 이용하는 것은 용병 전
쟁의 요체이다. 따라서 전군은 반드시 간자가 제공하는 정보에 근거
하여 군사 행동을 결정해야 한다"는 말로 마무리하고 있는데, 이는 곧
「계편」과 수미首尾가 상응하면서 『손자병법』 13편을 하나의 비교적
완정完整한 병법의 집체集體가 되게 하였다. 「계편」은 먼저 피아를 비
교 분석해 승부를 예측하고, 또 그에 따라 기본 전략을 수립한 다음
에 비로소 본격적으로 전쟁에 돌입해야 한다는 견지에서 '지피지기知
彼知己'를 요구 강조하였다면, 「용간편」은 필승을 위한 선결 과제는 '선
지先知', 즉 적정을 미리 정탐하는 것이며, '선지'에 가장 효율적인 수단
은 바로 '용간'이라는 견지에서 '지피'의 군사 작전상의 중대한 의의를
부각 설파하였다.

이처럼 「용간편」은 기본적으로 전쟁을 함에 있어서 간자 이용은 반드시 필요하며, 그 효용과 의의는 실로 막대하다는 인식을 바탕으로 하면서, 간자의 종류와 특징, 이용 원칙과 방법 등을 논술하였다. 손자는 간자를 '오간五間', 즉 향간鄕間, 내간內間, 반간反間, 사간死間, 생간生間 다섯 종류로 분류하는가 하면, '오간'의 상이한 특징과 효용을 일일이 설명하였다. 또한 '오간구기五間俱起', 즉 다섯 종류의 간자를 동시에 투입해 이용하는 것이 그 효과와 성과를 극대화할 수 있는 묘책임을 역설하는가 하면, '오간구기'는 반드시 '반간'을 중심으로 이루어져야 한다는 점을 강조하였다.

그리고 손자는 "삼군의 군사 작전과 관련하여 장수가 간자보다 더 친밀히 신임할 사람은 없고, 포상으로는 간자보다 더 후하게 받는 사람은 없으며, 일[事]로는 간자보다 더 기밀한 일을 하는 사람은 없다〔三軍之事, 莫親於間, 賞莫厚於間, 事莫密於間〕"는 말로, '용간'을 하며 '친신親信', '후상厚賞', '기밀機密'의 3원칙을 준수할 것을 강력히 요구하였다. 또한 "현명하고 지혜로운 장수가 아니면 간자를 쓸 수 없고, 어질고 의로운 장수가 아니면 간자를 부릴 수 없으며, 사고思考가 정미精微하고 절묘한 장수가 아니면 간자가 참된지 거짓된지를 알아 낼 수 없다〔非聖智不能用間, 非仁義不能使間, 非微妙不能得間之實〕"는 말로, '용간' 책임자가 갖추어야 할 자질 요건으로 '성지聖智', '인의仁義', '미묘微妙'의 3덕목德目을 제시 강조하였다.

마지막으로 손자는 역사상 성공적인 '용간'의 사례들을 열거하며 '용간'의 효용과 의의를 다시 한 번 부각하였다. 물론 '용간'을 전쟁의 승패를 좌우하는 핵심 전략으로 강조하는 손자의 견해를 두고, 일각에서는 지나치게 주관적이라고 목청을 높이고 있으나, 전쟁에서 '용간'이 차지하는 비중이 분명 중차대한 것임은 부정할 수 없을 것이다.

1

손자께서 말씀하셨다. 무릇 한 나라가 십만 대군大軍을 일으켜 천
리 멀리 정벌을 나가면, 백관百官 귀족들은 군비를 지원하고, 국가는
군비를 지출하면서 날마다 막대한 자금을 들여야 한다. 또한 온 나라
가 혼란과 불안에 휩싸인 가운데 도로마다 수많은 백성들이 군수품
을 운반하느라 피로에 지쳐, 정상적으로 농사일을 할 수 없는 백성들
이 무려 칠십만 가구에 달할 것이다.

아무튼 피아 양군兩軍이 여러 해 동안 서로 맞서며 겨루는 것은 결
국 최후의 승리를 쟁취하기 위한 것이다. 그런데 만약 작위爵位와 녹
봉祿俸을 주고, 많은 금전을 쓰는 것이 아까워서 간자를 중용重用하지
않은 탓에 적정을 파악하지 못해 전쟁에서 패배하고 만다면, 그것은
곧 불인不仁함의 극치이다. 그리고 그런 사람은 군사들의 훌륭한 장수
도 될 수 없고, 군주의 훌륭한 보조자도 될 수 없으며, 전쟁 승리의 훌
륭한 주재자도 될 수가 없다.

그러므로 영명한 군주와 현량한 장수가 출병하였다 하면 적을 눌러

이기고, 공업功業을 이루는 것 또한 뭇사람을 능가하는 까닭은 바로
사전에 이미 적정을 몰래 살펴서 알고 있기 때문이다. 적정을 사전에
미리 안다는 것은 귀신에게 빌거나 점을 쳐서도 알 수 없고, 과거의 유
사한 일에서 유추해서도 알 수 없고, 일월성신의 운행 위치로 추단推斷
해서도 알 수 없으며, 반드시 사람을 통해서 알 수 있나니, 그것도 특
히 적의 내정內情을 잘 아는 사람을 통해서 알 수 있는 것이다.

孫子曰: 凡興師十萬, 出征千里, 百姓[1]之費, 公家之奉,[2] 日費千金;
손 자 왈　범 흥 사 십 만　출 정 천 리　백 성 지 비　공 가 지 봉　일 비 천 금
內外騷動,[3] 怠於道路,[4] 不得操事者, 七十萬家.[5] 相守[6]數年, 以爭一
내 외 소 동　태 어 도 로　부 득 조 사 자　칠 십 만 가　상 수 수 년　이 쟁 일
日之勝, 而[7]愛爵祿百金,[8] 不知敵之情[9]者,[10] 不仁[11]之至也, 非人[12]之
일 지 승　이 애 작 록 백 금　부 지 적 지 정 자　불 인 지 지 야　비 인 지
將也, 非主之佐[13]也, 非勝之主[14]也. 故明君賢將, 所以[15]動而勝人,[16]
장 야　비 주 지 좌 야　비 승 지 주 야　고 명 군 현 장　소 이　동 이 승 인
成功[17]出於衆[18]者, 先知[19]也. 先知者, 不可取於鬼神,[20] 不可象於
성 공　출 어 중 자　선 지 야　선 지 자　불 가 취 어 귀 신　불 가 상 이
事,[21] 不可驗於度,[22] 必取於人, 知敵之情者也.[23]
사　불 가 험 어 도　필 취 어 인　지 적 지 정 자 야

주석

1 百姓(백성): 백관 귀족. 「작전편」 제4장 주석 2 참조.

2 公家之奉(공가지봉): 국고國庫의 지출. '공가'는 국가. '봉'은 봉俸과 같음. 비용, 경비. 여기서는 곧 군비軍費 지출을 이름.

3 內外騷動(내외소동): 조야朝野 상하가 모두 동요함. 곧 온 나라가 다 혼란과 불안에 휩싸임을 이름. '내외'는 여기서는 조정朝廷의 내외. 곧 조야를 이름. 「작전편」 제1장 주석 8 참조. '소동'은 동요함.

4 怠於道路(태어도로): 길에서 피로에 지침. 곧 군수물자를 운송하느라 도로마다 수많은 백성들이 피로에 지쳐 있음을 이름. '태'는 피로함, 피곤함.

5 "不得(부득)···" 2구: 조조가 이른 대로, 옛날에는 여덟 가구가 하나의 '인鄰(이웃)', 즉 기본 호구戶口 조직을 이뤘는데, 한 가구의 가장이 군대를 따라 전쟁터에 나가면 나머지 일곱 가구가 그 가구를 부양하였다. 그렇기 때문에 나라에서 십만 군사를 일으키면 농사일을 정상적으로 하지 못하는 집이 무려 칠십만 가구에 달하게 된다는 말임. '조사操事'는 농사일을 함. '조'는 조작함. 곧 일함을 이름. '사'는 농사를 가리킴.

6 相守(상수): 상지相持, 즉 서로 버팀, 서로 고집함. 곧 대치對峙함을 이름. 여기서는 그뿐만 아니라 서로 맞서며 전투를 벌임을 아울러 이름.

7 而(이): 만약(若).

8 愛爵祿百金(애작록백금): 곧 작위와 녹봉을 주고, 많은 금전을 쓰는 것을 아낌. 이에는 곧 그래서 간자를 중용하지 않는다는 뜻을 함축함. '애'는 아낌(吝).

9 不知敵之情(부지적지정): (간자를 활용하지 아니하여) 적군의 내정(내부 사정)을 알지 못함. 이에는 곧 그래서 결국 전쟁에서 패배한다는 뜻을 함축함.

10 者(자): 가정假定의 어기語氣조사.

11 不仁(불인): 인애하지 않음. 곧 나라를 사랑하지 않고, 백성을 동정하지 않음을 두고 이름.

12 人(인): 군인, 군사, 또 군대를 가리킴.

13 主之佐(주지좌): 군주의 보조자. 「모공편」에서 이르기를, "무릇 장수는 국왕의 보조자이니, 보조자가 주밀周密해 나무랄 데 없이 훌륭하면 나라는 반드시 강성해질 것이나, 보조자가 허술해 여러모로 미흡하면 나라는 반드시 쇠약해질 것이다(夫將者, 國之輔也. 輔周則國必强, 輔隙則國必弱)"라고 함.

14 主(주): 주재자主宰者.

15 所以(소이): 까닭, 이유.

16 動而勝人(동이승인): 출병했다 하면 적을 이김, 무찌름. '동'은 행동함. 곧 군사행동을 함, 출병함을 이름. '이'는 즉則과 같은 뜻임. 곧.

17 成功(성공): 공공·공훈功勳을 세움, 공업功業(큰 공로가 있는 사업)을 이룸.

18 出於衆(출어중): 출중出衆함, 즉 여러 사람 가운데서 특별히 두드러짐. '출어~'는 ~를 넘어섬, 능가함.

19 先知(선지): 미리 적정을 정탐함, 즉 드러나지 않은 적군의 동향과 실태를 몰래 살펴 알아냄.

20 **鬼神**(귀신): 여기서는 귀신에게 제사를 지내 빌거나 점을 치는 등의 미신적인 방법을 이름.

21 **不可象於事**(불가상어사): 조조가 이른 대로, 과거의 일에서 유추해 알아낼 수는 없다는 말. '상'은 상像과 같음. 여기서는 유추함, 비교함을 이름. '사'는 지난날의 사정이나 사물을 가리킴.

22 **不可驗於度**(불가험어도): 장예가 이른 대로, 일월성신日月星辰의 운행 위치를 근거로 추단하여 알아낼 수는 없다는 말. '험'은 실험함(특정한 현상을 관찰하고 측정함), 증험함, 검증함. 여기서는 추단, 즉 미루어 판단함, 헤아림을 이름. '도'는 도수度數. 곧 일월성신 운행의 위치를 이름.

23 **"必取**(필취)…" 2구: 매요신이 이른 대로, 오직 적의 내부 사정만은 반드시 첩자를 시켜 정찰한 다음에야 알 수 있다는 말.

해설

전쟁은 막대한 군비가 소요되는 데다 온 나라가 전란의 소용돌이에 휘말려 힘든 나날을 보내야 하는 만큼, 시간이 길어지면 길어질수록 국가의 재정적 부담은 물론, 백성들 또한 이런저런 전쟁의 무게에 허덕일 수밖에 없다. 따라서 "군대를 동원해 전쟁을 한다면 무엇보다 신속히 승리할 수 있도록 해야 한다(其用戰也勝)."(「작전」) 그리하여 하루빨리 온 나라가 전쟁으로 인한 어렵고 힘든 상황에서 벗어나, 난중의 불가피한 피해와 손실을 극복하고, 너나없이 정상적으로 생업에 종사할 수 있도록 하여야 한다.

손자는 시종 지모智謀를 중시하며 "지피지기, 백전불태知彼知己, 百戰不殆"(「모공」), 즉 적을 알고 나를 알면 백 번을 싸워도 백 번 다 위험에 빠지지 않을 수 있음을 강조하였다. '지피지기'야말로 전쟁 승리의 가능성을 극대화할 수 있는 상책上策이라는 얘기다. '지기'의 실현은 장수가 평소 얼마나 자신의 군대에 대해 깊은 이해를 꾀하고, 세심한 관심을 기울이는 가운데 엄격한 훈련과 군기軍紀 확립에 힘쓰는가가 관건이다.

문제는 '지피'다. 손자는 '지피'하기 위해서는 뭐니 뭐니 해도 간자를 이용해야 함을 역설하였다. 심지어 '용간'은 곧 "용병 전쟁의 요체이므로 전군은 반드시 간자가 제공하는 정보에 의거하여 군사 행동을 결정해야 한다(兵之要, 三軍之所恃而動也)"(제6장)라고 할 정도이니, 간자 이용의 중요성과 필요성에 대한 손자의 생각은 확고하다. 전쟁에서 승리를 쟁취하기 위해서는 반드시 '선지', 즉 사전에 미리 적정을 몰래 살펴서 알아내야 한다. 왜냐하면 '선지'야말로 기선을 제압하고, 주도권을 장악해 전쟁에서 유리한 고지를 점유하기 위해 필수 불가결한 것이기 때문이다. '선지'는 그야말로 필승의 전략이다. 그것은 곧 「계편」에서 말한 '묘산廟算'과 「모공편」에서 말한 "지피지기, 백전불태"의 취지나 사상과도 일치한다. 다만 「계」·「모공」 두 편에서 말한 '산算'과 '지知'는 모두 피아 양兩 방면을 포함하는 반면, 「용간편」에서 말하는 '지'는 특히 '지피'·'지적知敵', 즉 적을 아는 것을 가리키는 말이다. 한데 '선지'는 당시 널리 유행하던 미신적 신앙이나 기왕의 사실이나 천문 관측을 통해서가 아니라, 반드시 "적의 내정을 잘 아는 사람을 통해서 알 수 있는 것이다." 적정을 정탐할 수 있는 첨단 장비가 부재한 당시로서 '선지'는 무엇보다 간자를 이용하는 것이 가장 확실한 방법이란 얘기다.

사람이 간첩 활동을 한다는 것은 사실 상당한 위험이 따르는 일로서, 만약 적에게 발각되는 날에는 가차 없이 죽임을 당할 수 있다. 따라서 간첩 훈련은 최대한 고도화 특수화하여야 하고, 간첩 활동은 최대한 치밀하고 교묘하여야 한다. 또한 그런 만큼 훈련 소요 경비나 직무 수행 경비 및 그 응분의 보수 등으로 막대한 자금을 들여야만 한다. 하지만 "만약 작위와 녹봉을 주고, 많은 금전을 쓰는 것이 아까워서 간자를 중용하지 않은 탓에 적정을 파악하지 못해 전쟁에서 패배하고 만다면, 그것은 곧 불인함의 극치이다." 국가 사회적 이익에 비쳐볼 때, 간자 이용을 위해 들이는 비용이나 대가代價를 아끼는 것은 그야말로 소탐대실小貪大失, 즉 작은 것을 탐하다가 큰 것을 잃는 꼴이 되고 만다. 만사는 현명한 판단이 요구된다.

2

간자를 이용하는 방식에는 다섯 가지가 있으니, 향간鄕間, 내간內間, 반간反間, 사간死間, 생간生間이다. 이 다섯 종류의 간자를 동시에 투입해 이용하면, 적은 결코 그 구체적인 요령과 방법을 알 도리가 없을 것이니, 이는 그야말로 간자 이용에 신묘하기 그지없는 방법이요, 군주가 귀히 여기는 묘책이라고 할 수 있다. 이른바 향간이란 적국의 현지인을 매수해 자국 간자로 쓰는 것이요, 내간이란 적국의 벼슬아치를 매수해 자국 간자로 쓰는 것이요, 반간이란 적국의 간자를 역이용해 자국 간자로 쓰는 것이요, 사간이란 거짓된 일을 꾸며 밖으로 퍼뜨려서 자국 간자로 하여금 그것이 조작된 것임을 알고 적국 간자에게 전달케 해 속이지만, 나중에 전모가 드러나면 적에게 죽음을 면키 어려운 경우요, 생간이란 적국에 침투해 적정을 정탐한 후 살아서 자국으로 되돌아와 보고하는 간자이다.

故用間有五: 有鄕間,[1] 有內間, 有反間, 有死間, 有生間. 五間俱起,[2]
고 용 간 유 오 유 향 간 유 내 간 유 반 간 유 사 간 유 생 간 오 간 구 기
莫知其道,[3] 是[4]謂神紀,[5] 人君[6]之寶[7]也. 鄕間者, 因其鄕人而用之.[8]
막 지 기 도 시 위 신 기 인 군 지 보 야 향 간 자 인 기 향 인 이 용 지
內間者, 因其官人[9]而用之. 反間者, 因其敵間而用之.[10] 死間者, 爲
내 간 자 인 기 관 인 이 용 지 반 간 자 인 기 적 간 이 용 지 사 간 자 위
誑事於外, 令吾間知之, 而傳於敵間也.[11] 生間者, 反報[12]也.
광 사 어 외 영 오 간 지 지 이 전 어 적 간 야 생 간 자 반 보 야

주석

1 **鄕間**(향간): 십일가주본, 무경본 등에는 본디 '인간因間'으로 되어 있음. 하지만 우지우롱이 이른 대로, 여러 판본의 아래 단락에 모두 "향간·내간가득이사야(鄕間·內間可得而使也)"란 말이 있고, 그 문의文意와 기타 '사간四間'을 풀이한 구법句法에 비쳐볼 때, '인간'은 응당 '향간'으로 써야하므로 앵전본에 근거해 고침. 아래도 같음. 장예도 '인간'을 '향간'으로 고쳐 써야 한다고 하고, 가림도 '인간'을 '향간'으로 풀이해야 한다고 함.

2 **俱起**(구기): (다섯 종류의 간자를) 동시에 투입해 부림. '구'는 함께, 동시에. '기'는 (간자를) 투입해 이용함, 활용함.

3 **其道**(기도): 간자 이용의 방법, 원칙, 요령.

4 **是**(시): 차此와 같음. 이, 이것.

5 **神紀**(신기): 신묘神妙하기 그지없는 방법. '기'는 기강紀綱, 즉 규율과 법도. 여기서는 곧 앞 구절의 '기도其道'의 '도'와 같음.

6 **人君**(인군): 만인의 임금, 나라의 임금國君, 군왕君王.

7 **寶**(보): 법보法寶, 즉 특히 효과가 뛰어난 도구나 수단·방법 따위를 비유 지칭함. 여기서는 곧 적을 제압하고 승리하는 데 대단히 효과적인 까닭에 나라의 임금이 귀히 여기는 방법, 묘방, 묘책을 이름.

8 **因其鄕人而用之**(인기향인이용지): 적국의 현지인을 매수買收해 자국 간자로 이용함. '인'은 인함, 의거함, 이용함. 이에는 곧 매수·포섭한다는 뜻을 내포함. '기'는

적국을 가리킴. '향인'은 그 지방사람, 즉 현지인을 이름.

9 **官人**(관인): 적국의 관리, 벼슬아치.

10 **因其敵間而用之**(인기적간이용지): 적국 간자를 역이용해 자국 간자로 씀. '인'은 여기서는 역이용함을 이름. 이 경우에는 적의 간자를 직접 매수하기도 하지만, 때로는 또 모르는 척하면서 그를 역으로 이용하기도 함. '적간'은 적국의 간자.

11 **"爲誑事**(위광사)···" 3구: 거짓 정보나 일을 꾸며 밖으로 퍼뜨려서 자국 간자로 하여금 그것이 조작된 것임을 알고 적국 간자에게 전달하게 함. 이런 경우에는 사건의 전모가 드러나 적국이 속은 것을 알게 되면 자국 간자는 죽음을 면키 어려우며, 그래서 '사간'이라고 함. 일설에는 '사간'은 적국에 숨어들어 장기간 암약하는 고정 간자를 일컫는다고 함. '위'는 만듦, 조작함, 꾸밈. '광'은 속임, 미혹함. '오간吾間'은 아국我國, 즉 자국의 간자.

12 **反報**(반보): 적국 내부에 침투해 적정을 정탐한 후 살아서 본국으로 되돌아와 그 정보를 보고함. '반'은 반返과 같음. 되돌아옴.

해설

고대 전쟁에서 간자를 얼마나 적절히 이용하느냐는 분명 승패를 좌우하는 중요한 문제였다. 이에 손자는 간자 이용의 유형과 특징을 향간, 내간, 반간, 사간, 생간 등 다섯 가지로 분류해 간명하게 설명하였다.

첫째, 향간은 적국의 현지인을 매수해 자국 간자로 쓰는 것으로, 현지에 간첩망을 설치하기에 용이하고, 적국의 기층基層 깊숙이 숨어든 까닭에 쉽게 적군에게 발각되지 않을 수 있다.

둘째, 내간은 적국의 벼슬아치를 매수해 자국 간자로 쓰는 것으로, 적국의 심장부에서 암약하며 보다 기밀한 정보를 정탐하는가 하면, 또 적국 내부를 교란시키거나 차도살인借刀殺人(남의 칼을 빌려 사람을 죽임)의 꾀로 적국의 주요 인물을 제거할 수도 있다. 두목이 이른 대로, 적국의 벼슬아치 가운데 현능賢能한데도 관직을 잃은 자, 과오가 있어서 형벌을 받은 자, 임금의 총애를 받으면서 재물을 탐하는 자, 낮은 관직으로 떨어져 못마땅해 하는 자, 중용重用되지 못해 불만인 자, 좌절을 겪어 자신의 재능을 펼 기회를 잡으려고 하는 자, 이랬다저랬다 변덕이 심한 데다 교묘히 남을 속이기도 잘하고, 또 늘 우유부단하며 두 마음을 가지고 있는 자와 같은 벼슬아치들은 모두 몰래 접촉해 구슬리고, 황금과 비단을 후하게 주면서 그들과 밀약密約을 맺는다. 그리고 그들로 하여금 그 나라의 내부 사정을 알려주고, 그 나라가 아국我國을 도모할 계략을 몰래 살펴 알아내는가 하면, 또 그 나라의 군신들을 이간시켜 서로 화합 단결하지 못하게 하면 된다.

셋째, 반간은 적국의 간자를 역이용하는 것으로, 두목이 이른 대로, 적국이 간자를 파견해 우리를 염탐하는 일이 있으면, 아국은 반드시 그것을 먼저 알아낸 다음, 혹은 후한 뇌물로 그를 꾀어 거꾸로 우리를 위한 간자로 이용하거나, 혹은 짐짓 모르는 척하면서 거짓 정보를 보여주어 그것을 본국으로 전달하게 한다면, 곧 적의 간자가 거꾸로 우리에게 이용당하는 것이다.

넷째, 사간은 거짓 정보로 적을 속이는 간자로, 두목이 이른 대로, 자국 간자가 적국에 있으면서 아직 적의 사정을 몰래 살펴 알아내기 전에, 자국에서 거짓으로 일을 꾸며서, 자국 간자로 하여금 그 거짓된 정보를 가지고 짐짓 적에게 투항해 적으로부터 신임을 얻게 한다. 그러나 나중에 만약 아군이 진취하는 것이 거짓된 정보와 다르면, 자국 간자는 탈출하지 못하고 적에게 죽임을 당할 수밖에 없으며, 그러므로 '사간'이라고 한다.

다섯째, 생간은 적국에 침투해 적정을 살핀 후 직접 자국으로 돌아와 보고하는 간자로, 그 정보가 다른 경우에 비해 정확하고, 적을 공격할 때에는 그에게 향도鄕導를 맡기는 것도 좋은 방법이다. 두목이 이른 대로, 생간은 반드시 머리는 좋으나 겉으로는 어리숙해 보이며, 얼굴은 못생겼으나 마음은 굳세고, 행동은 민첩하고 용감하며, 사소한 일에 무관심하고, 능히 기한飢寒(굶주리고 헐벗음)과 치욕을 참을 수 있는 자를 골라 맡겨야 한다.

이상 다섯 가지 간자 가운데서도 특히 주목되는 것은 바로 반간이다. 반간은 실로 기발한 꾀로서 아군에게 대단히 유리하게 작용하는 한편, 적군에게는 치명적인 타격을 안겨 줌으로써 일시에 전세를 완전히 바꿔놓을 수가 있다. 아무튼 간자의 활동은 지극히 기밀機密하고 민첩한 데다 의외의 다양한 상황에 능숙히 응변하여야 하는 만큼, 그 인물은 물론 방식과 영역 또한 다양할 수밖에 없다. 이에 손자는 무엇보다 "오간구기五間俱起", 즉 다섯 가지 유형의 간자를 동시에 투입하는 종합적 이용을 권장하였다. 그같이 동시 다각적인 방법으로 적정을 정탐하는가 하면, 또 적군을 교란하고 오도誤導하면, 적군이 아군의 '용간' 실체나 방법을 눈치채기가 결코 쉽지 않을 터이니, 소기의 성과를 거두기에 한결 유리하다는 얘기다. 간자의 이용은 전쟁이 양국의 머리싸움임을 여실히 말해준다.

3

그러므로 삼군의 군사 작전과 관련하여 장수가 간자보다 더 친밀히 신임하는 사람이 없고, 포상은 간자보다 더 후하게 받는 사람이 없으며, 일(事)은 간자보다 더 기밀한 일을 하는 사람이 없다. 또한 현명하고 지혜로운 장수가 아니면 간자를 쓸 수 없고, 어질고 의로운 장수가 아니면 간자를 부릴 수 없으며, 사고思考가 정미精微하고 절묘한 장수가 아니면 간자가 참된지 거짓된지를 알아낼 수 없다. 진정 미묘하고도 미묘하나니, 전쟁에서는 그 어떤 경우에도 간자를 이용하지 않을 데가 없도다! 한데 간자를 투입할 계책을 아직 실행하기도 전에 먼저 그 사실이 새어 나간다면, 간자와 그 사실을 아는 사람은 모두 사형에 처해야 한다.

故三軍之事,[1] 莫親於間,[2] 賞莫厚於間,[3] 事莫密[4]於間. 非聖智[5]不能用間, 非仁義[6]不能使間, 非微妙[7]不能得間之實.[8] 微哉微哉, 無所不用間也![9] 間事[10]未發,[11] 而先聞[12]者, 間與所告者[13]皆死.

고 삼 군 지 사　　막 친 어 간　　상 막 후 어 간　　사 막 밀 어 간　　비 성 지 불 능 용 간　비 인 의 불 능 사 간　비 미 묘 불 능 득 간 지 실　미 재 미 재　무 소 불 용 간 야！　간 사 미 발　이 선 문 자　간 여 소 고 자 개 사

주석

1　三軍之事(삼군지사): 한간본에는 '삼군지친三軍之親'으로 되어 있음. 곧 '삼군의 장졸 가운데 친밀하기로는'의 뜻임.

2　莫親於間(막친어간): 간자보다 더 친밀히 신임하는 사람은 없음. '막'은 없음. '친'은 친신親信, 즉 친밀히 신임함. '어'는 ~보다.

3　賞(상): 포상, 상사賞賜. 장예가 이르기를, "높은 벼슬과 후한 이익을 주지 않으면, 간자를 부릴 수 없다(非高爵厚利, 不能使間)"라고 함.

4　密(밀): 기밀함, 비밀함. 두우가 이르기를, "간자의 일을 기밀하게 하지 않으면 오히려 자기를 해하게 된다(間事不密, 則爲己害)"라고 함.

5　聖智(성지): 현명하고 지혜로움. 곧 재지才智, 즉 재주와 슬기가 비범함, 출중함을 이름. 또 그런 사람을 가리킴. 장예가 이르기를, "현명하면 무슨 일이든 모르는

게 없고, 지혜로우면 사전에 일을 꿰뚫어 볼 줄 아나니, 그런 다음에야 비로소 간자를 쓰는 일을 할 수 있다. 혹자는 이르기를, '성지'하면 능히 사람의 품성과 능력을 알아볼 줄 안다고 하였다〔聖則事無不通, 智則洞照幾先, 然後能爲間事. 或曰: 聖智則能知人〕"라고 함.

6 **仁義**(인의): 어질고 의로움. 여기서는 간자를 부리기 위해 작위와 금전을 아끼지 않음을 두고 이름. 장예가 이르기를, "장수가 어질면 관작官爵과 상금을 아끼지 않고, 장수가 의로우면 사람을 씀에 과단성 있게 결정하고 의심하지 않는다. 하여 간자에게 후한 이익을 주기도 하고, 지극한 정성으로 돌보기도 하면, 간자는 반드시 전심전력할 것이다〔仁則不愛爵賞, 義則果決無疑. 旣啗以厚利, 又待以至誠, 則間者竭力〕"라고 하고, 진호가 이르기를, "어진 사람은 사람들에게 은혜를 베풀고, 의로운 사람은 일을 알맞고 마땅하게 처리한다. 따라서 우두머리 장수가 어짊으로 간자와 친교를 맺고, 의로움으로 간자를 부리면, 간자는 온 심력을 다해 적정을 정탐하며 기꺼이 장수에게 충성을 다할 것이다〔仁者有恩以及人, 義者得宜而制事. 主將者, 旣能仁結而義使, 則間者盡心而覘察, 樂爲我用也〕"라고 함.

7 **微妙**(미묘): 사고思考가 정미精微(정밀하고 자세함)하고 교묘함. 일설에는 생각과 사고가 정미하고, 수단과 방법이 교묘함을 이른다고 함. 장예가 이르기를, "간자는 자신의 이해관계에 비쳐 적정을 보고하게 되나니, 장수의 생각과 사고가 반드시 깊고 미세하며 정밀하고 교묘해야만 능히 그 진위를 가려낼 수 있다〔間以利害來告, 須用心淵微精妙, 乃能察其眞僞〕"라고 함.

8 **間之實**(간지실): 간자의 실정實情. 곧 간자가 참된지 거짓된지를 두고 이름.

9 **無所不用間也**(무소불용간야): 두목이 이른 대로, 전쟁에서는 일마다 다 사전에 미리 (간자를 이용해 적의 내정을) 알아내야 함을 이름.

10 **間事**(간사): 간자의 일. 곧 간자를 투입 이용하려는 계책을 이름.

11 **發**(발): 발동함. 곧 (계책을) 실행함, 실시함을 이름.

12 **先聞**(선문): 먼저 알려짐. 곧 비밀이 새어 나감을 이름.

13 **所告者**(소고자): 간자가 (용간의 계책을) 미리 알려준 사람. 곧 그 비밀을 아는 사람을 이름. 매요신이 이르기를, "간자를 죽이는 것은 비밀을 누설한 것을 질책함이요, 그 사실을 아는 사람을 죽이는 것은 비밀이 널리 퍼지는 것을 막고자 함이다〔殺間者惡其泄, 殺告者滅其言〕"라고 함.

간자 이용은 어떻게 해야 하나? 손자는 여기서 간자 이용의 기본 원칙과 유의留意 사항을 설명하였다. 장수는 무엇보다 '친신親信', '후상厚賞', '기밀機密'의 원칙을 준수해야 한다. 첫째, 간자는 장수가 특히 '친신', 즉 친밀히 신임하는 사람이어야 한다. 장예가 이른 대로, 삼군의 군사들은, 장수가 그 모두를 다 친근히 대하며 어루만지지만, 그 가운데 유독 간자만은 심복心腹(마음 놓고 부리거나 일을 맡길 수 있는 사람)으로 중임을 맡겨야 하기 때문에 그와의 관계가 가장 친밀해야 한다. 만약 그렇지 않으면 피차간에 오해와 불신, 시기와 증오가 싹트면서 큰일을 그르치게 된다.

둘째, 간자가 수행하는 정보 내지 첩보 업무의 중요성과 위험성을 감안할 때, 그 노고에 대한 대가와 보수는 반드시 특별하여야 한다. 하여 '후상', 즉 한껏 후한 물질적, 정신적 보상과 대우로 간자를 포상하고 격려하는 것은 필수 불가결하다. 그리고 동시에 적국과 적군 내부에서 첩보 및 공작 활동을 전개하는 데에 편리와 효율을 기하기 위해, 중상重賞과 후록厚祿을 활용하거나 일정한 비용을 들여 적인敵人 가운데 필요한 인물들을 포섭해 책동케 하는 것 또한 반드시 필요한 일이다. 그러므로 '후상'은 간자의 공작 활동에 충실을 담보할 수 있는 중요한 조건의 하나이다.

셋째, 간자의 활동은 전쟁의 승패나 국가의 안위에 직결되는 것으로, 기밀 유지는 그 성공의 전제 조건이다. 다시 말해서 기밀 유지는 간자 활동의 가장 기본적이고 가장 중요한 속성이자 특성이다. 간자 자신을 비롯해 그의 임무와 관련된 사람들은 그 누구도 해당 기밀을 누설해서는 안 된다. 또한 때로는 관련자의 신분이나 전략적 위상에 따라 고지告知하는 기밀 내용을 등급별로 달리해야 할 수도 있다. 심지어 특정한 기밀은 간자 본인에게조차 알리지 않아야 한다. 물론 그런 경우에도 군주나 우두머리 장수 같은 간자의 총괄 책임자만은 반드시 그 구체적인 내용 전부를 숙지하고 지휘해야 함은 두말할 나위가 없다. 손자가 이 편을 '간용편間用篇'이라 하지 않고, '용간편'이라 한 것은 곧 논술의 초점을 '용간' 책임자에게 맞추고 있다는 얘기다. 이 편에서 손자는 장수가 간자를 어떻게 조직 운용할 것인가의 문제를 논한 것이지, 간자 자신이 어떻게 그 임무를 수행할 것인가의 문제를 논한 것이 아니다. 양자는 당연히 상관이 있는 문제이지만, 또한 엄연히 다른 문제이기도 하다. 아무튼 간자의 임무와 관련한 기밀이 누설된다면, 아방我方에 초래되는 피해와 손실은 진정 헤아리기 어려울 것이다. "간자를 투입할 계책을 아직 실행하기도 전에 먼저 그 사실이 새어 나간다면, 간자와 그 사실을 아는 사람은 모두 사형에 처해야 한다." 이처럼 손자가 기밀 누설에 대한 강력한 처벌을 강조한 것은 바로 그 때문이다.

간자의 이용은 대단히 복잡 미묘한 문제이다. 또한 그렇기 때문에 치밀한 준비와 만반의 대비가 있어야 한다. '용간'의 계책 결정과 적임자의 선발 및 파견, 간자와의 연락 및 정탐 정보의 처리 문제 등등은 최고 책임자나 관련 인사들에게는 그야말로 가혹한 시험과 시련이 아닐 수 없다. 따라서 그 가운데서도 특히 전쟁을 직접 진두지휘하는 장수는 '용간'의 실질적 최고 책임자인 만큼, 그 품성과 지모智謀에 반드시 비범함이 있어야 한다. 하여 장수는 '친신', '후상', '기밀' 3원칙의 준수 외에도 '성지聖智', '인의仁義', '미묘微妙'의 자질을 갖추는 데 유의해야 한다. 간자 이용의 미숙이나 불찰로 인한 역작용과 피해를 막고, 소기의 전략적 성과와 효과를 극대화하기 위해서는 이 역시 필수 불가결한 자질이요, 덕목임에는 틀림이 없다.

4

무릇 우리가 공격하려는 적의 군대, 우리가 공격하려는 적의 성, 우리가 죽이려는 적의 인물들과 관련하여, 사전에 반드시 먼저 그곳의 우두머리 장수와 그 측근자, 부관副官, 문지기, 책사策士 등의 이름을 알아야 하므로, 우리 쪽 간자로 하여금 반드시 정탐해 알아내게 해야 한다.

凡軍之所欲擊,[1] 城之所欲攻, 人之所欲殺, 必先知其守將[2]·左右[3]·
범 군 지 소 욕 격   성 지 소 욕 공   인 지 소 욕 살   필 선 지 기 수 장   좌 우
謁者[4]·門者[5]·舍人[6]之姓名, 令吾間必索知[7]之.
알 자   문 자   사 인 지 성 명   영 오 간 필 색 지 지

주석

1 軍之所欲擊(군지소욕격): 이는 목적어를 전치前置한 형식으로, '소욕격지군所欲擊之軍'과 같음. 그 뜻은 (우리가) 공격하려는 적의 군대. 아래의 '성지소욕공城之所欲攻'과 '인지소욕살人之所欲殺'도 모두 이와 같은 형식임.

2 守將(수장): 주장主將, 즉 우두머리 장수. 일설에는 수성守城의 주장, 곧 성주城主라고 함. 다만 '군지소욕격'·'성지소욕공'·'인지소욕살'이라는 공격 대상 셋 모두를 놓고 볼 때, 이론의 여지가 있음.

388

3 **左右**(좌우): 주장의 측근(자).

4 **謁者**(알자): 말을 전하거나 사실을 아뢰는 관리. 곧 부관副官을 가리킴.

5 **門者**(문자): 문을 지키는 관리. 곧 문지기, 수문장.

6 **舍人**(사인): 문객門客. 곧 주장의 책사策士·모사謀士, 막료幕僚를 가리킴.

7 **索知**(색지): 몰래 살펴서 알아냄. '색'은 탐색함, 정찰偵察함.

해설

작전상 적의 군대와 성을 공격하거나 적의 특정 인물을 척살刺殺하고
자 하는 경우에는 반드시 사전에 그 주·객관적 상황에 대해 자세히 알
고 있어야 한다. 작전 성공을 위해서는 특히 적군의 우두머리 장수와
그 주변의 주요 인물들의 면면을 '선지先知'하여 치밀한 전략을 수립
한 후 작전에 돌입해야 한다. 만사가 다 그렇지만, 전쟁도 결국은 사
람의 문제이다. 적의 핵심 및 주요 인물들을 '선지'하는 데에 바로 간
자를 이용해야 한다는 게 손자의 생각이다. 앞 장에서 이른 대로, "진
정 미묘하고도 미묘하나니, 전쟁에서는 그 어떤 경우에도 간자를 이
용하지 않을 데가 없도다(微哉微哉, 無所不用間也)!"

5

또한 우리 쪽에 숨어들어 활동하고 있는 적의 간자를 샅샅이 뒤져
서 찾아내고, 또 기회를 보아서 이익을 미끼로 매수한 다음, 그가 우리
의 간자 노릇을 하도록 유도해 석방하면, 우리는 곧 '반간'을 얻어 이
용할 수 있다. 그리고 그 '반간'을 통해서 적국의 내부 사정을 알아내
면, 우리는 곧 '향간'과 '내간'을 얻어 부릴 수 있다. '반간'을 통해서 적

국의 내부 사정을 알아내면, 우리는 또 '사간'으로 하여금 거짓된 일을 꾸며 적국에게 알리게 할 수 있다. '반간'을 통해서 적국의 내부 사정을 알아내면, 우리는 또 '생간'으로 하여금 미리 정해 놓은 때에 본국으로 돌아와 적정을 보고하게 할 수 있다. 이 다섯 종류의 간자를 이용하는 일은 군주가 반드시 알아야 하는데, 그것을 아는 관건은 바로 '반간'의 이용에 달렸으며, 그러므로 '반간'을 후대厚待하지 않으면 안 된다.

必索¹敵人之間來間我者,² 因³而利⁴之, 導⁵而舍⁶之, 故⁷反間可得而
필 색 적 인 지 간 래 간 아 자   인 이 리 지   도 이 사 지   고 반 간 가 득 이
用也. 因是而知之,⁸ 故鄕間·內間可得而使也. 因是而知之, 故死間
용 야   인 시 이 지 지   고 향 간   내 간 가 득 이 사 야   인 시 이 지 지   고 사 간
爲誑事, 可使告敵.⁹ 因是而知之, 故生間可使如期.¹⁰ 五間之事, 主
위 광 사   가 사 고 적   인 시 이 지 지   고 생 간 가 사 여 기   오 간 지 사   주
必知之, 知之必在於反間, 故反間不可不厚也.
필 지 지   지 지 필 재 어 반 간   고 반 간 불 가 불 후 야

주석

1 索(색): 수색함, 즉 구석구석 뒤져 찾음; 색출함, 즉 샅샅이 뒤져서 찾아냄.

2 敵人之間來間我者(적인지간내간아자): 적인이 우리 쪽에 숨어들어 와서 간자 활동을 하는 자. 곧 우리 쪽에 숨어든 적의 간자를 이름.

3 因(인): ~로 인함, 말미암음. 여기서는 기회를 잡음, 상황을 봄으로 이해됨.

4 利(이): 여기서는 동사로, 이익을 미끼로 매수함을 이름.

5 導(도): 유도誘導함, 권도勸導함. 곧 적의 간자를 회유懷柔해 일정한 임무를 주어 우리의 간자 노릇을 하도록 유도함을 이름.

6 舍(사): 사捨와 같음. 여기서는 석방함을 이름. 일설에는 '사舍'의 본의 그대로 보아, 묵게 함, 머물게 함의 뜻이라고 함.

7 故(고): 여기서는 즉則의 뜻으로 이해됨. 아래도 모두 이와 같음. 단 '고반간故反

間'의 '고'는 본의 그대로임.

8 **因是而知之**(인시이지지): 반간을 통해서 적의 내정內情을 알아냄. '인시'는 반간을 통해서, 반간으로부터. '시'는 지시대명사로, 반간을 가리킴. '지'는 적정을 가리킴. 아래 구절과 연관 지어 볼 때, 이는 특히 매요신이 이른 대로, 적국의 백성 가운데 간자로 부릴 만한 자와 적국의 관리 가운데 간자로 이용할 만한 자를 모두 반간을 통해서 알아내는 것임. 또 장예가 이른 대로, 그 반간을 통해서 적국의 백성 가운데 이익을 탐하는 자와 적국의 관리 가운데 군주와 갈등이 있는 자를 알아내어, 이익을 미끼로 회유해 향간과 내간으로 부리는 것임.

9 "**因是而知之, 故死間**(인시이지지, 고사간)…" 3구: 이는 장예가 이른 대로, 그 반간을 통해서 적국을 속일 만한 일이 무엇인지를 알아내어 사간으로 하여금 적국으로 들어가서 적절히 꾸민 거짓된 정보를 알리는 것임.

10 **如期**(여기): ('생간이) 미리 정해 놓은 시기에 본국으로 돌아와 적정을 보고함을 이름.

해설

손자는 다섯 종류의 간자 가운데서도 특히 반간의 의의와 그 중요성을 부각 강조하였는데, 그것은 반간의 이용이 다른 네 종류의 간자를 보다 효율적으로 이용할 수 있는 관건이기 때문이다. "적정을 사전에 미리 안다는 것은 ……특히 적의 내정을 잘 아는 사람을 통해서 알 수가 있는 것이다(先知者, ……知敵之情者也)." 적의 내정을 잘 아는 것으로 말하면 적의 간자만 한 이가 없다. 따라서 적의 간자를 매수하고 회유해 우리의 반간으로 만들어 이용한다면, 피아 사이의 간자전間者戰에서 우세를 점하며 월등한 성과를 거둘 수 있다. 천하무적의 막강 적군을 무너뜨리는 효과적인 방법은 무엇보다 내부 균열과 붕괴를 유도하는 것이다. 그러기 위해서는 반드시 여러 종류의 간자를 다양하게 이용해야 한다. 더욱이 "다섯 종류의 간자를 동시에 투입해 이용하면,

적은 결코 그 구체적인 요령과 방법을 알 도리가 없을 것이니(五間俱起, 莫知其道)" 그 같은 최상의 전략적 효과를 거두고, 이득을 취하기 위해서는 반드시 반간을 단초와 근거로 하여 다른 모든 간자의 활동을 전개하여야 한다. 반간은 그야말로 모든 간자 활동의 축이자 중심이다. 하여 손자는 "이 다섯 종류의 간자를 이용하는 일은 군주가 반드시 알아야 하는데, 그것을 아는 관건은 바로 '반간'의 이용에 달렸"음을 분명히 하였다.

6

옛날에 은나라가 흥기興起한 것은 이윤伊尹이 일찍이 하나라 신하로 있었기 때문이요, 주나라가 흥기한 것은 여상呂尙이 일찍이 은나라 신하로 있었기 때문이다. 그처럼 유독 영명한 군주와 현량한 장수는 지혜가 출중한 사람을 간자로 썼기 때문에 어김없이 큰 공업을 이룩할 수 있었던 것이다. 간자를 이용하는 것은 용병 전쟁의 요체이다. 따라서 전군은 반드시 간자가 제공하는 정보에 의거하여 군사 행동을 결정해야 한다.

昔殷¹之興也, 伊摯²在夏³; 周⁴之興也, 呂牙⁵在殷. 故惟明君賢將,
석 은 지 흥 야 이 지 재 하   주 지 흥 야   여 아 재 은   고 유 명 군 현 장
能以上智⁶爲間者, 必成大功. 此兵之要,⁷ 三軍之所恃而動也.⁸
능 이 상 지 위 간 자 필 성 대 공   차 병 지 요   삼 군 지 소 시 이 동 야

1 殷(은): 중국 상고上古시대 기원전 16세기에 탕湯이 하夏나라 폭군 걸왕桀王을 멸한 후 박亳(지금의 하남성 상구현商丘縣 서남쪽)에 도읍하여 세운 왕조. 원래의 국호는 '상商'이었으며, 제17대 임금 반경盤庚 때에 은殷(지금의 하남성 안양현安陽縣 소둔촌小屯村)으로 천도한 후 국호를 '은'으로 고쳐 부름. 후세에는 이 왕조를 '은상殷商'이라 일컫기도 함.

2 伊挚(이지): 즉 이윤伊尹. '이'는 성姓, '지'는 본명, '윤'은 이명異名. 원래는 하 걸왕의 신하였으나, 나중에는 상 탕왕을 도와 하나라를 멸하고, 상나라의 개국 공신이 되어 재상에 오름. 이윤은 당시 하나라를 멸하는 과정에 큰 역할을 하였는데, 가히 '반간'의 전형을 보여줬다고 할 수 있음.

3 夏(하): 중국 역사상 최초의 왕조. 기원전 21세기에 우禹가 순舜임금으로부터 제위를 물려받아 세운 왕조로, 안읍安邑(지금의 산서성 하현夏縣 북쪽)에 도읍하였으며, 폭군 걸왕 때 탕왕에게 망함.

4 周(주): 기원전 11세기에 무왕武王이 은나라 폭군 주왕紂王을 멸한 후, 호경鎬京(지금의 섬서성 장안현長安縣 서쪽)에 도읍하여 세운 왕조. 평왕平王 때 낙읍洛邑(지금의 하남성 낙양洛陽)으로 천도한 이전을 서주西周, 이후를 동주東周라고 함.

5 呂牙(여아): 즉 강망姜望. 여상呂尙이라고도 이름함. 자字는 자아子牙. 세칭 강태공姜太公. 원래는 은 주왕의 신하였으나, 나중에 주 문왕에게 발탁되어 태사太師가 되었고, 이어서 주 무왕을 도와 은나라를 멸하고 주나라를 세우는 데 큰 역할을 함.

6 上智(상지): 지혜가 출중하고, 지모智謀가 특히 뛰어난 사람.

7 要(요): 요체要諦, 관건. 장예가 이르기를, "용병 전쟁의 근본은 적정을 깊이 아는 것이다. 그러므로 '용간이 용병 전쟁의 요체'라고 한 것이다(用師之本, 在於知情, 故曰 '此兵之要'也)"라고 함.

8 "三軍(삼군)" 구: 전군全軍이 다 간자가 제공하는 정보에 의거하여 군사 행동을 결정해야 함. 두목이 이르기를, "적정을 알지 못한 상태에서 함부로 군대를 출동시켜서는 아니 되는데, 적정을 알아내기 위해서는 간자를 쓰지 않으면 안 된다. 그러므로 '전군이 다 간자에 의지하여 군사 행동을 결정해야 한다'고 한 것이다(不知敵情, 軍不可動; 知敵之情, 非間不可, 故曰 '三軍所恃而動')"라고 함. '시恃'는 의지함, 의거함.

여기서 손자가 거론한 이윤과 여상은 사실 모두 고대의 현사賢士요 개
국 공신일 뿐, 결코 간자가 아니다. 하지만 상 탕왕이나 주 무왕은 각
각 하 걸왕의 신하였던 이윤과 은 주왕의 신하였던 여상을 중용해 위
대한 공업을 이룩하였으니, '용간'과 흡사한 측면이 없지 않다. 그들은
적국 조정의 중심인물이었던 만큼, 적국의 내정에 대해 누구보다도
잘 알고 있었다. 그러므로 그들은 탕왕과 무왕이 '선지先知'하는 데에
크게 공헌하였고, 나아가 "지피지기, 백전불태"를 실현하는 데 결정적
역할을 한 것이다.

참고문헌

이 책으로『손자병법』을 역주 해설하면서 직·간접적으로 참고하며 특히 많은 도움을 받은 문헌은 다음과 같다. 〔중국인의 이름은 편의상 청대淸代 이전 사람은 한글 독음으로, 현대인은 중국어 독음으로 표기함.〕

고대 중국

한간본漢簡本『손자병법』
무경본武經本『손자병법』
십일가주본十一家注本『십일가주손자병법十一家注孫子兵法』—한漢·위魏 조조曹操; 당唐 이전李筌, 가림賈林, 두우杜佑, 두목杜牧, 진호陳皥; 송宋 왕석王晳, 매요신梅堯臣, 장예張預; 기타 맹씨孟氏, 하씨何氏 등 십일가의 주석 총집
앵전본櫻田本『손자병법』
명明 이지李贄,『손자참동孫子參同』
명明 조본학趙本學,『조주손자병법趙注孫子兵法』

현대 중국

꿔화뤄郭化若,『손자병법孫子兵法』
리링李零,『손자역주孫子譯注』
리우칭劉慶,『손자병법孫子兵法』
마이푸馬一夫,『손자병법孫子兵法』
양빙안楊丙安,『손자회전孫子會箋』

우루쑹吳如嵩,『손자병법십오강孫子兵法十五講』

우지우룽吳九龍,『손자교석孫子校釋』

위르창余日昌,『손자병법孫子兵法』

장원루張文儒,『손무孫武·손빈孫臏·중화문화中華文化』

주쥔朱軍,『손자병법석의孫子兵法釋義』

쩌우드어진鄒得金,『명가주평손자병법여삼십육계名家注評孫子兵法與三十　計』

찐화晉化,『손자병법孫子兵法』

천시陳曦,『손자병법孫子兵法』

천치티엔陳啓天,『손자병법교석孫子兵法校釋』

첸지보어錢基博,『손자장구훈의孫子章句訓義』

치우위秋羽,『백화손자병법역주여전석白話孫子兵法譯注與詮釋』

타오보어화陶伯華,『손자병법정화본孫子兵法精華本』

타오한장陶漢章,『손자병법개론孫子兵法槪論』

펑유란馮友蘭,『중국철학사신편中國哲學史新編』

화산華杉,『화산강투손자병법華杉講透孫子兵法』

황퀘이黃葵,『손자병법도독孫子兵法導讀』

황푸민黃樸民,『백화손자병법白話孫子兵法』

황푸민黃樸民,『손자병법선평孫子兵法選評』

옮긴이 **박삼수**

경북 예천에서 태어났다. 경북대학교, 타이완대학교, 성균관대학교에서 각각 중문학 학사, 석사, 박사학위를 받았다. 울산대학교 중문학과 교수와 출판부장, 미국 메릴랜드대학교 동아시아언어학과 방문교수, 중국 산동사범대학교 대학원 교외 논문 지도교수를 거쳤으며, 현재 울산대학교 명예교수로 있다. 옮긴 책으로는 《논어》(상·하), 《대학·중용》, 《노자》, 《장자》, 《손자병법》(이상 문예출판사), 《주역》(현암사), 《왕유 시전집》(지만지), 《맹자의 왕도주의》(울산대학교출판부) 등이 있으며, 지은 책으로는 《공자와 논어, 얼마나 바르게 알고 있는가?》(지혜의바다), 《논어 읽기》(세창미디어), 《당시의 거장 왕유의 시세계》, 《고문진보의 이해와 감상》(이상 울산대학교출판부), 《동양의 고전을 읽는다 3》(공저, 휴머니스트) 등이 있다.

이메일 sspark@ulsan.ac.kr

쉽고 바르게 읽는 고전

손자병법

1판 1쇄 발행 2019년 9월 10일
1판 3쇄 발행 2024년 6월 1일

지은이 손자
옮긴이 박삼수
펴낸곳 (주)문예출판사 | 펴낸이 전준배
출판등록 2004. 02. 11. 제 2013-000357호 (1966. 12. 2. 제 1-134호)
주소 04001 서울시 마포구 월드컵북로 21
전화 393-5681 | 팩스 393-5685
홈페이지 www.moonye.com | 블로그 blog.naver.com/imoonye
페이스북 www.facebook.com/moonyepublishing | 이메일 info@moonye.com

ISBN 978-89-310-2009-0 03100

이 도서의 국립중앙도서관 출판시도서목록(CIP)은 서지정보유통지원시스템
(http://seoji.nl.go.kr)과 국가자료공동목록시스템(http://www.nl.go.kr/kolisnet)에서
이용하실 수 있습니다. (CIP제어번호 CIP2019033187)
◦ 잘못 만든 책은 구입하신 서점에서 바꿔드립니다.